新闻学系列教材

高等教育新闻传播学类"十二五"规划教

新闻评论学教程

XINWEN PINGLUNXUE JIAOCHENG

韩立新　主编

郑州大学出版社

郑　州

图书在版编目(CIP)数据

新闻评论学教程/韩立新主编. —郑州:郑州大学出版社,
2008.9(2018.8 重印)
ISBN 978-7-81106-760-6

Ⅰ.新…　Ⅱ.韩…　Ⅲ.评论性新闻–高等学校–教材
Ⅳ.G210

中国版本图书馆 CIP 数据核字(2008)第 129567 号

郑州大学出版社出版发行
郑州市大学路 40 号
出版人:张功员
全国新华书店经销
北京虎彩文化传播有限公司印制
开本:710 mm×1 010 mm　1/16
印张:22.25
字数:422 千字
版次:2008 年 9 月第 1 版

邮政编码:450052
发行部电话:0371-66966070

印次:2018 年 8 月第 3 次印刷

书号:ISBN 978-7-81106-760-6　　定价:40.50 元

作 者 名 单

● **主　编**　韩立新　河北大学新闻传播学院

● **副主编**　周　怡　山东大学威海分校新闻传播学院
　　　　　　吕文凯　郑州大学新闻与传播学院
　　　　　　赵卓伦　河北大学新闻传播学院

● **编　委**　张　毅　山东大学威海分校新闻传播学院
　　　　　　杨骅骁　中原工学院人文与社会科学学院
　　　　　　石蓬勃　河北大学新闻传播学院
　　　　　　李京梅　河北软件职业技术学院
　　　　　　高　婷　安徽省马鞍山师范高等专科学校人文系

内 · 容 · 提 · 要

　　《新闻评论学教程》全面系统地介绍了新闻评论学的基本知识。全书共分理解新闻评论、新闻评论的要素、新闻评论的样式、新闻评论的符号、新闻评论的写作艺术和新闻评论的生态等六篇。在写作体例上，充分考虑到新闻评论学的学科特点，每章节均配有大量的实例，内容丰富，讲解通俗易懂，具有很强的可读性。

　　本书视野开阔，体例新颖，既有一定的理论色彩，又有将强的可操作性；既可用作大学新闻与传播学科的教材，也可供新闻工作者进修、研习相关专业知识使用。

目　录

引言　新闻评论员的故事

新闻评论是媒体的"声音",没有声音的媒体是"哑巴媒体"。

新闻评论员是媒体的发声者,在时事风云的变幻中,他或她经历了怎样的风口浪尖?发出了怎样的新闻之声?又在传播着怎样的时代迭变呢?

当改革开放的春风吹拂神州时,新闻媒体迎来了一个不同寻常的时代,一幕幕媒体新剧拨动着时代的琴弦,演奏着时代强音!在这样一个时代大潮中,我们分明看到了身手矫健的新闻评论员在中流击水,我们的耳畔分明回响着他们那闪烁着思想光华的声音……

一

2008年3月24日,《今晚报·华夏聚焦》刊登了扬子晚报记者谷岳飞、张磊采写的报道《一篇文章引发真理标准大讨论》。报道讲述了一篇特约评论员文章刊发前后的故事:

写作《实践是检验真理的唯一标准》(下简称《实》)一文前,胡福明是南京大学哲学系的一名老师。

1977年2月7日,两报一刊发表社论《学好文件抓住纲》。"两个凡是"是两报一刊的社论主题,要直接批它,危险性显而易见,也没有一个报刊能公开发表。已是"不惑"之年的胡福明

"绕了个弯子",为"两个凡是"找了一个"替身",选择当时流行的"天才论"、"句句是真理"、"一句顶一万句"等谬论作为靶子。

方法上,胡福明也选择了打"语录战"——文章主要论点,都引用马列著作的原文。当年8月,题为《实践是检验真理的唯一标准》的8000字长文写成。胡福明想起此前《光明日报》哲学组编辑王强华的约稿,于是9月初将文章寄到了北京。

……整整四个月,胡福明没有收到关于文章的一点消息。

直至1978年1月19日,胡福明突然收到一封北京的来信,寄信者正是王强华。王在信中说:《实》一文,"已粗粗编一下,文章提的问题比较尖锐,分寸上请仔细掌握……"

胡福明感觉还有戏,便将文章再次修改多次后寄出,但迟迟未予发表。

当年4月,事情起了变化。光明日报新任总编辑杨西光看见这篇文章后非常高兴,认为放在哲学版发表可惜了,要放到第一版去,作为重要文章发表。"但是,文章还要修改,要加强联系实际,以更有战斗性。"

胡介绍,为了《实》一文,胡福明和杨西光有一次深谈。杨西光说:不久前,他在中央党校学习,学习结束时,胡耀邦同志找到了他,要其到光明日报工作(此前杨是中共上海市委副书记、复旦大学党委书记)。

胡耀邦对杨西光说,北京四大报刊,《人民日报》、《解放军报》是积极揭批"四人帮"、推动拨乱反正的;《红旗

杂志、《光明日报》是执行"两个凡是"的,"现在要你去光明日报工作,就是要去改变光明日报的面貌,把二比二变成三比一"。

"光明日报要改变面貌,就从这篇文章开始。"杨西光告诉胡福明,"这篇文章,要请胡耀邦同志审定,他站得高。"杨还告知了文章的发表计划:"先由中央党校的内部刊物《理论动态》内部发表,第二天《光明日报》公开发表。随后《人民日报》、《解放军报》全文转载,新华社向全国发通稿。"

杨西光还给胡福明提了个要求。杨说:"这篇文章放在第一版,不以你的名义发表,而以'本报特约评论员'的名义发表,这样可以加重文章的分量。你看行不行?"

胡福明爽快地表示:"行。"

1978 年 5 月 11 日,光明日报刊登题为《实践是检验真理的唯一标准》的特约评论员文章,"凡是派"强势反弹,批判文章"理论上是荒谬的,思想上是反动的,行动上是砍旗",讨伐之声也是隆隆四起。

……重要关头,邓小平在准备 1978 年 6 月 2 日全军政治工作会议讲话内容时,声色俱厉地表示:"现在发生了一个问题,连实践是检验真理的标准都成了问题,简直莫名其妙。"……

一场关于真理标准的大讨论就此在全社会展开。

——(节选自 2008 年 3 月 24 日《今晚报》报道《一篇文章引发真理标准大讨论》)

2008 年 3 月 14 日,《解放日报》以《历史拐点:真理标准大讨论》为题也报道了这篇特约评论员文章发表前后的故事。文章是这样评论这篇特约评论员文章的:"30 年前,一篇文章掀开了社会主义中国历史发展新篇章,改变了整个中华民族的精神风貌,深刻地影响了当代中国。余玮、吴志菲著,新华出版社出版的《邓小平的最后二十年》,讲述了这个历史拐点的背后故事。"

一篇特约评论员文章在 30 年后仍然牵动着世人关注的目光!彰显着评论独特的影响力!

改革开放之后,我国新闻评论迅速繁荣,评论形式、评论手段、评论内容日趋多彩,新闻评论的个性化趋势越来越明显。一方面社论的数量呈逐渐下降趋势,另一方面评论员文章、署名评论日益增多。一时间,新闻言论如雨后春笋,和着改革的春天回到人间。

进入 20 世纪 90 年代,新闻评论的总体特征是:内容和形式的起点更高,社会功能扩展、评论员队伍壮大、评论在各个不同媒体的地位有较大的调整、评论的形式在继承上有较大的革新,评论的现实性和指导性大大增强,评论之多、之广、之热前所未有。[①]

20 世纪 90 年代之初,《解放日报》署名"皇甫平"的四篇评论,再次吸引了世界关注的目光。2007 年 2 月 3

_____

① 蒋祖烜:《漫谈 90 年代的新闻评论》,《中国记者》,1996 年第 5 期。

日,笔者在央视国际上看到《中国经营报》记者赵刚写的报道《〈解放日报〉前书记谈皇甫平评论,揭秘小平91南巡》。报道讲述了"皇甫平系列评论"的前后经过:

《做改革开放的"带头羊"》,这是"皇甫平"1991年正月初一发表在上海《解放日报》头版的评论的标题。它与随后发表的几篇评论一起构成了名震一时的"皇甫平系列评论"。文章一扫当时舆论上对改革开放欲言又止的沉闷气氛,激情、鲜明地歌唱改革,鼓动改革。

时任上海《解放日报》党委书记的周瑞金,正是当年"皇甫平系列评论"的主要组织者……

记者:你16年前那组"皇甫平系列评论"是在什么样的背景下推出的呢?

周瑞金:这组文章的创作与小平同志1991年在上海的讲话有非常直接的关系。基本上就是根据他那次在上海的春节讲话精神而写的。

小平同志从1986年开始,每年都来上海过春节。但以往他都是住在西郊宾馆里,深入简出,非常低调。1991年那次来上海过春节,小平同志跟前面几次不一样了,他频繁地走访工厂,参观企业,听取浦东开发区等各部门的情况汇报,而且一边走,一边看,一边发表了很多新的有关改革开放的讲话。这一系列讲话后来被编成一份专门的材料,供上海市高层传阅。

当时的一位上海市领导有意叫我过去看这份材料,目的是让我了解一下小平同志的最新思想,因为我当时是《解放日报》的一把手。怎么处理,要不要写文章则要我自己把握。

材料中的一句话触动了我:"改革开放还要讲,我们党还要讲几十年。光我一个人讲还不够,我们党要讲话,要讲几十年。"

我当时就拍板决定,要为改革呼喊,宣传小平同志市场经济改革的最新思想。我在小年夜找齐三个人,经过集体讨论后就把第一篇文章写出来了。后来一发不可收,又连发了三篇。这些文章的基本调子没出1991年小平同志上海讲话,我们只是对某些内容作了补充。所以这组文章都署名"皇甫平",意思是"奉人民之命辅佐邓小平"。

记者:这组文章出来以后,就引发了激烈的争论?

周瑞金:对,当时很多大报、大刊都对我们的文章进行了批评,当然也有不少人对我们的观点表示支持……

新华出版社2008年1月出版了余玮、吴志菲著的《邓小平的最后二十年》,人民网读书频道刊载了这部著作的书稿。在书稿的第五章《政治嘱托——上海在对外开放方面的优势》中对"皇甫平"的含义有不同的解释,并对这组评论发表后引发的争论的激烈程度有更详细的叙述。文中写道:

这年2月15日,《解放日报》头版发表了题为《做改革开放的"带头羊"》的文章,这篇文章结合上海浦东新区的开放、全国的改革开放形势，对邓小平上海谈话的精神加以阐释和发挥。文章说："从辛未羊年开始，今后的10年，是中国历史的关键10年，也是振兴上海的关键10年。10年看头年，辛未羊年，对于上海来说，应该是一个'改革年'。"

3月2日，皇甫平的第二篇文章《改革开放要有新思路》发表了。文章主要论述邓小平关于计划经济、市场经济不属于社会主义和资本主义任何一种社会制度，它们只是一种方法和手段的思想观点。20天后，即3月22日，《解放日报》再次发表文章，批评"新的思想僵滞"，提倡敢冒风险、敢为天下先的探索精神，题目是《扩大开放的意识更强些》。

4月12日，《解放日报》发表了皇甫平的第四篇文章，题目是《改革开放需要大批德才兼备的干部》。

……《解放日报》这四篇署名评论当时被称为"吹来一股清新的改革开放春风"，不少人来信来电询问文章作者"皇甫平"是谁，并说读了文章很受启发有能助于解放思想，打开思路。……与此同时，国内一些人利用座谈会和少数报刊对"皇甫平"文章进行责难和批判。他们虚设论敌，无限上纲地指责什么"改革开放可以不问姓社姓资吗？""不问姓社姓资，必然会把改革开放引向资本主义道路而断送社会主义事业"等等。

周瑞金回忆说："我们在撰写文章时，是有一定冒风险思想准备的。但我绝对没有预料到，几篇署名评论会招致如此火力凶猛的'大批判'，拿大帽子吓人到如此程度！我们本想批驳，但上海市委领导出于维护大局，指示我们淡化处理，不搞争论。这样，我们便顾全大局，不予置理，相信大多数干部群众会明辨是非，服膺真理。"

其实，《解放日报》并没有停止论争，对于论争采取了策略化的处理，将"皇甫平"改为"吉放文"，继续发表文章。此后，陆续发表的文章有《论干部的精神状态》《论"科学技术是第一生产力"的理论和实践意义》《改革要有胆识》等。①

1992年，党的十四大确立了社会主义市场经济体制，各地经济迅速发展，都市活力持续增强，都市报在这种背景下迅速兴起。于是，中国报业在经历了80年代初期的晚报复兴、90年代初期扩版潮之后，又进入到了以中心城市为地域特征，以都市报异军突起的报业发展新阶段②。此后，新闻竞争、媒体竞争硝烟四起，中国新闻事业生机勃勃，报人施尽手段争夺着受众的目光，注意力一时间成为稀缺资源。当面对竞争压力的新闻人思考社会转型期的实践情况时，开始认识到新闻评论的社会意义和媒介意义。

1990年，上海文汇报举办"虚实谈"言论征文，仅两个月，收到各地来

---

① 来源：http://book.people.com.cn/GB/108221/6832047.html

② 殷俊：《媒介新闻评论学》，四川大学出版社2005年版，第86页。

稿 2000 多件。《人民日报》的"今日谈"、《光明日报》的"大家谈"等吸引了社会的关注。1995 年"全国新闻百佳"评选，评论员与记者、编辑三分天下，1998 年 11 月初《冰点时评》问世，中国媒体"观点时代"翩然而至。2002 年以来，在激烈的中国报业竞争中出现了争设时评版的现象，而且有逐步扩大规模的趋势。《南方都市报》时评版获得成功后，各类媒体纷纷开设时评版并且取得了可喜成就，一时间，时评成为各个媒体中的热点版面。新兴晚报和都市报类报纸也纷纷以时评为先期宣传介入点。面对 2002 年"时评"的勃兴，有人将之称为第三次"时评热"。①

在时评热中，《人民日报》的评论政策性强，站位高，发挥着重要的舆论导向作用。如 2004 年 7 月 12 日的《人民日报》头版署名任仲平的评论文章《再干一个二十年——论我国改革发展的关键时期》。这篇长达 7000 字的评论认为，一个国家的发展道路虽然漫长，但紧要处只有几步，我国改革正处在一个关键时期。这个关键时期，既是难得机遇又是严峻挑战，是"黄金发展期"同时也是"矛盾凸显期"，社会生活深刻变革，社会矛盾相互交织，社会问题大量出现，"要求我们比以往任何时候都要更加重视维护社会稳定"②。"任仲平"是人民日报的一个写作班子，是"人民日报重要评论"的谐音，面对重大的新闻事件，及时作出反应，成功创作了一系列解读政策、引导舆论的重大评论。从 1993 年起，它就已成为人民日报的一个"品牌"。

在第十六届中国新闻奖特等奖获奖作品中，就有署名为任仲平的评论《在全面建设小康社会中充分发挥先锋模范作用》。这篇评论发表在《人民日报》2005 年 2 月 25 日第一版上，它从十四个方面对共产党员如何在全面建设小康社会的进程中发挥先锋模范作用，保持先进性进行了全面的论述，对广大党员干部具有直接的权威指导作用，给人们留下难忘印象。意义深运的重型评论《筑起我们新的长城——论抗击非典的伟大精神》，也出自"任仲平"之手。这篇评论发表在《人民日报》2003 年 5 月 15 日第一版上，它在特殊时期，高瞻远瞩，揭示了那段岁月的伟大意义。

在时评热中，新闻评论的教育功能在继续发挥主导性的同时，烛照社会、启迪读者等诸多功能得到强化，评论开始把目光投向现实生活的各个领域，财经、影视、体坛、教育、追星族、婚外恋、保健……有什么样的新闻焦点，就有与之相随的新闻评论，几乎无所不评、无题不论，新闻评论显示着灼热的影响面和穿透力。《羊城晚报》的评论版是时评热的一个缩影，它由"来论选登"、"首席评论"、"漫话漫画"、"广州观

———————

① 对于中国的时评发展，有学者做过研究：1896 年 8 月 9 日上海创刊的《时务报》，促成了中国第一次"时评热"；到 20 世纪 40 年代，以《大公报》"星期社评"为代表形成了第二次"时评热"；2002 年，从中国入世后第一年起，有人称之为中国媒体的第三次"时评热"。

② 参见 http://www.tecn.cn.

察"、"民生关注"、"一得之言"、"世相关注",以及时常配有打油诗的栏目"随便聊聊"等栏目组成。该版评论对民生给予了重点的关注,反映民众声音,努力从民众的角度、民众的心理和认知去看待和评述事件①。在汹汹涌涌的时评热浪中,人们感受着表达的多元和冲动,倾听着声音的嘈杂和纷纭,审视着媒体的责任意识和招徕欲望,品味着评论作品的快餐风格。

日本学者新井直之在 20 世纪六七十年代预测说:"今后的报纸,解说的重要性将日益增加。如果说,报业史的第一阶段是'政论报纸'的时代,第二阶段是'报道报纸'的时代,那么,今后即将到来的阶段可能是'解说报纸'的时代。"学者的前瞻很准确。在我国,新闻传媒由从前那种简单的资讯提供者,转变为现在的"信息管家、时事顾问、意见领袖"②。我国新闻传播研究者认为:"发轫于 20 世纪末叶的媒介之间的新闻竞争持续至今更趋激烈,其竞争的核心日益回归新闻本身。传统的新闻竞争以追求'独家新闻'为最高目标,从某种程度上说,其本质是传播技术的竞争;随着新闻事业的无孔不入和传播技术的日臻发达,'独家新闻'产生的条件已基本丧失,因而,在新一轮新闻竞争中,'快'虽然仍是一个重要的因素,但已居于次要地位。新一轮的新闻竞争点已从追求'独家'转向追求'独创新闻'。'独创新闻'更多地依赖于报道者的新角度、新思维、新观点、新方法。"③这是不是意味着新闻报道和新闻评论出现了一种互相借

力的趋势? 客观信息和主观信息的新闻融合该怎样认识呢?

2007 年 1 月 5 日,《嘉兴日报》同时在《人民日报》、《中国青年报》、《杂文报》上刊出《探索新形势下媒体新闻评论工作机制——嘉兴日报招聘新闻评论部主任、评论记者》的招聘启事,此后,新华网、人民网、新浪、搜狐、网易等 80 多家知名网站以及《中国新闻出版报》、《广州日报》和《中华新闻报》等报纸加以转载或发表评论。④

评论记者,这一新鲜的称谓似乎意味深长。

二

电视在 20 世纪赢得了整个世界!⑤

电视新闻评论 20 世纪 90 年代赢得了中国观众!

2006 年 5 月 17 日的《中国青年报》以《遭遇黑社会,过招造假官员,央视新闻调查幕后》为题报道了这样一个故事:

————————

① 湖南大学周宇硕士论文:《新闻评论在当代的发展研究》。

② 和田洋一:《新闻学概论》,第 70 页中国新闻出版社 1983 年版。

③ 夏琼、高英雄:《新闻传媒文化的知性化趋势》,武汉大学新闻与传播学院 http://journal. whu. edu. cn/news/read_news. php? id=313。

④ 蔡伟达,丁燕:《创新是传媒业永续发展的不竭动力》,2007 年 12 月 28《中华新闻报》,网址:http://www. cjas. com. cn/n3934c29. aspx。

⑤ 杨新敏:《当代广播电视新闻评论》,中国广播电视出版社,2005 年 3 月版,第 2 页。

1995年7月至9月，严重干旱和缺水的山西省运城地区，在短短两个多月的时间内，建成了可灌溉100万亩的六七万个渗灌池。

3年之后，开始有人反映，渗灌工程完全是假的。甚至为了应付领导参观，当地还修出了半弧形的"池子"——从公路上看过去是一个完整的池子，而另一半却是空的。

1998年9月，《新闻调查》编导徐涛和策划刘山鹰赶赴运城做节目的前期调查。

"据说当地官员有一整套对付新闻记者的绝妙方法，并且屡试不爽。面对我们两个不速之客，他们一会儿白脸一会儿红脸，企图吓退两个'毛头记者'（官员原话）。"徐涛回忆说。所有的人都认为运城渗灌的选题好，但所有人都认为这个难做。"因为当事人都还在职位上。"

9月11日，摄制组一行5人正式开始拍摄、采访。

摄制组的行动受到诸多特殊"关照"：住处对面，住的就是当地电视台的人。为了避开他们，摄制组凌晨四五点就出门，但是发现依然被跟踪：有的人"明跟"，有的车则"暗跟"，摄制组的一切行踪都在对方监控之下。有几次摄制组试图把"尾巴"甩掉，但终究是人家的地面，几次努力终未奏效。

当时，一些当地基层官员的气焰非常嚣张。采访中，一名农妇告诉记者，"渗灌池没放过水，从来没用过"，跟在摄制组后面的一名乡干部立即大声呵斥她："谁胡说我就收拾谁！"由于

《新闻调查》采用双机拍摄，当时镜头正一个对准记者王利芬，一个对准那名农妇。听到那名乡干部说话后，敏锐的摄影师迅速将对准记者的镜头转向那名乡干部，记录下了这意味深长的一幕。

在调查中，记者发现了渗灌井后面的秘密，插在农田里的所谓"水管"其实是一根木头，在木头上甚至已经长出了木耳。

取得了扎实的证据后，摄制组回到了北京。回京后，当地政府为此下的力气之大，动用人员之多，大大出乎他们的预料。"运城的几个人，不断在我们办公室的走廊里串来串去。他们最后判断：该节目肯定不播了。除了少数几个人，我们也都以为不播了，大家垂头丧气。"

10月16日清晨，一哨人马由时任制片人的夏骏带队，直奔北京首都机场。起飞前15分钟，夏骏才在候机厅一个偏僻的角落，说明了此行的目的：当晚央视1套21时10分将播出《透视运城渗灌工程》，为了了解当地政府和百姓对该节目播出后的反应，评论部在节目播出当晚前往运城采访拍摄，并将制作成一期《焦点访谈》，两日后播出。之所以临播出才说明，因为当地政府活动能力不可小视，一旦走漏风声，当晚《新闻调查》的播出很可能泡汤。

这一次去运城，摄制组改为先飞抵河南省洛阳市，然后在洛阳市牡丹大酒店包租一辆面包车，从陆路进入运城境内……

次日，摄制组制作的这期节目播

出。播出时,时任国务院总理的朱镕基正在广西壮族自治区北海市迎宾馆就餐。看罢节目,朱镕基沉默不语。夫人劳安劝他多吃一点,他将饭碗一推,低声说道:不吃了!

《新闻调查》是中央电视台新闻评论部的一个优秀栏目,它以独到的形态,赋予电视新闻评论以新的内涵,使新闻评论的"电视化"特征得到充分表现,使人们对新闻评论有了崭新的理解,使受众对新闻评论产生了从未有过的喜爱!

1993 年中央电视台新闻评论部成立,当年 5 月《东方时空》的推出使我国电视新闻评论迅速成为电视媒体上的强势节目。《东方时空》是一个由体制外从业人员、国家意识形态机器和巨额广告共同打造的早间新闻类节目,节目被隔为三个空间:《东方之子》圈点当代政治、经济、文化精英;《生活空间》为百姓的平凡的生活寻求生存的意义;《焦点时刻》以政治、经济、文化精英的视角对平民实施关怀。《东方时空》在整体上获得了巨大成功,1998～2000 年的年度收视率分别为2.07%、2.11%、1.98%。

一年后的 1994 年 4 月 1 日,脱胎于《焦点时刻》的《焦点访谈》诞生,成为收视率仅次于《新闻联播》的又一个中国电视神话,其中 1998 年年平均收视率为27.48%。换言之,《焦点访谈》成了近 1/3 中国电视观众每天晚饭后的一项生活内容①。

1996 年 5 月 17 日,作为《焦点访谈》在广度与深度上的延伸,周刊型栏目《新闻调查》隆重登场,节目以对"社会的关切"、"制度的建设"为选题的方向,以深度报道的形式对重大社会新闻事件进行调查和评说,成为央视的又一大名牌栏目。

随后,全国各地的电视台纷纷创办新闻评论栏目,安徽电视台的《社会之窗》、河北电视台的《社会纵横》、江苏电视台的《大写真》、上海电视台的《新闻透视》、广东电视台的《新闻纵横》、四川电视台的《今晚十分》、南京电视台的《南京零距离》…… 新闻评论花鲜果硕、万紫千红!

"电视评论节目作为一种新兴的电视新闻报道体裁,在国内经过多年的探索和实践,得到了中央领导和广大电视观众的认可,成为宣传政策法规、反映舆情民意、揭示社会问题、推进社会问题解决、下情上达、上情下达的一个重要渠道。它既是目前在荧屏上异常活跃、佳作频出的电视新闻报道形式,更是社会反响巨大、观众喜闻乐见的电视节目。可以说,电视评论类节目充满着对国计民生的新闻关注和人文关怀,确立着社会正义和公众利益的位置,构成了电视传播扣人心弦、动人心魄、引人思考的真正魅力。"②

伴随着电视新闻评论栏目的火爆,一大批电视新闻评论员开始"明星

————————

① 凌 燕:《中国电视新闻评论节目解读》,《二十一世纪》,2002 年 4 月号·第 70 期。

② 赵化勇:《〈焦点访谈〉红皮书》序二,文化艺术出版社 2002 年 10 月版,第 17～18 页。

化"，这在中国新闻史上别开生面！白岩松、曹景行、敬一丹、水均益、吴晓莉等等，一时间成为从城市到农村，从平原到山区，尽人皆知的"新闻明星"！电视新闻评论员因为"能够敏锐地感受到新闻信息，能够接纳、吸收和解读信息，并创造出附有价值的新闻附加因素"，而成为"电视新闻评论节目的核心价值"。①

1998 年全国"两会"期间，凤凰卫视第一次尝试用评论加新闻的方式报道两会，由曹景行做该节目的新闻评论员，他的花白头发、紧张与独特的评述，创造了一定的收视率。由此，凤凰卫视开始建立电视评论员制度，开了每天播出大量时事评论的先河。因为商业利益的关系，世界上几乎没有哪家电视台这么搞，但"凤凰"看准了民众渴望了解世界的心态，重金聘请曹景行、阮次山、杨锦麟和何亮亮等一肚子墨水的新闻"大腕"，并通过反复播出的形象宣传片、节目广告片等形式实行"明星策略"，打开了凤凰卫视的电视评论市场。在中央电视台新闻频道中，我们也看到了"本台评论员"和"特约评论员"的出现。②

伊拉克战争打响后的新闻战，让我们再次看到了新闻评论及新闻评论员独特新闻魅力！当时，中国《新闻周刊》发表文章评论说："战争震醒中国新闻！"

北京时间 2003 年 3 月 20 日上午 10 点 35 分，美伊战争爆发，CCTV-4 反应迅速，于 5 分钟后切到巴格达现场，并同步出现"伊拉克战争打响，巴格达

发出爆炸声"字幕，同声传译之后，主持人开始口播战事消息。在对新闻事实的评论分析中，CCTV 评论员的个人气质如白岩松的成熟老练，徐俐的伶俐大气、鲁健的犀利睿智给观众留下了深刻的印象。CCTV-1 与 CCTV-4 两个频道都采用了"新闻资讯+演播室访谈评论"的基本形式，战争现场画面与演播室访谈结合，动态消息与点评议论交替，专家释疑与主持人作用互动，画面、音效和字幕资讯多管齐下，展开了全方位的报道评论，展示了 CCTV 对突发新闻事件反应处置能力。那一段时间，央视的直播室高朋满座，据说这个专家团队有六十多位来自各高等军事院校、研究所、媒体等单位的军事专家、国际问题专家、气象专家、防化专家、地理专家和资深记者等。如果说各种来自战事现场的新闻资讯（包括动态消息、记者现场报道、新闻现场直播等）是构成直播报道骨架的话，那么，演播室的嘉宾分析点评就是这个骨架的连接点，没有这样的连接点这个骨架就是会散乱不成型。张召忠、宋晓军、金一南、王宝付、李绍先、罗援、阎学通等电视嘉宾的评论，同样给观众留下了难忘的

———————

① 钱庆义：《电视新闻的新卖点 兼议凤凰评论》，来源：http://www.66wen.com/05wx/xinwen/guangbo/20060819/33595.html。

② 李楣杰：《电视评论的三个主角》，来源：《中华新闻报》，http://blog.chinatv-net.com/mediablog/user1/chinatvnet/archives/2004/4996.htm。

印象。①

"凤凰"也有不俗的表现。3月18日布什发表对萨达姆的48小时最后通牒后，凤凰卫视董事局主席兼行政总裁刘长乐曾召集相关负责人开会，部署对这次战事的报道。3月19日深夜，刘长乐向全体员工发出《紧急动员令》，并宣布成立战时报道指挥部，五路记者挺进前线。

刘长乐提出"全方位、多层次、多角度、多形态"的报道方针。所谓全方位，就是动员凤凰在世界各地的记者投入报道，密切观察、随时报道反战和主战两阵营的最新消息。如在华盛顿的记者可拿到美政府对战事最新动向的第一手资料；在纽约的记者盯紧金融市场的波动；洛杉矶的记者将报道来自美国陆军总司令部的最新消息；而驻日本、英国、法国、俄罗斯的记者将及时发回当地的反应。多层次指的是凤凰美伊战事报道组的布局。凤凰卫视联系了多位专家，从各个角度对战事进行评论，他们包括前美国国防部主管亚太军事情报分析的空军上校翁以登，香港著名军事评论员、独立军事观察员马鼎盛，中国军事科学院前战略研究所高级研究员王琦等②。"面对错综复杂的时事新闻，谁能够讲清楚说明白"，资深时事评论员阮次山的广告词点明了他们的作用。阮次山、曹景行、何亮亮、郑浩等凭借他们敏锐的政治嗅觉，丰富的人生阅历和深厚的文化积淀，精到的分析判断能力侃侃而谈，帮助观众在扑朔迷离的新闻资讯中廓清迷雾，理清思路，作出判断。③

新闻评论员以其对政治和新闻事件的高度敏感性，在电视评论中发挥着重大的作用。他们代表着电视台发出与众不同的声音，对新闻事件进行有深度的剖析，用个人魅力来增强新闻评论的传播效果④。近年来，说新闻在我国电视新闻中兴起，有电视读报的，如中央电视台的《马斌读报》；有用方言说新闻的，如杭州电视台的《阿六头说新闻》、齐鲁电视台的《拉呱》；等等。在这些迅速蹿红的说新闻栏目中，新闻评论员格外引人关注。2006年11月9日，《南方周末》刊载了一篇题为《拉呱相声，拉呱新闻?》的报道。报道中有一段描述齐鲁电视《拉呱》节目主持人小么哥走红的情景：

今年4月开始，山东的个人和企业纷纷提出注册"小么哥"商标的申请，申请的名目包括灯泡、电暖器、饮水机、太阳能热水器、个人用电风扇、冰箱、厨房用抽油烟机、电热水器、燃气炉、消毒碗柜、羽绒服装、童装、婴儿全套衣、领带、围巾、皮带和婚纱……而注册"拉

① 《从 CCTV 凤凰卫视伊拉克战争直播报道看重大突发新闻事件的应急反应》，来源：http://www.xici.net/b139982/d10317962.htm。

② 张玉洪：《且看凤凰起舞——凤凰伊战报道特色与 CCTV 比较》，《新闻记者》2003年5期。

③ 《从 CCTV 凤凰卫视伊拉克战争直播报道看重大突发新闻事件的应急反应》，来源：http://www.xici.net/b139982/d10317962.htm。

④ 李楣杰《电视评论的三个主角》来源：《中华新闻报》http://blog.chinatv-net.com/mediablog/user1/chinatvnet/archives/2004/4996.htm。

呱"的则有肥皂、洗发剂、洗面奶、洗衣剂、去污剂、牙膏、化妆品等。

总之，申请注册的商品攒到一起，组建个家庭绰绰有余，开个杂货铺也没问题。

一家白酒厂力拔头筹，为自己生产的白酒注册了"小么哥"商标。齐鲁电视台立刻在网站上贴出声明"表示愤慨"，同时"郑重劝告广大消费者，不要因为喜欢看《拉呱》，喜欢小么哥而去购买此类商品"。

……关于小么哥如何如何受观众爱戴有不少传说，诸如在公共汽车上一位老太太非要给这位身强力壮的小伙子让座，出租车司机不收小么哥车费，云云。这些传说是否确有其事，难以考证，但有广告厂家肯出 30 万元人民币请他代言产品倒是真的。

2007 年 1 月 26 日，水母网、搜狐网转载了这篇报道，我们在网上看到这篇报道的题目改成了"《拉呱相声，拉呱新闻？齐鲁电视台方言新闻引起狐疑》"。"狐疑"两个字映入眼帘，耐人寻味！

三

"第四媒体"正在中国飞速崛起。

截至 2008 年 6 月底，我国网民人数已达 2.5 亿，居世界第一位。如此庞大的网民群体，成为网络"放言"的传播基础，网络评论因此转眼间便成为强大的意见表达新势力。抬望眼，见浪潮。人民网的"强国论坛"、东方网的"东方论坛"、新浪网的"时评之家"

等论坛上"网民如织"，新华网的"新华言论"、人民网的"观点频道"、千龙网的"千龙时评"、东方网的"东方评论"、红网的"红辣椒评论"等评论频道"洛阳纸贵"。目前，各大网站上除了职业评论员和固定网友的博客评论外，都伴生着一个庞大的意见表达人群。BBS 上的短评，新闻跟帖，专家学者的评论专栏，编辑导语，视频采访中的评说等都属于网络评论的范畴，有些博客应该也算是网络评论①。网络的便利性和隐蔽性让社会群体的意见表达如同一夜春风，万树梨花；网络庞大的存储空间和搜索引擎，让社会群体的意见表达如同细流汇合，遂成江海。我们注意到，网络评论正在成为推进新闻事实舆论化的一种新兴力量。

2004 年 10 月 10 日，东方网"东方专家论坛"发表特约专家评论员、原人民日报副总编辑周瑞金写的《知识发展战略至上》一文。文章提出了一个引人注目的论点："21 世纪确是知识经济的时代，知识和智力资源成为经济发展的基础。知识要素已经从其他生产要素中分离出来，成为一种独立的主要因素，在经济运行中发挥着主导的作用。因此，在新世纪知识革命背景下，如果仅仅重视科技，仅仅重视一项项高新技术的攻关，而不重视知识，不重视知识综合创新能力，那就必定影响我国国家竞争力的提升，落伍于时代。""如果说发展是硬道理的话，那么今天我们

---

① 孙云龙：《网络时代的新闻评论》，《网络传播》，2006 年 11 期。

完全可以说，知识发展是硬道理中的硬道理。知识发展战略，应成为我国各项发展战略中头等重要的战略。让我们叫响：知识发展战略至上！"

此文在东方网发表后，经人民网等多家网站的转载，在海外留学人员中，特别是旅美的专家学者中引起了强烈反响。这些专家学者又结合中国的国情，用他们多年的研究成果，用系统、综合、长远的战略目光，再次联合撰写了给中国政府和国家领导人的建议信，就 21 世纪知识竞争时代中国如何实施知识强国战略提出了许多很有价值的建议。专家们希望他们的建议能得到我国政府及国家领导人的高度重视，希望同国内领导、专家同行进行交流与合作。和传统媒体相比，网络评论的优势通过这篇评论的传播，充分地显现出来。①

一只威风八面的野生华南虎，是如何被质疑成一张平面年画的？2007 年 10 月的"华南虎事件"，再次显示了网络的舆论力量。

在老虎照片公布后不久，社会各方面通过网络展开了强大的"舆论证伪"。不少摄影爱好者通过分析照片的色温、光线、透视和闪光灯效果等，证明了照片上的老虎只能是一个平面的纸板老虎，而且只有猫那么大。中国科学院植物研究所的种子植物分类学"首席研究员"傅德志也科学地论证了照片的老虎是伪造的，其论据是照片中的植物与老虎的比例严重不匹配。"他对照片进行了仔细的研究，可以认出老虎身边的叶子，是壳斗科的

麻栎或是榛子。这种植物叶子一般长三厘米（跟真老虎眼睛差不多大），不会超过六厘米。最可疑的是老虎脑袋上那片叶子，如果是真老虎的话，这叶子就得有小脸盆大，傅肯定地说，该地区没有这么大的叶子。"网名为"黑猩猩"的北京市政府的 IT 工程师数学硕士，他最早提出用线性代数方法证明老虎是平面的思路。上海交大机械制造自动化博士"桑丘"，他试图用计算机视觉技术来证明"周老虎"是"平面的"……

如果我们把网络评论的发展放到历史长河中去审视，放到时代的坐标上去衡量，就会发现网络评论已经成为浩浩荡荡的潮流，成为影响中国改革发展稳定的重要力量，它拓宽了民意表达的渠道，也见证了我国政治的文明和时代的进步。②

网络评论所具有的广泛参与性、自由开放性、内容的离散性、评论的大容量性的特点，是网络新闻评论的独特优势，它"使得近年来大量的电视新闻评论受众被网络分流。特别是随着网络电视的兴起，网络积极吸纳电视的传播优势，进一步加速了电视观众的分流。③""但是，电视作为社会第一传媒

① 吴兴人：《网络评论传受全球化的典型》，来源：东方网 http://www.shjubao.cn/eastday/news/node4472/node4506/node6068/node6070/userobject1ai609191.html。

② 《华南虎事件回顾：网络打虎记》，来源：中国新闻传播学评论（CJR）http://www.cjr.com.cn。

③ 连保军：《网络冲击下的电视新闻评论发展趋势》，《传媒》，2006 年第 8 期。

的地位,在一个较长的时间里不会被动摇"①,电视新闻评论的时代还在继续,报刊新闻评论的墨香还阵阵袭来!人们还在期待着新闻评论员更出色的表现!一个非常重要的问题是,面对正在网络上频频"落地"的社会意见的多样化多元化的表达,传统媒体依然谢绝如故吗?

2008年4月23日,又一个世界阅读日翩然而至。

这一天,《中华读书报》刊登该报记者韩晓东采写的报道《国人阅读:站在新机遇的关口》。报道豪迈地说:"30年,相对于中国人漫长的阅读史而言,不过是短短的一瞬。然而就在这短短的30年间,中国书业以及国人的阅读却在实实在在地经历着三千年未有之变局。"又说:"当所有的读者都可以在一个庞大的公共平台上,共同使用人类千百年积累沉淀下来的智慧结晶,并且可以随时交流、激励、辩论甚至争吵,进而产生新的认识、新的知识体系时,所形成的就不是信息大爆炸而是大核爆了。计算机和互联网的被使用,不过是为信息时代装备好硬件设施,这种群体性的知识再生产,才是

信息时代的核心软件,也许人类社会的发展的新希望,就孕育在其中。"

这一天,《光明日报》刊登该报记者王保纯采写的报道《信息时代,我们该怎样阅读》。报道中说"出版科学研究所副所长魏玉山为我们描述了当今阅读的三大趋势",一是从大阅读的概念来讲,人们的阅读在增多而不是减少;二是出现了从读纸到读屏,二者并存的时代,视觉关注对象已经出现了重点转移;三是阅读向离散化、多中心的方向发展。

在这样一个阅读变革的时代,在这样一个传播变革的时代——

谁将成为最好的新闻传播者?

谁将成为最好的新闻评论员?

2008年7月25日

---

① 杨新敏:《当代广播电视新闻评论》,中国广播电视出版社2005年3月版,第1页。

第1篇 BIOGRAPHY IN

理解新闻评论

1 新闻评论的本质

导言

本章学习目标 通过本章学习,要求能够深刻理解新闻评论的本质,理解新闻评论的功能和作用。

本章难点 新闻评论的本质

内容提要 本章探讨了新闻评论的本质,揭示了新闻评论的功能和作用,回溯了新闻评论在中国的发展历史,阐述了新闻评论的演变和发展。

1.1　新闻评论的本质

怎样来认识新闻评论呢？

孤立地看待新闻评论，易停留于皮毛之上，放之于一定的社会环境中来看待，才能得其要旨。

现在，新闻学界对新闻评论的认识见解多样，有的说"新闻评论是报纸上的常用体裁"，有的说"新闻评论，是媒体编辑部或作者对当前最新发生事件或动向的评价"等。这些说法都揭示了新闻评论的部分特点，但它的本质是什么呢？

表面上看，新闻评论是隶属于媒体的一种写作方式，但分析它的传播内容，我们看到它本质上是一种意见传播，是人们基于一定立场和背景进行意见表达与观点交流的有效形式，是现代公民应该掌握的利用大众传媒的基本能力，也是促进社会发展的舆论工具。

早在 1946 年 9 月 1 日的延安《解放日报》上就发表了胡乔木同志的文章《人人都要学会写新闻》，他在文章中表明了自己的态度："我们做革命工作而又能识字作文的人都应该学会写新闻，就同都应该学会说话一样。"他充分认识到了新闻文体并不是某个特定群体的文体，而是具有普遍价值的实用文体。到了 20 世纪 80 年代，这种认识的阐发更加明确了，人民日报评论员于宁、李德民在《怎样写新闻评论》一书中提出"各行各业都可以学，都应该学会写评论。这是发展社会主义民主的需要"①。今天，社会处于转型期，社会各个阶层都产生了表达自身观点和意见的强烈愿望，"人人都能写评论"成为一种社会需要。网络上出现的海潮般的平民评论，传统媒体上言论版的兴盛繁荣，越来越清晰地显示着新闻评论的本质。

作为一种意见传播，新闻评论对新闻事实所表达的态度、观点和意见主要来源于立场。在影响立场形成的利益、文化、风俗等种种因素中，利益是最根本的因素。比如，2006 年 4 月 25 日《华夏时报》报道，全国政协常委兼科教文卫体委员会主任、中国演出家协会主席刘忠德先生就"超女超男被指玷污艺术"的说法接受了记者采访，称"超女让年轻人在娱乐中受到毒害"。刘先生还称"不应允许超女现象存在"。这篇报道发表后，引起了人们的争论，争论各方在媒体上发表评论，表达意见。

支持超女、反对刘忠德的人撰写评论《让我们珍惜超女带来的快乐》（2006 年 04 月 28 日 南方报业）。他们给出的根据是："去年搞超女，多少市民跟过节似的参与进来，并且从中得

---

①　于宁、李德民：《学会写新闻评论》，中国新闻出版社 1988 年版，第 41 页。

到极高程度的快乐,这难道不是很重很重的东西吗? 这是人心向背啊,难道您希望因为您点的这一炮而遭到剥夺? 至少我可不乐见您到晚年的时候,在回忆录里不无得意地说:当年是我一举扭转了不良社会风气。恰恰,您剥夺了多少人的快乐! 大家本来已经快乐不多,我们还是小心捧着这点快乐不好吗?"支持刘忠德、否定超女的人撰写评论《"超女"是一剂精神蒙汗药》(2006 年 04 月 25 日 新华网,郭松民),作者认为,"超女"问题的要害就在于它用华丽的包装、宏大的场面、成千上万"粉丝"的积极参与,共同营造了一个"丑小鸭变白天鹅"的现代神话。这个神话在客观上起到了遮蔽青少年面临的真实社会问题、麻醉他们心灵的作用。当今社会的年轻一代,面临许多困扰:如升学、就业,以及因为买房而沦为"房奴",因为生病而变得赤贫,跻身于中产阶层的希望越来越渺茫(这从部分大学毕业生的工资逐渐和农民工趋同这一趋势就可以看得出来)等。对这些问题的存在,大家并没有太大的分歧,关键在于如何解释这些问题的成因。个人的努力不够或者运气不好,仅仅是诸多原因中最微不足道的一个。总的来说,这些问题是一系列不合理的制度安排造成的。对于这些不合理的制度安排,需要青年们直面它、严肃认真地思考它

并本着对个人、对国家、对历史负责的态度,一起动手来解决它。在这个意义上说,青年们并无捷径可走。但"超女"这个"丑小鸭变白天鹅"的现代神话,所传递的全部暗示却是:并不需要这样累,只要成名,所有这些问题就全部自动消失,而成名却是人人都有可能的。在这样一个神话面前,所有严肃认真的思考,都显得十分可笑,所有试图通过推动社会进步而改变自身命运的努力,其成本都显得过于昂贵。显然,年轻一代服了这剂蒙汗药并沉沉睡去,对于那些能够从不合理的制度安排中最大限度地获得好处的既得利益者来说,当然是最好不过了。

中间派撰写评论《"超女"需引导而非封杀》(2006 年 04 月 28 日 新华网 耿银平),作者认为,透过"超女",人们应该看到它的优劣所在,比如"超女"中的电视与观众互动、让观众获得文化评判权等,大众在参与中得到趣味和娱乐,群众就喜欢。但是当"超女"成为"炒女"、"钞女",成为对商业利润的追求的时候,就应该将这种唯利是图的文化迷乱告诉青少年。

关于超女是与非的争论,各方表达了意见,这些表达一定立场的意见是为一定的利益服务的。

据此,我们给出新闻评论思考和写作的流线图:

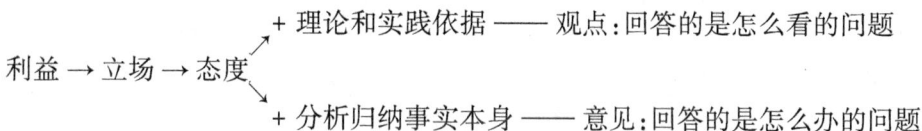

```
                          + 理论和实践依据 —— 观点:回答的是怎么看的问题
                        ↗
利益 → 立场 → 态度
                        ↘
                          + 分析归纳事实本身 —— 意见:回答的是怎么办的问题
```

评论写作者着眼于某个群体的利益，自然就会从相应群体的立场出发来对新闻事件进行评判，最终得出符合该群体利益的观点或看法。在具体的新闻评论写作中，除了利益考量、立场以外，作者的理论认识水平、分析概括能力等方面的素质也是作者能否得出合理观点的条件。但这中间，立场、利益的因素才是评论观点差异的根本原因。

既然新闻评论的观点是一定利益的代表，那么为什么黄健翔在评论2006年德国世界杯意大利和澳大利亚的比赛时的倾向性解说，却遭受批评呢？这里涉及一个问题就是，新闻评论写作中，还存在作者与媒体各自立场的差异。

第一，因为黄健翔是代表媒体的，不是以个人名义评论的，而黄健翔所代表的媒体——央视是以公正为新闻理念的。黄健翔在这场比赛中的解说和评论明显有超出比赛本身的偏向。

第二，在这个比赛中，央视的受众是中国球迷。中国利益是中国球迷的共同利益。黄健翔的偏向恰恰损害了这一利益。也就是说，他用个人利益损害了受众的利益。而媒体的新闻评论应该代表其所属的媒体利益。

我国当前社会的一项基本特征，就是社会分层，伴随着多种利益集团和阶层的出现，各种利益要求下的意见表达，成为一种现实的需要。新闻评论作为一个意见表达平台，为各方的交流提供了共同的话语空间。今天，我们正在建设和谐社会，和谐社会不但体现在物质生活的和谐，还体现在社会精神的和谐，特别是体现在社会的整合程度和整合能力上。新闻评论作为媒体上一个已经较为成熟的文体，有能力也有责任成为公众交流的有效工具。

1.2 新闻评论的功能和作用

从19世纪70年代出现中国第一份国人自办的政论性报纸《循环日报》算起，到了21世纪的今天，中国新闻评论已经走过了130多年的历史。在这段岁月当中，新闻评论伴随着时代变迁几经沉浮，不论是形式、性质还是功能、作用，都镌刻了时代的痕迹。

新闻评论早期实践者的代表梁启超在集其新闻思想大成的《国风报叙例》中这样评价新闻评论这种文体的作用，"凡论说，本报之精神寓焉。其对象则兼政治上与社会上者，海当道也"，"凡时评，就国中所已举措之事而论其得失，而旨于规正者什八九，盖其举措已当，无俟规正者，也无俟谀颂也。惟舆论有抨击政府而失辞者，时亦为政府讼直"①。梁启超作为当时新闻评论的领军人物，他的思想就大概反映出了当时新闻评论所具备的功能。②

到了当代，又有学者深思新闻评论的作用，丁法章这样总结，新闻评论的作用："一、准确及时的阐释党的路线、

---

① 梁启超：《国风报叙例》，《饮冰室合集》第三册。

② 丁法章：《新闻评论教程》，复旦大学出版社2002年6月版，第53页。

方针、政策,使其变为广大干部群众的统一行动;二、切中时弊,扶正祛邪为提高全面思想道德素质和社会文明程度,积极发挥舆论引导作用。"

新闻评论的一个显著特点就是具有较强的现实针对性,因此它比其他任何文体都更能显示出与一个时代的密切关联。在当前多元化的社会背景,全球一体化的发展趋势,世界多极化的国际环境下,在传媒新技术的发展、国内媒体的竞争、国际传媒巨头的介入背景下,新闻评论的作用,以下两点更加引人注目。

1.2.1 针砭时弊,进行舆论监督

"新闻评论作为一种舆论监督的工具,它以理论的深刻、意见的直接、态度的鲜明比消息报道更能有效地发挥对社会腐败、落后、陈旧、保守东西的批评和鞭策,它是我们实行社会监督的一个重要传播形式。"①例如2005年3月12日《南方都市报》的评论《什么阻碍了"反腐利器"出炉》。请看这篇评论:

全国人大代表王全杰提交议案,呼吁建立政府领导干部个人资产制度——领导干部不仅要公布个人财产,还应公布自己的父母、配偶和子女及其他直系亲属的所有有价资产及其海外资产。

该议案实际上就是人们常说的"官员财产申报制度"。官员财产申报制度是公认的"反腐利器",近年来,

"官员财产一律公开申报"的建言之声响彻民间,人大代表也不止一次提出议案。

然而,这件反腐利器似乎全无出炉的迹象。到底是什么阻碍了官员财产申报制度的出台?综观那些能够见光的理由,无非有以下四种论调:

一是"维护隐私权论"。有人认为,官员同样是公民,享有个人隐私不受侵犯的权利,强制公布官员财产,是对官员个人隐私权的侵犯。

二是"监督无效论"。有人指出,实行财产申报制度,由官员个人提供财产信息,所依靠的还是官员个人的道德自律意识,腐败官员照样会隐瞒真实财产情况,人们照旧无法获得真实信息,监督也就成了空中楼阁。

三是"成本过高论"。有人强调,中国官员数目众多,配套制度又不完善,官员财产申报制度的立法成本与执法成本都太过高昂。

四是"立法条件不具备论"。面对"建立官员财产申报制度"的呼声,有人总是以充满权威感的声音回答道:"目前立法条件尚不具备。"至于哪些条件不具备,他们往往语焉不详,似乎一切尽在不言中。

阻止官员财产申报制度出台的是公民权利吗?不是。在法治国家中,权力与权利总是此消彼长的。任何人一旦掌握公共权力、拥有了利用权力为己牟利的机会,他就必须将自己的隐私置

---

① 赵振宇:《现代新闻评论》,武汉大学出版社2005年2月版,第68页。

于公众的监督之下。

阻止官员财产申报制度出台的是其自身的软肋吗？不是。实行官员财产申报制度，并不是为了获得有关官员私产的真实数据，而是为了让公众与反腐机构更容易发现那些公开收入情况与奢华生活状态明显不符的"问题官员"。

阻止官员财产申报制度出台的是过高的成本吗？不是。计划生育制度、高考制度的实行同样面临"人多"的问题，但这些制度都没有因人多而空转。仅外逃贪官带走的国家资产就高达 500 亿美元，即使反腐败成本巨大，与收益相比却又是微不足道的。

阻止官员财产申报制度出台的是立法条件问题吗？似乎也说不通。泰国、墨西哥、尼日利亚等国也都或早或迟实施了财产申报制度。与这些法治程度参差不齐的国家相比，我们还缺少什么立法条件？

到底是什么阻止了官员财产申报制度出台呢？"新世纪中国惩治和预防腐败对策研究"课题组曾做过一次调查，结果 93% 的调查对象认为目前实行家庭财产申报制的阻力主要来自于领导阶层。

这篇评论对"官员财产申报制度"这一"反腐利器"难以出台的原因进行了剖析，指出了症结所在，发挥了舆论监督的作用。

当前，随着网络传播的发展，评论的渠道和形式丰富多样，社会声音表达的门槛降低了，评论的平民化趋势明显加强，伴随着许多重要的新闻事件，新闻评论的舆论监督功能越来越引人注目。

1.2.2 解读新闻事实，提供新闻观点，进行舆论引导

在社会转型时期和知识经济时代，单凭个体的知识和经验对新闻事物做出解释和判断，人们越来越感到不足，新闻媒体越来越深地认识到了这一点，并开始对政策、信息进行更深入的解读，努力为受众提供一个多角度、多层面的观照与参考，用以指导人们的思考和行为。如今，许多报刊"言论版"的持续升温就表明了这一点。

解读事实背后的信息，提供观点，是推动公众决策必不可少的重要步骤。所谓解读，就是媒体通过分析、说明和解释新闻的意义，即对刚刚发生或正在发生的重要新闻事件，或社会现象，或问题，或政策法规等进行针对性的分析解说。媒体常常通过这种新闻解读，来阐释当前的方针、政策，分析公众关注的新闻事件的内涵，帮助人们把过去分散的、个别的议论，化为系统的、集中的、科学的意见，这种聚合能使分散的言论上升为一个一致的理性认知，进而形成一种预期的社会舆论，实现舆论引导的目的。

比如，2006 年 3 月 19 日上午，前世界重量级拳王迈克·泰森抵达北京，并到毛主席纪念堂瞻仰了伟人遗容。泰森说："在毛主席遗体前我觉得自己很渺小，能够有机会参观纪念堂是我莫大的荣幸。我希望自己不久还能来中

国,来这里参加比赛。"一家媒体马上以《泰森访北京瞻仰毛主席遗容 感叹自己渺小》为题报道了此事。如何看待这件新闻呢？新闻报道本身的舆论导向不明显。次日人民网《观点》频道《网友说话》栏目里发表了网友张敬伟写的新闻评论《前拳王泰森瞻仰毛主席遗容到底为了啥？》。评论表达了作者的观点："实在没有必要将充满争议的'野兽'和我们敬爱的领袖扯在一起,还大肆张扬！"。作者给出了这样几个理由：一是泰森在来北京前,在上海出尔反尔,被上海人称为"痞子"。二是因劣迹斑斑,被他自己的祖国取消参赛资格；三是现在泰森官司缠身,而且已经破产,来中国是是为了金光灿灿的美元。这篇评论通过意见表达,在引导和影响评价泰森中国之行的舆论上产生了不可低估的作用。当一般受众读到《泰森访北京瞻仰毛主席遗容,感叹自己渺小》时,而产生的好感、快意,读到这篇评论后,很快就会为反感、深思所代替。个人的态度也会由赞成邀请泰森来访转向反对邀请这样的"痞子"。这就是评论的对舆论的引导力。

又如《中国证券报》2007年10月25日的新闻评论《"创造条件"含义深刻》：

党的十七大提出一个令人耳目一新的观点——创造条件让更多群众拥有财产性收入,这对未来投资市场的影响至关重要。就目前的中国投资市场而言,还能为老百姓创造什么条件

呢？笔者以为至少可以在如下几个方面让老百姓拥有财产性收入：

第一,可推出"以房养老"的"倒按揭"业务,让普通百姓也能获得财产性收入。中国老百姓大多数只有一套住房,房屋自住也就不会带来收入。但房产也是资产,如何将处于静止状态的财产带来收入,国外的"倒按揭"方式可供借鉴。在退休时将房子抵押给商业银行,由银行根据房产的价值向老人每月发放养老金,老人过世后银行将房产的残值作为遗产向继承人清偿。目前上海公积金管理中心已开始这项业务的试点,一旦试点成熟并加以推广,应该说是一件利国利民的好事。

第二,让更多的老百姓持有金融产品。让老百姓持有金融产品不等于动员老百姓来炒股票,大多数老百姓在指数一两千点时没做股票,现在到6000点了,那就需要设计出低风险度的金融产品让老百姓选购,比如最近一些银行推出的专门申购新股的理财产品就很适合从来没做过股票的人来认购。在各类金融产品中甚至可以设计一些"傻瓜型"产品,让那些钱不多、初次接触金融产品的人来购买。记得40年前,银行有一种叫"贴花"的储蓄品种,老百姓像买邮票那样花5元、10元去买一张张像邮票大小的"贴花",等到一个小本子贴满"贴花"之后就可以换取比原来付出的钱更多一点的钱,这增加的部分就是利息。当然,时过境迁,没必要恢复"贴花",但这种便民的思路还是值得借鉴。

第三,创造条件,藏富于民。财产

性收入的内涵极其广泛,它既包含着使用财产带来的收入,也包含了持有的财产买卖带来的差价收入,而财产本身的表现形式五花八门,"创造条件让更多群众拥有财产性收入"就体现了"藏富于民"的思想。原先我国在外汇管理上实行的是"藏富于国"的思路,实行强制性结汇,现在这种思路变了,实行"藏汇于民"了,这就是一种历史性的进步。让老百姓合理合法地拥有财产,并通过这种财产取得收入,这是社会发展的必然趋势。

党的十七大提出的这个新观念奠定了日后投资市场的发展方向,为此,更大规模地普及理财知识、对投资者进行风险提示也是一件刻不容缓的任务。如果没有风险意识,买房也可能套牢,也可能变成"房奴",持有的不但不是财产,反而持有了"负资产";如果没有风险意识,买股票更容易套牢,成为"股奴",手中的真金白银被打折,那更是一件痛苦的事。

这篇评论在怎样让社会主义社会"更和谐"的这个主题上,从自身专业出发,根据当前公众关注理财的焦点,有针对性地提出自己的比较专业性的意见,为公众更透彻地理解政策提供了便利和引导。

今天,在"以思想能力和文化张力打拼,靠观点和理性制胜"的媒介新时代,新闻评论还有着更进一步的作用,那就是在解读信息的基础上为广大受众提供有益的观点。面对社会现象,新闻评论以其特有的理性和逻辑力量来说服人们,为人们提供鉴别真假、是非、善恶、美丑的思想参照物,使人们对新闻的内涵产生深刻的理解,对其暴露的问题有着更敏锐的感知,对其内在的意义和价值有着更准确的判断,并最终做出趋利避害的理性选择。在当前媒介的观点竞争时代,评论的这一功能得到了张扬。有观察家认为,新闻评论已经出现了由"为民众说话"向"让民众说话"的方向转变的新局势。评论主体的大众化与评论作者的大众化是这一态势的表征。

1.3 新闻评论的样式演变

我国是一个有着悠久办报历史的国家,然而我们也知道,我国古代的报纸无论是唐代的邸报、宋代的判报,以及在民间士子阶层广为流传的小报,还是明代的京报、清代的"黄皮京报",往往是以传播一些官方文件或是皇宫内部的信息为主,传播范围极其狭窄,以封建官场为其最大辐射范围,这些报纸上的信息在本质上尚算不上新闻。而且封建统治者从长期的政治实践中深深地懂得信息沟通对维护统治的重要性,但慑于信息的巨大威力,又往往对民间封锁消息,对民间抄传邸报就曾一度大力压制和戕害,更何况是有所指陈的言论,更视之如洪水猛兽。总之,在中国古代报纸上尚不存在真正的新闻,更谈不上新闻评论了。

新闻评论是伴随着近代报刊的产生而出现的。我国现代意义上的报纸产生于19世纪,但它们并不是经济、政治等社会因素发展成熟后的产物。这些报刊最早是由外国传教士创办，并为其在中国传播西方思想的目的服务的。直到19世纪50年代，才先后在香港、广州、上海、汉口、福州等地出现了最早一批中国人自己创办的近代报纸。在随后的岁月里，一批批报人在他们的报纸上阐明政见、针砭时弊，新闻评论也就随之应运而生了。可以说新闻评论起于近代，随后蓬勃发展，并最终在当代成为在各种媒体上发表观点的通用形式。

但任何新事物的产生，都有一个蜕变于旧事物，并按照自身规律不断发展变革的过程。新闻评论亦是这样，虽然它的第一次出现仅仅能追溯到19世纪。但从大的文体类别上来看，新闻评论属于表明立场和观点的议论文体。我们可以将我国新闻评论从起源到当今的成熟展现分为三个阶段。

1.3.1 我国悠久的发表自己观点的文字传统

徐铸成曾在《漫谈新闻和新闻评论》一文中谈到，早在传说中的尧舜时代，统治者左右就有两个史官，"左史记言，右史记事"，他们虽然有着官方身份，但记载的东西从不让统治者审改，可以说是最早的"新闻记者"，发生的事情在当时是新闻，过后也就是历史了。我们今天能够看到古代历史原貌就是依靠他们记载保留下来的。随后在《春秋》当中又出现的"春秋笔法"，它在记录历史的同时，采用一字褒贬的手法，开了中国历史上评论的

先河。譬如说在大家熟悉的"赵盾弑其君"的故事当中，不但被真实记录下来，而且还附加了一个颇具新闻评论色彩的标题。

在汉代，著名史学家司马迁又在他的千古名著《史记》当中，开创并发展了史书在文后评论的传统。可以说司马迁不仅是我国古代卓越的历史学家、文学家，也是优秀的新闻记者和评论家。他公开在每篇《本纪》、《世家》、《列传》的末尾，写上一段"太史公曰"，对文中记述的人物做了简要概括的评议，如同现在的"编后语"，可以说为后代的史论、新闻评论开创了先例，树立了典范。

如司马迁本人对项羽有着颇多赞誉之处，也将他的传记列入《本纪》，与刘邦同列。但他在文后的评论中毫不讳言自己心目中的英雄，他写道：

及羽背关怀楚，放逐义帝而自立，怨王侯叛己，难矣。自矜功伐，奋起私智而不师古；谓霸王之业，欲以力征，经营天下，五年卒亡其国，身死东城，尚不觉悟，而不自责，过矣。乃引"天亡我，非用兵之罪，"岂不谬哉！

这段精彩的论述，在客观的立场上，一针见血地抓住了项羽在性格中刚愎自用、死不悔改的特点，进而阐明并不是老天导致了项羽的覆亡，而是其没有一个合理的政治思想，违背人民利益所导致的。这是中国评论的"史论"阶段，它是旧闻的评论，随着历史的发展，报纸逐渐在社会上取得了合法地位，史

官和新闻记者也出现了真正的分工。

1.3.2 中国报纸自己的新闻评论文体

由于中国古代报纸与近代西方报刊相较而言的刻板与落后,所以中国近代报刊从诞生之日起,就无可避免地走上模仿当地中文外报的路子,从办报模式到经营手法,再到内容。我国民办报刊也在模仿、学习中积极创新,这种因素首先体现在政论写作上有所革新,如《循环日报》。

《循环日报》被认为是我国第一份以政论著称的报纸,而它的创办人王韬是我国第一位报刊政论家。王韬的办报宗旨是"强中以攘外,诹远以师长",鼓吹向西方学习,变法自强,抵御外辱。这些言论在一定程度上代表和反映了新兴民族资产阶级的利益和愿望,是报刊宣传变法维新的先声。他在《循环日报》发表的论说,思想和学识水平在当时均堪称一流,经常被内地报刊转载,产生过一定影响。1883年王韬将其部分报刊政论汇编成《弢园文录外编》出版,成为我国第一本报刊政论文集。在该书的序言中,王韬阐明了他的政论写作原则:"文章所贵,在乎记事述情,自抒胸臆,俾人人知其命意之所在,斯即佳文。至其工拙,抑末也。"这种重视思想内容而不拘泥于形式的政论写作的原则,对后来时务文体的形成,起了推动作用。

随着帝国主义压迫的加重和民族苦难的进一步深重,以"救亡图存"为旗帜的救国运动蓬勃开展,我国报界进入一个以政论为主的发展时期。当中国的进步力量积聚起来,汇为不可阻挡的河海之势时,作为政党的主要的战斗力量,以政论为主的报纸或者说报纸的政论,成为革命的火焰,昭示着光明和希望。

打破外人对我国近代报刊的垄断,在社会上引起广泛影响的国人近代报刊,是戊戌变法时期由资产阶级维新派创办起来的。"政治家办报"的传统在我国就是从维新变法开始的。维新思想家对报刊作用的阐述的主题是:报刊有益于国家。正因为他们把报刊的作用和国家的兴衰紧紧连在一起,所以,难能可贵地提出了报纸是"国之利器,不可假人"的观点。这实际上已涉及对报刊的政治性质和政治斗争作用的认识。他们还揭露外报的"抑中而扬外"的实质,明确主张不能让"外人操笔削之权"。并初步提出言论出版自由的要求,梁启超形象地把报刊称为国家的"耳目喉舌"。谭嗣同、吴恒炜等人则进而称报刊为"民口"、"万民之喉舌"。

1896年《时务报》在上海创刊,"流浪于萧寺中者数月,益感慨时局,自审舍言论外未由致力,办报之心益切",梁启超呕心沥血苦心经营《时务报》,使之成为维新派的主要言论机关,并在全国引起强烈反响。"举国趋之,如饮狂泉",成为中国历史上第一份问世不久即风行全国的近代报刊,也是当时发行量最高、影响最大的国人自办报刊。《时务报》最受读者欢迎的是梁启超等人撰写的论说。该报第一期的第一篇论说,是梁启超的《论报馆有益于国事》。其鲜明特色是以论说作为主要的追求。

从文体的角度来看,维新派在实践中创造了一种新颖的报刊论说文体。这种文体的代表作是《时务报》上梁启超等人的论说,最先引起文坛的注意,故被称为"时务文体",也被称为"新文体",或"报章文体"。这种政论文体是一种在中文报刊上发展起来的文体。戊戌变法时期初步形成,变法失败后,梁启超在日本办《清议报》和《新民丛报》时,才臻于成熟,风靡于20世纪一二十年代,对辛亥革命和五四时期报纸文风产生过很大影响。

当维新派沦为保皇派而与革命派展开论战的时候,革命派已经肩负起推动历史进步的使命。在这一历史时期以孙中山为首的革命派懂得争取舆论的重要性,主动运用报刊这一媒介。他们创办或掌握了《中国日报》、《民呼日报》、《民吁日报》、《民立报》等报刊宣传阵地,报纸的内容也自觉地以评论为主。

辛亥革命时期,以孙中山为代表的革命报人的办报思想,高度重视报纸的政治斗争工具的作用,把报纸视为政治斗争的锐利武器。孙中山对国民党老党员说:"革命成功极快的方法,宣传要用九成,武力只可用一成"。革命和改良两派都经常征引这些论述,如拿破仑的"报馆一家,犹联军一队也","有一反对之新闻纸,其势力之可畏,视四千毛瑟枪殆有加焉",俾斯麦的"经营社会者,不可不利用报纸"

等名言。

之后,中国共产党的诞生为中国革命揭开了新的一页。党的领导人李大钊、陈独秀、毛泽东、瞿秋白等先后主编各种革命刊物,撰写大量言论,成为推动新民主主义革命的著名政论家。从此,我国报刊及其言论揭开了新的一页。

李大钊首先在《新青年》开始了他的报刊评论实践。载于1918年11月15日《新青年》的《庶民的胜利》是他的名篇,也是我国报刊上出现最早的运用无产阶级世界观分析时事的政论,且用白话文写作,标志我国报刊评论开始了新纪元。在撰写政论的同时,由李大钊在北京创办的《每周评论》,以及通俗刊物《新生活》周刊上,李大钊还以《随想录》专栏的形式发表了为数不少的时评性随感式短论。李大钊还结合自己的实践心得,认为政论家应具备"知识、诚笃、勇气",三个方面的完整修养。他主张执笔为文,一要做到"查事之精",二要做到"推论之正",而"二者之中,尤以据乎事实为要"。他提倡不管论事还是析理,都要以求得"真实之境"为目的。这些经验之谈,至今仍有现实意义。

毛泽东的报刊政论活动始于1919年。这年7月他在长沙创办并主编《湘江评论》,成了我国又一位有影响的新文化与新思潮的传播者。《湘江评论》是以评论为主的报纸。他的著名的《民众的大联合》一文,就发表在《湘江评论》第二、三、四号上。在《西方大事述评》、《东方大事述评》、《世界杂评》、《放言》等专栏中,毛泽东还发表了许多从内容到形式都丰富多彩的评论。报刊被封后,他兼任长沙《大公报》馆外撰述员,继续写作新闻评论。后来,在每个革命历史时期,特别是国内革命战争、抗日战争和解放战争时期,他写过许多出色的政论。他亲自给延安《解放日报》、新华社和广播电台撰写了大量的新闻评论,涉及政治、军事、经济以及文化教育等各个领域,不仅内容博大精深,思想十分深刻,而且在表达形式上没有八股气,深入浅出,具有中国作风和中国气派。

在这一历史时期里,在国民党统治区,具有代表性的著名评论家和报刊当数张季鸾与《大公报》。张季鸾,现代资产阶级报刊评论家,爱国主义者。曾任天津《大公报》总编辑,主持笔政长达 15 年,直至病逝。他坚持"看完大样写社论",先后写了数千篇社评和文章,其中不乏颇具影响的力作,是 20 世纪 20 年代末至 40 年代初中国资产阶级报刊最著名的政论家。此外,邹韬奋和他的报刊言论以"小言论"和"答读者"受到读者欢迎。他认为报刊言论要做"人民的喉舌","言人之欲言,言人之所不敢言"。他的言论在当时社会上,特别是在抗日救亡运动中产生了极其广泛的影响。

1.3.3 新中国成立后,党和人民报刊宣传社会主义革命和建设的言论时期

新中国成立以后,党和国家继续强调报刊和言论的重要性。1958 年 1 月 12 日毛泽东同志在《给刘建勋、韦国清的信》中明确指出:"精心写作社论是一项极重要任务,你们自己、宣传部长、秘书长、报社总编辑,要共同研究。第一书记挂帅,动手修改一些最重要的社论,是必要的。"在同年 1 月 15 日的一次谈话中,毛泽东同志还说:"评论大家写,各版包干是好办法。总编辑是统帅,要组织大家写,少数人写不行。"这里不仅强调了新闻评论的重要,而且还提到了评论写作的要求。我们可以具体回顾一下建国后新闻评论的发展情况。

在此时,阐述型、评介型社论和评论开始兴起并日益引起社会重视。特别是一些中央领导同志亲自执笔写社论,如陈云为《人民日报》写的社论《为什么要统一国家财政经济工作》(1950 年 3 月 10 日)、薄一波为《人民日报》写的社论《税收在我们国家工作中的作用》(1950 年 3 月 22 日)、胡乔木为《人民日报》写的社论《读 1956 年国家预算报告》(1956 年 6 月 16 日),更是受到党中央的表扬和读者群众的广泛好评。另外,报上论述重点建设工程的经济价值和政治价值的评介型新闻评论日益增多。

此后,报刊评论出现了浮夸不实之词的现象。特别是 1958 年"大跃进"期间的经济评论更具有代表性。《人民日报》著名评论员范荣康回忆这一段经历时说:"这个时期新闻评论的显著特点,也可以说是充满了'热烈的梦话'。"至于"文化大革命"的非常历史时期,党报及其新闻评论走进了误区,

给我们留下了教训和反思。范荣康同志把"文革评论"称之为"四无评论"，即无中生有、无需论证、无限拔高、无限上纲。

改革开放以后，报刊新闻评论开始逐步恢复实事求是的优良传统。经过二十年左右的努力，新闻评论形成了新的局面。主要表现在：实事求是的传统恢复了；注重从实际工作和社会生活选题；评论品种增加，个人署名评论有了长足发展；经济评论引起普遍重视；由群众直接参与的较为形象、通俗、可视可听的广播和电视评论出现，形成印刷与电子媒介评论并存而互相竞争的生动局面。

★【本章小结】

通过对新闻评论本质的探讨，从深层上揭示了新闻评论的写作规律。由此观察新闻评论的发展史，以及新闻评论的样式演变，获得新闻评论的深度理解。

【评论实务训练】

请你对"大学生考证热"表明自己的观点，并给出能证明你观点的理由。

大学生考证有多热？

近年来，大学生中出现了一股考证热。对很多大学生来说，证书甚至成了衡量大学期间学习成果的主要指标，要想在毕业后找到一份心仪的工作，就必须提前考取五花八门的资格认证。

记者在哈尔滨市内一些高校采访了解到，不仅高年级的同学热衷考证，连刚上大学的新生对考证也格外钟情。在一些高校的公告栏、宣传板前记者看到，各种有关考证报名和培训的广告让人目不暇接，关注这些广告的不仅有很快要面对就业的大三、大四的学生，还有一些大学新生。大学新生赵明说，我关注这些广告并不是"看热闹"，而是选择一些科目准备在大一就考下来。现在大学生毕业工作不好找，如果你想要比竞争者强，就要拿相关的证书来证明。

对于眼下热门的考证科目，大四学生张强告诉记者，以往大学生主要是考英语四、六级和计算机国家二级、省二级证书，但那些早就过时了。现在大家都喜欢考职业资格认证，比如注册会计师证、律师资格证、证券期货从业人员资格认证等，毕业后准备从事 IT 行业，还需要考取微软的各种认证。此外，还有秘书资格证、程序员、计算机操作员、甚至包括驾驶证。决不是学法律的考律师证，学会计的考注会证，而是各个专业的学生都往热门证书上挤，我认识几名学化工的同学，此前对会计及相关知识一无所知，但为了毕业后找一份好工作，也硬着头皮去考注会。

一些新生告诉记者，上大学最终要走向社会，要从事自己的喜欢的职业，就要提前准备好各种硬件，大一准备考证一点也不早。

——摘编自 2005 年 12 月 31 日新华网黑龙江、辽宁频道记者 王春雨 任

鹏飞 杜学静撰写的报道《大一学生加入考证大军 畸形考证热折射就业难》

◉【练习方法】

1. 分组从不同的立场表态。

一组代表大学生表态：从大学生的利益出发；二组从考证机构的利益出发，代表考证机构表态；三组从接收大学生的社会单位利益出发，代表他们表态；四组从公共管理部门，代表公共利益和人才成长规律表态。（将学生分成四组）

2. 个人思考—小组汇总—分别介绍

每组设一个小组长，负责组织汇总记录，并向全班同学介绍；全班同学都要做好记录，比较代表各种不同利益所形成的观点，思考新闻评论中观点的本质。

■【延伸阅读】

1. 丁法章：《新闻评论教程》，复旦大学出版社，2002 年。

2. 赵振宇：《现代新闻评论》，武汉大学出版社，2005 年。

3. 于 宁、李德民：《学会写新闻评论》，中国新闻出版社，1988 年。

4. 马少华：《新闻评论》，中南大学出版社，2005 年。

2 新闻评论实践

导言

本章学习目标 通过本章学习,了解新闻评论实践和媒体之间的关系、和受众之间的关系,以及新闻评论实践对评论员的意义和要求。

本章难点 新闻评论论实践对于评论员的要求

内容提要 本章阐述了新闻评论对媒体的两个重要意义,一是深化报道,二是表态的工具。同时在分析受众与新闻评论的关系时,阐释了公众已成为言说主体的论断;在分析评论员与新闻评论的关系时,指出今天的新闻评论员应重视评论伦理和社会责任。

2.1 媒体与新闻评论

我们如何来认识新闻评论和媒体的关系呢?

新闻评论在媒体中所占的地位是认识的起点。一个事物所发挥出的功能和作用,往往是由它所处的地位决定的。新闻评论仅仅是报纸常用的几种体裁之一,在报纸版面上所占的篇幅也不大。但就是这篇幅不大的版面却往往聚焦着报人和世人的目光。

西方新闻学者十分重视新闻评论,特别是社论。卡斯柏·约斯特说:新闻是报纸的身躯,而社论则是报纸的灵魂。美国现代资产阶级报纸的创始人普利策说:"我的《纽约世界报》虽然有巨大的篇幅,许多的栏目,但是我最关心的是社论版。我要用种种专栏吸引读者来读社论。"①

我国著名的报人戈公振先生在《中国报学史》中提出了报纸的定义,他说:"报纸者,报告新闻,揭载评论,定期为公众而刊行者也。"②

戈公振先生在《中国报学史》分析说:"报纸不断地处置此种通信,有特别之权能,使报纸对于时事问题,有先觉者或专门家之优越地位。此种现象,使报纸不仅报告事实,对于重要问题,且独立加以评论,且其评论乃以个人之丰富知识为根据,有时可以超越普通仅由事实观察者之意见,甚且超越一报纸之意见因而成为一般公众之意见,是即谓之舆论。"③

这些观点表明前人对新闻评论之于新闻媒体的重要性有着深刻的认识。

今天,我们除了要认识新闻评论对国家政治、社会生活、人民大众的重要意义之外,还需要研究它对媒体自身的意义。

首先,从编辑工作的需要来看,相对于纯粹的"新闻性信息"而言,新闻评论作为"意见性信息"如果和新闻报道相配置有着深化报道的功用。一般来说,新闻报道所传播的多半是具象的信息和事实,而新闻评论的任务和作用则是透过这些事实和信息进行思想酝酿、加工和升华,并挖掘出带有普遍意义的内部联系和社会价值。例如2003年1月14日,《中国青年报》就为新华社发表的通稿《一项关于农民工工资现象的调查》配发了评论:

百分比的警告

这是一篇充满了阿拉伯数字的报道,但这些数字一点儿也不枯燥。

最触目惊心的还不是整体拖欠比例,而是下面这一组数字——血汗钱被侵吞、拖欠后,60%的民工选择用反复

---

① 陈立丹:《外国新闻传播史》,上海交通大学出版社,第152页。

② ③戈公振:《中国报学史》,中国新闻出版社,1985年11月版。

寻找老板、直至把老板找烦的方式来讨要工钱;10%的受访民工表示,只能用吓唬等手段对老板形成压力;只有1名民工选择通过法律途径解决工资拖欠问题。另有12位(占15%)民工含着辛酸表示:要不到钱就认命了。

这说明,在民工们的心目中,还没有一个有效的、可信赖的劳资纠纷仲裁协调机制,以至于大多数民工只能采取接近违法的手段来维护自己的合法利益。

对于民工们来说,这组数字令人扼腕叹息。对于已经离不开民工的城市来说,这组数字让人不安甚至恐惧!

我们常说,"××问题已经到了非解决不可的时候"。现在,建立有效的、可信赖的劳资纠纷仲裁协调机制,就已经到了这样的时候。不能眼看着那一串百分比再往上涨了——即便仅仅是为了给雇主们营造一个安全的、可预期的投资环境,都不应该让民工们继续投诉无门。

这样的言论不仅为新闻报道起到了"点睛"提神的效果,同时也增强了自身的新闻性和可信性,强化了引导效应,延伸了报道思想,并最终达到深化报道的目的。

其次,新闻评论还是媒体对不同新闻事件表明态度的窗口和工具。无论报纸等媒体今天怎样通过扩版来扩张自己的内容,但公众真正的注意力始终是最为紧缺的稀缺资源。同时,在不同的事件面前,公众往往对媒体具有一定的意见期待,想要知道媒体

所持的态度。在这一点上,新闻评论扮演着重要的角色,发挥着"媒体说话"的功能。不仅如此,在同类媒体竞争激烈,新兴媒体不断发展,国外传媒巨头纷纷涉足中国市场的今天,新闻评论还承担着树立品牌、参与竞争的重要功能。今天,"品牌创造价值"的概念已经深入人心,传媒市场已进入品牌竞争的时代,评论已然成为媒体品牌竞争的重要方面。21世纪初,在第二届中国新闻名专栏奖评选出的38个新闻专栏中,报刊评论专栏就占到了11个,约为总数的1/3,这不仅显示了报刊评论可喜的自身发展,同时也说明了媒体对评论栏目的重视。新时期的传媒市场,竞争的硝烟四起,作为"报纸的灵魂"和"报纸的主要声音"的新闻评论已经成了媒体参与竞争的利器。"观点提供商"的说法,就是这一思维的表现。

2.2 受众与新闻评论

在现代信息社会,新闻评论是一种传播观点的有效途径,任何人都有表达自己观点的自由和权利。因此,当代新闻评论写作应该是公民写作,而不应仅仅成为精英的乐园。在我国当前媒体中,从评论作者队伍来看,新闻评论主要有精英和草根两种创作倾向,精英言论较大程度上处于主导和优势地位。今天,公众成为言说的主体已随着网络传播的繁荣而日益成为现实。在这种情况下,传统媒体新闻评论价值实现的保证,就需要解决"谁在说话"的问题、"对谁说话"和"为谁说话"的问题。如果今天你还把公众只是当作"倾听

者"，那么新闻评论的价值实现则是可疑的。

华中科技大学新闻评论中心主任赵振宇教授认为："评论应该成为民众传播的一种素质。评论不是新闻人特有的，它是人们的一种意见表达，大凡正常人都可以做到。通常，人们反映客观世界有两个层次，第一个层次是描述，即记录和描述周围发生的事实；第二个层次是评论，即对已发生事实的解读和述评，以及对事物未来发展趋势的预测，简言之，就是评述现在、预测未来。"①

这些年来，传媒素养教育在我国已经被越来越多的人认同，被称为"现代公民社会最重要的战略议题之一"。②传媒素养教育，"就是指导人们正确理解、积极享用大众传媒，培养人们对传媒信息的全面解读和批判的能力，以及运用传媒信息的能力"。③ 如果说新闻报道是人们接收信息的主要途径，那么新闻评论应该是人们运用传媒信息的重要体现。使用好新闻评论这种形式可以起到积极建设和谐社会的作用。

首先，新闻评论能够提供合法表达形式，保障公众的言论自由权利。列宁曾经说过，"宪法是一张写着人民权利的纸"，人权被列入中国宪法之后，宪法在中国更是一张写着人民权利的纸。我国宪法赋予人民比较充分的言论自由权，人民有权行使自己的言论自由，人民有权监督、批评政府的行为，并对此发表自己的意见和建议。

利用新闻媒体，特别是新闻评论这种形式发表自己的意见，是扩大公民有序的政治参与，保证人民依法实行民主管理和民主监督的重要形式，是保障公民知情权、监督权和表达权的重要内容。现在，不少的媒体除了开辟社论、本报评论员、本报编辑部文章等栏目外，大都开辟了有群众广泛参与的评论栏目。此类栏目的开设，使群众有机会对发生在自己身边的事，或自己经历的事，或自己接触的事进行评论，发表意见。这有着重要的意义。

其次，随着公众参与新闻评论的程度的加深，对新闻传媒增设新闻评论栏目提出了新的更高的要求：既要满足人民群众参政议政的需要，又要对参与者予以正确引导，保证公民在有序参与的轨道上充分行使自己的权利。伴随着网络媒体的迅速发展，伴随着我国公众对外交流的领域越来越广泛，人们看问题的视野将会比以前更加广阔，人们思考问题、认识问题的更加多元，意见多样化、视角多样化已经成了今天社会思想状况的反映。这时社会需要媒体及时站出来，发表意见，达到社会整合的目的。

比如在 1988 年 10 月 27 日《经济日报》发表《"刹车"辩》一文：

"中央提出决定治理经济环境，整

_____

① 师永刚：《解密凤凰》作家出版社 2004 年 3 月版。

② 赵振宇：《现代新闻评论》，武汉大学出版社 2005 年版，第 54 页。

③ 谢金文：《新闻传媒传媒素养》，上海社会科学院出版社 2004 年版，第 2 页。

顿经济秩序，决不意味着改革要刹车，而是为了改革扫清前进道路上障碍……"

最近，在报纸上经常看到的上述说法，针对的是这样一种误解，即认为现在所以提出治理经济环境，整顿经济秩序，是因为改革遇到了困难，不得不"刹车"。

作为对误解的一种校正，这样回答问题当然没有什么不对；但是，仔细想一想，不免从另一个角度提出问题：即使说是"刹车"，又有什么不可呢？

所谓"刹车"，是调整速度的形象化的说法，它与前进毫不矛盾，车辆在前进的过程中，必须包括加速、减速、后退、刹车等一系列动作，这一切都要视道路的情况而随机应变。有谁见过司机在整个行车过程中从不刹车而一往无前？路面不平，要踩刹车；拐弯抹角，要踩刹车；前面有障碍，当然要踩刹车；出现意外情况，更要紧急刹车。总之，要胜利到达目的地，途中不知要踩多少次刹车。世界上恐怕没有哪个司机可以不问是在平坦宽敞的高速公路上，还是在坑洼不平乡间小道上，都以200公里的时速前进，也绝不会有人因为司机根据道路情况踩了刹车而指责其反对前进的。

比起行车，进行经济建设和经济改革当然要复杂得多，但道理是相通的。我们目前进行的经济体制改革，是前无古人的伟大事业，在这过程中，我们会遇到各种各样难以想象、难以预测的艰难险阻和复杂问题。这就要求改革列车的驾驶者，根据面临的不同情况，灵活机动而又果断地采取措施，或加速、或减速、或后退、或刹车，以保证"列车"安全、顺利地前进。在有的问题上，原来对困难估计得不足，速度快了一些，后来发现不行，决定放慢一点速度踩一下车闸，清理一下前面的障碍，应该说是明智之举。这决不是改革的停滞，而为了使改革更加稳妥地深化。否则，明明已经知道前面有危险，还要开足马力，"越是艰险越向前"，这种"壮举"恐怕为智者所不取的吧！

这样一个浅显的道理，中外有识之士都是能够懂得的。近读段连城新著《对外传播学初探》，看到这样一段颇有趣味的记载：

"美国大使温斯顿·洛德（1985年在美国的一次聚会上）讲了一个有意思的故事。

正在北京大学教书的一位美国律师，有一次同他的一位高材生一起看西方刊物。他先让学生看一期新出版的《纽约时报杂志》的封面，上面写着《中国在前进》。

美国律师问道：'对吗？'

中国学生回答：'对。'

然后，律师拿出一本封面标题是《正在刹车——中国降低改革速度》的《新闻周刊》，问道：'这个怎么样？'

学生回答说：'也对。'

美国律师追问说：'但是两个标题是互相矛盾的呀！'

中国学生想了一会儿说：'那也是对的。'

洛德先生接着说：'我同意中国学生的看法，两个标题都是对的。在中国,矛盾时常反映出现实。中国在前进;但是,它前进的速度和道路的崎岖又要求踩刹车。'"

域外人语,可供参考。

此文主要针对当时人们在经济发展速度和形势方面的分歧,提出了自己的看法,认为在合适的时间地点放慢经济发展速度更加有益于社会主义现代化的建设,而不是我们的改革进行不下去了,帮助人们找到了利益共同点,弥合了意见分歧。

最后,新闻评论是构建良好舆论环境,促进建设和谐社会的有效途径。新闻评论在构建良好舆论环境中发挥重要作用。民主的舆论环境使民众的言语与心愿得到畅通的表达与实现,人民内部矛盾和其他社会矛盾得到正确处理,社会公平和正义得到切实维护和实现。非民主的舆论环境则使群众的积怨不能得到排遣,从而会造成矛盾激化而使群众上访、越级上访,甚至出现过激举动。由此,民主政治就会遭到践踏,法治和人权也会遭到践踏,安定团结的社会局面就会遭到破坏。加强舆论环境建设,保障公民有序参与管理国家事务,是建设和谐社会的一项重要内容,也是我国民主政治建设中一项重要任务。

新闻评论相对于新闻报道而言,它能够通过编辑部或公众发言的形式,对新近发生或发现的新闻事实、问题、现象等进行议论,能迅速、及时、直接、广泛地反映党和人民群众的意志和愿望,引导社会舆论,促进社会进步,对民众、对社会起着安定团结的作用。新闻评论能够设置议题,配合中心工作,发挥舆论导向作用;能够广泛干预社会生话,激浊扬清,从道德上引导舆论;能够针砭时弊,引导舆论发挥好监督作用,促进社会进步。

我们相信,随着我国政治文明建设步伐的加快,新闻评论在民主进程中的作用将会更好更有力地发挥出来。

2.3 评论员与新闻评论

伴随着时代的发展,新闻评论的创作主体构成已经和以往有了较大的改变,许多自由评论员,如一些在学术领域有建树的专家和要求表达自己意见的普通群众,纷纷加入新闻评论的创作队伍。但纵观报纸版面,媒体的从业人员依然是新闻评论最重要的创作来源,从这一类新闻评论在传统媒体中出现的数量上就清楚地表现出了这一点。就算是在网络中,一些有分量的新闻评论也往往出自这些从业人员之手。而我们这本教材面对的就是从事于或有志于从事新闻评论事业的人,在这里我们就要认清新闻评论创作要求新闻评论从业者应该具备哪些素质。梁启超在所谓舆论的"五本",即"常识"、"真诚"、"直道"、"公心"、"节制"——"以上五者,实为健康舆论所不可缺之要素"①,实际上包括了对于言论者素质的要求。

首先,我们认为从事新闻评论的评

① 梁启超:《国风报叙例》,《饮冰室合集》第三册。

论员要认清新闻评论中的伦理问题。何谓伦理,美国学者康拉德·芬克认为:"伦理是一个原则系统,一种行为的道德或规范。他是被个人、群体或文化确认了的价值和生活准则。他指导人们的行为:什么是好的,什么是坏的;什么是正确的,什么是错误的。"①

香港大学教授张五常这样区分科学、工程学和伦理学,科学只问为什么,也就是说科学只解释这件事、这个现象的出现的原因是什么。至于针对这件事、这个现象应该采取什么措施,就是工程学的范畴了。最后这样做了好不好、应不应该这样做就是伦理学的工作了。可见伦理问题的产生是人类社会生存发展的必然结果,它涉及人类生活的各个方面,只要有人类群体存在的地方,就必然存在着伦理问题。新闻传播作为人类社会的一种特有现象,在其传播的流程当中也必然存在着伦理问题。正像新闻报道和新闻编辑存在伦理问题一样,新闻评论写作也存在伦理问题。

如果说新闻写作要求作者尽量保持客观中立的立场,写出不带有偏见的报道。那么与新闻写作要求的客观性不同,新闻评论的写作要求作者将自己的主观思想带入到评论写作的全过程当中,以自己的思想改变人们的思维,引导舆论。在这种主观思维的表现形式和追求时效性的情况下,新闻评论更容易落入假新闻的"陷阱"中。比如《新闻记者》在评定2004年十大假新闻时,就把《中国青年报》在2004年8月24日的评论《为什么第二

代身份证要日本企业造》一文列入其中,这也是2004年十大假新闻中唯一和评论有因由的"假新闻"。全文如下:

为什么第二代身份证要日本企业造

雅虎中国8月20日转载《国际先驱导报》驻东京记者的报道,中国6个试点城市的第二代身份证的印制业务将交由一家日本企业担任。第二代身份证采用彩色数码照相技术,而这个日本企业的打印机在所有的测试、比较和论证过程中表现优异,因而被选中。看了这篇报道,不由地想到以下几点。

在我们的生活中,从汽车到电器产品、乃至日用品、食品,到处可见到日本企业产品。这是经济国际化、自由贸易的结果。性能、质量好的产品,无论是哪个国家企业生产的,都会在中国市场受到欢迎。中国政府对外资企业的优惠政策程度也是世界上少见的,因此中国成为世界上接受外资最多的国家。二十余年来中国经济高速发展,人民生活水平普遍提高,证明对外开放的政策十分正确。与此同时,因为中国是主权国家,对外国资本也是有限制的。例如对关乎国家安全的经济、技术领域,我国政策就不允许外国资本进入。实际上,世界上许多国家也都是这样做的。这是利用外国企业技术时不应该忽视的原则。然而,允许日本企业印制第二代身份证的做法,是否与此原则偏离得

---

① 康拉德·芬克:《冲击力——新闻评论写作教程》,新华出版社2002年版,第17页。

太远？

身份证载有公民的基本信息。交给外国企业印制，就不担心因此泄露有关中国公民的机密吗？现在的印刷机都是由电脑控制，采用数码技术，所有经过印刷机的东西都可以简单地被储存下来，当然也就可以根据不同目的来做各种检索、分析。所以，一旦把身份证交给日本企业印制，就意味着日本人可以与我们的身份证管理机构工作人员掌握同样的信息。而这些公民信息是可以在很多地方派上用场的。也许，有关部门在把印制业务委托给日本企业时，要求日本企业做出了保密的承诺。当日本企业把商业利益放在第一位时，它是会履行这个承诺的。但如果有什么东西能超过商业利益，它又不得不服从的话，那时保密承诺就形同虚设了。

身份证还是作为中国公民的一个佐证。虽然它在国外没有什么用场，但在一定意义上跟护照一样，除了证明身份之外，还会给持证者带来民族自豪感。而如果第二代身份证由日本企业印制，我们会有什么样的感觉呢？大概感觉不会比拿着中国企业印制的身份证更舒服。

为什么选择日本企业印制身份证？有关部门好像是严格按照市场规律办事，以技术水平为惟一标准，对中外企业一视同仁，其实，从扶持民族企业的角度看，政府采购应该给国内企业更多机会。实际上，就连美国、日本这样的高度市场经济化的国家，政府采购时都是尽力照顾本国企业的。尤

其是像印制国民身份证这样的事，还是交给国内企业做比较好。

这篇评论的错误何在呢？在之后第三天的同版中，《中国青年报》以来信的形式分析了错误产生的原因："此文作者评论的事实来自雅虎中国8月20日转载《国际先驱导报》驻东京记者的报道。看来他写文章前仅仅是看了雅虎转载的报道，并未经过查实，更不要说找寻相关文章看看了。这样是不是有点轻率了呢？……印刷我国第二代居民身份证的打印机全部由他们（日方）提供。他们又不是印刷厂，怎么可能是他们帮我们印刷？日方不过是提供机器而已。"[①]这就牵扯到新闻评论选题所涉及的事实的真实性问题。在当代信息爆炸，媒体竞争的环境里，假新闻频出，评论选题的真实性问题不得不引起新闻工作者的思考，曾有人在互联网上发帖子说"时评作者是假新闻的追捧者"，这话固然偏颇，但是，在追求时效性的驱动下，时评作者确实往往容易落入假新闻的陷阱。即使消息不假，但也可能因评论者理解不确而造成"假新闻"的评论效应。

其次，从事新闻评论的评论员要有担当起必要的社会责任的意识。新闻的伦理责任，是基于新闻媒体对于公众的重要影响而产生的。它是新闻媒体和新闻传播的参与者的社会责任问题的一部分。新闻评论的伦理问题，本质

---

① 《中国青年报》，《冰点时评》2004年8月26日。

是新闻评论的写作者、传播者与评论的受众的关系问题。它既应当表现为写作、传播动机的道德性、公益性，也应当表现为客观社会影响的道德性、公益性。新闻传播的伦理目标，应当是使传播对象眼更明、耳更聪，在与传播主体的关系上更自由、更自主，更具辨识力，而不是相反。新闻评论同样如此。

中国有句话"一言兴邦，一言丧邦。"在现代民主政治的言论环境中，这种特别大的言论传播效果是根本不可能出现的。但是，获得大众传播机会的言论仍然是一种稀缺资源，占据这种资源的人们，仍然对公众产生着比较大的影响，因此新闻评论的写作者有责任促进社会公益。虽然新闻媒体越来越多地为公众的评论写作提供空间，比如报纸的言论版，网络评论的空间等，但是，由于人们"注意力资源"的根本性短缺，即使一个通过长期的个人写作而成名的作者，他的发表机会和影响力，仍然是稀缺性的资源，是人们对他信赖的表现，因此人们依然有理由要求他的评论正当、公益、合乎道德。这项要求也在根本上是符合新闻评论写作者的利益，写作者之所以能够成名、获得影响力，原因就在于受众向其倾斜的"注意力资源"，如果写作者滥用这种资源为自己谋取私利，必然会遭到受众的唾弃，丧失这些"注意力资源"，最终得不偿失。

最后，新闻评论工作者应该具备一定的常识和写作技巧。如果将新闻评论的所做出的判断当作冰山露出海面的一角，那么常识就隐藏在海水下的冰山基座，它支撑着新闻评论做出正确的判断，没有某一方面的知识就不能在那一方面做出判断，没有经济知识就不能对经济问题做出判断，没有法律知识就不能对法律问题做出判断。

梁启超在《国风报叙例》一文中提出，舆论有"五本"其一就是常识：一曰常识：常识者，谓普通学识，人人所必当知者也……则人或折以共信之学理，或驳以反对之事例，斯顷刻成齑粉矣，此坐常识之不足也。[①]

这些常识应该是新闻评论工作者在遇到新事件时，可以拿来当作自己观察一切问题的标准。

有了常识还要具备一定的写作技巧，丁法章就认为"下笔千言、倚马可待的作家技巧是新闻评论工作者的必备技巧"。[②] 因为无论是思想还是观点对于评论者来说，都是要用文字表达出来的。写作技巧高，表现在立论上就会新颖，表现在论证、论据方面也会是恰到好处。因此，高屋建瓴的思想是建立在生动的文采和流畅的语言基础上的，要依赖高明的写作技巧。而新闻评论与新闻报道一样贵在及时，往往需要对社会上发生的、发现的问题作出迅速反应，这时没有好的文学素养、写作技巧，就写不出又好又快的评论来。

总之，我们的评论工作者在有着良

---

① 梁启超：《国风报叙例》，《饮冰室合集》第三册。

② 丁法章：《新闻评论教程》，复旦大学出版社2002年版，第108页。

好道德的基础上要努力提高自己的综合素质水平,才能在日趋激烈的竞争中求得立足之地。

★【本章小结】

把新闻评论放在新闻评论实践的坐标上去考察,本章考察了媒体、受众、评论主体与新闻评论的关系,做出了受众已成为言论主体的论断,并因此注意到评论伦理已成为一个重要的实践问题的情况。

◤【评论实务训练】

某都市报曾分别刊发消息报道该省当年两个高考状元,次日又分别推出两个人的人物通讯。细心的读者发现,该报此前不久曾先后刊发两篇新闻评论对炒作报道高考状元的媒体现象进行了批评。前其言凿凿,后其行昭昭,你怎么看该报这种对高考状元态度前后不同的现象?媒体是否应该对同一性质的新闻事件保持一种基本一致的新闻态度呢?

◤【延伸阅读】

(1)师永刚:《解密凤凰》,作家出版社,2004 年版。

(2)《现代新闻评论》,武汉大学出版社,2005 年版。

(3)《新闻传媒传媒素养》,上海社会科学院出版社,2004 年版。

(4)康拉德·芬克:《冲击力——新闻评论写作教程》,新华出版社,2002 年版。

(5)丁法章:《新闻评论教程》,复旦大学出版社,2002 年版。

(6)梁启超:《国风报叙例》,《饮冰室合集》第三册。

第 2 篇 GRAPH TRYON

新闻评论的要素

3 新闻评论的结构

导言

本章学习目标 通过本章的学习,要求能够掌握新闻评论的基本结构类型、结构形式以及结构演变的规律,掌握新闻评论的基本要素。

本章难点 新闻评论要素的演变 新闻评论结构的类型 结构演变的规律

内容提要 本章主要介绍了新闻评论结构的含义、本质、类型和演变规律;新闻评论要素的含义、演变和作用;新闻评论的选题、论点、论据、论证等概念。

宅',动工兴建之时先要有个设计:'何处建厅,何方开户,栋需何木,梁用何材,必俟成局了然,始可挥斥运斧'"②。新闻评论亦然。

3.1 文章结构

古人做文章,讲究"言之有物,言之有序",这里的"物"是内容,"序"是结构。新闻评论不仅要求"言之有物",还要求"言之有序"。"言之有序"关系到整个文章是否是一个有机、和谐的整体,关系到能否准确清晰地表现主旨,表达思想内容,从而激发阅读者的兴趣,引起社会反响。"言之有序"直接影响到评论的表达效果。新闻评论员必须重视新闻评论的结构。

3.1.1 结构的含义

"结构"最初是建筑学上的一个专业术语,指建筑物的内部构造和整体布局。后来广泛应用到了文学和其他艺术中。按照《现代汉语词典》的解释,结构是各个组成部分的搭配与排列。文章的结构,简单地说,就是文章内部的组织构造,是"文章组织安排内容的具体方式"。①

一篇文章是一个有机的整体,我们在写作一篇文章的时候,不能将搜集到的各种材料胡乱地堆放在一起,而是在下笔之前先要有一个全面的安排打算。清代戏曲理论家李渔对此有精辟阐述,"写文章好像'工师之建

3.1.2 结构的本质

新闻评论的结构虽然是组织安排文章内容的具体方式,但它绝不是一个单纯的方式方法问题,其中包含的规律有待我们去研究、学习。

新闻评论的结构和评论员对客观事物的观察、理解、认识以及思想脉络是紧密相关的。结构的本质,是客观事物的内部规律和作者思维轨迹的高度统一,或者说是作者认识客观事物的思想脉络在文章构造上的反映,是作者思路在文章中的一种外在表现形式。因此,我们探讨新闻评论的结构,就必须要深入到思维这个领域,在思路上下工夫,才能安排好结构。

新闻评论的思路和结构的关系是非常密切的。如果说结构是文章的骨架的话,思路则是文章的脉络。文章的结构,总是沿着思路展开主旨、组织材料、谋篇布局的。因此,思路是结构的内核和基础,结构是思路的外在表现③。文章结构是否严谨清楚,取决于思路是否清晰缜密。若想写出通顺流

---

① 王兴华:《新闻评论学》,浙江大学出版社,1998年1月版。

② 李渔:《闲情偶寄》,浙江古籍出版社,1985年版。转引自王兴华:《新闻评论学》,1998年1月版。

③ 郭恩吉、叶黔达、周介钧:《行政管理应用写作》,中国人民大学出版社,2004年6月第2版。

畅的文章,准确地表达思想主题,就要先理清思路。

3.2 结构的类型

古人说:"文无定法"。对于每一篇新闻评论来说,结构布局不可能千篇一律,但是从总体上来说,是有规律可循的。

3.2.1 结构的类型

新闻评论常见的结构形式一般有三种,即纵式结构、横式结构和纵横交叉式结构。

3.2.1.1 纵式结构

纵式结构,也称递进式。这种结构多是按照摆情况、作分析、下结论的思路纵向展开的,文章各层次之间是由此及彼、由表及里、由浅入深、由现象到本质,层层深入的关系。其内容呈螺旋式层层推进,各层环环相扣,每一层分析都建立在上一层分析的基础之上,既是上一层意思的补充,又是上一层意思的深化,显示了事理和人们认识事物的逻辑。这种结构逻辑严密,说理透彻,说服力强。请看下面这篇例文:

可怕的"人墙"
李忠志

6月21日至23日,大连市第41中学中考考场外,一道由考生家长自发形成的"人墙"截断了考场外的交通:为了考场安静,一切车辆禁行。因

这道"人墙"阻拦了送"速效救心丸"的出租汽车,一位突发心脏病的老人失去救治的时间,这位老人的儿子也因此失去与父亲见最后一面的机会。

好可怕的一道"人墙"!它实际上在设立一个标准:考试是天大的事,任何价值与权利都在它之下。

事情有急缓之分,不同的权利与价值有冲突,就需要权衡和协调。据报道,考试期间,考场附近的施工工地都已基本停工,音像店也关闭了音响,这就是社会权衡不同的价值的结果,也是保护一种权利与价值的合理限度。而阻断交通,使公交车无法进站,车辆无法通行,正常的秩序受到干扰,就明显过头。由此出发,就完全可能发生拦阻为病人送救命药的出租车这样的道德事件。

中考是迈向大学之门的关键一步,在家长心目中地位之重可想而知。家有考生,全家"临战",家庭的一切活动都会向考生让步。大连"人墙"事件则表明,考生家长们不仅要在家庭内部推行"考生至上"的观念,还要将其施之于社会。几十名考生家长之所以理直气壮地组成"人墙",拦阻交通,是因为他们坚信"考生第一"、"考生至上",可以说,这种观念是这道"人墙"无形的基石。而众多行人为其所阻,另改其道,却不敢制止,实际上显示了人们在一定程度上默认了这种观念和标准。

这是一个明显失衡的"标准",它在强调考生价值、考试价值的同时,已经不知不觉地侵犯了社会其他价值和权利——包括他人生命的权利。我们

正在建设一个法治国家,任何权利的平衡,让与和妥协,任何约束他人权利的公共权力,都要有法可依。从去年就开始出现的这种考生家长组织起来拦阻交通的做法,显然既非公共权力,也没有法律依据。

大连"人墙"事件,是千军万马过独木桥的考试,使有些考生家长心理压力已经达到极限,甚至产生心理扭曲的反应,但其性质仍是一个法制问题——一个涉及侵犯和保护权利的问题。新近召开的全国教育工作会议,提出要调整教育结构,扩大高等教育招生规模,大力发展高等职业教育,构建不同教育类型相互沟通相互衔接的教育体制,无疑将改变这种"千军万马过独木桥"的状况。但在今天,即使还没有这样的平衡的、多元化的考试制度,难道我们就能无视社会上其他人应该受到尊重、保护的权利吗?

(1999年6月29日《中国青年报》冰点时评)

这篇文章首先通过"人墙"这一事实摆出一个问题,那就是"人墙"在设立一个标准:考试是天大的事,任何价值与权利都在它之下。随后,对"人墙"这一现象及其本质进行分析,指出"人墙"超越了合理的限度,是一个明显失衡的"标准",它在强调考生价值、考试价值的同时,已经不知不觉地侵犯了社会其他价值和权利。最后进一步指出,人墙的性质是一个法制问题——一个涉及侵犯和保护权利的法律问题,同时也反映了教育上存在的

问题。整篇评论层层推进,环环相扣,说理透彻。

3.2.1.2　横式结构

横式结构,也称并列式。这种结构的思路是辐射型横向展开的,即围绕着中心论点,分别从几个侧面、几个角度去分析论证,让人从较宽广的领域内获得一个全貌性认识。文章各层次之间一般没有特别明显的主次、轻重的区别,而是并列平行的关系。

在横式结构中,常常采取或由总到分,或由分到总,或由总到分再到总的形式。总说部分常用来归纳和总结问题,明确全文的主旨;分说部分呈并列式排列,常用来分析问题,寻找原因,提出措施。这种结构脉络清楚,条理分明。

请看下面这篇例文:

名牌是民牌

艾　丰

"名牌热"起来了。叫人高兴,也叫人有几分担心。

高兴的是大家都来重视名牌,中国名牌事业的崛起大有希望了。这对振兴民族经济将起很大的作用。担心的是如何实施名牌战略还缺少经验,缺少规范,更存在着假冒名牌和乱评名牌两大公害。

要健康发展中国名牌事业,需要在名牌意识、名牌理论、名牌战略、相关法制、实际操作几个方面推进。而观念处于先导地位。最重要的还是要弄清什么是名牌。

对此，本文不可能做理论上的阐述。我想，有一位企业家的话，最简明地说出了这个问题的实质——"名牌是民牌"。

名牌是"民定"的。谁个是名牌，谁个不是名牌，谁说了算？没有别人，只有是民众——广大消费者说了算。一句话，名牌是在长期的市场竞争中，由消费者的"金钱选票"选出来的。主管机关、社会机构，也会做某种"认定"的工作，但这只是在科学地、准确地反映了"民意"并符合国际惯例和市场经济规律的情况下，才是有用的和有益的，否则不仅无用，还会起反作用。我国在这方面还处在探索阶段。至于某些并不权威的单位，用谈不上科学的办法，以营利为目的的评比，给了钱，不管消费者评价如何，就加封一个吓人的头衔，不给钱再有名也榜上无名，实际是对名牌和名牌事业的一种干扰和破坏。在抵制这种乱评比方面，政府要采取相应的措施，真正的好企业也要沉得住气。

名牌是"民创"的。从根本来说，名牌不是评出来的，甚至也不只是靠宣传"吹"出来的，名牌是创出来的。谁创出来的？企业的广大职工。凡是立得住的名牌，都是经营管理过硬，职工素质过硬的企业创出来的。企图靠表面文章、短期行为创名牌，是不能成功的，即使"名噪一时"，也会轰然倒塌。如果从全国来说，要创造出众多的名牌，那就更要靠全民族素质地提高了。所以，创名牌必须着眼于下真功夫、硬功夫、长功夫。

名牌是"民护"的。"民护"是两个方面，一个是保护，一个是爱护。名牌的生命之根必须扎在无限广阔的市场之中。而名牌效益又引得一些不法之徒变着法地搞假冒。所以，保护名牌成为一个十分艰巨复杂的工作，在目前我国市场规范还不很健全的情况下，尤其是如此。各级政府要打假，执法机关要打假，但真正有效还需动员民众。全民起来和假冒斗争，假冒就成了过街老鼠。中国名牌还比较弱小，还处在成长过程之中，但改革开放以来毕竟出现了一大批名牌产品和名牌企业。我们中国的消费者应该信任、爱护和使用中国的名牌。那种一看见"洋货"就点头，一看见"国货"就摇头的态度，很可能把自己的"好孩子"扼杀在摇篮之中。对自己的名牌成长中的问题，也要实事求是，立足于帮，千万不要轻率地一棍子打死。

名牌是"民享"的。"名牌是国宝"，名牌给企业带来效益，名牌也会带动整个国民经济向高水平发展。名牌将会丰富我们中国的文化。中国名牌是中华民族的骄傲。名牌是企业的，也是社会的、国家的、民族的。每一个名牌都是为民享用，为民争光的，中国的名牌群体更是为全民享用，为全民争光的。

名牌——"民定"、"民创"、"民护"、"民享"，所以说它的实质是"民牌"。"名牌是民牌"。为了民族的振兴，让我们全民以全方位努力来发展中国的名牌事业吧！

（1995 年 10 月 9 日《人民日报》

"人民论坛")

本文首先提出总论点——名牌是民牌,然后又分别从名牌是"民定"的、名牌是"民创"的、名牌是"民护"的、名牌是"民享"的四个方面进行论述,最后又归结到总论点,名牌是民牌。这种结构中心突出,层次分明,条理清楚。

3.2.1.3 纵横交叉式

纵横交叉式也称综合式。这是一种纵式和横式相结合的结构方式,既注意纵向的逐步推进,又注意横向的互相联系。比如有的评论,从整体上看,使用的是纵式结构,但主体部分的某些层次又采用的是并列的结构;或者从整体上看,采用的是横式结构,而主体部分的某些层次又采用的是递进结构。这样纵横交错,使文章形成一个组织严密的有机整体。这种结构大多用于篇幅较长、容量较大、涉及面较广的评论文章。

以上,列举了三种常用的评论结构方式。不论采用何种结构形式,也不论文章篇幅长短,都应讲求结构严密又富有变化。总的来说,一篇好的新闻评论作品,其结构应符合以下三个基本要求:

(1)布局合理①。合理安排文章的结构,明确先说什么后说什么,详说什么略说什么,以及文章各部分之间如何协调、衔接与过渡等,使文章总体布局恰当合理。

(2)层次清晰②。合理安排评论各部分、各段落间的层次关系,使评论的结构思路清晰,层次分明。

(3)逻辑顺畅③。以逻辑推理为主的新闻评论,应讲求其结构布局的逻辑性,这种逻辑性既要符合事物发展的客观规律,也要符合人们认识事物的思维规律。

3.2.2 结构的表现形式——形态

新闻评论的结构是按照事理的逻辑关系来安排的,在内容上一般包括提出问题、分析问题、解决问题三个部分,而在形式上则表现为引论(开头)、本论(主体)、结论(结尾)三部分,人们常把它称为"三段式"。

当然"文无定法",新闻评论的具体结构形式并非千篇一律,而是灵活多样的,有的评论开头部分不一定就是引论,有的评论的结尾不一定是它的结论。比如有些小言论、编者按语和编后的话,就无法用一般的结构形式去要求它们。但不管哪种形式,都要求紧紧围绕中心论点,严密地组织论证,使论点得到充分的阐述。

在评论的三部分中,主体是新闻评论展开论证说理的部分,是支撑全文的主干。它要对开头提出的问题进行具体分析和严密论证。这一部分内容复杂,结构富于变化,写作方法也较多。我们在后面章节中还将具体研究论证

---

① 胡文龙、秦圭、涂光晋:《新闻评论教程》,中国人民大学出版社,1998 年 7 月版。

② 胡文龙、秦圭、涂光晋:《新闻评论教程》,中国人民大学出版社,1998 年 7 月版。

③ 胡文龙、秦圭、涂光晋:《新闻评论教程》,中国人民大学出版社,1998 年 7 月版。

的具体方法,所以这里不再赘述,重点研究新闻评论的开头和结尾。

古人写文章非常注意开头和结尾,讲究"凤头猪肚豹尾"。意思是说,文章的开头应该像凤凰的头那样美丽吸引人;文章的主体应像猪的肚子那样丰满充实;而文章的结尾应该向豹子的尾巴那样简短有力。这个比喻说明开头和结尾对于一篇文章来说是至关重要的,对于新闻评论来说也是如此。

3.2.2.1 开头

"万事开头难,写新闻评论也是开头难,难就难在它要给全篇文章定下一个好的基调,使之更好地表现主题;难就难在它要选择一个恰到好处的'截口',使文章有一个好的议论起点;难就难在它要选择一个好的角度,使之能反映出应有的思想深度和广度,难就难在它要引人入文,是文章的一个好序幕。"①这也就是说,开头是评论文章结构必不可少的有机组成部分,肩负着点题、引出正文、吸引读者或听众等多种任务,往往起着为全文"定调"的作用。好的评论开头,不仅有利于作者思路的展开,对于安排好文章结构,以及吸引读者、观众的眼球,都有非常重要的意义。

怎样才能写好评论的开头呢?一般来说,评论的开头,最重要的就是开门见山。这个"山"有两种含义:"其一是指作者要提出的论点或者问题;其二是指作者乃以发论或评论的事实。从这种意义上来说,所谓'开门见山'其实包含着'开门见理'和'开门见物'

两层意思。"②当然,"开门见山"不能简单理解为在文章第一句或第一段就直来直去地提出论题或论点,而应采用一些办法,讲求一些艺术和技巧。

新闻评论常见的开头方法有以下6种:

(1)摆出结论。这是评论常见一种开头。这种开头就是把结论放在最前面,然后从容论述。如下面这篇评论的开头,在第一段即给出了结论,然后下面再展开论述:

信息公开是防灾的一大法宝
建　达

2 月 13 日的《人民日报》发布了国家林业局的一份信息摘要——南方雨雪冰冻灾害主要树种和野生动物救灾减灾技术要点。这份材料详细介绍了经济林、竹林的保护,森林病虫害的监测与防治,珍贵野生动物救护等救灾知识和措施,对恢复灾区生产和生态十分管用。前几天,北京的媒体连续发布公路、铁路出行信息,告诉公众哪里可能堵塞,哪里出行不便等,也给公众带来了许多方便。现代社会,信息的充分公开,政府服务的细节化,是防止灾害和最大限度减少灾害损失的一个重要方法。

（2008 年 2 月 14 日《人民网》）

---

① 程世寿、胡思勇:《当代新闻评论写作》,华中理工大学出版社,1999 年 8 月版。
② 程世寿、胡思勇:《当代新闻评论写作》,华中理工大学出版社,1999 年 8 月版。

（2）提出问题。这种开头是首先把要解决的问题提出来，然后在分析论证过程中得出结论。这种方法简明扼要、紧扣人心。如下面这篇评论的开头：

拿出勇气来学习洪战辉
傅 刚

连日来，一些媒体及新华网关于洪战辉的报道和讨论，在无数读者和网民中引起心灵震撼！他自强不息的精神冲击波眼下正在四处扩散，感动与激励着人们。

据新华社记者了解，洪战辉在他就读的大学里于本学期成为中共预备党员。这也给我们一个新的视角。在年终盘点之际，各级政府部门、企业事业单位，都在忙于总结今年的成就，部署明年的工作。人们在盘算时，有没有在百忙之中读一读洪战辉的报道？作为一名中共预备党员的洪战辉，他的言与行对于全国6800万中共党员会有什么启示？

（2005年12月13日《新华网》）

这篇评论前两段首先把要解决的问题提出来，即"作为一名中共预备党员的洪战辉，他的言与行对于全国6800万中共党员会有什么启示？"然后在后面三段的分析论证过程中得出结论。

（3）亮出靶子。这种开头先直截了当把需要批驳的问题或观点摆出来，掀起论战的高潮，然后再逐步分析，得出结论。

拍卖版面不如打破垄断
苏文洋

本周二《中国青年报》的《青年话题》版上，有一篇题为《不如把学术期刊的版面拿来拍卖算了》的文章，观点很鲜明，做法却值得商榷。

文章中说，早些时候，有杂志社在《中华读书报》宣称版面费合理合法，版面费对于多数科技期刊的生存和发展有至关重要的作用，能缓解部分经济压力，如果取消，会影响部分科技期刊的正常运营。针对此说，作者提出：如果想要靠卖版面支撑运营，我出个好主意，把学术期刊的版面拿到拍卖行拍卖，每期一拍，公开竞价，估计这样经济效益就没问题了。

（2007年12月14日《北京晚报》）

这篇论评在开头就亮出靶子，然后进行批驳，引人入胜。

（4）交待意图。这种开头或说明原委，交代写作动机，或提供评论的问题的背景，有助于论述的展开。如下面这篇评论，在开头先交代了评论的问题的有关背景，为下面的论证做了铺垫。

"天价团年宴"别吃成"腐败宴"
张冰歌

近日，汉口香港路上一家酒店推出了98888元/桌团年宴席（不含酒水），据了解，这是武汉市场今年标价最高的团年饭。消息传出后,引起了市民的强烈争议,大多数市民认为价格太离谱。

　　(2008 年 1 月 23 日《光明网》)

　　(5)由事入题。这种开头是将新闻报道进行概括,或选择其中的部分内容作为评论对象,放在评论的开头,借此提出问题,为下一步的分析论证作铺垫。这种开头在现在的新闻评论中比较常见,是一种非常流行的开头。例如下面这篇评论的开头:

文明社会决不能容忍大学生"零工资"就业

郭松民

　　去年 7 月毕业于内蒙古农大的于晓丽,在一家广告公司已经"实习"近一年了,但却从没有领过工资,"还要靠父母定期寄生活费"。据了解,在 2005 年内蒙的 4.1 万名高校毕业生中,找到工作的不到一半,有很多人不得不采取"零工资就业"的方式,放弃应有的劳动收入和社会保障的权益(6 月 22 日《中国青年报》)。

　　应该说,大学生"零工资"就业,并不是一个新鲜事,也不是个别现象。也许正因为如此,舆论对此似乎有点见怪不怪,觉得这不过是大学生供大于求之后的"正常现象",最大的忧虑也仅仅觉得这可能会诱发新的读书无用论。而在我看来,事情的真正本质,要比这些严重得多——"零工资"就业,就意味着人的工具化,意味着即便

是 21 世纪的大学生,也没有能够享有免于被奴役的自由。

　　(2006 年 6 月 23 日《光明网》)

　　(6)巧用引语。这种开头就是在文章开始引用格言、典故、比喻、故事,或权威性文件和权威性人士的语言等,以激发读者或观众的兴趣。

3.2.1.2　结尾

　　新闻评论的结尾是论证部分的必然结果,是全文有机的组成部分。结尾是评论内容的自然结束,是对论点的充分显示和升华。

　　俗话说得好:"编筐编篓,全在收口。"结尾与开头一样,在评论中极为重要。好的结尾使文章整体结构更加严谨自然、完整统一,也使文章的内容和主旨更加深刻、鲜明,让受众回味无穷。

　　什么样的结尾才算好呢? 一般说来,好的结尾应总括全文,首尾呼应,简短有力,不落俗套,既不拖泥带水,也没有空话、套话。评论员要根据评论的内容和形式以及篇幅的长短来写结尾,要做到水到渠成、自然结束,既不能画蛇添足,也不能草草收尾。新闻评论常见的结尾方法主要有以下种:

　　(1)概括全文,点明主旨。这种结尾是对正文的内容给以恰当的概括和总结,做出结论,加深读者对全文的理解。这是最常见的一种结尾方式。如《人民网》2005 年 10 月 1 日朽木的评论《节要过,节要"节"》的结尾:

　　节要过,节要"节"——节俭、节

约,就是这么一个理。

(2)提出希望,感召受众。这种结尾通常用饱含热情的语言指明方向,提出希望,发出号召,给人以启发鼓舞,促使人们按照评论指明的方向行动起来。如2008年2月1日人民网刊发王石川撰写的评论《抗灾中,尤显国人可贵精神》的结尾就是号召人们行动起来,共同抗击雪灾,起到了鼓舞人心的作用:

灾害无情人有情,众志成城抗雪灾。我们不能只当听众,只做看客,行动起来吧,期待我们每个人都能站出来,义无反顾,从自己做起,一起抗灾,尽最大努力把灾害的负面作用减少到最低程度,过一个平静、温暖和祥和的春节。

(3)意味深长,引人深思。这种结尾是以生动含蓄的语言,启发人们去思考,耐人回味,发人深省。如2007年11月9日《人民日报》刊登的卢新宁的评论《节日,渐渐明朗的"中国表情"》的结尾就达到了这个目的:

若干年后,当我们的孩子习惯了清明踏青、中秋望月时,谁说不会正是这些节日的熏染,让他们领会了文化中国寓意深厚的"表情"?

(4)意尽言止,自然结束。有许多评论,特别是众多短小精悍的评论,经常是"言尽意止,自然结束",也就没有

必要再加一个独立成段的结尾了。但是文章最后的一两句或几句话,一般都有总结全文的作用,可以说,这就是评论的结尾部分。如前面提到的评论案例《拿出勇气来学习洪战辉》的结尾就属这种情况:

洪战辉对于人间正道的信仰和乐观,让那些不合格的党员和干部相形见绌。某些党员干部,打着"产权改革"的旗号,利用内部人的特殊身份,将公有资产量化到个人;还有的打着"招商引资"的旗号,将国有土地批租给自己的亲友;有的甚至身为国有控股股东或上市公司负责人,在海外设立离岸公司,然后到国内组建合资企业,通过关联交易套取国有资产并转移至私人公司,这些人更需要对照检查一下自己的行为,是否已经触犯了党纪国法?

以上我们介绍的开头和结尾只是新闻评论写作中常见的几种方式。总起来说,文章的开头和结尾是千变万化的,没有固定的格式。我们要写好开头和结尾,必须根据评论的内容、形式的发展和需要,以及受众的具体情况来写,绝不能生搬硬套。

3.3 新闻评论的要素

和其他议论性文章一样,新闻评论也由一些稳定的要素组成。

3.3.1 评论要素的含义

什么是评论的要素呢?如果我们对新闻评论的形式和内容进行分析,就

会发现新闻评论形态是由一些稳定的元素构成的,这些元素就是新闻评论的构成要素,它们反映了新闻评论的写作规律,是新闻评论员必须掌握的知识。

3.3.2 评论要素的演变

一般的议论文都是由论点、论据、论证三要素构成的。很多新闻评论教材在谈到新闻评论要素时,也往往遵循论点、论据、论证三要素说。而我们认为新闻评论不同于一般的议论文,除了一般议论文具有的三要素外,它还具有自己独特的构成要素。在信息技术和信息传播日益发达的今天,这一点表现的更加充分。根据当前新闻评论的实践,我们将新闻评论的三要素拓展为六要素:即论点、论据、论证、论的、符号、评论者六个要素。这六个要素的多重组合,构成了评论内容结构的多样性。下面我们对这六个要素逐一进行分析。

(1)论点 就是论文所表达的主张,就新闻评论而言,它是作者对新闻事件的态度、观点和意见的综合。

论点是一篇文章的灵魂,它统率着整篇文章的结构、布局,它决定着一篇评论的传播价值,是一篇评论成败的关键。

(2)论据 就是用来阐明论点的材料,是说明论点的理由和事实的总称。一般的说,论据具有证明和阐释论点的两种功能。证明主要为论点提供充分的支持,让人信服;阐释侧重于解释论点,帮助人们确切理解论断的

具体含义。如果说论点是评论的灵魂的话,论据就是评论的躯体。

(3)论证 是运用论据证明和阐释论点的过程和方式方法。论证的基本目标就是实现材料和观点,即论据和论点的有机统一,组成一个完整的说理过程。[1]

(4)论的 评论的对象及针对的问题,是评论的客体,或者说是新闻评论有的放矢之"的"。

(5)符号 是代表事物的标记和记号,在新闻传播领域,目前被广泛使用的符号主要是文字、音响、图表、影像等。

在现代信息社会,人们的阅读方式和阅读习惯发生了革命性的变化,以接受信息、开阔眼界、学习知识为主体的严肃阅读逐渐向娱乐化阅读、消费化阅读转变[2]。探寻其原因,在客观上首先源于作为阅读对象的文本日趋"视听化"和"网络化"。"视听化"和"网络化"说的就是传播符号:文字、图表、影像和音响。视听化是影像和音响为主,文字为辅;网络化则是文字、图表、音响、影像等符号多维度的组合。

在阅读革命的浪潮中,以传播意见信息为主的新闻评论适应这种变革,也大量运用多种阅读符号,使新闻评论这种思考性的体裁,也呈现出了丰富多彩的样式。比如,在前面我们提到的评论

————

① 殷俊等:《媒介新闻评论学》,四川大学出版社,2005年6月版,第155页。

② 何明星:《将阅读变为享乐——平面媒介如何应对即将来临的阅读革命》,《传媒》2005年第5期。

案例《文明社会决不能容忍大学生"零工资"就业》中,如果以文字为主,它突出的是一种逻辑性,读起来较费力。如果用图表来表示,即将培养一个大学生所需要的费用,与人均国民收入进行对比,显示出家庭为教育所付出的代价,然后再配上文字,就更容易为受众所理解。如果设计成一张漫画,然后配以文字,就会增加评论的趣味性,对受众产生更强的吸引力。

(6)评论者 就是对新闻事件表态的主体,既可以是单个人,也可以是某个团体、单位、地区乃至国家等。

评论者成为新闻评论的要素,意义有两方面:一是可以表明表态者的身份,让受众了解表态者的身份背景和利益背景,从而对它的态度、观点和意见作出合适的判断。二是可以扩大新闻评论的态度容量,提高新闻评论的阅读价值。因为对于一个新闻事件,多个身份背景的评论者的评论,既体现了新闻话语权的平衡性和公共性,更可以使受众获得更有意义的启示。

观察当前的新闻实践,人们注意到不少纸质媒体仍固守"一言堂"的意见传播方式,即新闻评论多数是一方评论者的态度、观点和意见,这在社会转型期和社会多元化背景下,可能带来意见传播效率低下甚至反效果的问题。而电子媒体和网络媒体则突破了这一点,对于一个新闻事件的评论,常常呈现多层次、多方位的人或人群的态度。比如,在一篇关于山西宁武爆炸案的新闻评论中,就既有当地群众的态度,也有国有企业(卖炸药厂方)的态度,还有公安部门的态度。这些多方位、多层次的态度,为整个评论提供了多方位、多层次的论据,使评论增加了"冲突"点,从整体上反映了社会意见的真实性,既增强了对受众的吸引力,又能更好地激发受众的心智,深受受众的重视和喜爱。

3.3.3 评论要素的作用

在新闻评论的写作中,新闻评论的诸要素都发挥着重要作用。

论点解决的是要证明什么的问题,论据解决的是"用什么证明"的问题,论证则解决的是怎样证明的问题,论的解决的是评论的目标问题,符号解决的是表达形式的问题,评论者解决的是表达背景和表达立场的问题。如果说论点是一篇评论文章的灵魂的话,那么论据就是一篇文章的血肉,而论证、符号、评论者则是材料通向论点的框架和路径。离开了论的,论点就是无的放矢;离开了论据,论点就成了无本之木,无源之水;离开论证,论点和论据就失去了方法的支持,从而失却其科学性;离开了符号,论点就难以形之于外,进行传播;离开了评论者,论点就不知何人所言,受众闻其言如捕风捉影。论的是评论的客体,评论者是评论的主体,符号则是评论的载体。新闻评论的诸要素相互依赖,相互作用,使评论成为一个完整的统一体。

3.4　结构演变的规律

在新闻传播技术发展和新闻传播方式创新的推动下,适应受众的需求,新闻评论的结构也在发生着变化。在多彩的变化背后,我们注意到传播效率、逻辑规律以及文章内容和形式相互作用这样一些规律性的东西。

3.4.1　传播效率

新闻评论和其他新闻文体一样,是特别讲求传播效率的文体。这种效率除了体现在文章的内容和传播速度等方面外,还体现在文章的结构上。

作为作者思路在文章中的一种外在表现,结构本身就是传播效率的体现。因为一篇文章,先说什么,后说什么,按照什么思路排列材料正是体现了传播效率的要求,如果思路混乱,条理不清,读者可能就会看不下去,这显然是影响传播效率的。而过于复杂、多变的结构,也是不利于传播效率的。因此,现代新闻实践要求新闻评论采取讲究传播效率的结构。"就像'倒金字塔结构'的消息把最重要的内容放在最前边一样","吸引眼球的见解"、"引人注目的评论对象"正在成为评论结构中最突出的部分。有学者认为,"如果说开门见山一般说来是文章结构的多种选择之一的话,那么,对于新闻评论来说,它就是体现特别追求传播效率的结构。"①对传播效率的追求,正在引导着新闻评论结构的创新。

3.4.2　逻辑规律

作为意见传播的一种形式,新闻评论的传播过程既表现为一种发布的过程,也表现为一种说服的过程,而且说服的成功与否关系着发布的成败。而说服的成功离不开评论的逻辑力量。可以说,逻辑要求始终是评论结构变化的一个重要规律。

首先评论结构要反映评论对象自身的逻辑性。根据评论对象的具体情况及内在逻辑联系安排观点、材料及前后顺序,是评论结构发展创新的原则。事物自身的逻辑性是评论者与受众的"共同语言",是受众迅速领会评论者意图和克服领会误差的最有力的规定性。评论其实是在作者正确认识客观事物及其规律的基础上,引导读者认识事物规律了解深层的内在联系的过程。所以只有作者对事物的这种固有规律和内在联系,即事物的内部"条理性"认识得越清晰越透彻,其评论起来才能越清楚越有层次。②

其次,评论结构要体现人们的认识规律和触媒心理。人们的认识总是从感性到理性,从具体到抽象的。评论如果遵循这一规律进行表达,就会减轻受众的费力程度,就会增大受众选择的可能性。受众接触媒体的需要和特点是与时俱进的,评论的构思和谋篇布局,

① 马少华:《新闻评论教程》,高等教育出版社,2007 年 3 月版,第 9 页。
② 殷俊等:《媒介新闻评论》,四川大学出版社,2005 年 6 月版,第 215 页。

必须重视受众的这种接触媒介心理。在媒介竞争空前激烈的今天,受众的触媒心理正成为推动评论结构创新和变化的越来越重要的因素。

评论通常采用的提出问题——分析问题——解决问题的结构反映了事物的内在联系,也符合人们的一般认识规律,但它正以不断创新的面孔出现在今天的媒体上,越来越多彩地呈现着竞争所带来的耳目一新的惊喜。

3.4.3 结构与内容

结构属于文章的形式范畴,它最终是为内容、为观点服务的。因此写评论,首先考虑的不是结构,而是内容,要看一定的内容适合用什么样的结构,这就是说安排结构,既要从评论的形式出发,又要从评论的内容出发。内容与形式是事物同时具备的两个方面,两者是统一的,形式离不开内容,内容也离不开形式。内容是构成事物的一切要素,形式则是把内容诸要素统一起来的结构方式,内容与形式统一是事物和谐发展的体现。因此,新闻评论的结构要力求达到内容和形式的和谐统一、浑然一体。

★【本章小结】

通过对新闻结构的考察,通过对多介质媒体的考察,本章提出了新闻评论的六要素说,这有别于新闻评论的三要素说。六要素说对于新闻评论结构创新有着重要意义。

【评论实务训练】

请选择两则最新的新闻评论,指出评论的要素并说明其作用。

【延伸阅读】

1. 程世寿、胡思勇:《当代新闻评论写作》,华中理工大学出版社,1999年8月版。

2. 马少华:《新闻评论教程》,第9页,高等教育出版社,2007年3月版。

3. 殷俊等:《媒介新闻评论》,第215页,四川大学出版社,2005年6月版。

4. 胡文龙、秦圭、涂光晋:《新闻评论教程》,第117页,中国人民大学出版社,1998年7月版。

4　新闻评论的选题

导言

本章学习目标　能够掌握新闻评论选题的对象和范围、选题的类型、来源及选题的方法。

本章难点　选题的范围和方法

内容提要　本章主要介绍了选题的对象和范围,总结了选题的类型和来源,介绍了选题的方法。

任何文章的写作，首先要解决"写什么"的问题，其次才是"如何写"的问题。新闻评论亦然，首先要解决写什么的问题，也就是选题问题。选题是评论写作的第一步，是至关重要的一个步骤，一旦选题确定了，评论就"有的放矢"了。选题考察的是作者的眼光，是新闻评论作者的写作"决策"。可以说，选题的准确与否，决定着评论写作的成败，即使是高手，也很难用"写作技巧"来弥补"眼光"的低度和"决策"的失当。因此，在新闻评论中，选题是非常重要的。

那么什么是新闻评论的选题呢？如何确定选题呢？

4.1 选题的对象和范围

4.1.1 选题的含义

我们在确定一篇新闻评论的选题时，基本思路是发现新闻事实背后的问题，并且识别这个问题的社会意义。我们将新闻评论的这种选题特征，概括为六个字——"看事实，想问题"。我们可以这样理解新闻评论选题的含义："新闻评论的选题，就是从诸多新闻事实、新闻报道或社会生活中选择适当的评论对象，确定合适的论述范围，提炼出具有普遍意义的论题。简言之，就是要确定评论所要论述的对象和范围。"①

选题的对象就是评论的客体，指已经确立的要对之进行评论的新闻事实。那么选什么样的事呢？在选题过程中，那些因素会影响评论员的判断呢？

（1）思考角度和认识水平对选题的影响。

同样的问题，由于人们思考的角度和认识水平的不同可以做出不同内容的评论文章。如，下面这两则评论都是针对哈尔滨出现胎盘宴这一事件进行的评论，但由于作者思考角度和认识水平不同，因此两篇评论的内容也截然不同。

哈尔滨一家报纸的记者通过明察暗访发现，当地一家餐馆将人体胎盘引上了餐桌，成为"绝对大补"的热门菜肴。而这些胎盘都是从当地一家医院买来的，该医院在出售婴儿胎盘时很有"职业道德"，专门为购买者出具胎盘的化验单，以证明胎盘没有乙肝病毒和其他传染病。针对"胎盘宴"这种现象，专家只是温和地表示，胎盘并不具备"神奇大补功效"，而当地卫生部门的官员则直接表态说，胎盘是否可以随意买卖，目前没有"明确规定"。对这一新闻事实，《北京青年报》2004年11月1日刊登蔡方华撰写的评论《"胎盘宴"再揭卫生监管漏洞》。评论说：

"胎盘宴"不是一个偶然和孤立的现象，而是我国食品卫生监管存在漏洞的又一个证明。从医院环节看，把胎盘

---

① 殷俊等：《媒介新闻评论学》，四川大学出版社，2005年6月版，第182页。

卖给餐馆不仅有违道德，也打破了医院与餐饮业之间的卫生"防火墙"。众所周知，医院处理的各种医学剩余物存在着一定的卫生风险，因此，对各种废弃物品进行妥善的处理就是理所当然的事，根本不需要对胎盘再做个别的"明确规定"。医院和医生买卖胎盘的行为直接危害公共安全，卫生部门应该对此加以严厉的制止与制裁，听任胎盘买卖行为的泛滥，实是卫生部门的严重失职。

而从食品安全的角度看，我国在餐饮业的法规建设和卫生管理方面一向存在着宽纵的弊端。不久前，研究表明，果子狸的确是非典病毒的宿主和主要传播者，令人不寒而栗的是，这个"病毒使者"竟然在国人的餐桌上风光了许多年。我们的餐桌上到底有多少面目可疑的热门菜肴？果子狸、猴脑、婴儿胎盘到底还会在餐桌上流行多久？还会不会发生大规模的"祸从口入"？谁的心里都没有把握！餐饮卫生管理的漏洞到底由谁来补，到目前为止还是一个巨大的问号！

《中国青年报》2004 年 11 月 5 日刊登了徐晓撰写的评论《吃胎盘无关"吃人"与国人劣根性》。评论说：

不管在中医医生眼里，还是在民间百姓眼里，胎盘自古就是一味大补中药。既然有这样多的好处，为什么不能吃呢？对于体虚多病的人来说，吃了可以治病，对于无病体健的人来说，吃了可以强身。说实话，我就吃过

不少胎盘，小时候，我母亲在医院是有名的助产医师，吃胎盘不成问题。问题是胎盘是否真有那么大的药用价值，或者说是否卫生。我觉得这家餐馆还是做得比较好的，"这些胎盘都是从当地一家医院买来的。该医院在出售婴儿胎盘时很有'职业道德'，专门为购买者出具胎盘的化验单，以证明胎盘没有乙肝病毒和其他传染病"。

问题出在某些时评家少见多怪，或者故作惊人之谈来吸引读者眼球，如上所引作者谈的"劣根性"云。中国因其历史悠久，定然是有不少劣根性的，比如讲面子，如缺乏时间观念，如守旧，如缺乏同情心等等（美国作家亚瑟·亨·史密斯《中国人气质》）。还有一些劣根性在鲁迅的作品中也有所揭露，如冷漠、自私、欺软怕硬、贪婪等等。

但胎盘即紫河车既然是中国几千年传统文化的中医药的药品之一，无论如何都不应算作劣根性吧。至于将吃胎盘等同于吃人，更不值一驳，如同将献血等同于吃别人的血一样荒谬，只能用哗众取宠来形容了。

这两篇评论由于思考角度不同，对新闻事实的认识也不同。

（2）利益背景对选题的影响。

有时选事和针对的问题虽然相同，但因为维护的利益不同，立场也会不同，得出的态度、观点和意见也是大不相同的。

例如，2005 年媒体报道了"复旦毕业生顾澄勇回乡卖鸡蛋 申报农民十大杰出青年"的新闻。这个新闻事件经

媒体报道后,很多新闻评论员将其作为评论的对象,如阿里巴巴网站推出了评论《大学生回乡卖鸡蛋也是一种选择》。评论中说:

"从有关媒体的报道情况来看,一些人目前仍对顾澄勇在大学计算机专业毕业后回乡养鸡卖蛋的就业选择或多或少地表示出了遗憾,似乎还很有一些类似'专业不对口'、'专业人才流失'的有失公允的意味。这当然是出于善意,也并无大不妥。但是,也正是由于诸如此类的社会舆论导向的鼓噪过多,才使得我们国内大学毕业生的就业观念如此褊狭,就业渠道如此单一,自主就业能力如此低下。如在时下的政府公务员招考现场,出现大学毕业生千军万马竞挤公务员'独木桥'的壮观景象,而在有些就业领域却门庭冷落、极少有人去问津……大学毕业生就业问题已到了必须引起社会关注、并给予科学正确的引导帮助的时候了。媒体也应该更多地宣传报道类似顾澄勇这样的成功典型。"

显然,这个评论是站在管理部门的利益上来讲的。同样的问题,如果站在学生的利益上来评,由于立场不同,对问题的态度和观点肯定也是不同的。有时评论需要模糊这种界限,也就是说,评论员心中是清楚的,但是写出来要让受众模糊这种界限,也就是说需要找到多方利益的共同点,在新闻传播上实现"共赢"。同样针对这一事件,《人民日报》2005 年 5 月 10 日刊登的闻白撰写的评论《大学生卖鸡蛋的启示》则表现出很高的舆论引导艺术。评论说:

国家鼓励大学生自主创业,而相当多的大学生其实是有能力创业的,关键是有没有这种意识。事实上,一个大学生在大学除了学到扎实的书本知识外,更重要的是在学习中培养出一种能力,这种能力应该使他可以适应社会的需要、胜任自己所从事的工作。工作无高低贵贱之分,而且现在的工作已经没有绝对的"劳心者"与"劳力者"之分,城市与乡村、东部与西部的差距都在缩小,任何一个行业一份工作都需要知识与智慧,需要从业人员具有优秀的综合素质。坐在办公室做一个朝九晚五的白领难道真的比顾澄勇卖鸡蛋有价值?

顾澄勇的主动选择,已经赢得大多数人的认可,他目前的成功固然是原因之一,但这更多地折射出的是社会对于职业选择的务实与价值取向的变化。做什么工作本来并不关乎体面,能否在工作中体现自己的价值、表现自己的能力,才是值得尊敬的理由。愿大学生能够以顾澄勇为镜子,走好自己的事业之路。

但是并不是所有报道都能在舆论上做到"共赢",只有当多方利益在一个事件中没有根本利害冲突时,才可以做到这一点。

4.1.2 选题的原则

对于一个新闻评论员来讲,每天面

对着一大堆新闻事件，究竟如何选事呢？这涉及评论选题的原则，吴庚振教授著的《新闻评论学通论》中指出，要坚持两个原则，一是服务大局，二是有的放矢①。服务大局原则，即从一个时期的总体情况来考察新闻事件及其针对的问题；有的放矢原则，即从实践生活和工作中存在的利益冲突即社会矛盾和社会问题出发进行选题。

4.1.3　选题的范围

选题的范围就是对所选之事，按照针对的问题，进行相应的界定，即确定评论的对象是新闻事件的全貌，还是新闻事件中的某一方面。这里的某一方面，可以是新闻报道中提供的新鲜背景材料，也可以是新闻事件当事人的说辞和行为理由，也可以是新闻事件中的某一情节等。

比如 2006 年 7 月 3 日《中国质量万里行杂志》报道了浙江省温州市一个中学生，因未扎头发老师拒绝其参加期末考试而投水自尽的新闻事件。对这样一个新闻事件如何确定它的评论选题范围呢？《潇湘晨报》确定的是新闻事件的一个方面，即学生家长以"非法剥夺考试权"、"管理不当"为由把学校和老师告上法庭，当法庭宣判"学校和老师'不承担法律责任'"时，"被告方来参加旁听的五六十名老师竟然集体热烈鼓掌喝彩"这样一个情节来评论，就是确定评论选题范围的表现。这篇评论发表在 2006 年 7 月 4 日《潇湘晨报》上，题目是《老师喝彩为何令人震怒？》。

4.2　选题的类型和来源

4.2.1　评论选题的类型

（1）按选题内容所涉及的具体社会领域分，可分为政治选题、经济选题、文化选题、体育选题。这种分类方法，突出了评论写作对其他学科知识的需要。

比如，2006 年由葛红兵与易中天《历史该不该庸俗化》的论战而在互联网上引发了一场关于历史能否娱乐化的大讨论。这场大讨论是针对历史问题和文化现象进行评论的，那么评论此事，就需要了解历史知识和学术规范知识。也就是说，这种分类方法，彰显的是评论对理论和知识的内在需求。

（2）按评论对象的新闻事实发生的规律划分，可分为常规性选题和即时性选题，这种分类方法较好地反映了新闻评论选题的规律，因而为许多教材所重视。

1）常规性选题　常规性选题选择的是社会实践和社会生活出的一些规律性事件，它按照时间进程、制度安排周期性出现，这样的选题又称周期性选题。如纪念日、节日、重大政事，以及其他各领域周期性出现的事情。这种周期性不是由媒体提上议程的，而是由社会生活的周期性提上议程的。现实生活中，"人们往往会对一些话题周期性地有所期待，媒体的周期性新闻评论就

① 吴庚振：《新闻评论学通论》，河北大学出版社，2001 年 6 月版。

应和了这种周期性期待"①。如人民日报每年国庆节发表的社论等都属于周期性选题。

周期性选题因为总是周期性地重复,所以关键在于写出新意。台湾学者王民的《新闻评论写作》认为:"写作纪念性评论,不当重复历史的事实与意义,要根据现实的要求来写。"中国人民大学新闻学院涂光晋老师归纳了周期性选题的"时效化处理"与"个案化处理"等操作方式。克服周期性选题给读者造成的"重复性"感觉,是周期性选题写作中需要时刻注意的问题。

如2004年6月6日是第二次世界大战盟军登陆诺曼底60周年纪念日,《新京报》发表评论《呼唤诺曼底精神的回归》,就是以当年的历史经验来批评当代美国领导人在国际问题上的错误行为,评论中写道:"今天人们纪念诺曼底登陆60周年,最重要的就是要发扬诺曼底的精神,这就是斗争的勇气和智慧、精确的情报和国际社会的团结。美国需要再来一次诺曼底式的登陆。这次登陆的地点不是在法国的诺曼底,而是在美国的纽约,在联合国的总部,在国际社会的共识的基础上来一次软着陆,征服的对象是美国的傲慢与自大、美国式的单边主义。"很明显,这篇评论也不是单纯评论史事,而评的是当代国际问题。②

2)即时性选题 即时性选题指根据新近发生的新闻事实,或者新近发现的事实细节,或者新近报道的事实选择的评论题材。如前面提到的评论文章《老师喝彩为何令人震怒?》就是即时评论,即新闻事件发生后,随即跟进的新闻评论。

4.2.2 评论选题的来源

《中国铁道建筑报》副总编辑田望生在他所著的《新闻评论他说》中写道:"一般来说,选题是意在题先。作者从现实生活中感受到某种问题、某种倾向,觉得应该有所评论,又找到这方面的材料(新闻),于是,意思有了,题目也就有了。"③

中国人民大学新闻评论学教授马少华在他所著的《新闻评论》中说:"长期的观察与思考可以在某一新闻事件出现时被唤醒,争就成篇。"④

这些论述表达了一个共同的意思,就是评论选题从本质上来讲,来源于社会实践,来源于评论者日常的生活积累,来源于日常的观察和思考,来源于心中已有之"意",只不过这个"意"通过新近发生的新闻事件,或新近出现的情节,或新近报道的新闻事实,找到了"落地点"而已。只有有了这个生活基础,这个"意"才能通过新闻事件被唤醒。这里的"意",指评论员发现、了解的社会问题。一般来说,新闻评论的选题有以下几种渠道:

(1)上面的精神 "上面的精神"

① 马少华:《新闻评论》,中南大学出版社,2005年5月版,第110页。
② 马少华:《新闻评论教程》,高等教育出版社,2007年3月版,第122页。
③ 田望生:《新闻评论他说》,华文出版社,1999年版,第104页。
④ 马少华:《新闻评论》,中南大学出版社,2005年5月版,第109页。

包括党的路线、方针、政策,党和政府的文件,党和政府负责人的指示和讲话精神①。在我国,新闻媒体是党和政府的喉舌,有宣传党的路线、方针、政策的任务。所以新闻评论要解释上面的精神,宣传党的路线、方针、政策,以达到上情下达的目的。尤其在一些新的政策出台或原有政策进行调整的时候,新闻评论需要从上面的精神入手,对之进行分析、解释。如2007年10月29日人民日报刊登的评论员文章《鲜明的主题 伟大的旗帜》就是对党的十七大精神进行的宣传和解读。

(2)下面的呼声 就是从老百姓的生活工作中选择有新闻价值的事实进行评论。这是新闻评论选题取之不尽、用之不竭的源泉。如人民网2007年12月7日刊登的王石川的评论《春运不涨价,叫好同时更有追问》就是属于此种情况。

(3)来自新闻报道 就是从重要的新闻事件和新闻典型中选择社会舆论关注的热点问题。通过这种渠道得到的选题不仅富有新闻性和时代感,而且是结合实际引导舆论、发挥教育功能的好教材。如:2004年2月5日《南方周末》刊登的评论《宝马案与“多数人暴政”》的选题就是来自新闻报道。

(4)专门的策划 根据社会实践的需要和实际情况的特征,运用新闻评论要素整合新闻资源而形成的题目。它是对上面精神、下面呼声、新闻报道等渠道资源的一种综合利用。例如,新华社曾在2006年8月16日刊发

了一条“中央文明委在全国实施提升中国公民旅游文明素质行动”的新闻。这则消息播出后,《人民日报》2006年9月1日开办了专栏《提升公民旅游文明素质大家谈》,专栏由《专家建言》、《见闻亲历》、《议论风生》等子栏目组成。9月5日又将此开栏的内容上网,向全社会征集稿件。这种开栏征集,让有识之士来共同评论的运作方式,就是一种把丰富的新闻资源、宏大的评论目标、有效的组织方式、新闻化的表现形式有机统一到一起的一种策划。评论的策划本质上是对评论要素的一种有机组合,主要由图片、漫画、评论者、文字等要素组成。

总之,评论选题一定要从时代背景下观照,一定要重视媒体的定位,一定要考察受众群众的需要,一定要考虑媒体竞争的要求。

4.3 选题的方法

新闻评论如何选题?也就是选题的方法是什么呢?我们认为关键在于从实际出发,认真进行调查研究。有人可能会有这样的疑问,新闻报道需要采访,当然得调查研究,而新闻评论是说理性的文章,也需要调查研究吗?回答是肯定的。可以说“调查研究是选择论题的基本方法,是写好新闻评论首要的和根本的一环。没有调查就没有发

① 程世寿、胡思勇:《当代新闻评论写作》,华中理工大学出版社,1999年8月版。

言权。同样,没有调查就没有评论权"。①

4.3.1 调查研究对新闻评论的意义

"首先,新闻评论工作者只有通过调查研究,才能了解社会实际情况,洞察社会上存在的矛盾和问题,从而有针对性地发言。"

"其次,只有深入调查研究,才能了解群众的愿望和呼声,了解群众思想上的'疙瘩',体察群众的感情,从而写出为群众喜闻乐见的评论来。"

"第三,只有通过调查研究,才能获得大量典型的、有说服力的材料。"

第四,"只有通过调查研究,才能从现实生活中获得写作的灵感,从群众中获得思想的营养和生动的语言。"②。

第五,只有通过调查研究,才能防止立论的武断和片面,才能对新闻事实作出正确的判断和结论,才能写出高质量的评论。

4.3.2 新闻评论如何进行调查研究

在新闻报道中,我们经常会用到现场察访、个别访问、亲身实践等调查研究方法,同样适用于新闻评论。"同时新闻评论还有自己特有的一些调查研究方法。"比如"重视群众来信、来电、来访","从新闻作品中找典型,找材料","开动脑筋,留心生活","召开调查会"等,这些方法都给我们许多启发和收获。当然要想写好新闻评论,还要做好平时知识和材料的积累,做好储备,同时还要深入群众中博采众议,集思广益,收集真知灼见。

当然,从广义上来说,我们前面提到的评论选题的对象、范围、原则、类型、来源等内容的总和,也可以看作是新闻评论的选题方法。

★【本章小结】

本章通过对新闻评论选题的对象、范围和方法的介绍,揭示了评论选题的本质是对评论对象的新闻价值、评论价值的判断,以及在这个判断基础上的取舍。

【评论实务训练】

1. 请根据下面提供的新闻事实,确定评论对象和范围,并据此拟出一个新闻评论的题目,写一篇 500 字左右的短评。

联合国秘书长安南盛赞黄山秀丽

本报讯(记者潘成 吴江海) "黄山之行是一种非常独特的感受。我和夫人一定会再来。"5 月 20 日,联合国秘书长科菲·安南夫妇一行考察了黄山风景区并欣然题词,盛赞黄山在保护管理方面的做法和成效。

黄山风景区雨后初霁,阳光明媚。

---

① 吴庚振:《新闻评论学通论》,河北大学出版社,2003 年 3 月版,第 42 页。
② 吴庚振:《新闻评论学通论》,河北大学出版社,2003 年 3 月版。

10时40分左右，安南一行乘专车抵达黄山风景区。在始信峰，安南一行正好看到黄山环卫放绳工在探海松附近放绳到悬崖下捡拾垃圾，连声称赞："真了不起，正因为有他们辛苦的劳动，黄山才能这么干净这么美丽。"

考察中，安南一边听取陪同人员的介绍，一边不时停下来仔细观察，当他看到游道两侧的黄山松都穿着"竹衣"时，对黄山管理部门对景区名木古树细致入微的保护给予了充分肯定。他在了解黄山大力推广生态厕所、对游人活动较多的主要景区景点采取封闭轮休等一系列保护管理方面的做法后夸赞："好点子，其他风景名胜区也应该学学黄山的成功做法。"

下午，安南一行考察了黄山西海景区，美丽的排云亭、神秘的大峡谷、清澈的溪流、清新的空气、鲜艳的杜鹃花都给安南夫妇留下了十分美好的印象。在排云亭，安南夫妇兴致勃勃地锁上连心锁，把钥匙扔入峡谷，把美好的愿望寄托在黄山。安南一行在游览中不断被游人认出，人们纷纷热情地向安南一行挥手，并鼓掌欢迎。安南和夫人总是微笑着向人们回礼，并用中文向大家问好。

安南一行是19日晚乘包机抵达黄山市的，陪同安南考察的有中国常驻联合国代表王光亚、副省长文海英、省外办和黄山市负责同志。

（《安徽日报》2006年5月21日）

2. 请阅读下面这则评论，分析其选题的类型及选题来源。

伦敦市长为何不"爱面子"？

耿海军

英国伦敦市长14日宣布改革交通拥堵费征收办法，对在周一至周五白天进入伦敦市中心等拥堵区域的大排量汽车征收的进城费，从每天8英镑提高到25英镑。在严格限制大排量汽车的同时，新规定中，每公里排放二氧化碳低于120克的汽车将免收拥堵费，以推广污染少的电动车和混合燃料车。

（11月16日《新华每日电讯》）

相对伦敦对大排量汽车的限制，我国却有多达80个城市限小，甚至禁小。前段时间，广州市还宣布即将全面禁行电动车，让许多骑电动车上班的平民叫苦不迭。

一个比较普遍的说法是，国内各城市之所以限制小排量汽车，最主要的考虑是为了塑造城市的现代化形象。一个满街跑的都是奔驰、宝马、皇冠等豪华大车的城市，当然显得气派和富足。但是，英国满街都跑大车是因为有能源充足的底气，而中国城市也追求这样的"形象"，透出的却是虚荣败家的傻气。况且，英国从不拒绝小排量汽车的使用，相反还一直积极地推广污染少的电动车和混合燃料车。

伦敦是全球数一数二的国际大都市，为了环保节能，其尚且能不顾"面子"地推广小排量汽车和电动车，我们的一些城市管理者，难道不该为此深思吗？

（《河南商报》2006年11月17日）

📖【延伸阅读】

1.殷俊等:《媒介新闻评论学》,四川大学出版社,2005年6月版。

2.田望生:《新闻评论他说》,华文出版社,1999年版。

3.马少华:《新闻评论》,中南大学出版社,2005年5月版。

4.程世寿、胡思勇:《当代新闻评论写作》,华中理工大学出版社,1999年8月版。

5.吴庚振:《新闻评论学通论》,河北大学出版社,2003年3月版。

5　新闻评论的论点

导言

本章学习目标　通过本章的学习,要求能够掌握新闻评论论点的概念、三位一体的特点、论点的形成过程、论点的表现形式、确立论点的要求,并能根据具体的新闻事实确立论点。

本章难点　论点三位一体的特点　论点的形成过程不同媒体对确立论点的要求

内容提要　本章介绍了新闻评论的论点的内涵,提出了新闻评论论点三元性的论断,并在此基础上论述了论点的表现形象、形成过程,及确立论点的要求。

5.1 论点

什么是论点？许多著作的论述把"论点"等同于"观点"。这掩盖了论点的本质，不利于学生对论点的理解。

论点就是对新闻事件或新闻报道所表达的态度、阐述的观点、提出的意见。它反映了评论员对新闻事件、新闻报道，及其反映出的社会问题和社会现象的一种认识，是态度、观点和意见的统一体，是评论本质的集中反映。论点形成的过程，就是立足于社会现实，缘起于新闻事实产生"态度"，对态度进行理性解释和表达上升为观点，据此提出解决问题的要求、建议和愿望就是意见。在这个三位一体的结构中，态度是核心，观点是主体，意见是结果。观点往往包含着态度，起步于态度，决定着意见。从论点形成的过程来看，它是层层递进的，又是相互作用的。

例如，2006 年 10 月 4 日《人民网》观点频道转载了红网的一篇评论——《王厅长，别糟蹋"感情"了》。这篇评论的对象是，"安徽省交通厅原厅长王兴尧非法收受他人贿赂，被判处其有期徒刑 10 年。王兴尧不服判决，提出上诉。在整个庭审过程，他多

次强调，自己收钱是太重感情了，'绝对没有想收钱的意思！'"。作者在评论的标题中就表明了态度和意见，即用带有感情色彩的"糟蹋"这个贬义词对王厅长所谓的"感情"给予否定，表明了态度；"别糟蹋感情了"是一种要求、建议，是一种如何对待事物的措施、方法，所以它是论点中"意见"部分。而观点就是作者对"王厅长感情"的认识。对此，评论中写道："公权私用，私情'公用'，这就是王厅长的'感情深'"。这句话，表明了作者对王厅长所谓感情的认识和见解，是作者的观点。

需要强调的是，在论点的这三个层次中，态度和观点是不可或缺的，而意见有时是可以缺位的，这是因为评论的重点在于表达认识之故。态度，一般表现为赞成，反对；肯定，否定；支持，阻止；表扬，批评等。在论点三位一体的结构中，态度是核心。观点，一般表现为思想、认识、见解等等。在论点三位一体的结构中，观点是主体。意见，一般表现为要求、建议、愿望、主张等；在论点三位一体的结构中，意见是结果。

5.2 论点的表现形式

以论点的三层结构为标准，论点可分为三类：态度型论点、观点型论点、意见型论点。

5.2.1 态度型论点

当新闻事件或新闻报道的当事人、受众及相关群体处于利害、得失、是非冲突中时，新闻评论往往对事件进行明

确表态,这时评论的论点以表态为主,观点、意见、论据、评论员、符号都服务于表态。这种情况下,新闻评论的论点就是态度型论点。一言以蔽之,表态是论点的核心,也是整篇评论的核心。

2006年10月10日《环球时报》刊登了外交学院国际关系研究所所长王帆撰写的题为《中国不做亚洲的领导者》的观察家评论。评论的新闻事实是:"在涉及包括中美、中日关系以及一系列东亚合作与发展的问题上,有一个引人注目的敏感问题:即中国会不会在将来谋求亚洲领导者的地位,称霸亚洲。"对此,评论中写道:"中国不会领导亚洲,更不会领导世界。中国的地区观很清楚,那就是和谐共存。事实表明,中国不是一个信奉强权政治的国家,不是一个坚持冷战思维的国家,也不是一个试图谋取地区霸权的国家。"

这篇评论重点在于表明态度,即中国不做亚洲领导者,而评论中的观点和意见是服务于这个态度的。

5.2.2 观点型论点

当新闻事件或新闻报道复杂化(指涉及的关系多,事件原因多,过程头绪多等)或现象化(指事实本身不能直接反映本质的情况,如假象等)时,当事人、受众及各种利益群体往往出现理解困难的情境,这时评论的论点以阐述见解为主,态度、意见处于次要位置,新闻评论的各要素更多地为表现观点服务。

例如,2006年11月6日《新京报》刊登了楼阳撰写的评论——《萨达姆生死的政治意义》。评论的新闻事实是:"11月5日,伊拉克高等法庭再次开庭对萨达姆案进行审判,萨达姆被判绞刑。伊拉克检察机关指控他参与1982年在位于巴格达以北约60公里的杜贾尔村报复杀害当地约148名什叶派村民。"萨达姆被审判和被判绞刑本身就是一件非常复杂的事件,一般受众理解起来很困难。因此本篇评论的重点在于表明观点:萨达姆的离去代表中东旧势力格局的基本终结;在中东变局的进程中,美国因素正逐步成为影响今后中东形势发展的根本性因素;布什政府急于借此机会摆脱伊拉克战争的阴影。

5.2.3 意见型论点

当新闻事件或新闻报道反映的是一个急需解决的实践问题时,当事人、受众等相关利益群体的愿望是希望事情尽快得以解决,这时评论的论点以意见为主,态度和观点通过意见表现出来。新闻评论的各要素集中地为表现意见服务。

如:2006年10月1日《新京报》刊登了李希撰写的一则评论,题目为《给"政府短信"提两条建议》。评论的对象是市民时常收到政府部门发来的提供各种服务或交通信息的温馨短信。这些短信给人们带来了方便,但是还存在一些问题,因此,作者便给"政府短信"提了两条建议。评论中写道:

不过,我也想给"政府短信"提两条建议。

首先,接收短信的人群不妨尽量扩大。这次天安门地区的旅游提示短信,只有进入天安门地区的游客才能收到。我以为,还应发给更多市民和游客。游人费尽周折到达天安门地区后,才收到相关提示信息,比如交通拥堵等,恐怕为时已晚。另外,有些时候,一样是"政府短信",并不是每个人都能收到。不久前西直门修路的交通提示短信,我就没收到,幸亏同事提醒了我,否则那天去那附近办事,可能会严重耽搁。我不清楚这是技术问题,还是的确遗漏了部分人群。

另外就是建议"政府短信"统一由专用号码发送。现在利用短信行骗者的确存在,我曾收到过一个"李鬼"短信,前面有貌似政府有关部门的温馨提醒,后面提供了一个短信号码,告知回复会提供更多相关信息。结果,我一回复就掉进了陷阱,稀里糊涂成了某彩铃俱乐部的会员,损失了近百元钱。

很显然,这篇评论的重点是以意见为主,其他各要素都是为表现意见服务。

5.3 论点的形成过程

论点的形成是一个意义重要的问题。对于新闻评论员来讲,论点是整个评论写作的核心问题。那么一个评论作者在选择一个评论对象后,是如何提炼出论点的呢?

5.3.1 论点的形成过程是对评论对象的认识过程

论点形成的过程,就是立足于社会现实,缘起于新闻事实产生"态度",对态度进行理性解释和表达上升为观点,据此提出解决问题的要求、建设、愿望,也就是意见的过程。从论点形成的过程来看,它是对评论对象的认识过程。

5.3.2 论点的形成表现为两个阶段

从新闻评论写作实践角度看,论点的形成有一个反复的过程,表现为两个阶段:

5.3.2.1 直感论点

也可称为草稿观点。是按照态度→观点→意见的直线过程形成的。在这个阶段,评论员观察一个新闻事实或新闻报道,根据一定利益立场,形成一个态度;进而对态度进行实践考察和理性表达,上升为观点;据此,提出解决问题的愿望、建议或要求,上升为意见。这就完成了论点形成的第一阶段。论点形成的第一阶段,是作者对社会观察的积累和对新闻事实思考的结果。我们来看这样一条新闻:

中国农民热游"黄金周"

新华社银川 2006 年 10 月 2 日电(记者武勇、邓华宁、毛海峰) "尽管平时我很忙,可每年总要抽出一些时间到处逛逛,今年专门选择到平时不太容易去的宁夏多玩几天,这里与浙江的风景大不相同,有望不到边的戈壁和沙漠,还有古朴的影视城和黄河!"浙江农民陈向展兴奋地说。

来自浙江省温州市永嘉县桥下镇中央3村的农民陈向展告诉记者,这几年,永嘉县发展太快了,出了一大批全国知名品牌,村民们成了富裕户,家家过上了小康生活,很多人就到全国各地旅游,甚至还包机旅游。

在宁夏回族自治区也有许多农民外出开眼界。宁夏海外旅游公司副总经理张永华说,他们公司已经先后接待近千名出省旅游的农民,有70多个吴忠市青铜峡关马湖乡农民到北京参观,有30多个银川市大兴乡农民赴港澳旅游。

国家旅游局2005年11月发布的《2004年中国旅游业统计公报》显示,2004年中国城镇居民外出旅游人数为4.59亿人次,旅游消费3359亿元;农村居民外出旅游人数为6.4亿人次,旅游消费1351.67亿元。2005年,国内旅游人数达到12.12亿人次,其中很大一部分是农民出外旅游。

如今,越来越多的农民还积极投身到旅游行业中赚取外快。在黄河中上游的宁夏、甘肃和陕西等省区,农民大力发展农家乐旅游。据了解,今年"五一"期间,位于甘肃景泰县中泉乡龙湾村的黄河石林地质公园就接待游客上万人,龙湾村村民利用快艇或羊皮筏子接待游客,让游客漂流黄河,体验农家生活,家家成了万元户。与之相邻的宁夏沙坡头旅游景区年接待游客数10万人次,位于景区内的童家园子村,通过开发农家乐项目人均收入都过了万元。

据不完全统计,宁夏目前有农村旅游点近40个,直接从业人员近1000人,旅游收入2300余万元;西藏旅游局的数字显示,2005年,3万多人次的西藏农牧民通过参加旅游接待服务,人均增收超过2000元,依托旅游实现致富。

在这篇新闻报道中,有两处可作为评论对象,一是报道的主题;一是报道中的两组数字:国家旅游局2005年11月发布的《2004年中国旅游业统计公报》显示,2004年中国城镇居民外出旅游人数为4.59亿人次,旅游消费3359.04亿元;农村居民外出旅游人数为6.4亿人次,旅游消费1351.67亿元。2005年,国内旅游人数达到12.12亿人次,其中很大一部分是农民出外旅游。

对于前者,如果评论员的感觉和报道的情况不太相符,就会形成对报道的怀疑态度,那么应该怎样从理性的角度表达这种怀疑呢?持怀疑态度的评论员会问,到旅游区看看,游人中有这么多农民吗?这种热,只是"记者心中的热",是"虚热"。这就是观点。如何对待这种情况呢:且慢说"热",这样就形成了一个完整的论点。对这个论点予以概括就会形成这样的题目《农民旅游"热",谁信?》、《此"热"究竟何处来?》等。

对于后者,即那两组数字,我们注意到这样一个情况,即2004年中国城镇居民外出旅游人数为 4.59 亿人次，旅游消费 3359 亿元；农村居民外出旅游人数为 6.4 亿人次，旅游消费 1351.67 亿元。对于这样的数字，如果评论员的态度也是怀疑：农民外出旅游人数竟比城镇居民还多？那么如何从理性的角度表达这种怀疑呢？仔细分析这组数字，评论员找到了突破点，就是"外出旅游"这个概念和"旅游"的概念是不是一回事？难道农民外出也算是旅游吗？这个数字是不是把农民外出也计算成了旅游呢？因此，这种理性表达可为"莫混淆旅游人数和外出人数"。应该怎样对待这两组数字呢？于是提出建议：要把概念说清楚。这样就形成了一篇评论完整的论点。根据这个论点可概括为《"农民旅游热"还是"农民外出热"？》这样的评论题目。

5.3.2.2 校验观点

也可称为定稿观点。这个阶段是按照态度→←观点→←意见的循环过程形成的，如一个循环的圆形。

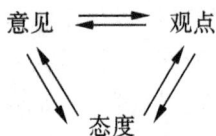

意见 ⇆ 观点
　　↘　　↙
　　　态度

在这个阶段，态度、观点、意见三者交互作用，观点对态度起到理性校正的作用，这种校正作用来源于理论的作用；意见对态度和观点起到实践校正的作用，这种校正作用来源于实践的力量。这个阶段完成后，论点基本稳定。

论点形成的第二阶段，是作者在写作阶段对直感观点的一种提升。它表现为作者在收集材料，观照实践，权衡利弊、行文论证过程中对"观点"的一种重新审视和推敲的过程。在这个过程中，一旦发现观点不当或陈旧等问题后，就重新在此基础上提高一步，达到一个新的高度。

比如，前面讲到的"农民旅游热"的问题。当我们以《农民旅游"热"，谁信？》这样的题目来收集资料时，就会认识到这样几种情况：其一，农民需要的旅游产品开发缓慢，旅行社对农民旅游消极。其二，"农民旅游"是中国旅游发展的长远后劲所在。其三，农民和城里人一样是有强烈的旅游需求的。

在这种收集材料、观察实践、分析利害的基础上，观点获得了提升，实现了从直感观点向校验观点的升华，原来对农民旅游热的怀疑态度，被对农民旅游需求冷漠、冷落行为的批评所代替，对虚热现象的分析就会提升到旅游事业繁荣大计上来看待，提出的意见就会从拒绝说"热"上升到为农民旅游建立合理的渠道上来。很显然，这样形成的论点，在认识高度上更高一层，对实践的意义会更强。

5.4 确立论点的要求

一篇评论在确定选题后，还要确立一个鲜明而具体的论点，也就是"立论"。立论是新闻评论写作中关键的一环，它是决定一篇评论成败的首要因素。那么，确立论点有什么要求呢？

5.4.1 确立论点的要求

论点的要求,就是论点的标准问题,就是如何识别一个论点是好还是不好的问题。

5.4.1.1 中国学者对立论要求的论述

(1)河北大学吴庚振教授的三点论 吴庚振教授在其编著的教材中提出了立论的三点要求,即"立论要富有新意,立论要准确科学,立论要集中精粹"①。

1."富有新意" 这里的"新意"的主要含义是:一是阐释与宣传党和政府的新指示、新精神。二是新思想、新观点。三是新经验、新做法。四是新情况、新发展。五是新苗头、新倾向。六是新角度、新侧面。七是新由头、新材料。

2."准确科学" 立论要做到准确科学,最重要的一点就是坚持唯物辩证法,坚持两点论,努力防止片面性。这是因为,全面性是科学性的一个基本要求。"两点论",就是在认识复杂事物的发展过程中,既要看到主要矛盾,又不忽视次要矛盾;在认识某一矛盾时,既要看到矛盾的主要方面,又不忽视矛盾的次要方面。如果只看到主要矛盾和矛盾的主要方面,忽略了次要矛盾和矛盾的次要方面,就会陷入片面性而犯"一点论"的错误。

3."集中精粹" 我们无论谈一个什么问题,只有把这个问题限制在一定范围之内,才能谈清楚。这个一定的范围就是抓住事物的主要矛盾或矛盾的主要方面,就是坚持重点论。"重点论"就是认识复杂事物的发展过程时,要着重抓住它的主要矛盾;在认识某一矛盾时,要着重把握矛盾的主要方面。如果不分主次轻重、不抓重点,就会犯"均衡论"的错误。"两点论"和"重点论"是相互包含、辩证统一的。坚持"两点论"和"重点论"的统一,就是看问题、办事情既要全面,又要善于抓住重点。

(2)资深新闻记者、北京大学新闻传播学院教授邵华泽的五点论 邵华泽在其著作《同研究生谈新闻评论》中,对新闻评论的论点提出了五点要求:即科学性、有新意、鲜明、全面、深刻②。它的含义,就是在形式上掌握明确表达(鲜明)、在内容上掌握科学性、有新意、全面和深刻。

5.4.1.2 美国学者对立论要求的论述

两位美国学者爱德华兹·S·英奇和巴伯罗·沃尼克在《批判性思维与交流:论说中的推理应用》一书中针对论点提出了如下四点要求,与上述要求有同有异,我们可以融会贯通:

争议性

明确性(clarity)

平衡性(balance)

挑战性(challenge)

(1)他们这样解释论点的争议性:

"如果你的论点都是人们普遍同意的,那为什么还要论? 实际上,没有

---

① 吴庚振:《新闻评论学通论》,河北大学出版社2003年3月版,第49页。

② 邵华泽:《同研究生谈新闻评论》,人民日报出版社,1999年版。

争议性的表达,起到的是论据的作用。人们没有必要论证像地球是圆的、谋杀是错的这样的'论点'。"①

实际上,"是否有争议"是区别论据与论点的一个标准:论据是可以被读者接受或读者已经接受的、没有争议的;而论点是读者尚未接受的、存在争议的。我们可以这样来理解:新闻评论是评论员在一个有不同声音或者可能或者应该有不同声音的话题中,表达自己的见解。

(2)他们这样解释论点的明确性:

在一个有争议的话题中,一个人是否应该明确地表达自己的结论?一些研究者通过对那些明确表达的结论和那些暗示或未明确表达的结论进行比较发现:那些明确表达的结论一般来说更为有效。一位研究者推测说:当论点没有得到明确表达的时候,受众通常就用他们自己的观点来填充那些留出的空白,而这些观点常常是与论者想要表达的观点相反的。在这种情况下,论者就可能失去对议论的控制。如果受众是聪明的,论者的议论又组织得很清楚的话,即使结论并未表达出来,受众仍然会顺利地接受其影响。否则,论者由于没有明确地表达出其论点,也许会失去受众的合作。

(3)他们这样解释论点应有的挑战性:

评论的特性在于影响他人。论点的挑战性意味着论者要直面受众既有的价值观、信仰与行为方式。总体来讲,论者提出有新意的论点,就是表达与流行的观点和状态不同的见解。②

5.4.2 不同媒体对确立论点有不同要求

对于新闻媒体来讲,一篇新闻评论能否采用,有无传播的价值,其核心的要素是它提出的论点,因此在新闻评论的创作实践中,论点是决定一篇评论成败的首要因素,也是媒体决定某篇评论是否采用的第一判断。那么评论员如何根据媒体的需要,确立和创新评论的论点呢?

5.4.2.1 现实针对性是论点确立和求新的出发点

我们首先看一则案例:2007 年 12 月 11 日的《中国青年报》刊登了汪东亚撰写的评论——《冒充教授发论文,将学术期刊"黑色幽默了一把"》。这篇评论针对的新闻事实是某大学在读博士研究生赵牧在成为博士研究生之前,冒充教授发表论文的事。

这篇评论可以从不同角度形成不同论点,比如从"博士生冒充教授的胆量从何而来"这样的角度,提出"博士虎胆说明品质教育在高级人才教育中不可缺"的论点;也可从"博士冒充教授成功"这个角度,提出"学术期刊名人崇拜违背学术精神"的论点。而《中国青年报》却放弃这些论点,提出了"某大学在读博士研究生赵牧把担负着传播学术研究重任的专业学术期刊

---

① 马少华,《新闻评论教程》,高等教育出版社,2007 年 3 月版。

② 马少华,《新闻评论教程》,高等教育出版社,2007 年 3 月版。

"黑色幽默了一把"的论点。评论中写道：

这一实例，把担负着传播学术研究重任的专业学术期刊"黑色幽默了一把"。随后，我咨询了某学术期刊的编辑。他说："就我所知道的，除了东南沿海某些期刊可能不收版面费，内地一些稿源不足的期刊和一些权威期刊不收，全国学术期刊基本都要向作者收取一定的版面费，收费标准基本固定。我们会首先对来稿审查，只有符合刊发标准的来稿才会收版面费，然后刊发。如果论文质量不行，给钱也不行。当然，论文质量够，不愿出版面费，我们也不会发。这也没办法，我们有自己运营的需要。"早些时候，有杂志社在《中华读书报》上宣称版面费合理合法，版面费对于多数科技期刊的生存和发展有至关重要的作用，能缓解部分经济压力，如果取消，会影响部分科技期刊的正常运营。

这么说就意味着在学术期刊的选稿标准、审稿程序中，交一定数量的人民币已成为来稿能够刊发的必要条件。现在的中国，经济高涨，到处是一派欣欣向荣的景象，科研经费节节高，却学术失范，连专业期刊的生存也成了问题，期刊要靠作者养着？如果想要靠卖版面支撑运营，我出个好主意，把学术期刊的版面拿到拍卖行拍卖，每期一拍，公开竞价，估计这样经济效益就没问题了。

说到底，学术精神商业化才是真正的问题所在。学术期刊自身的生存与发展是商业化运营的问题，学术期刊既可以直接靠国家经费，也可以从科研经费（大多也是国家经费）中分一杯羹，也能通过市场运作解决自身的生存与发展，中外都有成功案例可供借鉴。

中国青年报提出这样的论点是为什么呢？

我们来看这些论点指向的问题："黑色幽默"的论点指向的是学术期刊商业化运营的问题；"博士虎胆"的论点指向的是德育缺位的问题；而"名人崇拜"的论点指向的是名人崇拜有效的问题。

从这三个论点指向的问题来看："博士虎胆"的论点揭示的问题早已引起了社会的关注，并有很多相关报道的评论，如果再提这样的问题已经不具新意。而且受众对这个问题也已经产生了"关注疲劳"和"思考疲劳"，因此从目标受众知悉度的角度看，这个论点的评论价值较小。

"名人崇拜"的论点虽然能更深层地揭示出"名人崇拜有效"的问题，但名人崇拜也是一个已经产生"审美疲劳"的老问题，同时"名人崇拜有效"又反映了一定的社会认同和实践合理性，对目标受众来讲痛痒关系较小。因此，这个论点的评论价值也较小。

"黑色幽默"的论点揭示的学术期刊商业化运营的问题虽然较长时间引起了关注，并有一些呼吁，但相对于上面两方面的问题而言，它还是一个新问题。而且更重要的是，它与目标受众具有一定的关切性。这种关切性仍然在现实地大范围地发生着。所以,《中国青年报》确立的论点指向了这个问题。

从以上的分析中我们可以这样理解:这种发现评论对象反映的问题,评估评论对象反映的问题,进而在此基础上确立论点指向的问题的过程,是新闻评论实践中论点确立和求新的出发点。这个过程,一是使论点的概括程度由个别性上升到了一般性,也就是说由对这个事件自身问题的评论,扩展为它所折射的社会问题的评论;二是使论点的目标由潜在针对性上升为现实针对性,也就是说论点指向的对象,由与受众的他事性上升为关切性;三是使论点的新闻品质由时新性上升到势新性,也就是说论点的内涵由所反映评论的事件本身的时新性上升为反映事件根源的最新存在状态。

5.4.2.2 "媒体性质"是论点确立和求新的准绳

在评论写作实践中,评论员总是为特定的媒体撰写评论的,那么他们是如何知道媒体是否会采用这篇评论呢? 也就是说,他们确定论点的指导思想是什么呢? 我们通过针对同一新闻事件发表在不同媒体上的两篇评论来分析这个问题。

2007 年 12 月 14 日《燕赵都市报》刊登了舒圣祥撰写的评论,题目为:《<劳动合同法>为何一再伤害劳动者》。这篇评论针对的新闻事实是被新《劳动合同法》打入"冷宫"的劳务派遣却意外因为这部法而繁荣起来。评论中说:"劳务派遣却意外因为这部法而繁荣起来。现在很多企业,包括航空、银行、石油、电信等行业的大型国有上市公司,纷纷在年底前突击把一些员工改为劳务派遣。有的企业甚至让劳务公司公开竞标,以求把企业的成本和责任压到最小 。"(2007 年 12 月 13 日《南方周末》)

针对这一新闻事实,这篇评论首先以反问的方式提出了论点,评论说:"为什么立法者自认为做了足够严苛规定的劳务派遣,反而会成为众多企业集体规避新法责任的出口呢? 其实,不妨将追问更进一步:为何以保护劳动者利益为鲜明特色的《劳动合同法》,所实际达成的政策效果,却是一再对劳动者利益的伤害呢?"然后,给出了三大原因:一是"法律设计和实施中的不完善";二是"劳动者的整体'权利生态'非常糟糕";三是"政府部门往往对保护劳动者利益缺少真正的积极性"。这个论点及其三个原因,对新〈劳动合同法〉及相关的政府部门提出了批评。

我们再来看看《人民日报》对新《劳动合同法》的评论提出了怎样的论点。2007 年 1 月 6 日的《人民日报》刊登了吴焰撰写的题为《谨防与新劳动法捉迷藏》的评论。这篇评论提出的论点是"当务之急就需要谨防有人与新劳动法捉迷藏",对那些鼓动辞工风潮的企业进行了批评。评论中这样写道:

从 1998 年到 2003 年,我国制造业从业人员的人工成本人均年递增 6.4%,而同期工业 GDP 年均递增 11.4% 。低工资,构成中国产品竞争力优势之一,也诱惑了外国投资者纷至沓来。甚至,靠压缩劳动力成本来获取竞争力,成为一些企业的"自觉首选","资本无道德"的论调在中国不乏市场。

然而,完善的法律体系、严格的劳动监察,以及强大的社会监督,可以弥补和提高用人单位的"道德水准"——最起码达到合法用工的底线。另一个担忧也正在于此:"执法不力"的通病,同样反映在劳动关系的监察中。

1995年我国第一部劳动法施行至今,已有13年,"劳弱资强"的失衡局面,仍然存在。

游走于新法条文与现实利益之间,用人单位,特别是企业的"机会主义意识",往往不仅不会受到抑制,反而膨胀。眼下迎接新法的"企业人力资源的异动",就提醒我们:保护劳动者合法权益的难度,恐怕超出人们预期。当务之急就需要谨防有人与新劳动法捉迷藏。

我们对上面两篇评论的论点进行比较:面对辞工风潮,一个批评的是劳动法及相关的政府部门,一个批评的是鼓动辞工风潮的企业。通过比较,我们发现两家新闻媒体的论点明显不同,这种不同反映了媒体选用评论的准绳。那么这个准绳的内涵是什么呢?

我们依据媒体功能、受众取向和商业化程度这几个要素来观察当前我国的新闻媒体,可区分为事业型媒体和生活型媒体两大类。事业型媒体担负着舆论导向和舆论安全的任务,主要功能在于为党和政府推动工作营造良好的舆论环境,其商业化程度很低。生活型媒体担负着信息流通和意见表达的任务,主要功能在于满足社会大众的信息需要、娱乐需要、教育需要和表达需要,其商业化程度较高。媒体的这种性质,反映到新闻评论的选稿和写稿中,就成为评论论点确立的准绳。它的内涵是:新闻评论是体现媒体性质和功能的意见传播,特定媒体对新闻事件的态度、观点和意见是实现自身任务的表现。比如《燕赵都市报》的论点,反映了社会大众的表达要求,而《人民日报》的论点则体现了舆论导向的媒体功能。

5.4.2.3 "竞争状态"和"过程化站位"是论点确立和求新的业务要求

在新闻评论的实践中,评论员除了从"现实针对性"这一出发点,"媒体性质"这一衡量论点可取与否的准绳出发确立论点外,还有两个重要的业务要求需要考虑:一是要面对与其他媒体的评论竞争,考虑所提论点的比较效果;二是把事件看作一个过程,在特定的阶段,进行相应的意见表达。

(1)确立论点要考虑"比较效果"和"传播进程"。

现代新闻传播是一种"多媒同程多元传播"。所谓"多媒同程多元传播",是指媒体在对一个具体的新闻事件进行报道和评论时,平面、电子和网络,乃至手机等多种媒体,根据事件自身的进程,形成了一个多种受众取向,多种利益取向的基本同步的传播进程。

这可简称为"同程传播"。在这样一种传播环境下，一篇评论确立的论点，一家媒体刊发的评论，就不能自顾自地去表达，而必须考虑其他取向的表达，并在这种多元表达环境下确立自己的论点。

如 2007 年 12 月各媒体对原河北省省长助理、省政府党组成员李俊渠违反换届纪律拉推荐票的问题进行严肃查处的事件进行了报道。"李俊渠拉票事件"的传播进程表现为这样两个阶段。

第一阶段：12 月 3 日至 5 日为"点名报道"阶段，在这个阶段，评论指向事件本身，论点传播的比较效果相应呈现。如，东方网 2007 年 12 月 4 日刊登了马涤明的评论——《别拿换届纪律不当回事》。评论中说：

12 月 2 日，河北省委组织部向全省通报：根据群众举报，河北省委对河北省省长助理、省政府党组成员李俊渠违反换届纪律的问题进行了严肃查处，李俊渠被免去省长助理、省政府党组成员职务。（新华网 12 月 3 日）

一名省政府的高官，栽于换届选举的舞弊，让人感慨，感慨之一是党的纪律动了真的，感慨之二是问题的查处如此透明——不再说"某省"、"某干部"被查处。此举甚好，对于那些不给党争气的人，党对他们就不应该留什么情面。

第二阶段：12 月 6 日至 9 日为"隐名报道"阶段。在这个阶段，人民网和新华网上关于此事的报道把当事人的名字隐去，结果引发评论的关注，评论指向了"隐名报道"的媒体，论点传播的比较效果相应呈现。如，荆楚网 2007 年 12 月 6 日刊登了马会东的评论——《拉选票的厅干是何方神圣》。评论中说：

这是一条让人看不明白的新闻，甚至看了有点"憋气"。都什么年代了，报道问题还要"为××讳"，遮遮掩掩含含混混，令人失望。什么"一名"、"这名"，难道这位违纪"厅干"没有姓名吗？作为一名正厅级领导干部，也是个不小的"官儿"了，其觉悟和境界应该很高的，可他竟然置《中央纪委、中央组织部关于在地方党委换届工作中进一步严明组织人事工作纪律的通知》于不顾，明目张胆地违反组织纪律，采取打电话、当面拜访、请客、送礼品等方式立体式、全方位地进行拉票。对这样顶风违纪（弄不好还违法）的行为，及时进行处理通报，以儆效尤，十分必要。

既然如此，我们就应该明明白白地告诉公众，违纪"厅干"究竟是何方神圣，姓甚名谁。我没有看到中央组织部的通报，但我绝对相信在中组部的通报里是有真名实姓的。为什么到了新闻报道里就成为了"一名"、"这名"？是哪条制度哪部法规规定了报道问题可以这样"为××讳"的？记者用媒体公器从事公务，又是谁给了他们如此对待公众知情权的权利？难道对闹出如此"祸端"的违纪者进行曝光，我们还有点不好意思？于心不忍？还要给违纪者"留面子？殊不知这样的"留面子"，其实是让党组织"没面子"，是拿郑重严肃的组织行为当儿戏，因为这样做老百姓会感到组织解决问题的诚意不大，决心不够，是在"护短"，宣传效果当然也就大打折扣。

（2）事件自身是一个过程，在特定的阶段，应进行相应的意见表达。

按照唯物辩证法，任何事物都表现为一个过程。新闻事件，同样表现为一个过程，也就是说，无论在社会实践中，还是新闻传播中，它都是逐步呈现的。更进一步地说，就是我们看到的关于它的信息，永远不是全部。这要求我们，相应地相对地表达论点。例如，人民网 2007 年 12 月 9 日刊登的朽木撰写的评论——《一些专家、媒体跟谁"合穿一条裤子"？》。作者的论点是：在房价居高不下、物价不断攀升的问题上，一些"官、商、产、学、研、媒"一体化了，就是少了一个"民"字。他们早已将人民的利益、人民的愿望、人民的情绪、人民群众的所欲所求，置诸脑后了。

但是，并不是所有的"官、商、产、学、研、媒"都是这样"一体化"的，一些"官、商、产、学、研、媒"也并非永远是一体化的，只是在文中提到的"房价居高不下、物价不断攀升"这个特定的问题上，因此，就要相应地相对表达论点。

★【本章小结】

本章在提出论点三元性论断的基础上，对论点的表现形式、形成过程进行了新的分析，揭示了论点形成的规律性。

✒【评论实务训练】

1. 选择一篇最近的新闻报道为评论对象，分别提出不同类型的论点，并与媒体上的评论的论点进行比较。

2. 阅读一个新闻事件的报道及其评论，分析关于一个新闻事实产生多种论点的原因。

📖【延伸阅读】

1. 吴庚振：《新闻评论学通论》，河北大学出版社，2003 年 3 月版。

2. 邵华泽：《同研究生谈新闻评论》，人民日报出版社，1999 年版。

3. 马少华：《新闻评论教程》，高等教育出版社，2007 年 3 月版

6 新闻评论的论据

导言

本章学习目标 通过本章的学习,要求能够掌握新闻评论论据的概念、种类及作为论据的新闻事实的特点,在评论写作实践中,能够正确使用论据。

本章难点 作为论据的新闻事实

内容提要 本章介绍了新闻评论论据的概念和类型。

6.1 论据

在评论写作中，评论员往往需要借助有力的材料来证明自己的论点是否正确，这些材料就是论据。论据就是这些用来阐明论点的材料，是说明论点的理由和事实的总称。一般地说，论据具有证明和阐释论点的两种功能。证明主要为论点提供充分的支持，让人信服其论点是有充分依据的；阐释侧重于解释论点，帮助人们确切理解论断的具体含义。如果说论点是评论的灵魂的话，论据就是评论的躯体。

6.2 论据的类型

一般来说，论据包括两类，一类是事实论据，一类是理论论据。①

（1）事实论据 包括能够直接或间接证明论点的具有典型性的人和事，以及历史资料、统计数字等。

（2）理论论据 包括以下几方面：

1）马克思主义的基本原理、党和政府的方针政策和领袖人物的思想等。

2）科学的定义、规律、公理和常识。

3）被实践证明是正确的理论。

4）人们公认的格言、谚语等。

6.3 作为论据的新闻事实

新闻评论的观点和结论，往往是通过许多事实得来的，所以选择最有说服力的事实证明论点，自然有着很强的说服力。人们常说"事实胜于雄辩"，事实在评论中的作用举足轻重。

作为论据的新闻事实是在论证过程中根据需要随时插入的事实材料。但现实中的新闻事实是很多的，什么样的新闻事实才可以作为论据呢？我们必须选择那些没有争议的、真实的、切题的、典型的、新鲜的事实。

6.3.1 新闻事实作为论据的要求

6.3.1.1 无争议

作为论据的新闻事实的最重要特点之一就是无争议性，或者说无需判断。如果作为论据的事实是有争议的，那么用它去证明论点，可想而知，是没有说服力的，论证的过程肯定也是不严密的。因此"新闻评论就是要用无争议的论据，来论证可能引起争议的论点"。②

6.3.1.2 真实

真实是新闻文体的生命。新闻评论也是如此。而新闻评论的真实又取决于其中所用材料也就是论据的真实。新闻评论不像文学创作，可以虚构、想

① 赵振宇：《现代新闻评论》，武汉大学出版社，2005 年 2 月版，第 210 页。

② 马少华：《新闻评论教程》，高等教育出版社，2007 年 3 月版，第 53 页。

象、可以张冠李戴、移花接木,只要能吸引人就行,新闻评论用来论证的证据必须真实,只有这样才能得到读者的信任,才能引起读者的共鸣。

这里的真实包括两层含义:一方面是说新闻事实所反映的情况是客观存在的,确有其人,确有其事。材料涉及的时间、地点、人物、事件等必须绝对真实,经得起核实,即使是"细枝末叶"也不能虚构。另一方面选用的材料还要能够反映事物的本质特征,也就是说要求本质的真实。有些材料,孤立地看,它是"真实"的,但它所反映的只是个别的、偶然的现象,并不能代表事物的整体和本质,不能代表事物发展的方向。比如,有人买卖股票,结果亏了,一时想不开而跳楼自杀,这并不等于说发行股票要不得,股市应该取消。

6.3.1.3 切题

评论使用论据的目的是为了证明论题,因此,作为论据的新闻事实,必须切合题旨,与论题有很直接的联系。凡是与论题无关,不能证明论点的事实,不论其如何典型、生动、新鲜,也一律不需入文。

6.3.1.4 典型

作为论据的事实,仅仅真实、切题还不够,还要典型。因为真实切题的新闻事实是很多的,要想在有限的篇幅中,证明论点,就需要在众多的事实中进行挑选。这时就要留下那些最典型、最能表现主题的事实,这样的事实能够"以一当十",也最具有说服力。

6.3.1.5 新颖

新闻评论讲究一个"新"字,不仅要求观点要有新意,而且也要求新闻评论中作为论据的事实也要有新意。新鲜别致的材料,总能引起读者的兴趣。如果一个很有新意的论点,却用陈旧的事实作为论据,尽管也能说明问题,但会给受众以论点陈旧的感觉。所以,新闻评论在选择事实论据时,应尽量选择那些既能说明主题,又新鲜的新闻事实。

6.3.2 新闻事实资料的积累

要想写出精彩的评论,新闻评论员必须做好新闻事实资料的积累。这个积累过程不是一个简单的积累,而是一个不断认识,且认识不断深入的过程。

我们对于一些事物的认识,最初可能是由一些具体、零散的材料组成,"它们看起来是沉睡的,但却像雷达一样捕捉着与这些相关的新闻,并且最终会在某一天被某一条新闻'激活'用到评论中。这样的材料越多,这样的结构越丰富,就会有越多的新闻触发我们的'评论神经'"[1]。

被保存下来的这些新闻材料,还要随着我们对事物的认识而不断地更新和梳理。这是因为"有一些新闻事实,在初期并未充分认识,但是,通过作者积累和分析相关、同类材料,未被认识的新闻事实就可能得到认识。这样,它们就能够为判断以后出现的新闻事实

---

① 马少华:《新闻评论教程》,高等教育出版社,2007年3月版,第68页。

作出贡献——作为事实性的论据。在这个意义上，积累事实的过程，就是不断认识的过程。它作为写作的准备阶段，已经在平时开始了。而写作过程则加速了这个认识"。①

★【本章小结】

评论使用论据的目的是为了证明论题，但在传播过程中，论据又有着减轻受众接受论点费力程度的作用。因此，论据的合理使用，对于提高评论的传播效率有着重要意义。

【评论实务训练】

分析下面这则评论中选用的论据类型。

节俭是我们不得不选择的生活方式

丁 刚

荷兰人的节俭闻名欧洲。有笑话说，一个荷兰学生问老师，"斤斤计较"作何解释？老师答：两个荷兰人为一枚五分硬币打得不可开交。另一则笑话说，一乘客在飞机飞过荷兰上空时问空姐："地面上那些白色飘带是什么？"空姐答："那是荷兰人在晒用过的卫生纸。"

荷兰人如何看待这些笑话呢？记得我刚到布鲁塞尔工作时，就从报纸上看到这样一则消息：一些荷兰人不以"小气"为羞，反以"小气"为荣。他们称自己是"守财奴"，组织了"守财奴俱乐部"，宣传"活到老，节俭到老"的人生哲学，并出版了自己的报纸，介绍勤俭持家的良策。对这些荷兰人来说，小气是节俭的同义词，是人生的一种美德，是一种生活的境界。负责这个俱乐部的汉奈登先生对世人对荷兰人的嘲笑一笑置之。他说，荷兰人当然不会再像过去那样，把喝过的茶袋晒干后再去冲茶，可节俭为荣、浪费为耻依然是大家崇尚的生活准则。比如，冬天不在家中居住，而又开着暖气，那简直就是一种"罪过"。

随着眼下全球能源短缺的现象日益严重，我们越来越强烈地感到，荷兰人的节俭其实已经成为一种我们不得不选择的生活方式。过去30年来，地球环境遭到的破坏要远远大于历史上任何一个时期。世界观察研究所的报告警告说，如果不改变消费模式，人类将难以为继。就拿我们须臾不可离开的淡水来说，有资料称，到2025年，人类将用完地球上3/4可以获得的淡水。在经历了惨痛教训之后，我们终于明白了一个浅显的道理：发展必须对子孙后代负责。未来的竞争在很大程度上不只取决于创造财富的能力，更要看谁消耗的能源更少，看谁能以最小的能源成本创造最多的财富。

跨入新世纪，许多国家都按照联合国的要求，制定了可持续发展的规划，而节约是这些规划中最重要的一环。

① 马少华：《新闻评论教程》，高等教育出版社，2007年3月版，第68页。

从一些国家的经验看,要想建设一个节约型的社会,首先要使民众树立新型的生活观,像荷兰人那样,通过几代人的努力,让节俭的精神"融入"我们的生活习惯。

早在上世纪60年代,荷兰、瑞典等走在能源利用和环保前列的国家就开始普及能源教育,鼓励民众为节能出谋划策,帮助民众养成良好的生活习惯。在瑞典,不少社区每年都要举行大规模的节约教育。笔者曾参加过一个小区的节约教育活动,请来的能源专家、环保专家不仅给人们讲大道理,也回答了一些非常具体的问题,比如家里取暖用的锅炉怎样改造就可以减少耗油量。在荷兰,每年冬季开始时,一些社团就会挨家挨户地发放有关节约的资料。各户收到的燃气、用电账单上不仅会清楚地标出本户上月的数据,还会有本地区居民上月的平均用电量和燃气量指数,用户可以通过比较来改善自己的能源利用率。

笔者曾看过一些国家中小学节约教育的教材,上面不仅有非常详细的数据,还有十分具体的建议。比如,有本小册子上讲,看到父母亲去购物,别忘了建议他们自己带上包,尽量不要用店里的纸袋或塑料袋,一棵"15 岁"的树只能做大约 700 个纸袋,而制造塑料袋要消耗不可再生的能源。塑料袋多了还要扔,又会影响环境。

让孩子们从小懂得如何节约,养成人走灯关的习惯;让人们去店里购物时尽量自带提包;把洗过菜的水用来冲马桶……这些看上去都是生活小事,实际上却事关可持续发展的大问题。面对能源短缺、环境恶化的威胁,我们不仅需要改变传统的消费模式,也需要改变消费观念,改变过去的生活方式。节约为荣,浪费为耻。荷兰人的节俭观给现代社会最重要的启示就在于,节俭其实也是一种生活方式。

(《人民网》2005 年 6 月 30 日)

■【延伸阅读】

1. 赵振宇:《现代新闻评论》,武汉大学出版社,2005 年 2 月版。

2. 马少华:《新闻评论教程》,高等教育出版社,2007 年 3 月版。

7 新闻评论的论证

导言

本章学习目标 通过本章的学习,要求能够掌握新闻评论论证的本质,了解逻辑思维和唯物辨证法在论证过程中的运用,掌握论证的主要方法,并能够在评论写作实践中熟练运用。

本章难点 逻辑推理的主要形式 论证的主要方法

内容提要 本章探讨了新闻评论论证的本质、逻辑与论证、辩证法与论证、实践实验与论证等问题,列举了新闻评论论证之常用方法。

> 论证是通过论据说明论点的一个过程。它是新闻评论中的重要一环。一篇评论,不仅要有好的选题和论点,还要求评论者将其有机地联系起来,用概念、判断、推理的方式将蕴含其中的道理讲清楚、说明白,以达到评论写作之目的。

7.1 论证的本质

什么是论证呢? 所谓论证,就是指作者运用和组织论据、符号、评论者说明和证明论点的过程和方法,即通常所说的摆事实,讲道理。从形式上看它是一个过程,从内容上看则是一种方法。

从写作角度讲,论证的本质就是把材料和观点统一起来组成一个完整而严密的说理体系的过程。它既把材料背后的本质性东西揭示给读者,使读者受到启发;又按照正确的思路把观点给读者讲清楚,使读者受到教育。①

7.2 逻辑与论证

新闻评论的论证是一个靠逻辑力量说服读者的过程。评论的论证是否具有严密的逻辑性,这是决定评论成败的重要问题。人民日报评论部主任、副总编的范荣康说:"不管新闻评论中有什么特殊性,作为一种议论文

体,它的论证过程,也就是逻辑推理过程。"②

中国人民大学马少华教授在他的著作《新闻评论》中说:"我们应该承认,逻辑思维是普遍的,如果它在新闻评论这样的认识与说理中不存在,那么它恐怕在任何一个地方都不存在了。"他还说:"逻辑方法普遍地运用在千百年来人类的意见传播—说服活动之中,也当然存在于新闻评论中。"③

从逻辑学的角度看,论证过程都是由前提到结论的推理过程。前提与结论是逻辑学的概念,它们分别对应着议论文写作的论据与论点。即使你在文章中先说出了结论(论点),在后面真正的论证过程仍然要从前提开始(论据)。④

运用于新闻评论的逻辑方法,主要是形式逻辑的方法。

7.2.1 演绎推理

演绎推理是从一般性较大的前提推出一般性较小的结论的推理,或者说是以一般的道理为前提,推出对个别事物的判断。演绎推理是一种必然推理,也就是说只要前提正确。推理的方法正确,结论必然也正确,所以,演绎推理

---

① 邵华泽:《同研究生谈新闻评论》,人民日报出版社,1999 年版。
② 范荣康:《新闻评论学》,人民日报出版社,1988 年版。
③ 马少华:《新闻评论》,中南大学出版社,2005 年 5 月版。
④ 马少华:《新闻评论》,中南大学出版社,2005 年 5 月版。

被广泛应用于各个领域,比如法庭判案,商业谈判,新闻评论等。如,1987年12月23日甘肃甘南人民广播电台播发了朱玉林的一则评论:《不能鼓了腰包,秃了山包》。这篇评论采用的就是演绎推理的方法,它从"杀鸡取蛋"不可取这个一般性道理推出毁林致富不可取这个结论。评论中这样写道:

这两年,洮河林区的一些村民,靠一把斧子两只手,钻山进沟,毁林致富,发木头财,吃现成饭。这种杀鸡取蛋的作法,实在不可取。

林区群众中,有这样一句顺口溜:"要想快快富,进山砍松树"。乍一听,"生财有道"。细细一想,却不是个正道儿。常言说:靠山吃山。问题是怎么吃法。吃山首先要养山,只吃不养,只能坐吃山空。农谚讲得好:"山上松柏青,胜过拣黄金。山上没有林,有地不养人"。大自然的惩罚是无情的。就说今年吧,卓尼和临潭的一些地区遭受暴雨、洪水袭击,庄稼被冲,房倒屋塌,给当地群众的生命财产造成了严重的损失,这和大面积森林被毁,植被遭到破坏直接有关。现实告诉我们:只抓"材宝",就会伤了"绿宝"。秃了山包,到头来,腰包也鼓不起来。

在这个推理中,它的逻辑关系是这样的:

"杀鸡取蛋"不可取(大前提)
毁林致富是杀鸡取蛋(小前提)
毁林致富不可取   (结论)

7.2.2 归纳推理

归纳推理:其名来源于拉丁文indactia,本意为诱导。归纳推理是从一般性较小的前提推出一般性较大的结论的推理,也就是由个别情况推出事物的一般规律。归纳推理可分为两大类:一类是古典意义上的,包括完全归纳推理、简单枚举推理和求因果方法;一类是现代意义上的概率推理、统计推理、条件因果推理以及归纳决策等。

在新闻评论中最常用的就是枚举推理。枚举推理是一种不完全归纳推理,它是根据某类事物中一部分对象的情况而作出关于该类事物的一般性结论的推理。例如,2006年11月21日的《潇湘晨报》刊登的童大焕撰写的评论——《跨国公司在中国的"资本堕落"》。这则评论采用的就是归纳推理的方法,它首先列举了一系列跨国公司的行贿事件:

跨国公司行贿事件再次引起人们的关注。近日,多家媒体同时披露,中国建设银行前董事长张恩照受贿案的判决书中提到,IBM曾向一位协助行贿张恩照的销售代理支付了22.5万美元。据报道,判决书中还提到了日本电子企业日立公司的香港子公司。而在此前,我国已经发生了多起跨国公司行贿案。统计显示,中国在10年内至少调查了50万件腐败案件,其中64%与国际贸易和外商有关。

通过这些行贿事件,推出了一个一般性的判断:跨国公司在中国"资本堕落"的原因是政治法律制度的不完善。评论中这样写道:许多跨国公司都具有富可敌国的经济实力,而且在国际上,很多跨国公司的成长壮大,很大程度上就缘于其守法经营和强烈的企业社会责任。我们曾经热切地希望,跨国公司能够凭借其非凡的实力,涤荡一下国内腐败、不负责任的商业环境,净化我们的商业文化。然而,南橘北枳的悲惨现实一而再再而三明确无误地告诉人们:一个良好的政治、经济和法律制度环境可以驯服最强大最桀骜不驯的资本,反之则有可能使资本在罪恶的道路上越走越远。这不是资本的"原罪"问题,而是政治和经济的必然逻辑。

惟有寄希望于完善我们的政治法律制度。

7.2.3 类比推理

类比推理是指根据两个或两类对象有部分属性相同,从而推出它们的其他属性也相同的推理。请看2006年11月30日的《现代快报》刊登的任耀辉撰写的评论:《"年度最荒唐校规"诞生》。评论中写道:

校规形形色色,一个比一个奇特,实在有必要总结一番。现在,本人代表"荒唐校规评委会"进行"年度最荒唐校规"的评选。前不久,中国人民大学不许不同宿舍学生互相串门之规定,够荒唐了,不过,这不算什么。真正"年度最荒唐校规"得主为:新乐市

教师进修学校附属中学!……

这篇评论采用的就是类比推理:通过"中国人民大学不许不同宿舍学生互相串门的规定"非常荒唐,推出"新乐市教师进修学校附属中学"夜间不准上厕所"的规定"亦非常荒唐的结论。

7.3 唯物辩证法与论证

新闻评论要对所评论的问题进行实事求是的分析和判断,做到这一点就需要我们在论证过程中从实际出发,坚持唯物论和辩证法。有的人在写评论时经常会犯绝对化、片面化的错误,主要原因就在于违反了唯物辩证法。

唯物辩证法是人类关于自然界、人类社会以及人类思维领域发展最一般规律的科学,是马克思主义哲学的重要组成部分。它包括三大观点即联系的观点、发展的观点、矛盾的观点。其中联系和发展是唯物辩证法的总特征。而矛盾的观点是唯物辩证法的核心。它包括三个基本规律即对立统一规律、质量互变规律和否定之否定规律以及现象与本质、原因与结果、必然与偶然、可能与现实、形式与内容等一系列基本范畴。唯物辩证法作为方法论要求我们要坚持用对立统一的观点看问题,用联系、发展、全面的观点看问题。

新闻评论的论证是一个逻辑推理过程,也是一个辩证分析过程,这就要求新闻评论员要学会运用唯物辩证法的方法,努力培养自己辩证思维的能力,在分析和评价新闻事实的时候,既

要周到全面,又要抓住重点;既要看到成绩,又要看到缺点;既要看到现象,又要看到现象背后的本质,只有这样,论证才能克服绝对化和片面性,才能正确分析和评价新闻事实,得出正确结论。

例如,2006年11月9日的《南京晨报》刊登了杨凤霞的一篇评论——《"不公开代表名单"想打什么算盘?》评论针对的新闻事实是:广东省物价局发布消息,将举办居民电价听证会,省物价局也开始向社会公开征集旁听代表。离听证会只有10天了,但是外界关注的听证代表名单却迟迟没有公布,广东省物价局副局长马壮昌表示,价格听证只要公开举行就行了,没有要求一定要公布听证代表名单,所以物价局可以不公开名单。

针对这一新闻事实,作者运用辩证法中现象和本质的理论进行了分析。唯物辩证法认为,现象是事物的外部表现形式,本质是事物的根本性质,是组成事物根本要素的内在联系。任何本质都要通过现象表现出来,现象是个别的、片面的东西,而本质则是同类现象中一般的、共同的东西,是事物内部深藏的东西。在这篇评论中,价格听证会代表名单不公布是一种现象,而它的本质是暗箱操作,是拿政府的信誉开玩笑。作者是这样分析的:

我们可以进行一个不太恰当的比对,从一定意义上来讲,听证会就是一个小型的人民代表大会,而如果人民代表也"暗箱操作"的话,结果会怎样?

要知道,参加听证会的代表也是代表,而尽管说这样的代表还不具备民选的条件,但他代表的是人民应该是肯定的。

那么,难道人民连谁代表了自己的这一点可怜的知情权都没有吗?人民又如何来表达自己的意见?而所谓的听证会不就是听民意的吗?听证代表是不能只提自己的意见的。那么,"暗箱操作"的听证会还有召开的必要吗?

事实上,尽管"法规没有规定"也许是事实,但这种行为无疑是在动用政府的信誉来为利益团体"护驾"的行为。虽然近年来的听证会已经开成了"涨价会",但由于有法规规定,所以,听证会这一形式还是非走不可的。我们就看到了各种各样的明显的带有操纵痕迹的听证会频现的奇怪景观,而这一次的"不公开代表名单"的做法更是把这种操纵发挥到了极致。但不管把听证会操纵得多么巧妙,这都是在拿政府的信誉开玩笑,是一种相当危险的行为。

7.4 理论、知识与论证

我们新闻工作人员,在报道一个事件时,总是要用最新的理论成果、最新资料,从事物最新的状态来报道事物,评论也是这样,往往也要用一些理论来论证观点。前面我们在讲论据时曾提到论据共有两种类型,除了事实性的论据之外,一切关于道理性的论据都称之为理论性的论据。"理论性论据依其社会接受和解释客观事物的普遍性、普适性程度,往往也有很强的论证效力。严格说起来,理论性论据当然不是'事实',否则我们就会把事实与信仰、理念相混淆了。但是,就论证的实践来说,一些信仰、理念'广泛被人接受'就是一种观察事实,他们作为论据是有说服力的"①。在新闻评论中,运用理论论证会有不证自明的力量,具有很强说服性和逻辑性。新闻评论员没有较高的理论修养,是很难有精辟的论证的。

知识在论证中也具有重要的作用,一篇成功的评论,应该是各方面知识的综合运用。这是因为新闻评论是对新闻事实的价值判断和事实判断,而"人的判断力是靠知识支撑的。没有知识,无从判断;没有这方面的知识,就无从进行这方面的判断,没有那方面的知识 就无从进行那方面的判断。没有经济学知识,就无法对经济现象进行判断;没有法学知识,就没法对案子进行判断。新闻评论作者比判断力,从一定程度上讲,就是比知识,比知识的运用"②。在新闻评论中,用来论证的知识包括常识和专业知识。新闻评论员不仅要注意积累一些自然科学和社会科学的常识,还要时刻注意加强学习,拓展自己的知识面,懂得一些专业知识。现代科学发展迅速,出现了许多新的学科,新的知识层出不穷,这就需要新闻评论员要培养学习兴趣,勤于涉猎,善于积累,不断丰富自己的知识结构,这对于打造自己新闻评论判断能力是大有裨益的。

这一点,许多老一辈的政论家是我们学习的榜样,比如毛泽东同志学识非常渊博,对于我国的历史文化非常精通,我们从他的政论中,就能深刻感受到他丰富的知识所产生的力量。

7.5 实践、实验与论证

一些真知灼见和精辟的见解,往往存在于实践中。人们只有依靠实践才能获得并不断发展对信息加工的能力即思维的能力。同时,实践是认识的目的。认识必须满足实践的需要,为实践服务。这就启示我们,新闻评论的论证不能仅仅停留在理论论证上,空泛议论,还要深入实践,紧密联系当前的工作实际和读者的思想实际,到实践中去验证,必要时,还要做一些实验。

7.6 媒体论证方法举要

论证中运用的各种推理形式的总和叫做论证方式或论证形式。评论文章的论证方式一般分为两大类:一为立论,一为驳论。下面分别介绍立论和驳论的论证方法。

7.6.1 立论常用的论证方法

所谓立论,就是评论作者为证明自己提出的论点正确而采用的论证方法的总和。常见的论证方法有以下几种。

7.6.1.1 引证法

引证法就是以一般原理为前提,去

---

① 马少华:《新闻评论教程》,第67页,高等教育出版社,2007年3月版。

② 马少华:《新闻评论教程》,第61页,高等教育出版社,2007年3月版。

分析尚未深入研究的具体事物,其特点是用已被证明的、公认的道理、原则或理论作为论据,来论证未被证明的、个别的、具体的论点和道理的方法,也可以说是用大道理来论证小道理,是由一般到个别的论证方法,是新闻评论较为常用的方法。引证法的理论根据是前面我们讲到的演绎推理。需要注意的是引证法在引用名家名言、格言时,一定要注意甄别。

例如《南京晨报》2006 年 11 月 6 日刊登的郭小华的评论——《学历越高生活满意度越低,真的?》这篇评论针对的新闻事实是“当代中国人精神生活调查研究”课题组通过问卷调查和其他方式研究得出的判断,大致上城市人口的生活满意度低于农村人口;西南地区被访者生活满意度最高。从学历上看,学历越高的人生活满意度越低。

在后面的评论中,作者为了证明自己的观点:“一个民族的发展,一个地区的发展,一个家庭的致富,其原动力就应该是不满意。”运用了“俗话说,母鸡的理想只是一把米。当我们扔一把米给母鸡时,母鸡很满意,此时我们能够说我们羡慕母鸡吗?”这句俗语,通俗易懂,具有很强的感染力。像这种引用公理的证明方法,就是引证法。

7.6.1.2 例证法

例证法就是通过对大量事实概括、归纳来证明论点的方法,通俗地说,就是通过列举例子来证明论点的方法,也就是“摆事实”的方法。这个事实包括,历史和现实的事实、实践经验、统计数字等。例证法的理论依据是我们前面讲到的归纳推理。

如 2006 年 11 月 28 日《现代快报》刊登的郭松民的评论,题目为《大学生的抑郁是社会晴雨表》。

在这个评论里,作者迅速地亮出了自己的观点:认为大学生抑郁症的普遍出现是社会排斥的结果。并通过列举北大一位女硕士花费近万元购置了一套求职装,并被同学们争相借用这一事实为这一判断做了一个很好的注脚。

7.6.1.3 比较法

(1)对比法 对比法就是把两个事物或者一个事物的两个侧面的截然相反的情况加以比较和对照,借以证明论点的方法。比较法的理论依据是我们前面讲到的类比推理。

如 2006 年 11 月 27 日的《华商报》刊登的王国军的评论——《百字作文获冰心作文奖的启示》,就用到了对比论证:

如果你是一位老师或一位评委,会给下面这篇作文打多少分?

“前段时间,妈妈去杭州学习,去了好长时间,可能有一个月吧。今天,妈妈终于从杭州回来了,我非常高兴!因为妈妈的怀抱很暖和,因为妈妈回来了,爸爸的生日就能过得更好,因为妈妈在家里会给我读书……妈妈不在家的时候,我很想她,想妈妈的感觉,是一种想哭的感觉。”

60 分,70 分?至多不会超过 80 分吧。说来令人难以置信,这篇仅 107 字的短文,近日荣获首届冰心作文奖小学组一等奖。

这篇题为《妈妈回来了》的作文，是浙江省诸暨市三年级小学生郦思哲两年前写的。此文在海内外5万多篇作品中脱颖而出，以纯真的感情和宝贵的童趣，打动了评委们。(11月25日《钱江晚报》)

在此做个交代，冰心奖是一项具有较高权威的大奖，创立于1990年，是我国唯一的国际华人儿童文学艺术大奖。从去年开始，增设"冰心作文奖"，海内外中小学生的华文文稿均可参加评选。这篇在一般老师眼里很难获高分的作文(刚开始连三等奖都没有)，一举夺得大奖，令人深思。

我把此文给11岁的小女看，问她写得怎么样，她说写得很"真"。又问她会这样写吗，她说一般不会，因为可能得不到高分。前不久，女儿在作文里写了一件小事，就是她发现新座位上有一颗突出的钉子，她找班长，班长当时没理她，她便在心里责怪班长。这篇作文，我觉得写得比较真实，比较成功(后在报纸上发表了)。但老师给她打的分并不高，而且在一次与我的交谈中，老师竟以该文为例，断定她是一个不容人的孩子。作为一个孩子，在作文里袒露心迹是很正常的，老师和家长不应该因此指责。

这篇评论通过浙江省诸暨市三年级小学生郦思哲的百字作文获冰心作文奖的事例和作者自己女儿作文的不同遭遇进行比较，从而提出论点：我们要让学生"我手写我心"，孩子的童心

是最起码也是最宝贵的。

(2)类比法 类比法是将性质特点相近的事物的相同情况放在一起比较，以证明论点正确与否的论证方法。如前面我们在谈到类比推理时举的例子——《"年度最荒唐校规"诞生》这篇评论采用的就是类比法：将"中国人民大学不许不同宿舍学生互相串门的规定"与新乐市教师进修学校附属中学"夜间不准上厕所"的规定这两个性质相近的事物放在一起进行比较。

7.6.1.4 反证法

反证法就是通过证明与自己论点相反的论点的错误来证明自己论点正确的方法。这是一种间接证明的方法，具有很强的表现力。

例如《人民日报》2006年12月5日刊登的吕梦撰写的评论《年终总结，不要总是说"好"！》就采用了反证法。作者的论点是"年终总结，不要总是说'好'"。为了证明此论点的正确，作者分析论证了"年终总结，总是说好"这种论点的不当，评论中这样写道：

成绩不讲跑不了，问题不讲不得了。如果年终总结时，谈成绩甲乙丙丁下还有一二三四，说得铺天盖地，而一旦涉及到问题与不足，或遮遮掩掩，或隔靴搔痒，不去诚心诚意地找差距，就容易使人看不清现实，从而在"一路赞歌"中陶醉。相反，把一年工作中的问题与不足讲足讲透，报喜也报忧，才能体现实事求是的工作作风和务实的工作态度。

总之,这种论证方法从正面说到反面,又从反面推导出正面论点的正确性,正面论证与反面论证相辅相成,具有很强的说服力和感染力。

7.6.1.5 分析法

分析法就是通过分析问题、解析事理,来揭示事物发展的因与果、整体与局部等关系的一种方法。

那么什么是分析呢? 它与综合有什么不同? 分析是在思维中把事物分解为各个属性、部分、方面分别加以认识和研究,即把复杂事物的整体分为若干简单的要素进行认识的一种思维方式。而综合,是在已经认识的本质的基础上,将各个方面的本质有机地联合成一个整体,即把对各个部分的认识有机结合,形成对事物整体认识的方法①。分析法通常可以分为以下几种:

(1)因果分析法 所谓因果分析法,是指利用事物间的因果联系来进行论证的方法,它可以由原因推导出结果,也可以由结果追溯原因。

如2006年12月1日《检察日报》郭振栋的评论——《穿上"万元面试装"求职,灵吗?》就运用了因果分析法。评论首先摆出了一个事实:为了能给招聘单位留下完美的第一印象,北京大学研究生三年级的张靓(化名)特意掏出近万元,购置应聘行头,自我包装了一把。此举引来其他要去应聘的同学们"排队"借穿这套服装。

接下来,文章对大学生为何对万元面试装如此热衷的原因进行了分析:

万元面试装实际上是大学生求职弱势的一个侧影。一方面是行为弱势,在当前的就业市场,招聘方牢牢占据了主动,拥有绝对的话语权,正如有的企业所言"一样的大学生,为什么不挑个好看的"。面对很多招聘单位以貌取人的举动,大学生无力反抗,不得不投其所好,以取悦于招聘方来实现自己的就业梦想。为找到一份中意的工作,有的大学生甚至不惜去整容。与之相比,穿一身万元价格的服装"壮胆",似乎更加简便易行。

另一方面是心理弱势,屡战屡败的求职经历,使很多大学生在心理上形成了求职恐惧。凭借其个人的能力,又无法消除这种恐惧,因而很多人便把希望寄托在服装上,把万元面试装当做"救命稻草",希冀凭借印象分取胜。不过,把求职成功的希望寄托在衣服上,无疑是一种缘木求鱼的病态心理。

(2)概念分析法 又称释义法,即通过对概念含义的解释和辨正来阐明观点,纠正谬误。

如:1927年的《大公报》社论《蒋介石之人生观》中,张季鸾针对蒋介石"确信自今日结婚后,革命工作必有进步"的错误观点写道:

"夫何谓革命? 牺牲一己以救社会之谓也。命且不惜,何论妇人! 18世纪以来之革命潮流,其根本由于博爱

① 高小和:《学术论文写作》,第44~45页,南京大学出版社,2003年版。

而起,派别虽多,皆为救世。故虽牺牲其最宝爱之生命而不辞者,为救恶政治之下之大众,使其享平安愉快之生活故也。一己恋爱如何,与'革命'有何关联哉。"

显然,这也是通过辨析"革命"这个概念的内涵进行驳论。①

在新闻评论的写作与实践中,也会采用释义法和因果法合用的方法,如2006年12月5日《河南商报》刊登的王攀撰写的评论——《孔子活到今天,会不会穿西装?》就运用了这两种方法。

这篇评论在论证作者的观点"假如孔子活到现在,应该是穿西装,而非长衫"时,采用了因果分析法。文中这样写道:

这个问题有点制造噱头。但如果真要给出答案,我认为,假如孔子活到现在,应该是穿西装,而非长衫。原因有二:

一是西装穿着舒服,就像《亮剑》里那个军官楚云飞所说,翻领的军装就是比高领的军装舒服——不夹脖子;二是孔子不是老顽固,孔子说:"殷因于夏礼,所损益可知也。周因于殷礼,所损益可知也。其或继周者,虽百世亦可知也"(《论语·为政》)。意思是,夏商周的文化,既是一脉相承的,又是有所损益的。而且其后的发展,亦复如此。这种文化观,体现了孔子不断创新的精神。所以,假如孔子活到今天,肯定是穿西装,而不是穿长

衫——像博物馆里的"老古董"。

评论的后面又采用了释义法对"私塾"这个概念的内涵进行解释,从而批驳了一些人认为只有私塾才能传授国学的错误做法。

可现在,一些向孔子学习的人却穿起了长衫。12月4日《河南商报》报道,3日上午,24名3岁至8岁的小朋友头戴黑色冠帽、身穿土黄色汉服,盘起双腿端坐在蒲团之上,对孔子像行跪拜礼,至此,一号称现代私塾的教育机构正式在郑州安家,而拜孔也将是学生上课前的必修课。

长衫、冠帽、孔子像,组织者用这些古代私塾的元素装扮"现代私塾",估计是为了使这个学堂看上去更像私塾。但这些元素有必要吗?

私塾最大要义是讲授国学,这一点才是其存在的根本价值。而汉服、冠帽等只是一个时代符号而已,除了让人觉得国学教育看上去像个"老古董"外,并没有太多的用处。还会让那些视私塾为糟粕的人多了反对的借口,扯上什么"吃人礼教"的由头来。

私塾是古代教育的载体,但现在环境变了,不一定非要私塾模样才能传授国学。如果真正继承国学教育,还需要把它贯穿在学生日常的各类考试中,贯穿在教育课堂里。否则,仅有形式上的继承,普及国学教育还是远远不够的。

① 马少华:《新闻评论》,第99页,中华大学出版社,2005年5月版。

7.6.1.6 喻证法

喻证法就是运用比喻的修辞方法来说明和证明论点的方法。喻证法通常只作辅助方法，与其他方法结合使用。

7.6.2 驳论的论证方法

所谓驳论，就是评论作者为反驳别人论点而采用的论证方法的总和。驳论一般有三种方法。

7.6.2.1 反驳论点

反驳论点就是对对方的论点加以驳斥，证明它是错误的。当对方的论点是采用例证法得出的结论的时候，可以用事实反驳，就是循着对方的逻辑，找出一个反例，从而推导其论点错误的方法。当对方的论点采用的是引证法的时候，可以通过归谬法来证明其论点的错误。当对方的论点采用的是比较法得出的时候，可以通过指出其比较不当、不足，或提出相排斥属性来反驳其论点错误。当对方的论点是采用分析法的时候，可以通过指出其因果不当或释义不当来反驳其论点。

如，《中国青年报》2006年8月18日刊登的谢作昱的评论——《"非功利化读书"不是穷人能选择的》，采取的就是对对方的论点进行驳斥的方法。评论首先提出了要反驳的论点——"上大学不要功利化"：

据《中国青年报》社会调查中心与某网站联合开展的一项调查显示，

34.7%的受访者都后悔上了大学。针对这一结果，一种解释是：公众对于大学的期待，已超出了"接受教育"本身，出现了功利化的倾向，把"跳出农门"、实现高收入、提高社会地位等过多的希望都寄托在上大学身上，而这些目标达不到，就导致了"读书（实指上学）无用论"。

针对这个论点，作者在后面的评论中用一系列事实进行了批驳：

我国不少地方经济很不发达，对于这些地区的孩子而言，要改变自己的命运，基本上只能靠上学。这不是一种思维定式而是一种现实。我们看问题，不能看一些少之又少的特例，而要看普遍的情况。在有些地方，有即使砸锅卖铁也要送子女上学的风气，对这些地方，我们说他们有"重教"的传统——但是，是什么支撑着这传统？还不是那功利的目的。假如没有读大学后的好前程在维系着那些穷人的希望，有谁愿意吃那么多苦硬撑着送孩子上大学？

近些年，之所以"读书无用"的声音越来越大，自愿放弃上大学的人在增加，就在于上大学的功利吸引力在减少。今年高考前夕，重庆涪陵有541名学生放弃高考。该区的教育官员承认，高额的教育收费和大学毕业生大面积失业，导致越来越多的青少年放弃读书的梦想。"十年寒窗，金榜题名"的字眼已失去了魅力。一个有50多户村民的村庄，只有惟一的一名大学生，家长承认："如果再做个选择，我不会让她

读大学。"(《南方都市报》4 月 19 日)

对于有些人而言,鼓励他们不为功利上大学,简直有些残忍。笔者遇到过一个民办大学的学生,他是怎样上这个大学的呢?家里很穷,父母没有经济来源,靠妹妹辍学在外打工,每天工作 10 多个小时,一个月挣几百元钱,省吃俭用下来供他上学。这名大学生毕业后的前景怎样,在目前这样的就业形势下,大家都有个判断。对于这样的学生,我们鼓励他们不为功利上大学,不是残忍吗?

近年来,大学生就业的压力越来越大,这已成为一个不可忽视的社会问题。对于这个问题,最要紧的是要想办法拓展就业渠道,创造更多的就业机会。如果试图通过"上大学不要功利化"之类的话起安慰作用,那还是免了吧。

7.6.2.2 反驳论据

反驳论据就是证明对方支持论点的根据、理由的虚假性。驳倒论据,也是为了驳倒论点。

如《燕赵都市报》2006 年 12 月 18 日刊登的晏扬的评论——《外来人口"素质论"为何阴魂不散》,就是通过"外来人口对社会的贡献"的论据反驳对方的论据,从而反驳对方外来人口素质低的论调的。评论中写道:

实际上,人的素质是多层面的,有时根本不具可比性。农民工与某些"城里人"相比,后者作起报告、写起文章来,"素质"自然高出许多,其迎来送往、左右逢源的本领也为农民工望尘莫及。可是,农民工盖起了千楼万厦,如果让一些政府官员盖房子,他们可能连只鸡窝都搭不起来!那么农民工与这样的官员相比,素质孰高孰低?

一个人最重要的素质,不在于其学历和收入,而在于其品行。外来小贩不偷、不抢,靠贩卖红薯、瓜子之类维持生计,在赚取微薄利润的同时,也给城里人带了方便,利己利人。而那些要将他们"堵"在城外的政府部门及官员,缺乏同情之心、公正之义,阻断他人生路、砸烂他人饭碗,置他人生死于不顾,还要责骂别人"素质低",如此不道德、不文明,其品行、其素质与那些外来小贩相比,到底谁的素质低?

7.6.2.3 反驳论证

反驳论证就是证明论点与论据之间的逻辑联系是错误的,进而驳倒对方论点的方法。如以谬制谬法,归谬法等。如 2005 年 3 月 3 日人民网转发《深圳商报》郭之纯的评论——《金庸小说入教材有必要性》,就是通过归谬法来证明其论点与论据之间的逻辑联系是错误的。评论说:

以金庸武侠小说为代表的"武侠文化",已经影响非常广泛,成为通俗文化不可分割的一部分。如上所述,倘若我们承认语文教材应该担负一定的传承文化的责任,那么对武侠小说持视而不见或嗤之以鼻的态度都未必是合适的。文化是多元的,包容性是文化最为可贵的品质之一。既然要传承文化,就不能狭隘地只传播自以为"高雅"的或"正确"的文化——事实上，很多时候文化虽有雅俗之分，却并无高下、正误之分。根据高中生的特点，给予他们兼容并蓄的丰富，要比过去那种"有选择"地给予更有裨益。

因此，在高中语文教材中载入武侠内容，本身有一定必要性。另外，金庸的武侠小说也的确具有引人入胜的特质。其跌宕的情节，绚丽的辞藻，生动的表述……都非常有助于学生培养良好的语感，因此仅从语文技术的角度看，其本身就具备"好读物"的应有品质。而且，如果武侠小说真有某些"不宜"的成分，根据其眼下的普及程度，即便不入选教材，也避免不了学生私下里阅读，在这种情况下，与其采取"鸵鸟政策"，倒不如直面这个问题，予以引导。

作者在评论中反驳了对方金庸小说不应入选教材的论点与其论据语文教材只应传播"高雅"或"正确"的文化之间的逻辑联系的错误性，从而证明了自己的观点：在高中语文教材中载入武侠内容，本身有一定必要性，关键是引导学生以怎样的心态和立场阅读武侠、认识武侠，这是更重要的问题。

★【本章小结】

本章通过对新闻评论论证本质的分析，揭示了论证在新闻评论写作中的特殊作用，即统一材料和观点的纽带。同时，通过论证方法的介绍，揭示

了这一"纽带"发挥"联结"作用的规律。

◆【评论实务训练】

（1）选择几篇最新的新闻评论，分别说明其采用的论证方法。

（2）请为下面的评论对象确立一个可供目标媒体采用的论点，并据此用演绎推理或枚举推理的方法写一篇评论。

2007年1月，西华师范大学毕业生小潘，参加浙江省温岭市公务员考试获笔试第一名后遭拒录，原因是她在校期间曾考试作弊受处分且时效未过。后小潘诉至法院，法院参照《浙江省公务员录用考核实施细则》中的"受行政处分未解除处分的，视为考核不合格"的规定，作出驳回原告小潘的诉讼请求的判决。

（编自新华网浙江频道11月27日电，记者黄深钢的报道《温岭一考生公务员考试第一却因大学作弊被"刷"》）

▣【延伸阅读】

1. 马少华：《新闻评论》，中南大学出版社，2005年5月版。

2. 邵华泽：《同研究生谈新闻评论》，人民日报出版社，1999年版。

3. 范荣康：《新闻评论学》，人民日报出版社，1988年版。

第**3**篇

新闻评论的样式

8 报刊评论

导言

本章学习目标 通过本章的学习,能够全面了解报刊新闻评论的分类、各种报刊新闻评论样式的特点,能够根据情况正确选择评论样式,并掌握各种评论样式的写作方法。

本章难点 判断评论体裁 撰写评论文章

内容提要 本章介绍了报刊传播的优点和弱点,并在此基础上观察了报刊评论的特点,分析了报刊评论的写作要求,同时介绍了报刊评论的分类标准及类型。

细琢磨,也就是可以重复选择,对信息的理解也会更准确、透彻。

(2)信息呈现的完整性 在报刊上,一则信息的全部符号同时呈现,因此对于读者来说,信息具有整体性,既可以整体浏览,也可以细节研读;既可以一次性阅读,也可以反复阅读,从而得到全面完整的印象。

(3)表达思想的准确性和深刻性

无论何种语言,都有许多音同而义异的词汇,如果只靠口耳传播,会产生不少误会。比如作为姓氏的"张"和"章"、"于"和"余",从发音上根本无法区分;"走进"和"走近"也听不出差别。有的意思可以根据语言环境判断出来,但分心于思考又会影响听的速度和效果。文艺作品中的"打岔"情节正是利用了听觉的这一"缺陷"。但是文字表达就准确得多了,它可以把字形直接表现出来,消除许多不必要的误会。

从表达的角度看,撰写文章要比即兴发言花费更多的时间,即兴发言没有更多的时间去梳理思维、遣词造句,出现思维粗疏、词不达意、言不尽意的情况是家常便饭。而撰写文章则可以从容地思考辨别、查阅资料、字斟句酌,使思想更深化、逻辑更严密、语言更准确。也正因此,报刊更擅长使用复杂严密的文字表达深奥的思想,而语言的复杂和精细又增加了对事理的准确把握。

(4)反映事物的广阔性和丰富性

人工信息有三种表征符号——文字、音频、视频,其中文字是人类发明和应用最早的信息符号。最早的文字是图形文字,具有绘画的性质,但只是用线

报刊是第一代大众媒体,新闻评论作为一种新闻文体,最早出现在报刊上。报刊新闻评论作为新闻评论的最早形态,至今仍被视为新闻评论的基准。广播评论以及后来的电视评论和网络评论都以报刊评论为基础,是报刊评论的变种,是不同媒介特性对新闻评论的改造成果。学习新闻评论的创作,应从报刊新闻评论入手。

8.1 报刊评论的特点

报刊新闻评论是刊载于报刊上的新闻评论,因此报刊的特性也就制约着报刊新闻评论的特性,报刊的新闻评论也体现着报刊的特性。

8.1.1 报刊传播的特点

报刊以纸张为传播媒介,以印刷文字为主要信息符号。这两个元素衍生出了报刊的优点和缺点。事物往往具有两面性,从一个方面看是优点,从另一个方面看又是弱点,报刊传播的特点就是这样。下面我们尝试从优点和弱点两个方面来讨论报刊传播的特点。

8.1.1.1 报刊传播的优点

(1)可保存性和可选择性 纸张是一种固体物质,在适宜的条件下可以保存数百年甚至上千年。因此,记载于纸张上的信息符号能够直接呈现,凝固不变。读者可以反复阅读,仔

条勾勒出事物的大致轮廓或特征。随着文字的发展，其外形逐渐趋于抽象化，笔画也越来越简略，从而简单、少量的文字就可以表达丰富、深刻的含义。而且文字的记录和传播也很方便，只需要纸和笔这些相当简便的材料即可。

记录声音和影像信息的技术同样是人类的伟大发明，但时至今日，音视频信息的记录仍然比较困难，需要耗费大量的资金设备。而且记录下来的符号量非常庞大，信息越是逼真，符号量就越大，为了更多地保存和传播音视频信息，就得耗费大量的资金和频道资源。相比之下，报刊可以使用较少的材料和符号量来记录比广播电视更丰富的信息和更广阔的世界图景。

另外，文字不是对事物的直接表现，而是抽象的模拟，可以模拟记录抽象的事物如思想和感情，或者时过境迁的情景。而音视频设备却无法记录和再现这样的信息。所以，文字反映事物的深度和广度都大大超过了音视频信号。

（5）公众解码的专注性　文字表达比口语表达复杂化，表达的意思更深刻，又作用于人的第二信号系统，读者要理解文字信息，需要对文字进行解码，即借助于想象，把抽象的概念转换成具体的情景，从而达到理解。因此，阅读是一个主动思维的过程，读者必须专注于文字，调动所有的知识储备，激发思维能量，去破译文字"密码"。文字越是生僻、晦涩，道理越是深奥、复杂，读者就越需要身心投入。

如果读者漫不经心地浏览文字，对信息就只能是挂一漏万、一知半解。

8.1.1.2　报刊传播的弱点

（1）形象性差　文字符号是用概念、判断、推理对客观事物进行抽象的"模拟"，因此，倚重文字的报刊对事物的表现是间接而模糊的。由于娱乐主要是建立在形象基础上的，报刊不能直接表现事物的形象，尤其是声音，因此与广播、电视相比，它的娱乐性要差得多。

（2）通俗性差　声音和景象是人生来就可以听可以看的东西，文字却是人类生生不息创造出来的文明成果，需要经过后天学习才能识记。报刊以文字为传播信息的主要符号，需要接受者具备一定的学识才能接收和解码。虽然目前都市生活类的通俗报刊已经不少，但要成为它们的读者，仍然必须脱盲。

（3）受众参与性差　报刊读者对报刊传播活动的参与只能在采访阶段、编辑阶段的前期以及报刊发行之后进行，在报刊产品定型阶段即制版、印刷、发行阶段则被屏蔽在外，不能参与报刊产品的最后完成。这不是报刊工作人员有意为之，而是报刊的介质属性决定的。

（4）覆盖率差　到目前为止，报刊都是以出售的方式传播的，只有购买的人才能成为传播的直接对象，这样就大大限制了报刊读者的数量，有的专业报刊甚至只发行几百份。

（5）时效性差　报刊的时效性主要受到出版周期影响。

8.1.2　报刊评论的特点

报刊的优点是形成报刊新闻评论的优点的基础，至于报刊的弱点，则需要在评论的编写过程中加以补救，报刊评论的特点就是在这一过程中逐渐形成的。

（1）思想深刻　文字表达的准确和写作时间的充裕，使得报刊评论可以做到精准严密、鞭辟入里，深刻地揭示事物的本质和规律。

（2）论证严谨　报刊文章可以整体呈现在读者面前，读者可以反复阅读，因此报刊评论可以对复杂事物做全面细致的分析，"一二三四，甲乙丙丁，开中药铺"，而不用担心读者记不全。

（3）注重文采　孔子在两千多年前就说过："言之无文，行之不远。"报刊评论写作时间相对充裕，使得它可以在文字表达上追求辞藻的华美和修辞的丰富，以增强感染力。历史上留下的许多脍炙人口的评论文章都出自报刊。例如：

……故今之责任，不在他人，而全在我少年。少年智则国智，少年富则国富，少年强则国强，少年独立则国独立，少年自由则国自由，少年进步则国进步。少年胜于欧洲，则国胜于欧洲；少年雄于地球，则国雄于地球。红日初升，其道大光；河出伏流，一泻汪洋；潜龙腾渊，鳞爪飞扬；乳虎啸谷，百兽震惶；鹰隼试翼，风尘吸张；奇花初胎，矞矞皇皇；干将发硎，有作其芒；天载

其苍，地覆其黄；纵有千古，横有八荒；前途似海，来日方长。美哉，我少年中国，与天不老；壮哉，我中国少年，与国无疆！

（摘自中国近代思想家、报业家梁启超1900年2月10日发表的著名新闻评论《少年中国说》）

梁启超的政论文章平易畅达，条理明晰，笔锋常带感情，深受读者欢迎，被称为"时务文体"的典范，对中国近代的报刊评论文风产生过重大影响。还有一些评论的标题如《拿来主义》、《放下幻想，准备战斗》等，同样是文采飞扬，思想深刻，被后人经常吟诵、引用。

（4）量大面广　由于文字的简约性和抽象性，一期报刊可以刊登若干篇评论文章，反映社会生活的诸多方面，表达人民群众的各种心声。报刊评论虽然在形象性、表现力方面存在不足，但它在对宏观形势、思想感情、历史烟云等抽象事物进行研判时所表现出来的从容，却是广播电视望尘莫及的。

8.1.3　报刊评论的写作要求

所谓写作要求，就是针对报刊传播的弱点而采取的补救措施。

（1）努力提高评论的严谨性和可读性。读者阅读报刊的评论文章，是带着研究的态度仔细琢磨的，对文章论证的逻辑性、行文的准确性很挑剔。报刊信息的可选择性，又要求报刊评论运用多种文学手法和修辞手法，提高可读性，吸引读者怀着愉悦的心情阅读文章。

（2）扩大作者范围,避免"圈子现象"。报刊从来都把评论看得很重,视之为报刊的灵魂和旗帜。报刊评论既要表达本报（刊）立场,深入揭示事物的本质和规律,也要反映各方面的态度和想法。报刊评论要尽可能多地刊登来自各方面、各地区的作者的稿件。除了由著名评论人士开设的评论专栏外,不要过分集中搞作者小圈子,防止话语霸权。

从报刊经营的角度看,刊登群众性评论文章,可以提高受众的参与度,提高受众对报刊的认同度和忠诚度。

8.2　社论

8.2.1　社论的含义

关于社论,有多种定义。

英文韦氏大词典:"社论是一个报纸或杂志表明其总主笔或领导人意见的文章。"

美国出版的《有效社论写作》:"社论是一个报纸或杂志对于某一问题所发表的意见。……它是一种经过考虑的观点或政策的揭露。这种观点或政策,发自此一出版品言论方面的主持者。"

美国新闻学家约斯特《新闻学原理》中对社论有一个著名的比喻:新闻是报纸的身体,它表示出报纸的形状和形式,而社论版则是报纸的灵魂,要是没有了灵魂,身体就等于一具失去活力的躯壳。

英国《曼彻斯特卫报》原主编认为,社论是表达报纸立场的基本手段,

是报纸存在的基本理由。①

《中国大百科全书·新闻卷》为社论下的定义是:"社论是代表编辑部观点的言论。政党机关报的社论代表同级党委的意见。"

综合以上观点,社论可以这样定义:社论,也叫社评,在广播、电视媒体中称为"本台评论",是报刊、通讯社、广播电台、电视台等媒体编辑部对重大问题所发表的权威性言论,是表明新闻媒体的政治目的和政治态度的旗帜。政党机关报（台）的社论代表同级党委的意见。

社论也有几个变种:以个人名义发表的专论、代论、来论,以编辑部名义发表的编辑部文章等。专论是专门性的评论,篇幅较长,论述深入,作者多是某一领域的专家或权威人士。代论就是代替社论的意思,是编辑部以某个权威人士的文章来代替社论,现在已消失。来论就是在社论位置上发表的读者写来的评论。编辑部文章是以编辑部名义发表的评论,代表同级党委对某一重大问题的立场和观点,内容含量比一般社论更大,文化大革命时期使用较多。

8.2.2　社论的特点

（1）同其他评论文体比较,社论是针对当前重大事件、重大典型、重大现象、重大问题、重大节日和纪念活动发言表态的。必要时要提出解决问题的指导思想和措施,指明任务和方向,因

---

① 杨新敏:《新闻评论学》,苏州大学出版社2007年1月版,第208~209页

而具有鲜明的针对性和高度的指导性。1936 年 12 月 12 日，国民党东北军和西北军将领张学良、杨虎城发动兵谏，逼迫蒋介石联共抗日。这一事件在全国引起巨大震动，国内外抗日力量非常焦急，希望张、杨从大局出发立刻释放蒋介石。而以汪精卫、何应钦为代表的亲日派则主张进攻西安，借机扩大事态，置蒋介石于死地，进一步与日本妥协。在这事关中国抗日大局的危难时刻，全国各大报刊纷纷发表社论，分析局势，提出看法。在国内颇具影响的新记《大公报》接连刊发 6 篇由总编辑张季鸾撰写的社评，旗帜鲜明，剖析中肯，对西安事变的和平解决产生了很大影响。

（2）社论代表的是媒体编辑部及其背后的利益集团的立场、态度和意见，往往对社会产生较大的影响力。西安事变期间，在《大公报》刊发的 6 篇社评中影响最大的是 12 月 18 日发表的第三篇社评《给西安军界的公开信》。这篇社评对东北军的处境和心情表示了极大的同情和理解，但同时也表达了包括中国共产党在内的当时国内外多数政治团体的共同态度，希望东北军不要被亲日派所利用，造成内战，让日本人得利。国民党政府把这篇社评加印了数万份（一说"数十万份"），作为传单在西安上空散发。《大公报》同仁陈纪滢曾有这样的记述："所有东北军及杨虎城所属看了这张传单式的社评，马上转变了态度。张、杨二氏的心理，也立刻起了急剧的变化。后来笔者遇见当时参加事变的几

位东北军高级将领，他们描述那张传单的功效时说：'我们看了这篇社评，又激动，又泄气。那篇文章说得入情入理，特别把东北军的处境与遭遇，说得透彻极了，所以我们都受了莫大感动。但大家又说，《大公报》不支持我们，还有什么话可说？我们便拿着传单去见副司令（指张学良——引者注），进了房间，见副司令正在阅读那上边的文章，他看完了之后，神色也变了，立刻召集会议，讨论一切。后来的变化虽然多半受委座品德的感召，但军心涣散，将士转向，不能不说与这篇文章有重要关系。'"[1]一份具有全国影响的大报刊登的这样一篇社论，对东北军和西北军将士产生巨大震撼。

政党机关报刊的社论，不仅代表编辑部发言，而且直接表达同级党委的思想观点和政治立场，具有鲜明的政策性、导向性和指导性。马克思在德国科伦创办并担任主编的《新莱茵报》是国际生产主义运动史上第一份马克思主义日报，该报的大部分社论由马克思和恩格斯执笔。抗日战争和解放战争期间，毛泽东和周恩来也多次为《新华日报》和《解放日报》撰写重要社论。1950 年 3 月，中共中央发出指示，要求各级党委及政府负责人员经常为报纸撰写社论或论文。1958 年 1 月，毛泽东指出："精心写作社论是一项极重要

---

① 王鹏：《张季鸾文论西安事变》，2006 年 3 月 29 日北京《团结报》。转引自王振业《新闻评论作品选》，中国广播电视出版社 2007 年 1 月版，第 292～294 页。

的任务。"①

在当代中国,《人民日报》社论往往代表着中共中央对于国内外重大问题的态度和意见,具有很强的政策性、指导性和权威性。有的重要社论实际上成了党的重要文献,因此刊发比较慎重,只有对特别重大的问题发表言论时才用社论的形式。资本主义国家的报刊一般不隶属于政党,往往秉持所谓"不党不私、不偏不倚"的客观立场,表达的是民间意见。一些大报辟有社论版,每天刊发三四篇社论。

8.2.3 社论的特征

(1)视觉强势。各报刊对社论的编排都做强势处理,一般放在头版显著位置,加框线、变换字体、变大字号,等。我国《人民日报》的重要社论或新华社评论,各级机关报(台)要予以转载或统一联播。

(2)篇幅较长。社论是对重大问题进行分析阐述,重大问题往往比较复杂,不是三言两语就可以说透的,因此社论一般篇幅较长,在版面上占据较大空间。

(3)标明"社论"。社论一般有固定的题花,题花中标明"社论"字样。

8.2.4 社论的类型

在我国,按照论述的目的和方法分类,社论大体可分为五种类型:阐述型、启迪型、评介型、论辩型、礼仪和纪念型。

8.2.4.1 阐述型社论

阐述型社论是政治性、政策性和指导性很强的评论文章,其任务是通过理论联系实际,阐述党的纲领、路线、任务、奋斗目标,阐述党委和政府新近制定的重要政策、决定、部署和政令的实质、依据和意义,以帮助各级干部和人民群众正确领会其政治意义和精神实质,进而提高贯彻执行的自觉性,并以此规范自己的言行。

8.2.4.2 启迪型社论

启迪型社论是较为常见的社论类型,其任务着重于针对实际工作中出现的具有普遍意义的新矛盾、新问题、新事物、新观念、新趋势,提醒人们加以注意,认真研究,并从理论的高度指导人们坚持辩证的观点来看待一切新东西,扬其优而避其害,帮助读者从思想、理论和政策上提高认识。比如1982年2月7日《福建日报》发表了题为《有些案件为什么长期处理不下去》的社论,就属启迪型社论,全文如下:

今天本报又公布了两个重要案件,坏人受到揭露处理,这很好。

有些问题群众看得很清楚,干部也有很多议论,问题的性质已经非常明白,但是就是处理不下去,而且长期处理不下去。为什么?

一是自己屁股有屎;

二是派性作怪;

三是软弱无能。

还有什么?也许还有其他原因,但主要是这三条。

你这个单位的问题长期处理不下

① 《中国大百科全书》电子版(新闻卷)。

去,是什么原因,算哪一条,不妨想一想。

这篇社论是时任福建省委书记的项南同志所写,全文只有140字,可谓开启我国短社论之先河,被评为当年全国好新闻一等奖,连美国的《基督教科学箴言报》也青睐有加,称它为中国舆论界吹起一股清新矫健的文风。

8.2.4.3 评介型社论

评介型社论着重对有具典型意义或重要影响的新闻性人物和事件进行旗帜鲜明的褒贬、评介,从思想、政治、理论的高度进行论述和概括,以深刻揭示本质,总结经验或教训,从而发挥引导舆论的社会功能。

8.2.4.4 论辩型社论

论辩型社论是一种战斗性的评论类型,以一切违背社会发展潮流、阻碍社会进步的陈旧事物、错误言行为评论对象,以批评、反驳、揭露、抨击为基本论说手段,旨在帮助人民群众分清是非界限、增强识别和抵制错误倾向的能力。

8.2.4.5 礼仪和纪念型社论

这类社论主要用于评论重要节日、纪念日、活动日、国耻日,以及国与国建交签约、国家领导人迎来送往、外交礼节性活动等,往往回顾历史,展望未来,发出倡议,提出希望。

《南方周末》1999年元旦特刊发表了一篇署名"本报编辑部"的新年献辞《总有一种力量让我们泪流满面》,全文如下。

这是新年的第一天。这是我们与你见面的第777次。祝愿阳光打在你的脸上。

阳光打在你的脸上,温暖留在我们心里。这是冬天里平常的一天。北方的树叶已经落尽,南方的树叶还留在枝上,人们在大街上懒洋洋地走着,或者急匆匆地跑着,每个人都怀着自己的希望,每个人都握紧自己的心事。

本世纪最后的日历正在一页页减去,没有什么可以把人轻易打动。除了真实。人们有理想但也有幻想,人们得到过安慰也蒙受过羞辱,人们曾经不再相信别人也不再相信自己。好在岁月让我们深知"真"的宝贵———真实、真情、真理,它让我们离开凌空蹈虚的乌托邦险境,认清了虚伪和欺骗。尽管,"真实"有时让人难堪,但直面真实的民族是成熟的民族,直面真实的人群是坚强的人群。

没有什么可以轻易把人打动,除了正义的号角。当你面对蒙冤无助的弱者,当你面对专横跋扈的恶人,当你面对足以影响人们一生的社会不公,你就明白正义需要多少代价,正义需要多少勇气。

没有什么可以轻易把人打动,除了内心的爱。没有什么可以轻易把人打动,除了前进的脚步……

这是新年的第一天,就像平常一样,我们与你再次见面,为逝去的一年而感怀,为新来的一年做准备。祝愿阳光打在你的脸上。

阳光打在你的脸上,温暖留在我们

心里。有一种力量，正从你的指尖悄悄袭来，有一种关怀，正从你的眼中轻轻放出。在这个时刻，我们无言以对，惟有祝福：让无力者有力，让悲观者前行，让往前走的继续走，让幸福的人儿更幸福；而我们，则不停为你加油。

我们不停为你加油。因为你的希望就是我们的希望，因为你的苦难就是我们的苦难。我们看着你举起锄头，我们看着你舞动镰刀，我们看着你挥汗如雨，我们看着你谷满粮仓。我们看着你流离失所，我们看着你痛哭流涕，我们看着你中流击水，我们看着你重建家园。我们看着你无奈下岗，我们看着你咬紧牙关，我们看着你风雨度过，我们看着你笑逐颜开……我们看着你，我们不停为你加油，因为我们就是你们的一部分。

总有一种力量它让我们泪流满面，总有一种力量它让我们抖擞精神，总有一种力量它驱使我们不断寻求"正义、爱心、良知"。这种力量来自于你，来自于你们中间的每一个人。

所以，在这样的时候，在这新年的第一天，我们要向你、向你身边的每一个人，说一声，"新年好"！祝愿阳光打在你的脸上。

因为有你，才有我们。

阳光打在你的脸上，温暖留在我们心里。为什么我们总是眼含着泪水，因为我们爱得深沉；为什么我们总是精神抖擞，因为我们爱得深沉；为什么我们总在不断寻求，因为我们爱得深沉。爱这个国家，还有她的人民，他们善良，他们正直，他们懂得互相关怀。

这篇文章属于纪念和礼仪型社论，它最大的特点是充满激情。这一年，我们经历了金融风暴带来的萧条和失业，而在此前的一年，我们又经历了百年一遇的大洪灾的洗礼。文章在这样的历史背景下，以诗一般的语言，以重复和排比的修辞手法，将感动高高蓄起，使之以一泻千里的气势冲击我们的心田。

8.2.5　社论写作的基本要求

（1）集思广益，精心写作。社论体现了报刊编辑部的立场、态度和意见，尤其是在我国，党的机关报刊的社论直接体现着党的方针政策路线，对全社会具有权威的指导性，因此，社论的写作一定要谨慎从事，要保证导向正确，论证周密，措辞得当。要完成这么一项艰巨的任务，必须认真组织，集思广益，层层把关，精益求精。

《人民日报》在社论写作上有着良好的传统。报社编辑部先慎重选题，形成纲要，并报送中央有关领导审阅，然后由社论撰稿人员写成初稿，在社内请专家传阅修改，最后由总编辑定稿，必要时再送中央负责同志审定。

即便是非机关报刊，也都十分重视社论乃至评论工作。《光明日报》和《南方日报》于2003年联合创办的《新京报》对评论十分重视，把评论看作新闻运作的一"翼"。《新京报时事评论精选》一书的序言中写道：

新京报成立"社论委员会"，由大部分采编系统的报社社委和评论部负责人组成。社论委员会的职责是把握舆论导向、确定重大选题、审核重点稿件质量。而独立于其他新闻报道部门的评论部是社论委员会的执行机构。从浏览当日重点媒体报道的新闻，初步确定评论选题、提炼评论要点、召开部门会议碰撞观点，确定写什么、怎么写、谁来写等细节，再到约稿、编辑、出版，每天下午到深夜的 10 个小时左右的时间，对评论部的每个人来说，都像是一个 5000 米的长跑比赛。每天下午，在并不宽敞的办公室里，常常可以听到评论编辑们吵架般地讨论，话题和观点的确定、丰富、补充和否决，都在这种民主气氛中完成。

（2）面向读者，贴近实际。社论总是面向社会各方面的读者发言的，目的是影响读者的思想，进而统一读者的意志和行动。因此，社论的论题所指，应该是涉及大政方针的宏观难题，是攸关民生疾苦的实际工作中迫切需要解决的问题，而不宜局限于很小的一部分干部和有关专业人士所关心或感兴趣的问题。对于一些重要的专门问题，要善于阐明它们同广大群众的密切关系，从而引起广泛的兴趣和关注，使社论发挥应有的作用。

（3）高屋建瓴，虚实结合。社论说理论事要站得高，看得远，想得深，揭示本质，把握规律，着眼大局。只有这样，才能对全局具有指导性，产生广泛的影响力。但如果仅仅看到这一点，社论就会写成"一五一十说套话，四平八稳抄文件"的千篇一律、居高临下说

教的"评论八股"。因此在讲大道理的时候，一定不要忘记联系实际，联系人民的生活和切身利益，只有这样才能把道理讲透，被人民群众所理解所接受。

（4）端庄雅致，通俗平易。社论是高规格的评论，代表一家媒体，甚至代表党委和政府，因此要注意"形象"，讲道理要冷静，论是非要严肃，谈褒贬要公允，不偏激，不偏执，不搞发酒疯式的嬉笑怒骂，在激情昂扬中不失端庄仪态。但在行文上则要力戒枯燥生硬、死板僵化，力求既通俗易懂，又赏心悦目，使读者亲其"文"而信其道。2005 年 10 月 25 日《人民日报》发表了《让历史昭示未来——纪念台湾光复 60 周年》的社论，社论最后写道：

"青山一道同云雨，明月何曾是两乡。"当年，在民族危亡、国难当头之际，两岸人民团结抗战，共御外侮，谱写了民族解放、国土光复的历史篇章；今天，海峡两岸的骨肉同胞依然是明月共赏，休戚与共。两岸同胞血浓于水，情同一心，决不会容忍任何人以任何方式把台湾从祖国分裂出去。让我们两岸同胞携起手来，弘扬伟大的抗战精神，牢记历史，不忘过去，珍爱和平，开创未来，共同谱写祖国统一和民族复兴的新篇章。

这段文字语言优美，节奏铿锵，清新温馨，情真意切，读来口角噙香，心潮激荡。

【评论实务训练】

1. 下面两篇文章分别是《人民日报》和英国《泰晤士报》的社论，请分析它们在立意方面的不同，及各自的写作特点。

中华民族的百年盛事
——热烈庆祝香港回归祖国
1997 年 7 月 1 日《人民日报》社论

一九九七年七月一日零点，全世界都在谛听从东方响起的庄严钟声。它响彻寰宇，向五洲四海郑重宣告：中华人民共和国政府恢复对香港行使主权的时刻到来了！中华民族洗雪百年耻辱、扬眉吐气的时刻到来了！

以中英两国政府完成交接仪式，香港特别行政区宣布成立为标志，圆了中华民族期盼了一个多世纪的香港回归梦，实现了几代人的夙愿。这一天，举世瞩目，永载史册。

香港回归，百年盛事，普天同庆，举国欢腾。在九百六十万平方公里国土上，热血沸腾的中国人民，以千歌万曲、千言万语表达着自己欢乐、自豪、振奋的感情。

在欢庆香港回归的时候，我们决不能忘记，为了这一天，中国人民走过的不平凡的道路：

——为了这一天，无数中华民族的英雄儿女御外侮、争主权，前赴后继，同殖民统治进行不屈不挠的斗争，充分显示了维护民族尊严和国家主权不可动摇的信念，表现出崇高的爱国主义情怀。但是，由于当时的祖国积弱积贫，由于当时的政府腐败无能，斗争是壮烈的，结局是悲哀的。一代又一代仁人志士壮志难酬。

——为了这一天，新中国成立后，我国政府多次庄严申明，香港自古以来是中国领土不可分割的一部分，不承认英帝国主义强加给中国的三个不平等条约；对于这一历史遗留问题，将在条件成熟的时候通过和平谈判解决；未解决之前维持现状。新中国第一代领导人毛泽东、周恩来等，十分关心香港的前途，关怀香港同胞。在新中国建立前后，毛泽东同志先后提出了"暂不收回香港"、"长期打算、充分利用"和"一九九七年平稳交接"等一系列解决香港问题的战略决策，为保持和促进香港的繁荣稳定，为香港回归祖国奠定了坚实的基础。党的十一届三中全会以后，我国进入改革开放和社会主义现代化建设新的历史时期，社会生产力蓬勃发展，综合国力显著增强，国际地位日益提高。中国作为一个最具发展活力的国家，巍然屹立在世界的东方，为香港的顺利回归创造了决定性条件。

——为了这一天，中国政府以统一祖国的大局为重，以保持香港繁荣稳定的大局为重，按照"一国两制"的构想，为解决香港、澳门、台湾问题，最终实现祖国的完全统一，提供了一条现实可行的途径。实践表明，"一国两制"、"港人治港"、高度自治的基本方针，符合香港的利益，符合全民族的根本利益，得到了广大香港同胞和全国各族人民的拥护，也得到了国际社会的赞同。这是一个高瞻远瞩的伟大创造，是人类文明进步史上的一个创举。

在欢庆香港回归的时候，我们深切怀念敬爱的邓小平同志。他作为一个伟大的革命者、爱国者和中国改革开放的总设计师，毕生以祖国的解放、振兴、统一为己任。他作为第二代中央领导集体的核心，以罕见的政治勇气、恢宏气度、高超智慧，创造性地提出了"一国两制"的伟大构想，为香港顺利回归祖国起到了巨大作用。"一国两制"构想将作为他对中华民族的伟大贡献而功垂青史、光照中华。

在欢庆香港回归的时候，我们更加深刻地体会到，没有中国共产党的领导，没有祖国的日益强盛，没有改革开放的伟大成就，没有新中国三代领导人的不懈努力，特别是没有邓小平建设有中国特色社会主义理论的指引，就不可能有今天的香港回归。这就是一百多年历史写下的庄重结论。

香港回归，是落实"一国两制"方针的第一步。更重要的，是确保香港长期繁荣和稳定。《中华人民共和国香港特别行政区基本法》是根据"一国两制"的构想而制定的一部全国性法律，是今后香港特别行政区一切运作的法制基础，更是香港长期繁荣稳定的根本保证。香港回归祖国以后，《基本法》即开始实施，从中央到地方，广大干部和群众都要认真学习、严格遵守《基本法》。香港特区政府和广大港人也会认真贯彻、执行《基本法》，以主人翁的责任感，肩负起"港人治港"的重任，把香港管理好、建设好。

现在，在党的基本理论和基本路线指引下，在以江泽民同志为核心的党中央的坚强领导下，我们国家政治稳定，经济发展，民族团结，社会进步。世界将看到，中国的明天会更好，具有五千年文明史的中华民族在新世纪的征途上，将向着现代化的宏伟目标昂首阔步前进，中国的完全统一、中华民族的全面振兴，将成为辉煌灿烂的现实。

帝国的终结：
照管好剩余的小属地①
1997年7月1日《泰晤士报》社论

情绪昨天在香港自由地流动。对多数人来说，那是欢庆和激动的一天，充满民族自豪和爱国热情。但对即将离开的英国人来说，也是一个充满乡愁和遗憾、悲伤和失落的时刻。英国国旗最后一次在一个曾驰骋全球的帝国的最后一个坚实殖民地上降落；在代表皇室的演讲、典礼和告别手势中，政府和武装部队回忆起了几近被遗忘的责任感和义务感、良好的政府、对英国曾统治过的人民的贡献。

昨天并不标志着帝国的终结；因为那个终结在1947年英国允许印度独立时就已到来。那是决定性的时刻，让人明白了，一个被战争耗尽了的国家不可能再无限地保持对远方属地的统治。十年后，非洲国家一个一个宣布独立，加纳的独立则是最后的非殖民化高潮

---

① 王振业、李舒：《新闻评论作品选》，中国广播电视出版社2007年1月版，第15页。

的标志。随着香港的失去，现在剩下的只有一些曾作为通往殖民地航线上的补给站的小岛屿了，它们或是太远或是太小，难以独立于世。

香港昨天有眼泪。不光是彭定康试图克制矛盾的心绪，许多香港华人带着感激回顾着英国人为他们所做的一切，回顾良好的政府、法律以及为这个曾经贫瘠的小岛提供了繁荣框架的公正的公务员制度。英国人也能自豪地反思他们及其祖先所做的贡献——为香港以及那些英国国旗曾飘扬过的自治领地和殖民地。对帝国主义的殖民统治的内疚和歉意最后已让位于更为均衡的历史评价。甚至本周中国人在回顾150多年的"民族屈辱"时也承认英国的统治并不都是坏的。

随着共产主义的降临，欧洲帝国现在都瓦解了，一些殖民地陷入暴力和混乱。比利时和荷兰的记录就很差，没有为其殖民地的独立做些什么。其他国家如德国、意大利，战败后都让自己的殖民地被他人占有了。法国留下的一些国家有良好的教育和强大的经济；但阿尔及利亚靠暴力而独立，现在正忍受着创伤。印度的分裂、亚丁的暴乱使数百万人丧生，玷污了英国的记录。但从整体上看，印度脱离帝国还是好一些。

随着香港的失去，曾管理着世界上能看到的最大帝国的英国，现在只对剩余属地上的不到18万人负有责任了。法国仍然有三倍的人口在其海外省，他们长期以来与宗主国完全整合。对这些余下的不多的小属地，英国保留着政治和道义上的责任。令人悲哀的是，这儿的记录并不好。加勒比海的吸毒和洗黑钱、福克兰和直布罗陀的主权争端、对圣赫勒拿岛骇人听闻的疏忽，无一不让官方感受到历史旧账的刺激。不会再有主权让渡了。现在是把帝国的旧有理想恰当运用到那些英国仍有统治权的小属地上的时候了。

2. 请收集几个类型的报刊社论，比较它们有什么异同。

3. 以你所在学校近期的重大事项或重要工作为主题，为校报拟写一篇社论。

8.3 评论员文章

8.3.1 评论员文章的含义

评论员文章是报刊、通讯社、广播电台使用较多的中型评论体裁，代表媒体编辑部的声音，其重要性仅次于社论，规格介于社论和短评之间。评论员文章一般署名为"本报评论员"或"本报特约评论员"，但近年来我国一些报刊也出现了同时标示作者名字的评论员文章。

评论员文章与社论的关系可以归纳如下：

（1）它与社论没有严格的界限。评论员文章以编辑部评论员的名义发表，自然体现编辑部集体的立场和观点，但又不必像社论那样正式地代表编辑部和同级党委发言并经党委审阅，一般由编辑部自行定稿，因此其规格低于社论，不如社论的权威性强。另一方面,评论员文章既有一定的"官方色彩",又可以有作者个人的风格,章法灵活,语言活泼。

(2)社论常常针对涉及全局的重大典型、重大事件和重大问题发言,显得特别庄重。而评论员文章则偏重于论述局部性的重要事件或问题,选题范围比社论广泛、具体。

(3)社论通常是独立发表的,对于新闻报道的依附性不很明显。评论员文章则常常是配合或结合新闻事实或材料而发,依附性较为明显。也正因此,它格外要求配合及时,针对性强。

8.3.2 评论员文章的类型

8.3.2.1 本报评论员文章

这是由本报评论员撰写或以本报评论员名义发表的评论员文章。它作为结合新闻事件或新闻报道的重要评论,旨在体现编辑部的立场、观点和态度,是评论员文章的常见形式。1998年夏天,中国经历了一场百年不遇的大洪水的严峻考验。8月8日,中央下达了关于动员全社会力量投入抗洪抢险斗争的紧急通知。从8月9日起,《人民日报》连续一个多月每天发表一篇有时两篇评论员文章,及时传达中央的声音,鼓舞抗洪军民的士气,指导抗洪斗争,对于夺取抗洪斗争的胜利起到了重要的舆论导向作用。这组评论是在《人民日报》社当时的报社领导直接指导下,由李德民、米博华、王义堂、王金海等执笔撰写的。这么大规模的系列评论在《人民日报》的历史上是罕见的,在新中国的新闻评论史上

也是少有的①。系列评论的首篇是《当前头等大事》,文章发出号召,部署工作,不足600字,但字字切实有力,没有一句空话套话,扣合当时的紧急情势,获得当年中国新闻奖特等奖。全文如下:

当前头等大事
本报评论员

当前,长江防汛形势十分严峻,中央要求要把长江抗洪抢险工作作为当前头等大事,全力以赴抓好。要坚决严防死守,确保长江大堤的安全,不能有丝毫松懈和动摇。

长江安危,事关大局。长江抗洪抢险,是在党中央、国务院直接领导下进行的一场关系着人民群众的生命安全,关系着经济发展和社会稳定,关系着发展大好形势,保卫改革开放和现代化建设成果的重大斗争。人民的利益高于一切,国家的利益高于一切。各级党的组织和各级政府,各级领导干部,要充分认识到这场斗争的重大意义,要动员和组织一切人力、物力、财力进行抗洪抢险。这是最关键的时刻,是祖国和人民考验我们的时刻! 考验我们的全局观念、纪律观念,考验我们的觉悟、意志和战斗力。

长江汛情还在发展,我们必须在确保大堤安全的同时,要积极做好足够的防洪抢险应急准备,有备无患。要向群

---

① 王振业、李舒:《新闻评论作品选》,中国广播电视出版社2007年1月版,第31页。

众讲清道理,保证生命安全是第一位的,坛坛罐罐将来是可以补偿的。

两个月来,全国抗洪军民奋力拼搏,严防死守,战胜了一次又一次洪峰,作出了重要贡献。由于形势严峻,抗洪军民必须发扬不怕疲劳、连续作战的精神,团结一致,坚定信心,夺取抗洪斗争的胜利!处在防汛抗洪第一线的各级党组织要发挥领导核心和战斗堡垒作用,广大共产党员、共青团员要发挥先锋模范作用,人民子弟兵和公安干警要发挥突击队作用。人民解放军要在国家防总和当地防总的统一领导和指挥下,砥柱中流、建立功勋。

8.3.2.2　本报特约评论员文章

这是评论员文章的一种特殊形式。"特约"即标明系社外人士所写。它的任务是就当前重大理论问题、思想问题、社会问题、政策问题和重大改革举措发表独到见解。规格比本报评论员文章高,主要约请有关党政领导机关或学术机构的负责干部、专家,以及学有专长的有关人士撰写。由于它的作者身份特殊,有些外国媒体干脆称《人民日报》的特约评论员文章是"中共高级领导人的文章"。所以也被称为"超重型评论员文章"。

8.3.2.3　观察家文章

通常用于重要但各方面有矛盾有分歧的事件或问题。文章以观察家的名义发表,使评论显得客观公允,能被各方所接受。在写法上,寓评论于"观察"之中,着重析理辨事,客观论证,增

强说服力,从而引导舆论,也有的报刊在文章标题下标注"观察"字样以显示文章的性质,直接署上作者的名字。

◆【评论实务训练】

1. 请寻找实例,比较社论和评论员文章的异同。

2. 请阅读最近一天的报纸,从中选择一个适合配发评论员文章的新闻报道,并说明理由。

8.4　短评

8.4.1　短评的含义

短评是一种简短而灵便的评论形式,它往往抓住新闻的某一侧面或工作、生活、思想上的某种倾向,简明扼要地进行分析评论。在发表时有署名与不署名两种,署名短评以个人身份发言,形式自由,手法多样;不署名短评代表媒体编辑部发言,是编辑部评论中比较短小、灵便的一种体裁。

短评在运用时有两种形式:一为针对某一事物或问题,独立成篇;一为配合新闻报道就实务虚、因事说理的短小评论。其中,配发式短评的运用更为经常。

8.4.2　短评的特点

(1)篇幅短小。短评与其他评论体裁最大的区别就是篇幅短小,字数一般在千字左右,现在常为千字以内。

(2)视角新颖。短评的"新",首先体现在选题新鲜、及时,抓住最具时效

性的新闻报道或新生事物进行评论；其次体现在从新的方位视角观察事物。陈年旧事用新的眼光重提，寻常事例从独特视角观察，都能收到出新效果。

（3）文风活泼。短评不像社论和评论员文章那样正式地代表媒体和党委政府，因而不需要正襟危坐、端庄肃穆。它缘事而起，有感而发，分析说理要议论风生，谋篇布局要别开生面，语言表达也要生动形象，万万不可老套落俗，写成公式化、程式化的八股调。

8.4.3　短评的写作要求

（1）论题具体，主题集中。短评要短，但不是社论或评论员文章的缩写形式，而是面对新闻报道或所评析事物的诸多层面和要素，抓住一点，不及其余，一评一议，不蔓不枝。如果一个事件、现象或问题比较复杂而重要，需要全面分析、阐述、总结，那就不要使用短评这种"轻型武器"，而要写成社论或评论员文章。

（2）结构精炼，点到为止。在结构上，不要穿靴戴帽、三纸无驴，而要迅速切入主题，一针见血。2000 年 12 月 20 日《羊城晚报》上刊登时评《谁在谋杀传媒公信力？》，文章开宗明义："这两年的假'新闻'可以用车载斗量来形容。尤其是娱乐新闻，三天两头就有假'新闻'出笼。据说这些假'新闻'能够'娱乐读者'、'繁荣娱乐事业'，听起来似乎功莫大焉。可是事实上，假'新闻'除了'愚乐'读者、制造虚假繁荣之外，它的另一大'功劳'是谋杀传媒的

公信力。"

在论证上，短评要讲究效率，惜墨如金，把理说透就行，可以没有旁征博引、详细论证、引申推论。《体育报》曾刊登过一篇只有 3 句话 87 个字的短评《中国——万德夫》，文章这样写道：

> 许海峰获得奥运会第一枚金牌后，有些外国报刊不约而同地写道："中国——万德夫（wonderful——引者注）。"

"万德夫"就是"真棒"、"真行"、"妙极了"的意思。

从 52 年前外国报刊说"看中国人明日如何跑"一直到今天的"万德夫"，这是一个多么大的变化啊！

（3）缘事而发，发人深省。短评总是缘事而发，如果事件的意义简单而明显，一般读者都能一目了然，那就根本不需要加以评论；既然评论，就一定要察人所未觉，言人所未想，如醍醐灌顶，令人茅塞顿开。初学者在配写短评时往往会犯两种毛病：一是过多重复事实内容，谈不出什么观点，更无从分析论证；二是离开事实空发泛泛之论，缺乏针对性。出现这两种情况，都是因为作者没有吃透事实的内容，没有找到新的角度或方法。

2006 年，湖北省汉川市以红头文件形式，要求公务接待时使用本地产的"小糊涂仙"系列酒，层层分解任务，并制定奖惩措施。是年 4 月 7 日，新华社记者张先国、沈翀撰写时评文章《喝糊涂酒，办糊涂事》。评论作者从市场经

济的角度出发,用新的行政理念来看待汉川市的举动,得出汉川市是"喝糊涂酒,办糊涂事"的论点。

【评论实务训练】

请为下面这则新闻事实配发一篇短评,并谈谈短评写作出新的体会。

教育部公布,2007 年我国毕业生人数将达到创纪录的 495 万。面对严峻的就业形势,千辛万苦跋涉求职的大学毕业生比任何人都有更迫切的工作愿望。但与浙江台州等地的"非转农"现象迥然不同的是,湖北省人事部门日前对应届毕业生就业意向进行的一次专项调查,结果令人吃惊:在收回的 2560 份问卷中,竟无一人选择到湖北省农村基层工作。

——节选自新华网武汉 2007 年 12 月 15 日,新华社记者郭嘉轩的《这些大学生为何拒绝去农村基层》

8.5 编者按语

8.5.1 编者按语的含义

编者按语是一种依附于新闻报道的篇幅最为短小的评论,是报刊等各类新闻媒体的编辑人员对新闻报道所加的评介、批注、建议或说明性文字,在各类代表编辑部的评论中规格最低,轻便灵活。

8.5.2 编者按语的类型

8.5.2.1 根据按语内容的性质划分

(1)说明性按语 说明性按语是编者对新闻报道所加的说明或提示性文字,用以介绍作者身份,交待事件背景,说明有关情况,表明刊载目的等,以帮助人们了解和理解新闻报道,引起人们的重视和兴趣,形成有利的舆论环境。这类按语具有提示说明、提醒建议的功能。

(2)议论性按语 议论性按语是编者对新闻报道所加的评价或议论性文字,以提纲挈领地揭示报道的中心思想,传达最新的指示精神,判断是非,表明态度,启发思考。这类按语具有评价表态、深化揭示的功能。

8.5.2.2 根据与所配报道在编排中的位置关系划分

(1)文前按语 又称题下按语,经常标示为"按语"、"编者按"、"编前话"、"核心提示"、"阅读提示"或"开栏的话"等字样,有时也不加标示。它在三种按语形式中编排位置最显要,通常居于文前或栏前,片言居要,严肃庄重。在报刊上发表时常用楷体、黑体或比正文大一号的字体排出,有时还用衬底、框线等手段加以装饰,以突出其重要地位。

文前按语有两个基本特点:一是内容扼要,文字简明,不必复述所依附的报道的内容,只需直接提出编者的看法和观点。二是以编者身份发言,通常情况下不署名,也不制作标题。

议论性文前按语案例：2006 年 3 月 23 日，《河南日报》刊登了一组关于俄罗斯总统普京访问少林寺的报道，并为其中一篇报道配发了文前按语：

通常以括注的形式直接附在报道报道的某句话、某段文字的后面，就其中的词语、提法、内容、出处等，评点批注，诠释补充，修正错误，提出希望，以帮助读

俄罗斯总统普京造访少林寺，使这座禅宗祖庭和中华武术的发源地再次吸引了世人的眼球，少林寺正在成为向世界展示中华文化的重要窗口 <div align="center">## ——少林文化的国际力量</div>	通讯标题
核心提示 俄罗斯总统普京的造访，使一直活跃在国际视野的少林寺更加受到世界瞩目。事实上，在普京来少林寺之前，已经有美国、日本、意大利、巴西等几十个国家的各界要人和民间团体前来参观交流，这使作为宗教圣地的少林寺成为中国与世界各国进行文化交流的一个重要窗口。	文前按语

说明性文前按语案例：2006 年 9 月 18 日《中国青年报》在《特别报道》版开设《全国一道题》专题栏目，并配发文前按语。

全国一道题
开栏的话

本版从今天起不定期推出"全国一道题"专题栏目，旨在充分发挥本报驻全国各地记者的网络优势，对读者普遍关注的民生现象、问题或话题进行深入调查，从多侧面、多角度进行建设性探讨，并报道某地解决这一问题的新鲜经验，敬请读者关注。

"议论性"+"说明性"文前按语案例：2007 年 1 月 29 日《光明日报》发表通讯，并配发文前按语。

（2）文中按语　又称文间按语，是报刊上独有的按语形式。它与新闻报道既有配合的关系，又有渗透的关系，

者领会文义、加深认识，或避免在传播中出现副作用。比较复杂的注解，一般会以"链接"、"背景资料"、"名词解释"等形式放在文末，或另文处理。

文中按语的基本特点是，与所依附的报道既相互配合，又相互融合，编者可以直接评价、分析文中的内容和提法，针对性很强，适合读者的认识规律，便于阅读，易于理解。

文中按语案例：《人民日报》曾发表一篇题为《养鱼能手学卖鱼》的报道，介绍了浙江的一位养鱼能手如何在市场经济的海洋中学会"游泳"的事例，并配发了三则文中按语，全文如下：①

---

① 转引自宋春阳等编著：《实用新闻写作概论》，复旦大学出版社 2005 年 2 月版，第 370 页。

让600多个网瘾孩子走出阴影

通讯标题

编者按 1月23日,胡锦涛总书记在中共中央政治局第三十八次集体学习时明确提出,倡导文明办网、文明上网,净化网络环境,努力营造文明健康、积极向上的网络文化氛围,营造共建共享的精神家园。

这一响亮的动员令,通过广电、网络和平面媒体迅速传播,被公认为"中国戒除网瘾第一人"的陶宏开教授备受鼓舞。他回顾两年来三次"健康上网全国行"的历程,对"净化网络环境"的号令衷心拥护。他说,近年来,团中央、中央文明办、国务院新闻办、文化部、教育部、信息产业部、新闻出版总署、中国关工委、中国社科院、民盟中央、光明日报社等积极开展"健康上网拒绝沉迷——帮助未成年人戒除网瘾大行动",使他的工作处处受到支持。这次胡锦涛总书记的号召更为"健康上网"指明了方向。

下面刊登的通讯,记述了陶宏开挽救600多个网瘾孩子的赤子之心和名师之功。

文前按语

(过去,我们常说"产供销";近来,有些人把它倒过来了,开口就是"销供产"。这反映出人们的观念正在发生变化。广大农民在商品经济的海洋中,从把生产放在第一位,改为把销售放在第一位,也就是说把市场放在第一位,是个深刻的变化。下面这个养鱼能手学卖鱼的故事,是这场变化中的一个小插曲。——编者)

浙江省江山县礼贤乡泉塘后村农民毛祥炎,养鱼有四五十年历史。他承包村里的水库养鱼,平均亩产都是250多公斤,周围群众称他"养鱼能手"。想不到,这位养鱼能手却在卖鱼中碰到了新问题。

一次,毛祥炎一大早捕到了500公斤鲜鱼,运到衢州市场。谁知,那里鲜鱼多得不得了,鱼价还不如江山县好。他马上将鱼贩运回江山县城,来回近百公里,气温又高,原来的鲜活鱼变成了死白鱼。结果,每公斤只卖得8角来

钱,比在衢州卖还少收入四五百元钱。(不会做生意,有东西也卖不出个好价钱。这个教训说明,对一个商品生产者来说,经营技巧比生产技术还重要;埋头生产,不问市场,不懂经营,势必要碰钉子。——编者)从此,毛祥炎每次走亲访友,或到县城办事,都要去集市上转转,了解鲜鱼上市的数量、价格和销售情况。

不久,毛祥炎发现,他们那一带城乡市场除几个节日鲜鱼较多外,平时很少有鲜鱼露面,群众难得买到鲜鱼,价格也较高,而且随着人们生活水平的提高,这个矛盾越来越突出。于是他一改过去捕鱼大小一锅端的老习惯,先后置办了专捕大、中、小鱼的三副渔网,实行捕大留小,轮捕轮养,均衡上市。(过去,春养冬捕,集中上市,因为那时养鱼的少,平常买鱼的也不多。如今养鱼的多了,随着人民生活水平的提高,大家都希望经常吃到点鱼。实行轮捕轮养,

正符合了商品生产发展的需要。——编者）

毛祥炎每次把鱼捕起来后，用拖拉机直接运到市场，鱼儿鲜活，价钱就好，很快销光。他算了算，去年鱼增产不多，收入却比上年增加两千多元。今年尽管鱼市竞争激烈，毛祥炎的鱼始终很俏，效益也比去年好。他说："我养了一辈子的鱼，现在才初步学会做鱼生意。这大概就是报纸上常讲的由单纯的生产型转为生产经营型吧。"

（3）编后按语 又称编余、编后语、编后小议、编辑后记、编后附记、编辑手记等。近来报刊上出现的"采访手记"、"记者感言"也属于此类按语。在广播电视中称为编后话。它附于新闻报道之后，是编者或记者依托报道有感而发的一种抒情、联想与议论性文字。其作用在于补充和深化报道主题，在帮助受众理解报道的同时，增加其内涵的深度、广度与力度。

编后按语有四个基本特点：

一是发表形式与前两种按语不同，它位于新闻报道之后，结构更为完善，可以有标题，也可以署名。

二是写作要求与前两种按语有所不同，它更接近随感短评，可进行必要的分析议论，也可以抒情、联想和借题发挥，而前两种按语限于形式和篇幅，多采用论断式语言，直接表明态度和看法，无须论证。

三是功能与前两种按语的侧重点不同：文前按语冠于文首，大多起强调、提示的作用；文中按语穿插于字里行间，大多起注释、点拨的作用；编后按语置于文末，大多起引申、生发的作用。

四是使用方式比前两种按语灵活多样，图片、图表、漫画等也可以配写编后按语。

议论性编后按语案例：2006 年 12月 11 日《中国青年报》一版发表通讯并配发编后按。

◢【评论实务训练】

1. 在报刊上寻找编者按语，分析其类型、特点和功能。

2. 请选择一篇新闻报道，为它撰写一则编者按语。

消除校际地域壁垒　相互推荐用人单位 # 七高校结盟促大学生就业	通讯 标题
多替大学毕业生想一想 采访手记 潘志贤 　　大学生就业难已是一个全社会共同关注的话题。一个时期以来，各种招聘会人满为患。但是，这些招聘会的实际效果却不太令人满意，甚至有人质疑主办者是否就是为了"赚门票钱"。一些高校举办的校园招聘会仅对本校学生开放，有些即便是面向全省或全国高校，也只对本校学生免费，对其他高校学生收取门票。 　　连门都不愿让其他高校毕业生进，更别说把本校掌握的就业资源无偿提供给其他高校毕业生了。 　　可以说，在严峻的就业形势下，横在大学毕业生面前的障碍和壁垒还不少。 　　在这种情况下，7所高校"结盟"，为毕业生就业提供便利的做法，就非常值得探讨。 　　不管怎么说，他们是在为缓解大学生就业难而积极地出主意、想办法，争取为大学生提供切实可行的服务。 　　"多替大学毕业生想一想"，这种精神值得肯定。	编后 按语

8.6　述评

8.6.1　述评的含义

　　述评是一种既报道事实，又对新闻事实作出必要的分析和评价的评论体裁。述评一般是就当前重要的新闻事实而作，所以也称为新闻述评。述评又往往是记者在采访调查中，对所见所闻的新闻事实或问题，有感而发，所以也称为记者述评。它融报道和评论为一体，兼具二者的功能，兼有二者的优势，有述有评，评述结合；往往述多于评，但重在于评。

　　述评与报道和评论既有区别，也有联系。新闻报道的职能是报道事实，贵在客观真实，对事实的评价要由读者自己去分析判断；述评则是报道和评价兼而有之，使读者既可以得到必要的事实信息，又可以了解作者对新闻事实的本质意义、发展趋势的分析和探讨。

　　述评与新闻综述也有不同，新闻综述虽然在形式上接近于述评，但它是以向受众告知新闻事实为目的，主要特点是对某些重要事件、重点工作或一个时期的形势进行综合性的客观叙述，一般不进行议论。有时它提供分析意见，但只是转述有关人士的见解和看法，属于客观报道的范畴。有时在叙述事实的过程中,使用一些说明或议论的文字,也只起过渡照应的作用,为综合性的叙述服务。述评则直接表达作者的分析和论证,表明作者的立场和主张。一些报纸上发表的"调查与思考"、"采访札记"、"采访随想"等,在写法上也是有述有评。

8.6.2　述评的特点

(1)以述为基　述评要以叙述为基础,以叙述为主体。叙述的方式各有不同,有的是报道最新发生的事实,有的是叙述一段时间内事实的综合状况;有的是具体的描述,有的是概括的叙述;有的只报道一两个典型的新闻事实,有的是概括面上的情况;等等。

(2)述中有评　述就是摆事实,评就是讲道理。所讲的道理,主要是对述评所提供的新闻事实的分析。评的目的是为了弄清客观事物的本质,阐明新闻事实所包含的普遍意义。因此,由述而评,体现了受众由个别到一般、由具体到抽象、由现象到本质的认识规律。

(3)以评驭述　述评注重材料和观点的统一。述评所选用的事实,都是为了说明观点,或者说要受观点的统率。选择哪些新闻事实,哪些情况作概括的介绍,哪些情况用具体、典型的事实加以说明,都要服从于评,服从于作者阐明观点的需要。

述评的这些特点,使得它比一般的评论文章更富于情节,生动形象,吸引读者;也比一般的新闻报道更能表现事实的本质、意义,能够帮助读者解析现象,认识问题,有利于引导舆论。

8.6.3　述评的类型

由于记者活跃在社会生活的各个层面,述评的内容也就十分丰富。根据述评选题对象的性质,可以把述评分为以下四类。

(1)工作述评　即针对实际工作中的新情况、新经验、新问题的评述。一般注重点和面的结合,由点到面,由局部到全局,避免就事论事,做到虚实结合,具有普遍意义。

(2)形势述评　即针对国内外形势,包括政治形势、经济形势以及其他领域的形势的述评。这类述评的特点是着眼于形势的变化和转折,着眼于群众普遍关心或需要引起大家注意的问题和动向。形势述评的分析更要注意全面和重点的结合。

(3)事件述评　即针对国内外发生的重要事件或某些影响较大的突发事件的评述。主要是根据记者直接调查和掌握的材料,分析事件产生的原因和背景,探索其性质和意义,或者通过具体事件的分析,澄清事实,说明真相。被评述的事件有时关系全局,有时只在某个地区或某一领域里影响较大。

(4)思想述评　即针对当前思想领域中的事件和问题,目的是帮助人们明辨是非,树立正确的观点。

8.6.4　述评的写作要求

(1)选材典型　述评选材要典型,要有一定的代表性,能反映同类事物的本质特征。所选的事实材料可以是点上的具体事实,也可以是面上的概括情况,点面结合的新闻事实更能说明问题。

（2）分析透彻 述评的对象往往是重要而复杂的事件、现象、问题,一般读者得不到更多的相关资讯,或者没有时间去收集资讯,因而对它们知之不详,解之不透。述评按照自己的观点调遣材料,通过分析提出结论,以资借鉴引导。因此,述评的关键要分析到位。有的述评采取纵横比较的方法,在叙述事实的同时也表明了作者的态度和见解。

（3）夹叙夹议 这是述评的重要特色和基本手法。夹叙夹议就是围绕文章主题,把具体事实的叙述和和抽象道理的议论有机结合起来。这样的表述方法可以使材料和观点水乳交融,浑然一体,符合人们的认识规律,为群众所喜闻乐见。

我们来看 2001 年 3 月 4 日《解放军报》刊登的述评文章:

该出手时再出手
见义勇为不可莽撞
苟勇翔 马 黄

见义勇为,是时代赋予我们军人的责任和要求。然而,有的官兵由于缺乏相应的社会知识和经历,鉴别力不强,往往凭着一腔热血"拔刀相助",以至于出现了见义勇为后却不受人欢迎的现象。下面几个小故事就很能说明这一点。

某部战士小王,一次请假外出,在大街上突然发现一青年男子正追赶一名少年,少年边跑边大呼"救命"。小王当即上前拦住青年男子,经过一番搏斗,终将其制服。不料青年男子掏出警察证件,说小王妨碍公务帮助小偷逃跑,将小王带回公安局。后经部队保卫部门出面交涉,小王才返回部队。

启示:该出手时就出手,但前提是要明辨是非,弄清情况,切莫盲目乱出手。

某部战士小吴出差路过一村寨,在马路上看见前面树林里一青年男子正对一少女"动手动脚"。少女左躲右闪,不让其靠近。目睹此景,小吴不由分说一个箭步冲了上去,三拳两脚将男青年赶跑。不料,被救少女非但不感谢,反而责怪他多管闲事。被泼了一盆冷水的小吴事后才明白,这原来是当地少数民族青年男女求爱的一种方式,他不懂这些,结果闹出了笑话。

启示:军人要适当了解一些民情、风俗,遇事多冷静观察和分析,不要好心帮倒忙。

军官马少尉回家探亲,在家乡一火车站,一名妇女对他说,自己怀抱小孩搬运行李不方便,请他帮忙将小孩抱上车。他不假思索如是做了。谁知在上车例行检查时,乘警从小孩身上查出一包毒品。马少尉回头找那名妇女以表明自己清白,却发现她早已不知踪影。面对乘警的盘问,马少尉有口难辨。

启示:遇见他人有难,理应相助。但要慧眼识人,保持警惕,不要糊里糊涂地给犯罪分子骗了。

这篇述评文章只有650个字,属于袖珍型述评。从选材看,文章讲了三个典型故事,分别从不同侧面说明,不了解情况可能会好心办坏事。从叙述和议论的关系看,文章开头就是一段议论,直接表达作者的观点;每个故事结束时,都以"启示"的方式,分析应该如何做才能避免"莽撞",属于先议论后叙述、边叙述边议论。当然,以"启示"的方式进行议论是一种独特的形式,一般述评文章的述与评之间在文字表述上是"无缝链接"的。

比如1982年2月《人民日报》曾发表名记者艾丰的一篇述评文章《水,让我们重新认识你——北京缺水问题评述》,其中写道:

> 对取消生活用水包费制,有的单位不积极。他们说:"这是职工福利啊!"——但他们想没想到,自己浪费了水,就减少了他人用水;浪费了生活用水,就减少了生产用水。少一吨水就少一斤稻谷。增1亿元工业产值,供水就要增400万吨。其实,包费制,喝"大锅水",不过是国家花钱买浪费,而浪费并不是福利。以中国科学院中关村宿舍为例,包费时候,住户每人每月交2角5至3角水费,国家每年还要补贴17万元。按户装表以后,每人每月水费有所下降,而且国家补贴全部省下来。这些钱搞什么"福利"不好呢!节约下来的水又能用来创造多少财富呢!

这段述评文字中,有叙述,有议论,叙述和议论交叉进行。

【评论实务训练】

1. 从报纸上选择一篇述评文章,分析其写作特点。

2. 请就你所在学校的校风、学风、校园文化、学生工作等方面的状况采写一篇述评文章。

8.7 评论专栏

8.7.1 评论专栏的兴起

评论专栏是指在报刊固定版面上开辟的专门发表评论的栏目。

自从1841年《纽约论坛报》开辟社论版以后,用评论版(或叫言论版)集中安排评论文章逐渐成为西方国家报刊评论运作的主流方式。据统计,美国97%的日报每天至少有一个版的言论。[①] 地方报纸一般只辟一个版面,而全国性的、世界级的大报通常有连续编排的两到三个版组成,其中第一块版即社论版上设有版头(也叫内报头)。西方新闻界的一个基本观念是言论与报道要绝对分开,这是其评论版产生的一个原因,也正因此,其评论版一般放在新闻版组的最后。[②]

一个典型的言论版每天有以下主要内容:1至2篇当地事务社论(即平

---

① 李良荣:《西方新闻事业概论》,1997年10月版,第169页。

② 马少华:《新闻评论》,中南大学出版社,2005年5月版,第189~192页。

均两天一篇),1 至 3 篇地区事务社论,1 篇国内或国际事务社论,3 封读者投书,2 幅漫画,3 篇辛迪加专栏文章。没有广告。①

我国报刊开辟评论专栏,以 1904 年于上海创刊的《时报》为先。《时报》创刊之后,除社论之外,在一、二、三版另设"时评"专栏,每日刊登紧密配合新闻报道的短论。此后适应中国社会变革图强、抵御外侮的需要,评论专栏日益繁荣,成为不少报刊立足的基石。这也造就了一大批专栏评论作家,鲁迅先生后半生就是以给报刊评论专栏写稿为生的。

1978 年改革开放以后,报刊评论焕发生机,评论专栏也随之兴盛起来。这一方面得益于思想解放的路线逐步得到落实,另一方面也是社会政治经济文化发展和改革全面深入的结果。较早出现并产生较大影响的评论专栏有 1978 年 1 月《哈尔滨日报》创办的《大家谈》、1978 年 7 月《解放日报》创办的《解放论坛》、1980 年 1 月《人民日报》创办的《今日谈》。此后,许多报刊纷纷开办评论专栏,而且在不同的新闻版面开设不同的评论专栏。影响较大的有《人民日报》的《人民论坛》,《解放军报》的《集思广益》,《中国青年报》的《求实篇》、《冰点时评》、《青年观察家》,《羊城晚报》的《街谈巷议》,《文汇报》的《虚实谈》,《新闻晚报》的《未晚谈》等。这些评论专栏,有的是名家独撰,但多数是自由投稿,真正实现了百花齐放、百家争鸣。

随着改革开放的深入,中国社会开始转型,民主建设逐步加快,公民意识、权利意识日渐觉醒,人们开始要求拥有表达权、话语权,通过媒体诉求利益、伸张意见。为了满足这种迅速增长的愿望,报刊一再扩大时评空间,评论专栏、评论版一时繁荣起来。《中国青年报》的《青年话题》版和《南方都市报》的《时评》版、《经济观察报》的《社论》版等在读者中很有影响。

8.7.2 评论专栏的特点

(1)稳定性 评论专栏一般采取制度化方式运作,栏目相对固定,版面位置、篇幅大小也大体稳定。不同专栏在评论选题和读者范围上各有侧重,写作手法和语言运用也形成独特风格。

(2)开放性 与代表编辑部发言的评论不同,评论专栏对广大群众开放,欢迎自由投稿,由编辑部择优选用。评论专栏特别评论版的开设,在吸引广大读者阅读的同时,也吸引着读者拿起笔来,把自己的观察感悟写下来。今天,许多报刊的评论版为了体现"大众"特色,还从网上筛选优秀评论充实版面。

(3)包容性 按照新闻专业主义的观点,媒体必须站在客观公正的立场上,提供全面而真实的新闻,为各种观点提供表达平台。1943 年,美国报刊自由委员会(因其负责人叫哈钦斯,故又称"哈钦斯委员会")对报刊自由的现状和前景展开调查,最终形成总报告

---

① 李良荣:《西方新闻事业概论》,1997 年 10 月版,第 171 页。

《一个自由而又负责的报刊》,批评传播媒介的所有者和大企业财团对报刊言论自由的控制,"社会中的所有重要思想观点都应该出现于大众传播机构之中",尤其是与报刊相反的观点,他们要求报刊成为"交换评论和批评的论坛"。这一报告所持的新闻思想被人们称为"社会责任理论"。1975年美联社会员组织"美联社编辑主任协会"制定的伦理规则明确要求:"报纸应为人们交流评论与批评提供论坛,特别是当那些评论与社论立场相反的时候。"西方报刊总体上能够为各种观点提供表达机会。

改革开放以来,国内报刊借助新闻报道的时机,对许多社会现象和社会问题,畅所欲言,表达不同观点,出现了不同意见可以在同一个版面、同一个栏目进行交流、对话甚至争论的新局面。改革开放初期,由《光明日报》发起的关于真理标准的大讨论和《中国青年》杂志由潘晓来信而发起的关于人生意义的大讨论,参与者广,持续时久,形成巨大的社会舆论,分别反映了决策层和老百姓最关心的问题,反映了当时不同层面的思想状态。

《中国青年报》言论版《青年话题》中设有《不同声音》专栏,有时同时刊登观点对立的文章,有时刊登反驳以往文章观点的文章。2003年11月创刊的《新京报》的言论版专设《社论批评》栏目。该报在言论版《开版致读者》中说:"《新京报》追求舆论平衡,不谋求话语霸权。我们非常乐于读者在'来信'里对本报的报道进行评论、对本报的做法提出意见。而'社论批评'栏目则专门恭候读者对本报的社论提出批评和商榷。"。

8.7.3　评论专栏的类型

8.7.3.1　以评论的容量和分量为标准分类

(1)微型评论专栏　这是设于报纸新闻版上的专门刊登微型评论的专栏,如《人民日报》的《今日谈》、《解放日报》的《新世说》、《新华日报》的《细流集》、《天津日报》的《津门小议》、《今晚报》的《今日谈》、《羊城晚报》的《街谈巷议》等。微型评论也叫袖珍评论、小言论,往往以新闻为由头,小处入手,以小见大,三五百言,不拘形式,自由活泼,出手快捷,属于短评中独立成篇的一类。

《中国青年报·冰点周刊》开辟有《视点》、《点评》、《知新》等微型评论专栏,专门刊登二三百字的小言论。2006年12月6日的《冰点·人物》版《点评》专栏刊登了潘晓凌的4篇小言论,其中一篇题为《孙俪:不助也罢》:

日前公布于博客上的一封贫困大学生的信件,使影星孙俪成为"资助门"事件的主角。

据报道,该事件主角孙俪曾连续三年资助这位贫困学生,直至去年他考上上海某大学。在得到孙俪提供的学费及每月500元的生活费外,该受助生又先后两次张口要钱。为此,孙俪中断了与他的联系。

如此简单的一件事情，却又被卷入道德漩涡。网上"挺孙"与"挺×"，竟然势同水火。

奇了怪了：当善意被理解成义务，爱心遭到勒索，知恩却不会感恩，这样的资助还有什么意义？

(2)论坛专栏 这是设于报纸要闻版上的思想容量较大的评论专栏，影响较大的有《人民日报》的《人民论坛》、《光明日报》的《光明论坛》、《法制日报》的《法制论坛》、《新华日报》的《新华论坛》、《文汇报》的《文汇论坛》、《解放日报》的《解放论坛》、《湖南日报》的《每周一评》等。

论坛评论是介于评论员文章与小言论之间的评论文体。它以个人身份发表评论，不同于社论、评论员文章，但又是社论、评论员文章的必要补充；也不同于小言论，但却是小言论的必要扩展和深化。这三种评论形式构成互补共生的态势，各自发挥着独特的作用。论坛评论的论题不必是重大事件、现象和问题，但一般具有一定的普遍性和代表性；它着重于深化认识，启迪思路，解决思想观念方面的矛盾和偏差。因此文章往往对现实生活和工作具有较强的指导性，也正因此，这类专栏一般设在要闻版上。跟评论员文章通常采用第三人称的叙议方式不同，论坛评论可以采取第一人称的叙议方式，以个人身份发表见解，在民主的气氛中就不同见解展开同志式的讨论、商榷和补正，克服或避免了居高临下指令式的生硬语气，有利于形成作者与读者之间的平等感和亲近感，提高接受效果。它的篇幅比小言论长，一般在千字以上，可以适当展开论证，拓展议论的深度和广度，增强理论性和说服力。

8.7.3.2　以作者组成为标准分类

(1)群言专栏 这是向广大读者和普通群众开放的评论专栏，作者具有广泛的群众性。题材多围绕社会百态选取，丰富多彩，一般不涉及全局问题和重大问题。写作风格也多样化，自由活泼，生动形象。评论的篇幅由专栏的编辑规定，既可以是微型评论，也可以是论坛评论。《中国青年报》的《冰点时评》往往有一两千字，多讨论比较普遍的现象和严重的问题，而《百姓说话》则在千字以内，多讨论具体事件，就事论事。

(2)集体专栏 由几个观点接近的名人专家或编辑部部分编者合办，文章比较注重政策性和思想性。集体专栏在20世纪60年代以前曾经出现过，现已不多见。比较著名的专栏有：

原北京市副市长、著名历史学家吴晗，原《人民日报》总编辑、社长邓拓，原北京市委统战部部长、著名杂文家廖沫沙共同使用"吴南星"的笔名(吴即吴晗的"吴"，南是邓拓的笔名"马南邨"的"南"，星是廖沫沙的笔名"繁星"的"星")，在北京市委理论刊物《前线》半月刊的《三家村札记》专栏发表杂文，以歌颂正义光明、匡正时弊为宗旨。该专栏从1961年第19期开始到1964年第13期结束，共发表杂文60多篇。

夏衍(笔名"黄似")、吴晗(笔名

"章白")、廖沫沙(笔名"文益谦")、唐弢(笔名"万一羽")、孟超(笔名"陈波")主持的《人民日报》杂文专栏《长短录》。

陈笑雨(笔名"司马龙")、郭小川(笔名"丁云")、张铁夫合开的《长江日报》的专栏《思想杂谈》等。

(3)个人专栏 由专栏作家个人经营,便于写出个人风格,形成个人的权威性。个人专栏很早就在欧美报刊界流行,特别是20世纪20年代以后,一大批优秀政论家投入评论专栏写作,使专栏评论达到了前所未有的高峰。沃尔特·李普曼从1931年到1967年先后在《纽约先驱论坛报》和《新闻周刊》撰写专栏《今日与明日》,持续36年之久,该专栏是20世纪美国报刊上历时最久、内容最广泛、影响最大的专栏,李普曼也被认为是美国最负盛名的专栏作家。

由于美国等西方国家没有全国报纸的概念,所有报纸都是立足本地,各地报纸内容各有不同,于是产生了类似于通讯社的特稿辛迪加。这种机构聚集著名专家和作家,将他们撰写的可以全国通用的评论稿件发给各家报纸,供其刊用。刊用辛迪加稿件的专栏被称为辛迪加专栏,为辛迪加专栏写稿的作家被称为辛迪加专栏作家。沃尔特·李普曼的《今日与明日》专栏共在美国和世界250多家报纸上刊载,受到美国政府和各国首脑、外交机构的高度重视。①

在我国,个人专栏也有长足的发展,张季鸾、邹韬奋、羊枣、彭子冈等都

是20世纪上半叶的著名的专栏作家。《燕山夜话》、《未晚谈》也广为传诵。20世纪90年代我国媒体市场化以来,许多有实力的报刊纷纷邀请著名专家在本报刊开设个人专栏。如原《人民日报》总编辑范敬宜在《新民晚报》开设的《敬宜笔记》专栏、阎卡林在《经济日报》开设的《每周经济观察》、方舟子在《中国青年报》开设的《一言堂》专栏、鄢烈山曾经在《南方周末》开设的《纵横谈》专栏等。

8.7.3.3　以专栏在版面中所占分量为标准分类

(1)传统专栏 即在报纸版面上占据一小部分,刊登单篇评论文章或若干篇小言论(如《中国青年报》的《视点》专栏)。这类专栏在报纸上比比皆是,几乎每个新闻版上都有。

(2)评论专版 评论专版实际上是评论专栏的扩展形态。西方报纸的言论版既刊登社论,也刊登读者投书,而亚洲报纸一般将社论放在头版显著位置,而言论版主要刊登读者投书,为公众实现话语权提供公共平台。

8.7.3.4　以专栏的内容范围为标准分类

(1)时事评论专栏 刊登关于国内或本地时事的评论。综合性报刊国内新闻版上的评论专栏大多都是这类专栏。比如《人民日报》的《今日谈》、《人民时评》、《人民论坛》。

---

① 《中国大百科全书·新闻卷》电子版。

（2）国际评论专栏　刊登有关国际政治、外交、军事等方面的评论，如《人民日报》国际要闻版的《国际论坛》。

（3）经济评论专栏　刊登有关经济方面的评论。如《人民日报》财经纵横版的《金海观潮》、《经济日报》的《每周经济观察》等。经济评论涉及国际国内日常经济工作和社会经济生活，新闻性和理论性都较强，要避免出现内行看不起、外行看不懂的情况。

2. 马少华:《新闻评论》，中南大学出版社，2005 年 5 月版。

3. 杨新敏:《新闻评论学》，苏州大学出版社，2007 年 1 月版。

4.《中国大百科全书》电子版（新闻卷）。

★【本章小结】

通过本章学习，深刻认识报刊评论类型的内在联系，认识到报刊评论类型是报刊和社会意见表达的方式，认识到不同报刊评论类型在意见表达上的"规格"意义，从而深刻理解其写作要求和编排要求。

【评论实务训练】

1 寻找一篇论坛评论和一篇微型评论，比较它们的异同。

2 请自己选择新闻素材，写一篇"今日谈"式的小言论（字数不超过 500 字）。

3 试比较一份全国性报刊和一份地方性报刊的评论专栏有什么不同。

【延伸阅读】

1. 李良荣:《西方新闻事业概论》，1997 年 10 月版。

9 广播评论

导言

本章学习目标 了解广播新闻评论的概念、特点、写作要求,重点掌握广播评论的类型。

本章难点 评论语言与音响之间的关系

内容提要 本章介绍了广播传播的优点和弱点以及在此基础上形成的广播评论的特点及其写作要求,还评细介绍了广播评论的分类和形式。

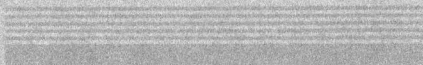

号是声音。电波和声音这两个元素交织在一起,造就了广播传播的优点和弱点。

9.1.1.1 广播传播的优点

(1)传播快捷。广播是以电波为载体进行传播的,电波的传递速度相当于光速,在地球范围以内,电波的发射端和接收端几乎没有时差。这样的技术特点使得广播的各个传播环节能够齐头并进,信息从源头到受众实现零时差传递,也就是进行现场直播。即使是录制的节目,电波发射之时,也就是受众接收之时,比之报刊的邮递快了不知多少倍。

(2)真实性强。在传播过程中对声音信息的编码和译码是纯技术性的,不掺杂传播者的主观倾向,不改变信息的性质,因而保真性很强。当然,由于技术设备方面的因素可能使声音失真,但那也只是信号质量方面的问题,属于物理层面。

(3)感染力强。有声语言能够生动、逼真地反映人的喜、怒、哀、乐等情绪,具有很强的感染力。电台主播(播音员和主持人)经过严格选拔和训练,其声音磁性十足,悦耳动听,尤其长于表达感情。随着广播事业的发展,主播更多的是以朋友的语气说话,仿佛是老朋友促膝谈心,亲切之情充溢在电波两端。

(4)互动性强。现代通讯技术的发展,为广播受众全程参与广播传播过

第二次世界大战期间,广播评论取得了引人注目的发展。整个战争期间,不仅新闻评论在广播电台占了重要的位置,而且催生了一批著名的时事评论员。美国的汉斯·冯·卡尔登邦于 1930 年成为哥伦比亚广播公司(CBS)的评论员,在持续 20 天的慕尼黑危机期间,他主持分析和评论节目,把希特勒的讲话翻译给美国听众,并且预测针对事态发展会采取的外交措施,率先树立了广播评论员的公众形象。美国总统罗斯福在 30 年代发表的《炉边谈话》也可以看作是一个评论系列节目。二战期间公众最崇拜的是 CBS 的主持人默罗,他的战时报道和评论受到人们的广泛好评。①

广播评论最初走的是读稿的路子,也就是把报刊评论转化为有声语言传播出去。这是对报刊评论的简单移植。但正如一个蹒跚学步的婴儿最终会走出一条属于自己的路子一样,广播评论在实践中随着经验的积累、观念的创新和技术的进步,也按照自己的传播特点逐步改造这种体裁,从而形成了不同于报刊评论的表态方式,逐步凸显出自己的个性。

9.1 广播评论的特点

从媒介特性的角度看,广播评论是按照广播的传播特点,以便于口说耳听的方式撰写、制作和播出的新闻评论,是一种论说性的广播新闻体裁。

9.1.1 广播传播的特点

广播的传播载体是电波,信息符

---

① 杨新敏:《新闻评论学》,苏州大学出版社,2007 年 1 月版,第 68 页。

程提供了条件。受众不仅可以在采编阶段对传播施加自己的影响,在节目播出之后反馈自己的意见,而且可以在采访阶段直接通过话筒把自己的声音展现出来而不需要采编人员转述,更可以直接参与节目的制作或播出,成为节目的重要组成部分。

(5)渗透性强。报刊在读者面前完全是被动的,读者不阅读,传播就无法完成。但是声音却有很强的渗透性,在声音所及的范围内,它会有效刺激一个正常人的听觉,愿不愿意听都得听。

(6)收听随意。广播所传播的信息可以被人直接接收和理解,不像文字那样需要经过大脑"翻译",因而理解起来要轻松许多。所以在听广播时,一些人总是一心二用,一边收听一边做其他的活什。同时,由于广播节目实行的是免费接收制,在收音机已经普及,信号覆盖范围和密度大大提高的今天,广播的覆盖率远远高于报刊,几乎每个人都是广播的潜在听众。

9.1.1.2　广播传播的弱点

(1)选择性差。广播属于线性传播,信号按时间顺序"前仆后继"地呈现,在一次播出过程中不能反复出现,听众无法选择要听的内容,听前不知后,听后不见前。因此信息的完整性受到影响,受众的理解和记忆都要打折扣。

(2)保存性差。声音稍纵即逝,过耳不留。

(3)表现性差。广播只有声音这一种表现手段,与报刊、电视、网络相

比,是表现手段最少的媒介。同时,由于声音在表达意义方面的缺陷,广播传播内容往往求短求浅求软。这样一来,高端人群会因为得不到满足而对广播失去兴趣。

(4)接收状态差。听众没有选择权,不易把握重点,往往处于被动状态。另外,听和思是两个既联系又分离的行为,思考的速度往往低于收听的速度,影响了对内容的理解。

9.1.2　广播评论的特点与制作要求

广播传播的特点对于广播评论个性的发展无疑具有决定性的影响。来自媒介和受众的优势,实际上都是潜在的,它们只是提供某种条件或可能性,只有恰当利用,才能成为实际的传播优势。而它们的劣势则是实在的,也就是说,如果不能有效地消除或克服,它就必然构成某种传播障碍,从而影响传播效果。我们必须正视广播传播的优点和弱点,扬长补短或避短,来提高广播评论的魅力。

(1)选题大众化。与报刊评论相比,广播评论的选题更要注意突出贴近社会实际、能引起普遍关注的热点问题,并且还要捕捉并突出多数听众共同关心的方面,从听众的角度出发去评论。

(2)立论单一化。广播评论要力争"求短",一事一议,做到短而有物,短而易知。这就要求既"省文"更"省意"。"省文"就是压缩语言文字,这固然可以节省篇幅,但也可能增加评论的

概括程度,提高听知难度。"省意",首先是勿选择宏观性很强的大选题,而宜选具体、单一的选题。其次是精练内容,剔除一切无关紧要的东西。一些有必要通过广播进行评论的重大题材,也要化整为零,析出若干个论题。

1996 年 2 月 21 日,作为团中央爱国主义教育活动重要内容的"大地走红"艺术展在南昌人民公园开展。艺术展以 8000 多把红伞作道具,通过各种形式的组合,构成一个个逼真的景点,给人以美的熏陶,美的享受。可是一些游客、参观者却顺手牵羊把伞偷走,弄得伞丢景毁,一片狼藉。江西人民广播电台的新闻评论性节目《新闻广角》,以《"红伞现象"与公德意识》为总题,以《无可奈何花落去》和《山花烂漫应有时》为分题,连续两天对此事进行评析。第一天主要是报道"红伞现象",并提出问题让大家思考;第二天则主要通过采访各界人士对这一现象中折射出的公德意识进行讨论①。《新闻广角》栏目还就江西省的发展这个宏大而复杂的话题进行评论,以《江西崛起话开放》为总题,分别从不同角度连续做了 6 期节目。②

(3)说理通俗化。广播评论要让人易于理解,力争"求浅"。

1)语言要浅显明快。受众对评论的理解,一要理解语言,二要理解语言所表达的思想,前者是基础,后者是目的。鉴于有声语言在表达意义方面有缺陷,听众的接受能力相对较低,广播评论应该使用"浅显明快"的语言,以降低语言的理解难度,使听众能够把思维集中到对内容的理解上来。具体的方法有:把单音节词变为双音节词,如:经——经过,为——为了,较——比较,已——已经,望——希望;将书面语言口语化,如:迅速——很快,盛赞——热烈赞扬,反噬——反咬、蓄意——存心;避免同音不同义的词字,如:国是——国事——果是,走进——走近,治病——致病,全不——全部,试用——使用;典故要选常见的不要用生僻的;人名地名不宜用简称;遇到专有名词或专业术语要适当解释;关键地方要适当重复;尽量避免复合句型等长句子等。上口动听也是一种降低语言理解难度的方法。要达到说起来朗朗上口、听起来悦耳动人的效果,必须注意语言的节奏。当然不是要把每个句子都搞成一个句型、一样长短,但在变化的基础上做到一定程度的整齐,不仅让听众获得一种音乐般的享受,而且使他们听了上一句,会对下一句产生预期,对理解下一句起到语法铺垫的作用,提高理解的效率。需要提醒的是,这里的"浅显"是对广播评论语言的要求,决不是对评论内容的要求,无论什么媒介的新闻评论,都是以深刻致胜的。

2)论述要控制抽象程度。新闻评论在说理的过程中,总要运用概念进行判断和推理。概念的内涵越丰富、外延越小,概念就越具体,反之,概念就越抽

———————

① 吴思影等:《新闻广角》江西人民出版社,2005 年 1 月版,第 24～30 页。

② 吴思影等:《新闻广角》,江西人民出版社,2005 年 1 月版,第 416～435 页。

象。具体的概念总是比抽象的概念更容易理解。新闻评论的客体一般来说是某一事物即本位概念，如一个村庄的农民世代耕种的土地，其上位概念是土地使用权，再向上依次是土地所有权——土地所有制——生产资料所有制——生产关系。与本位概念越远的概念抽象程度越高。新闻评论的论证以本位概念为逻辑起点，缘事而发，就事论理，适当向上升华，以揭示本质、总结规律、彰显意义。但面对普通大众，只要把道理阐述清楚就行，涉及的上位概念应尽量减少。有必要涉及与本位概念间隔的上位概念时，也要对这些概念做铺垫，做解释。

控制评论抽象程度的常用方法有：运用听众熟悉的事实和其他材料证明和说明论点，丰富论述的血肉，让听众通过具体、形象的事物理解概括、抽象的内容；调动各种论证方法，如例证法、引证法、比较法、比喻法、反证法、归谬法等，深入浅出地说理；论证简洁明了，包括叙事有条不紊，说理脉络清晰，论断直截了当，力戒繁琐。

(4)态度平易化。这是广播评论"求软"的一个方面。包括以下两点：

1)要以平等的态度说理。毛泽东曾经指出："当着自己写文章的时候，不要老是想着'我多么高明'，而要采取和读者处于完全平等地位的态度。"广播评论中的态度主要体现在语气上，播讲者的语气对评论的语气具有决定性的影响，同样的语词用不同的方法播讲表现出来的语气可以截然相反。广播评论的播讲者通过有声语言所表达出来的态度，对听众的心理能够产生直接的作用。

2)要带着感情说理。这里说的感情，包括对事物和听众的情感。带着感情说理，就是按照社会主流价值观，在说理的过程中表现爱憎。

(5)评说互动化。广播的传播技术使得广播评论可以形成多个评论者之间的互动，以及评论者与听众的互动。互动对听众具有吸引力。但是对互动的编审把关却是一个难题。

湖南人民广播电台经济频道夜间谈话节目《心灵之约》每周一、三、五深夜11点到12点半播出，它和它曾经的主持人罗刚在包括高校学生的年轻人中拥有很高的知名度。2003年2月25日零时22分，一个自称小原真太郎的日本留学生以谈中日友好的名义打进了热线电话，却用蹩脚的普通话读了一封信，狂妄地污蔑中国，漫骂中华民族。罗刚给了这个所谓的日本人3分半钟左右的时间，然后才打断他的谈话，进行义正词严的驳斥。这期节目引起了广大听众对日本的强烈愤慨。事后，警察带走了罗刚，还有该台的副总监和当晚的导播。当天，罗刚和导播等人被开除。从该台总编室到各个部门有关领导，都拒绝透露"罗刚事件"的来龙去脉和开除理由。

就这样，一个恶意电话让一个著名的热线谈话节目主持人在走过自己将近10年的轰轰烈烈的广播生涯时，突然销声匿迹了①。因此,现场互动有一定的风险,主持人必须保持高度警觉,接每个电话都要把握住局面和事态,发现不好的苗头要果断中止互动。

(6)时效快捷化。广播评论技术设备要求相对简单,对新闻事实能够在"第一时间"进行评论。

(7)表现传真化。充分利用广播能够传递真实声音的优势,在新闻评论中使用现场录音作为论据材料,以提高评论的说服力和感染力,为评论增色添彩。

(8)形式多样化。广播评论的元素只有声音一种,但声音细分起来却种类繁多。声音可分为有声语言和音响;有声语言包括评论主体(主播、记者、评论员等)的言语即论述语言和传播客体(采访对象)的言语;音响有言语音响(预先录制的有声语言)和自然音响(环境声响、背景音响);语言表达样式有播读式和谈话式,评论主体可以独白也可以对话;等等。各种类型的声音分化组合,形成多种多样的评论形式,异彩纷呈,生动活泼,令人愉悦。这是广播评论"求软"的另一个方面。

以上八条,既是广播评论的特点,也是对广播评论的要求。概而言之,就是要提高广播评论的吸引力和易受性。

9.2 广播评论的形式

与报刊评论一样,广播评论也有署名的和不署名的两种,署名评论代表个人发表意见,有新闻述评、专栏评论、论坛评论等,权威性因人、因事、因时而异;而不署名评论则代表媒体甚至党和政府表态,如本台评论(台论)、本台评论员文章、短评、编者按语等,具有较高的权威性。

广播评论可以单纯使用有声语言或插入音乐,也可以在论述语言中插入音响。根据这种情况,可以把广播评论分为口播评论和音响评论。

广播评论在相当长时间里都是先写稿子,再把它转化为有声语言播出去。后来出现了不用事先写稿子,只根据提纲或思路直接表达的评论,也就是即兴评论。根据有没有稿件,我们可以把广播评论分为讲稿式评论和即兴式评论。

广播评论的论述语言是用有声语言表达出来的,根据有声语言的表达样式,可以将广播评论分为播读式评论、谈话式评论,而谈话式评论又根据有无稿件分为说稿式评论和脱口式评论。显然播读式评论和说稿式评论属于讲稿式评论,而脱口式评论就是即兴式评论。

有的时候,主播代替评论者(编辑记者或其他作者)表达评论内容;有的时候,评论者直接出面表达评论内容;有的时候,主播和评论者同时出面,以谈话的方式表达评论内容。因此,根据主播与评论者的关系,我们可以把广播评论分为主播评论、评论员评论、宾主对话评论。主播评论又根据语言表达

① http://www.sina.com.cn 2003 年 06 月 12 日 11:25,转《南方都市报》。

样式的不同分为播音员评论和主持人评论。当主持人发表自己的评论，或者评论员出面发表的评论时，主持人评论与评论员评论又发生重叠。

通过上面的分析我们可以发现，广播评论有五个基本因素——评论主体、稿件、论述语言、有声语言的表达样式、音响，这五个因素的自身变化和相互组合构成了广播评论形式的多样化。各种评论类型之间存在交叉兼容关系，一则广播评论可以同时是新闻述评、主持人评论、评论员评论、即兴评论、脱口式评论、音响评论等。本书只选择四种常见形式加以介绍。

9.2.1　广播播音员评论

广播播音员评论是播音员播读评论稿件的广播评论形式。

播音员评论的稿件由单纯的论述语言写成，一般由一位播音员播读，不插入任何音乐、音响成分，属于口播评论。

广播评论最初都是由播音员采用播读的方式表达的，是报刊评论的有声化。稿件使用书面语言，要求准确、严谨、规范，与报刊评论相似。这种表达样式显得庄重、严肃、正式，适于代表电台及党委、政府表态，和剖析比较严重的社会问题，因而十分常用。

播音员在对评论稿件做有声转化的时候，态度庄重严肃，但其程度却随评论重要性的减弱而降低，可以分为宣读、播报、讲述三个级别。台论、本台评论员评论或者新华社评论、同级党委机关报社论，宜采用宣读方式播读，播音员感情饱满，重音坚实，声音明亮，语气肯定，节奏稳健，追求标准化，淡化个性风格，以显示鲜明的立场和评论的权威性；报道所配的短评、编者按语宜采用播报方式播读，感觉要放松一些；述评、专栏评论是不直接代表媒体意见的评论，宜采用讲述方式播读，感觉更平和冷静。

9.2.2　广播主持人评论

广播主持人评论是主持人以谈话方式发表意见的广播评论形式，也叫广播谈话。

广播在针对重要问题发表权威评论的时候采用播读的方式，听众会调整自己，降低姿态，希望了解党和政府的态度。当广播就一般性问题发表不代表媒体和党委政府立场的评论时，如果仍然端着架子，居高临下，听众就会产生抵触心理。

广播谈话是说、听双方平等的谈话体评论。谈话体是它的母体，说、听双方地位平等则是它的本质属性。谈话与平等二者结合，让听众体验到了尊重，感觉到了亲近。当夜深人静的时候，一个充满磁性的声音娓娓道来，细细剖析，将对心灵产生惊人的穿透力。1981 年元旦，中国人民广播电台对台湾广播部的徐曼以主持人身份出现在中央台对台湾广播的《空中之友》节目里。徐曼诚挚亲切的情感、轻柔甜美的声音在台湾 1800 万人的心中掀起了一阵波澜。节目推出仅 20 多天，就收到台湾听众从美国寄给徐曼的信，接着台湾本岛的工人、海员、商人、学生、大学教授、退伍老兵、家庭妇女等都纷纷给徐曼写信。

可以说，广播谈话是广播评论真正摆脱报刊评论的模式走自己的路的开始，它也有不同的分类方式：

（1）根据有无稿件，可以分为说稿式评论和脱口式评论。

1）说稿式评论　即主持人用口语化的方式播讲评论稿件的评论形式。

文字稿件是说稿式评论的基础，作者在写稿的时候要有对象感，文字要体现双方的交流，并使用口语化的语言来表达。所谓口语化，并非完全使用日常生活语言，而是对日常生活语言进行提炼，使之既有生活气息，又准确精练。

说稿式评论是我国最早的主持人评论形式，20世纪80年代曾风行一时，但在宾主对话评论兴起之后，日渐式微。但其精神内核——口语化和交流感，却在其他评论形式中得到了保留和发扬。

2）脱口式评论　即主持人即兴发言的评论形式，也叫口头评论。

广播评论其实都可以称为口头评论，但由于我国的广播评论长期由主播依稿播讲，为同这种评论方式相区别，人们把各种新闻工作者无需稿件、即兴发言的评论称为口头评论。这种评论形式在国外出现较早，在我国萌芽于20世纪80年代初期。

由于是没有稿件的即兴评论，主持人必须参与到确定选题、查找资料、整理思路中来，熟悉评论内容，才能做到胸有成竹、出口成章。此时主持人

与评论员合而为一，这种评论形式也叫做评论员评论。在这种评论形式中，发言者不再必须是专业的语言表达工作者，而可以是编辑、记者等，当记者出面评论的时候，又叫记者口头述评。这种评论形式可以减少环节，提高时效，有利于对突发事件做出快速反应。

（2）按照谈话对象的性质，主持人评论分为漫谈和对话两种形式。

1）漫谈式评论　即由一位主持人与假想中的听众交谈，也叫独白式评论。一方面，主持人与听众既不同处一室，也无通讯联络，不能直接交流，主持人始终是"自问自答"、"自说自话"；另一方面，主持人模拟双方交谈的语言环境，让听众产生与主持人交谈的真切感受。这种虚拟交流的方式叫做"类交流"。"类交流"是漫谈式评论的灵魂和魅力所在。任何一个话题，一旦形成"类交流"，就带有双向的色彩，就可以唤起听众的参与感，促使听众进入主动收听、主动思考的状态。

当然，这种交流难度很大，需要一定的方法技巧。首先，主持人及其背后的评论作者要有对象感和平等感，要根据听众的年龄、性别、身份、文化水平等情态来决定语气和语言的类型。其次，要了解听众的需求和心理，设想他们对评论的话题会产生什么样的反应、提出什么样的问题，有针对性地安排内容；用他们熟悉的材料、习惯的语言来表达意思，以引起他们的共鸣。再次，使用第二人称"你"，或者"各位听众"、"听众朋友"等称呼语，让听众感到是在对他说话；用日常口语特别是语气词让听

众感到亲切自然。请看广播评论《居委会也要减负》的开头部分：

如果你到居委会打听她们正在忙些什么，那她们肯定会告诉你，这阵子为做好人口普查工作，她们可真是忙得快透不过气来……①

相反，下面一段广播评论的语言就比较生硬，缺少与听众的交流：

通过这起案件，我们不禁要问，这样的职业中介何以能存在？职业中介市场上到底还有多少这样骗人的陷阱？这是值得有关部门认真思考的问题，我们也要提醒求职者，擦亮眼睛，小心求职路上的陷阱。

文中最后一句明显是说给听众的，却把听众与求职者分开了，而实际上每个听众都可能是求职者。因此这一句应改为"听众朋友，如果你需要求职的话，一定要擦亮眼睛，不要掉进黑中介设下的陷阱"。

2）对话式评论　即把评论内容设计成两个人"你问我答"、"你唱我和"的对话，由两位主持人合作播讲。与漫谈式评论相比，这种评论形式中的交流是真实的，只不过交流是在两位主持人员之间进行的。真实交流的优势是可以活跃评论气氛，延缓论证的进程以便听众有更多的时间思考。

对话式评论的设计，尤其是说稿式对话评论的写作，除了要注意使用漫谈式评论的方法技巧外，还要注意以下问题：第一，尽可能把对话双方的语言风格区别开来，塑造出不同的个性，使交流显得更真实，否则就成了为对话而对话。第二，对话双方的话茬儿要有呼应有转接，内容要有递进有深化。第三，要把握好对话的频率，既不要你一言我一语过于琐碎，破坏了听众思维的连贯性，也不要一人说一大段，失去了交流感，显得生涩僵硬。第四，主持人之间的对话要时常插入"听众朋友"等串联词，把听众拉进交流圈里，形成大家在一起交谈的情景。第五，主持人要深入体会"角色"，真实自然，不留表演痕迹。

9.2.3　宾主对话式广播评论

宾主对话式广播评论就是由主持人引导其他人士发表意见的广播评论形式。通常也被称作谈话体评论，但这种命名方式不能把宾主对话式评论跟主持人评论区分开来，因为谈话体是二者共有的特征。

在宾主对话式评论中，主持人是固定因素，一般由一位新闻工作者担任；评论者则是可变因素，数量不定，身份也不定，有时候是邀请来的领导、专家或代表性人士，有时候则是随机进入评论现场的普通群众。

宾主对话式评论成功的关键：一是选题要好，选择百姓身边发生的、与百姓息息相关的、百姓普遍关注的、有一定争议的事情为话题。二是主持人和

① 吴思影、史世海、邓季芳：《新闻广角》，江西人民出版社，2005年1月版，第323页。

评论者要配合默契。

主持人起提问、启发、补充、总结和控制讨论场面、驾驭节目进程的作用，是评论的主导。他需要有统筹全局、把握节奏、调节气氛、机智应变、概括升华的能力，使评论按照既定的目标顺利进行。他应该是一个很好的发问者，善于调动评论者、尊重评论者，激起评论者的谈话兴致，把评论者的思路引上预定的轨道；能够在评论者之间穿针引线，使评论者的发言呼应衔接，转换流畅，使整个评论显得清晰而完整；还能够及时地就评论者的发言画龙点睛、申明主旨，让听众听得更加明白；善于协调评论者之间的关系，适时打断争论，防止评论钻入牛角尖，避免出现问题没有谈完的情况。

评论者起分析、解释、议论、争鸣等作用，是评论的主体。评论者最好信息全面、认识深入、观点独到；表达要利索、逻辑严谨、语言流畅、生动有趣；眼色要灵活，能够自我节制，服从调度，时刻注意主持人的眼神口风，该谈的时候谈得充分、到位，该停的时候三言两语收尾干脆；讨论要有风度，尊重其他嘉宾，观点不同的时候也要保持情绪理智，不抢别人的话头，说话不伤和气，即使是参加辩论会一类的节目，也要做到既有理也有礼。

宾主对话式评论中的评论内容完全是评论者个人观点的表达，主持人保持中立，地位超脱。当然，媒体的这种超脱并不是没有倾向性，它的倾向性体现在选择什么样的人来参与评论等方面。

根据评论者的身份和进入评论现场的方式，我们把宾主对话式评论分为嘉宾评论和热线评论。

9.2.3.1 嘉宾评论

即邀请政府官员、专家学者或具有一定代表性的人士参加评论节目，并在主持人的组织下展开分析、讨论或辩论的评论形式。

嘉宾评论一般是事先确定一个话题并拟出评论提纲，以保证评论主题突出、氛围恰当、过程顺利、用时合度，然后由主持人组织嘉宾现场即席谈论。话题要有一定难度和深度，这样才能体现嘉宾的作用，对听众也有启发意义。

嘉宾的身份要权威，是话题相关领域的官员、专家，或者舆论领袖。当然，嘉宾的个性也要根据节目的性质来定。如果是非辩论性节目或严肃而重大的话题，气氛要求庄重和谐，那么邀请的嘉宾应该气质高雅、性情温和。如果是辩论性节目或一般性话题，气氛要求热烈活跃，那么邀请的嘉宾应该有激情、有个性，使评论有力道、够味道，说者尽兴，听者带劲。

（1）嘉宾评论根据嘉宾数量的多少可以分为专访式评论和座谈式评论。使用哪种形式，要根据节目和选题的性质来定。如果节目时间短，或者目标嘉宾身份重，就应该只邀请一位嘉宾，这叫专访式评论。如果节目时间长或者话题涉及面广，就应该邀请2到3名嘉宾，各位嘉宾在主持人的组织下从不同角度围绕主题，或互相辩论，或互为补充，这叫座谈式评论。

（2）嘉宾评论按照宾主所处空间

的不同,又可以分为演播室评论和连线式评论。

1)演播室评论 是指嘉宾与主持人同处一室,当面交流。这样的优点是交流零距离、无障碍,能够更充分地展开讨论。

2)连线式评论 是指嘉宾与主持人通过电话等通讯手段进行交流,以达到评论目的的评论形式。其优点一是打破了空间界线,嘉宾不用费时费事赶交通就可以参与评论,便于媒体组织;二是主持人掌握着通讯开关,也便于控制场面。缺点是主持人与嘉宾之间、嘉宾与嘉宾之间交流不顺畅,有的嘉宾想修正、补充、解释、辩解,受通讯条件的限制,难以向主持人申请到机会。

9.2.3.2 热线评论

即由电台公布热线电话,让听众通过电话在主持人的组织下参与讨论发表意见的评论形式。也叫电话打入式谈话节目(call-in talk show)。这种评论形式为社会公众利用大众传媒行使表达权、参与社会管理提供了平台,也为社会管理部门和社会大众了解舆情提供了途径,是最受群众欢迎的节目形式之一。

热线评论一般是在上期节目结束时公布一个话题,或者在节目开始时根据刚刚发生的事件提出一个话题,请听众发表意见。话题一般贴近实际,关系民生,能够引起各阶层、各方面人士的关注和参与。比如出租车涨价、股市波动、教育公平、农民工欠薪、环境污染等公共问题,都是很好的热线评论话题。

热线评论的不足之处通常表现在三个方面:第一,与嘉宾连线评论相似,热线评论也存在交流不畅的问题;第二,由于节目时间的限制,能打进热线参与讨论的人数受限,这一点可以通过开通手机短信和网络直播的方式加以弥补;第三,打热线的参与者存在热情有余而思考不深的情况,评论质量不易保证。常用的解决办法是把嘉宾评论与群众热线评论结合起来,既可以开掘评论的深度,又可以提高参与的广度。

9.2.4 音响评论

音响评论是指兼用音响和论述语言表达内容的广播评论形式。由于音响具有较强的叙事效果,又是事先录音,音响评论又叫音响述评、录音评论。

音响和论述语言是广播评论唯一的元素——声音——的两个不同的因素。论述语言是任何一种评论形式都必不可少的因素;音响虽则并非必不可少,但它体现了广播评论的独特个性,运用日益普遍,甚至成为广播评论作品评奖的不成文标准。因此,如何运用音响,处理好音响与评论语言的关系,对于广播评论来说非常关键。

9.2.4.1 音响的含义和作用

(1)音响的含义 音响有两种分类方法。

按音响的来源,可以分为两种:一种是伴随事物而发生的音响,它是事实的一部分,可以在一定程度上再现事物的现状和发生、发展过程,给人"事实如此"的感觉,具有一定的客观实证能力。另一种是因采访而发生的音响，多为语言音响，主要是受访人讲述事情发生的情况或对事情的看法，带有说话人的某种主观倾向性；而采访人的提问或插入则带有评论主体的倾向性。语言音响是评论主体话语的补充。

按照在评论中所起的作用，音响又可以分为三种：直接表现或说明事物的音响，目前多数为因采访而发生的语言音响；表现事物存在条件的环境音响，多为事件现场的实况音响和现场采访的背景声音；表现事物过去情况的背景音响，也就是原先录存或音像制品中的音响资料。

（2）音响的作用

1）充当由头，引出论的。即在评论开头部分使用实况音响来表现事件发生的现场情况，以此引出评论的话题。1982 年，辽宁人民广播电台在一则广播评论中，把体育场内观众席上的喧哗声放在节目的开头，引出体育比赛中精神文明建设的话题，开创了我国音响评论的先河。

2）充当论据，支撑论点。实况音响、语言音响和背景音响在评论中可以作为论据的一部分存在，主要起印证、支持和说明论点的作用。

3）参与议论，辅助论证。评论中的论证主要是靠论述语言来进行的，但采访中录制的专家观点或舆论声音，可以从不同角度拓宽论证的广度，增加论证的深度，增强评论的权威性和代表性。

4）制造氛围，烘托主题。在评论中使用环境音响、实况音响和背景音响，可以给人身临其境的感觉，特别是突出其中的与评论主题相一致的音乐、钟声、鞭炮声、锣鼓声等感情色彩鲜明的刺激性的音效，可以把听众引入评论所需要的气氛和情绪中，增强评论的感染力。

但音响也有其局限性，伴随事物发生的现场音响，表意性往往不那么鲜明，有的甚至以噪音形态出现；因采访发生的语言音响，很大程度上依赖受访人的语言表达能力，有时还受方言的限制；某些暴露性的音响，如不文明言语，处理不好可能影响收听效果，甚至产生意料不到的副作用。有一篇反映林木被人私自砍伐的评论中有这样一段录音对话：

（采访对象）"火烧杉有一点喽。"

（记者）"还有一部分是砍哪里的？"

（采访对象）"都是被火烧过的杉木。"

单听这三句对话，可能听众会听不明白采访对象的话，于是作者又用论述语言补充说明："刘某某告诉记者，他砍的都是被火烧过的杉木。"

此外，有些现场音响和隐蔽性的音响，还需要克服采录方面的困难。所以，虽然音响可以为广播评论增色，但并非有"响"就好，还需要精心选择。

9.2.4.2　论述语言的含义和作用

所谓论述语言，就是广播评论中与音响相对应的，评论主体用来表达内容的所有话语。也就是说，论述语言是评论主体的话语。

论述语言在评论中起主导作用:表达论点;叙述论据,包括叙述事实和转述他人的观点、看法;表现论述的逻辑关系,如论据与论点的内在联系,以及话语间的衔接、过渡、转折等;解释和说明,如交代事实发生的时间、地点和其他背景,解释陌生的关键词语,介绍有关知识等;有补充、完善音响材料,如说明实况音响发生的环境和背景、揭示音响的深层含义、解释方言方音等。

9.2.4.3 处理音响和论述语言关系的原则

论述语言和音响互有优势,各有妙用,在一则广播评论中同时运用这两种声音符号,必须协调二者的关系,使它们共同组成评论的有机整体,为实现评论的目标服务。

(1)音响要少而精,为论述语言提供有力支持。音响不是广播评论的点缀品,而是评论的有机组成部分,使用音响必须从证明和说明论点出发,按少而精的原则精心筛选、剪裁和组织音响素材,防止游离于论点之外,防止喧宾夺主。

(2)论述语言统率音响,深化论点。在历年的全国新闻奖评选中,有些广播评论的推荐作品囊括全国大局、地方大事、独特视角三个要件,社会影响也很大,但其中的论据性论述语言和音响占到整个篇幅的2/3以上,而说理点评内容不足1/3,新闻专题的味道更浓,结果落选。反观那些获奖作品,点评的比例都不少于1/2,有的

达到2/3。

请看下面这篇获得第十三届(2002年度)中国新闻奖二等奖的音响述评:

广播评论:"蓝领"、"白领"同样亮丽——天津应用类高职毕业生抢手的启示

作者:刘明泉 刘乃清 胡 月 周 滨

听众朋友,今年是天津高等职业院校毕业生走向市场的第一年,应用类高职毕业生——这个以"蓝领"身份参与竞争的就业群体一经出现,就受到用人单位的欢迎。在本月18号举行的天津市首届高职院校毕业生技能展示及洽谈会上,天津中德职业技术学院数控机床专业的70名学生还没有毕业就提前被多家企业相中;天津机电工艺学院连二年级的学生也被"预定"出200人;坐落在天津的国家高技能人才培训基地培训部部长谢婉茹告诉记者:

(录音:像汽车装调、汽车维修、特别是数控加工岗、数控加工中心、数控车工,就这一系列的班,他要想找岗的话,将有4个企业、4个岗在等着这个人呢。)

在企业当中,人们习惯于把学历较高、从事脑力劳动、研究、设计或者管理的人员称为"白领",而把学历较低、从事体力劳动的人员叫做"蓝领"。因此,一提到"蓝领",人们的第一反应就是当工人,进而会联想到嘈杂的工作环境、满身的油渍;但现实中的"蓝领"已远非昔日的"工人"所能比:在天津市

中环模具有限公司，记者看到一线工人正在用先进的电脑软件进行模具设计，完成之后再利用数控机床和电脉冲线切割设备，为手机配套的精致模具就制造出来了。在这个企业，一线"蓝领"的工资比很多从事管理工作的"白领"更高，大家觉得很平常。

这种变化源自中国经济与世界经济的接轨。从上个世纪末开始，中国逐渐以"世界制造业中心"的形象展现在世人面前，越来越多的跨国公司看准中国劳动力资源的优势，把一些带有一定技术含量的加工制造业转向中国，其中以电子和汽车产业最为突出。在这样一个大背景下，企业对劳动力的要求有了根本性的转变，南开大学经济学院教授罗润东对这个问题作了较深层次的阐述：

（录音：现在的技术工人不像以前那样，他是在生产一线担负着技术革新、创新、服务包括团队合作，这么一个完全不同的劳动要素，从这个意义上讲，他就相当于一个马达、引擎，而不是简单的一个机器部件。在这种背景下对劳动者的技术结构、知识结构、他的层次就跟以前有根本的不同。现在技术升级速度大大加快，更多的岗位体现了一个脑力劳动与体力劳动混合的这么一种状态，区分劳动者素质高还是低，可以用创新劳动和普通劳动来区分。）

天津汽车工业集团有限公司人事部部长林岩这样评价公司的"蓝领"员工：

（录音：从开始工艺设计到把这个零件在数控机床上干出来，整个动手能力相当强了。理论和实践相结合，这是一大特点，而且作为企业也特别需要这方面人才。）

市场对"蓝领"不仅需要，而且是大量急需。还是以天津汽车工业集团有限公司为例，"白领"与"蓝领"的比例是3:7，这一数字带有普遍性。道理很明显：再好的设计也要有人来实施，在一个合理的劳动力结构中，应用型人才与研究型人才的结构应该呈"金字塔"型，也就是说"蓝领"应该是"塔基"。

但是，目前在劳动力市场上，"蓝领"却十分短缺。有关部门预测：今年天津至少需要技术工人3万到5万人，而应用类高职毕业生不过1万5千人，缺口高达一倍以上。这种缺口使得很多企业空有优秀的设计却制造不出产品，进而也影响到企业的创新能力和科技进步。目前天津市的科技成果转化率仅为15%，原因尽管是多方面的，但和技术工人的匮乏不无关系。

为什么就业前景如此看好的职业，缺口却如此之大？这和培养"蓝领"的高等职业教育刚刚起步、还不为社会所广泛认识有关，但更与人们固有的传统观念有很大关系。在本市水上公园举办的一年一度的高考咨询会上，记者就采访了几位成绩明显不能上本科线的高中毕业生和家长，他们的话透露出急于挤上大学这座"独木桥"的迫切心情：

（录音：1. 高中毕业生甲：因为我觉得现在竞争这么激烈，如果不上大学等于没有什么出路。

2.高中毕业生乙：还是奔着大学，以后好有发展前途。

3.家长：咱的目标是奔着大学本科。）

如何升学就业？读大学本科当"白领"固然好，但无论大学如何扩招，毕竟不是每个孩子都能上大本的。接受职业教育，当"蓝领"，这同样是一条成材之路。在高职教育比较超前的天津中德职业技术学院，记者采访到了数控技术专业老毕业生王少铁，王少铁当年说服当教师的父母，没有上大学，而是选择报考高职；1997年他从学校毕业后，又放弃分配去学校当老师的机会，应聘去当"蓝领"。5年间王少铁先后在3家外资企业工作，月薪从最初的900元增加到6000元。他的体会是：

（录音：经过几年真才实学的较量，出来的强者不一定是高学历，主要还是看你这个人的素质和技术；不管你学历多低，只要你在这儿能挑大梁，薪水就双倍给你。）

"蓝领"和"白领"只是社会分工不同，并没有高低贵贱之分，这就是市场给予的有力评判！

当然，转变观念绝非一朝一夕，在这个过程中，宏观调控和政府的推动作用是至关重要的：

第一，大力发展高等职业教育，多方引资、包括吸引民间资本，增加学校数量，提高办学质量；

第二，定法规。在德国，任何人参加工作前，无论有多高学历，都要经过职业教育才能上岗，这种法律保障使德国的技术创新始终走在世界前列；这方面的经验我们可以借鉴。

第三，用分配杠杆，给高级技术工人更多的收入，刺激劳动者向这一领域流动。

有专家预测：未来企业，物质资本投资所带来的效益会越来越小，而对人力资本投资所带来的效益会越来越大，这就是说：劳动者因素会在未来的企业竞争中起到决定作用。社会必将为技术工人的发展创造更好的条件，而就业市场也必将会不断以生动的事实向我们展示——"蓝领"、"白领"同样亮丽！

（天津人民广播电台2002年5月20日）

背景资料：2002年5月，记者刘明泉等在天津市首届高职院校毕业生技能展示及洽谈会现场目睹了高职生抢手的火爆场面，敏锐地发现了求职就业的社会热点问题。记者兵分几路，对用人单位、高职院校、理论研究单位、人才市场等权威部门及大中专就业指导中心等机构进行了广泛细致的采访，获取了大量生动的音响素材和详实的资料，并选择在"高考咨询会"上采集的典型音响资料加以对比，深入挖掘了目前高技能工人缺口的深刻原因，论证了高职生抢手和挤"大学独木桥"的巨大反差，并力图寻找解决地办法。评论发表后，又通过市委宣传部向市教委等部门转发了内参，对加强政府宏观调控，促进高职院校的发展和社会人才向应用型、高技能领域流动起到了积极的作用。

这篇广播评论采用现场评论的形式,评论员手持话筒直接进入招聘现场,因此评论一上来就进入了同期声直播的高潮,很好地渲染了气氛。评论是建立在五个片断的录音的基础之上的,声音不仅带来了实实在在的现场感,而且从正反两个方面对论点提供了有力的支持。论述语言中叙述论据的内容较多,发挥了很好的统率作用。

★【本章小结】

通过本章学习深刻理解声音作为信息符号时,对新闻评论形式和内容所产生的影响,并能够从这些影响出发把握广播新闻评论的特质。

◢【评论实务训练】

选择一个你熟悉的话题,请按下面的步骤进行练习:

(1)对这个话题进行口头评论。

(2)将上述评论录音,并按谈话风格加以整理,然后用说稿方式播出。

(3)将以上评论稿件按书面语风格加以改写,并用播读方式播出。

(4)体会以上三种评论形式的差异。

(5)体会在说稿式评论和口头评论中如何把握交流感。

▣【延伸阅读】

1.杨新敏:《新闻评论学》,苏州大学出版社,2007年1月版。

2.吴思影、史世海、邓季芳:《新闻广角》,江西人民出版社,2005年1月版。

3.中央人民广播电台新闻评论部:《中国社会转型期的问题》,南海出版公司,2003年4月版。

10　电视评论

导言

本章学习目标　了解电视传播的特点和电视评论的特点，重点掌握电视评论的基本模式，以及电视评论制作过程中画面、同期声、解说词和论述语言、屏幕文字的配合使用方法。

本章难点　电视评论各种要素的配合

内容提要　本章介绍了电视评论的要素，电视评论的特点和制作要求，电视评论的样式三项内容。

> 电视新闻评论是运用电视传播手段对当前具有普遍意义的事件、问题或社会现象发表意见、进行分析的新闻评论样式。

电视评论节目最先出现在传媒业发达的美国。20 世纪 50 年代初的美国,麦卡锡主义猖獗,他们对一些稍有正义感的人,无不以所谓"共产"思想而进行疯狂迫害,一时间从政府官员到普通百姓人人自危。1953 年 10 月,美国著名广播电视节目主持人爱德华·默罗在他主持的电视新闻节目《现在请看》中向麦卡锡发起攻击,一面用事实揭露其丑恶嘴脸,一面号召民众起来与麦卡锡主义进行坚决斗争。这可以说是电视新闻评论的滥觞。而这时的电视评论除了主持人出镜之外,与广播评论没有区别。

其后,电视评论在美国电视上大行其道,创造出多种多样的评论形式,涌现出一大批电视评论名牌栏目和明星主持人。比如 CBS(哥伦比亚广播公司)默罗主持的《现在请看》、没有固定主持人的《面向全国》、丹·拉瑟主持的《晚间新闻》,NBC(全国广播公司)的《亨特利——布林克利报道》、强尼·卡森主持的《今夜秀》,ABC(美国广播公司)科佩尔主持的《夜线》、彼得·詹宁斯主持的《今晚世界新闻》,CNN 的《拉里·金直播》、FOX 的《欧瑞利因素》等。

我国电视事业起步于 1958 年,最初的电视新闻评论只是由播音员出图像播读评论稿件,是对广播新闻评论的移植。在此后的时间里,画面配解说的评论形式一直居于霸主地位,直到 1980 年 7 月 12 日中央电视台一个全新的电视述评栏目《观察与思考》开播。这个节目融入了记者现场采访、同期声,电视评论开始体现出电视传播的特点。

10.1　电视评论的要素

电视是多种传播符号综合运用的评论形式,其制作过程比报刊和广播评论要复杂。电视评论符号系统的构成因素与电视新闻报道没有区别,但这些符号一旦与新闻评论体裁的论述性特点结合在一起,就显现出不同的表意功能,在符号处理和符号组合方面也有特殊要求。

10.1.1　画面的种类和表现功能

(1)评论主体的画面　主要是评论播讲人——播音员、主持人的画面,也有其他评论者的画面。评论主体的画面展现论述语言的展开过程,伴有表情、动作,可以在一定程度上强化语言的表现效果。这种画面的表现功能,同评论主体对于评论内容的理解和调动语言的能力成正比。这是电视评论各类画面中最基本的画面形式。

(2)评论客体的画面　这类画面再现事物的面貌,主要用来表现事实,支持和阐明论点,具有增强论述的说服力和感染力的表现功能,是电视评论各类画面中最重要的画面形式。

这种画面又可分为三种:

1)现场画面 指记者在采访现场摄录下来的有关事物的场景及其发展、变化,以及人们的动作、表情等真实情况的画面,可以给予人们身临其境的感受。有时伴随记者的采访,画面与声音相互配合,反映人物的内心世界。

2)资料画面 指为表达评论主题而选用的有关事物原因、背景和发展脉络的资料性画面,包括影视资料和照片。这些画面能够突破时空界限,增加评论的信息量,增强评论的可信性。现场画面与资料画面的穿插运用,还可以产生对比反差,深化主题。

(3)人工制作的画面 指后期运用特技制作的表格、示意图、绘画等平面图画和三维动画。这类画面用于表现事物或概念之间的变化关系等抽象内容,起到直观化、形象化、具体化的作用,提高传播效果。比如在评论三峡大坝的功效时,可以制作三峡大坝的三维模型,并用表格或示意图来显示大坝建成前后的蓄水量、防洪能力等方面的数据变化。

总之,画面在电视评论中可以起各种作用,但主要是提供富于实证力的论据。它具体、形象地表现有关的人、事、物、地域、环境等因素,增强"叙事"的可信程度,最大限度地消除人们对于事物认识的不确定性,并满足观众"百闻不如一见"的心理需求。

在电视评论中,发挥画面的作用应注意以下原则:

一要摆正画面在电视评论中的位置,围绕展示事实和支撑论点来拍摄、剪辑和运用画面,使其成为电视评论的有机成分。

二要恰当处理画面与论述语言的关系,避免生硬的声画对位和过分的声画分离。在"以视为主"的同时不能以画面代替必要的分析议论,让画面为引出、证明、补充和强化论述语言服务。

三要在使用画面的过程中,应根据评论内容的需要,调动各种画面形式,灵活运用各种画面的表现技巧和编排手段,使画面语言更为丰富,以增强其特有的表现力和感染力。

10.1.2 同期声的种类和表现功能

电视评论中的同期声有两种:一是伴随事物发生的同期声即实况音响,二是访谈的同期声。它们虽然都与画面同步采录,但主、客观的性质有所不同。前一种声音的发生和采录,一般不以采录者的主观愿望为转移,具有强烈的客观性;访谈同期声因访问而发生,在访谈过程中采录,有采访者的参与,带有一定的主观色彩,其中的提问、追问更体现了采访者对于有关事物的看法。

同期声与画面是无法分割的整体,有了同期声,画面才显得真实可信,含义清晰,感染有力。采访当事人及普通群众、政府官员、专家学者的同期声,不仅可以作为有说服力的论据,还可以成为有代表性的论点和分析论证的组成部分,节省论述语言的篇幅,而且使议论过程更加富于变化,提高评论的可受性。

10.1.3 论述语言的种类和表现功能

在口播评论中,论述语言就是播音员、主持人和评论员的语言。在电视图像评论中,论述语言分为主持人(记者)语言和解说词,也包括同期声中的有针对性的提问、追问和插入式的说明、解释。

论述语言在评论中起两种作用:一是补充、解释,属于叙述性语言;二是论证、分析,属评析性语言。这两类语言经常交替出现,穿插运用,夹叙夹议;有时述中带评、评中带述,很难将二者截然分开。

录像评论的论述语言作为评论主体的话语,处于统率、调节画面和同期声的主导地位。同期声的选择和剪裁、画面的取舍和组接要与论述语言相配合,既注意充分发挥画面、音响的作用,又要访止喧宾夺主,冲淡论述语言的政论色彩,削弱评论的逻辑说服力。同时,又要按电视的传播特点,精心组织论述语言,整合各种因素和连接所有表现手段,发挥贯穿评论始终的主轴作用,保证评论的整体性。

10.1.4 屏幕文字的种类和表现功能

屏幕文字也叫字幕,是根据评论内容需要,在后期制作时运用电子技术叠加在画面上的文字。作为电视的一种视觉因素,字幕对提高评论的传播效果有着不可忽视的作用。

(1)提示作用 用字幕打出评论的标题和不同阶段的论述要点,既可以帮助刚刚打开电视机的观众了解评论的论题和内容,也可以帮助观众理解和记忆评论的见解和主旨,同时增强评论展开的层次感。

(2)说明作用 运用字幕可以说明画面无法表达的时间、地点、人物、原因、结果等内容,也可以显示人物对话内容以消除由于录音效果不好或因口音较重、口齿不清及外国语音等所造成的听知障碍和理解歧义。

(3)解释作用 用字幕解释普通观众不了解的专业术语,既让观众准确、完整地理解评论内容,又不用打断评论进程来解释名词术语,使评论流利顺畅。

字幕是电视评论的辅助手段,出什么文字,出多长时间,什么时间出,什么位置出,以什么方式出,以及字体、字号、颜色等,都必须做到既必要又精炼,既服务于内容又不喧宾夺主,使字幕成为电视评论"整体包装"的有机组成部分。

10.2 电视评论的特点及制作要求

任何一种媒介的传播特点都直接决定着基于其上的新闻评论的特点。电视的传播载体是电波,信息符号是声音和图像,比广播多了一个元素。这就决定了电视一方面与广播有很多相似点,另一方面又有自己的特点。

电视除了具有广播的全部优点外,

还在符号的多样性,传播的真切感、家庭观赏的亲切感与类人际传播效果等方面表现出强势。但是与广播传播一样,电视传播也存在着选择性差、保存性差、接收状态差的弱点。一方面电视在表现抽象的概念、无形的和过去的事物时受到限制,另一方面电视图像会把人的注意力吸引到自己身上而弱化思考。因此,许多学者称电视具有浅表性。

基于电视的传播特点,电视评论的特点如下:

(1)选题更具可视性。电视与广播相比以图像为主,电视新闻评论就应该充分图像化。首先要尽可能选择适于画面表现的题材或话题,如含有可以由画面直接再现的具体、生动、形象的新闻事实,或画面素材丰富的社会现象等;其次要善于捕捉可视的形象、场景,以丰富画面语言,把具体分析、抽象议论与可视的形象融为一体。

(2)论证更具形象性。首先,评论主体不仅有声音形象,而且有身体形象,他的音容笑貌、举止姿态,对他的立场态度具有直接的表现作用,构成了评论的一部分。比如一个人在讲到腐败的危害时正襟危坐,眉头紧锁,语气沉重,那就表明他对腐败是深恶痛绝的。而当主持人表情平静,手势平缓,语气平和,则说明他的立场是客观的,态度是冷静的。其次,电视发挥双线互补的传播优势,更多地用评论对象的实况音像来做论据,展现事实的现场和过程,使评论更具实证性和说服力。再次,由于电视的浅表性,要适

当使用屏幕文字来表现评论中声音和画面拙于表现的重要的和抽象的评论内容,便于观众理解。可以使用平面图示、三维动画来表现事物或概念之间的关系变化等抽象内容。

(3)评说更具互动性。电视的可视性,使观众能够轻易地分辨出镜头里的不同的人物,所以,与广播评论相比,电视评论可以邀请更多的嘉宾到评论现场,甚至可以不断地更换嘉宾,也可以邀请部分观众到评论现场。虽然目前电视评论没有通过热线电话与天南海北的观众进行连线沟通,使评论的代表性受到了一定的限制,但主持人、嘉宾、观众同处一室,沟通更方便更充分,不仅录制节目的过程中可以交流,录制之前和之后都可以交流。

(4)形式更具多样性。电视比广播的信息符号更多,决定了电视评论可以比广播评论有更丰富的形式。

10.3 电视评论的样式

电视评论要素的不同组合,可以形成多样的电视评论样式。电视图像可以分作影像、图片、文字,其中影像是主要成分,图片和文字是辅助成分。影像又可分为评论主体的影像和评论对象的影像。如果我们把评论主体的影像与评论主体归为一类,把评论对象的影像与音响归为一类的话,电视评论和广播评论的分类情况大致相同。这里仍然只选择几种常见的电视评论形式加以介绍。

10.3.1　电视播音员评论

电视播音员评论是播音员以出镜为主,结合画外音,播读评论稿件的电视新闻评论形式。属于电视口播评论。

在我国,播音员评论是最早出现的一种电视评论形式,评论稿源来自广播和报刊。播音员出镜时形象端庄,正襟危坐。今天的播音员评论可以运用抠像等电视特技,配以与评论对象相关的照片、评论标题及内容摘要字幕等,增强了播音员评论的可视性。

播音员评论制作简便,在没有适合的图像资料的情况下可以做出快速反应。在录像评论崛起以前,它曾经发挥了重要的舆论作用。目前它更多的是以本台的名义,针对当前的形势或重要事件,配合某一重要新闻播发,无论对于观众理解重要新闻还是及时引导社会舆论、指导社会实践,都具有重要的意义。所以这种评论形式虽然不能体现电视传播的最大特点,但仍然是重要的电视评论形式。

播音员评论在新闻节目中播出,没有固定播出日期;议论力求集中简短、切中要害。在播发《人民日报》社论和新华社评论时,一般只摘要播出,只有在特殊情况下才全文播出。

10.3.2　电视主持人评论

电视主持人评论是主持人以谈话方式发表意见的电视评论形式。

电视主持人评论与广播主持人评论的区别就在于主持人出镜。出镜就意味着对主持人有更高的要求。凤凰卫视的评论节目主持人多是50岁上下的"老男人",绝对谈不上秀色,但他们以敏锐的眼光、深刻的思想赢得了观众的信赖和欢迎。

主持人的魅力虽然能够吸引观众,但由于电视最大的优势是能够展示现场和实况,因此,多数评论节目都大量使用采访到的录像资料,让观众了解评论对象的情况。有的录像资料起到评论由头的作用,有的则起到论据的作用。

电视主持人评论有如下几种分类方法:

(1)按主持人有无稿件的标准,可划分为说稿式评论和脱口式评论。

说稿式评论中主持人盯着提词器"念"稿子,不容易"说"起来,因此目前电视主持人评论主要是脱口式。

(2)按主持人谈话对象性质的标准,可划分为漫谈式评论和对话式评论。

1)漫谈式评论　是由一位主持人单独发表评论。主持风格可活泼,可严肃,可调侃,可讽刺,自由洒脱,个性十足。央视的《焦点访谈》、《本周》,凤凰卫视的《解码陈文茜》、《文涛拍案》以及已经停播的《李敖有话说》等,均属于这类评论。

2)对话式评论　是两位主持人以对话的方式发表评论,如凤凰卫视的《世界奥运行》由杨锦麟和杨娟结成"杨家将"主持组合。这种主持组合或不分主次,或一主一副,两人你一言我一语,有呼应,有衔接,比起一人主持来,交流更自然,节目更活泼。

(3)按节目中评论与报道的关系的标准,可划分为独评和点评。

1)独评 就是在评论节目中主持人围绕一个事件或一类事件发表评论。开头会交待事情的原委,但只是为了引出评论,不是报道新闻。

2)点评 是在新闻节目中主持人播报新闻之后三言两语加以评说。报道和评论互为目的,交相辉映。由于目前这类节目的主持人语言都是口语化的,所以有人也称之为说新闻式评论。其实点评指的是评论与报道的关系以及评论容量的大小,与主持人的语言风格没有关系。

凤凰卫视开播初期人手较少,鲁豫一身多任,往往来不及在播报新闻之前充分备稿,只好记住要点,在播报的时候自己组织语言说出来。在说的过程中,难免"添油加醋",带上一些评论性的话语,可谓一边播放录像,一边解说情况,一边发表看法。后来这种模式在大陆电视媒体逐渐流行,如《晚间新闻》(湖南卫视)、《南京零距离》(江苏电视台城市频道)、《本周》(中央电视台新闻频道)、《世界报道》(中央电视台新闻频道)、《阿六头说新闻》(杭州电视台西湖明珠频道)等栏目。

2003年元月,一贯别出心裁、领先创意的凤凰卫视又推出了《有报天天读》栏目——"糟老头子"杨锦麟一身唐装、一壶清茶、一支朱笔,外加一台电脑,用铿锵有力、不疾不徐的语调,以幽默、老练而犀利的语言风格,点评天下大事,把报摊上的冷饭炒成了香

饽饽,也让广大电视观众开始对"点评"这种电视评论形式产生兴趣。《有报天天读》的重点已不是报道新闻,而是就已有的报道进行评论。它开播以来不仅收视率大获全胜,夺得"2003中国制度新锐榜"的"年度电视节目奖",而且掀起了一股"电视读报"热潮,央视二套的《第一时间·马斌读报》、《江苏城市频道·孟非读报》等相继诞生。点评式评论有时由一人主持,有时由两人主持,如凤凰卫视的《世界奥运行》。

点评式评论中的点评语言可以分为两种,一种是纯粹的评论语言,一种是兼具串联功能的评论语言。这种评论语言通常作为串联词的一个片断或图像新闻的"口播导语"播出,除了揭示或提示有关新闻报道的深层含义以外,还具有承上启下的结构功能。湖南卫视的《晚间新闻》有一则新闻报道了一个身体硬朗的四川老汉一辈子爱吃蜈蚣,配音接着模拟蜈蚣的口吻说:"估计蜈蚣郁闷得要死,我已经是毒中之王了,你怎么比我还毒呢!"主持人说"再毒也没有有些人的心肠毒",自然引出了下面的一起绑架案。①

说新闻式评论的对象多是社会性新闻。时政新闻以其重要性,需要慎重、严肃地对待,因此不适合用轻松甚至调侃语气即兴评说。如果对国际国内的时政新闻采用说新闻的方式报道和点评的话,一定要事先形诸文字,主持人也要充分备稿,播报和点评的语调

---

① 魏南江编著:《优秀电视节目解析》,中国传媒大学出版社2007年3月1版,第196页。

也要庄重一些。

10.3.3　宾主对话式电视评论

宾主对话式电视评论是由电视主持人引导其他人士发表意见的电视评论形式。

这是一种以人际传播的方式表现的大众传播活动。在人际传播的情境中，主持人和评论者、评论者和评论者进行面对面的对话、探讨、争鸣或辩论，并可以通过手机短信或电脑网络让场外观众参与进来，交流充分而深入，气氛活跃而生动，能够激发观众的兴趣。

宾主对话式电视评论有两种播出方式。一是在新闻节目中插入。凤凰卫视的新闻节目经常邀请嘉宾到演播室或连线就刚刚报道的某一重要新闻进行评论，其《快闻快语》栏目更是完全采用嘉宾点评的形式。二是在固定栏目中播出。如央视的《今日说法》和《实话实说》等。根据内容需要，在评论过程中可以插入预先编辑好的影像资料，以增强评论的视觉效果和针对性。

宾主对话式评论栏目按评论者的身份和话题的性质，可以分为两类：一类是大众谈话栏目，如央视的《实话实说》、凤凰的《锵锵三人行》；另一类是精英谈话栏目，如央视的《对话》、《央视论坛》、《今日说法》；凤凰的《时事开讲》、《财经点对点》、《振海听风录》、《景行长安街》、《时事辩论会》等。

宾主对话式电视评论根据参与者身份和在谈话中扮演的角色，还可分

为嘉宾评论和论坛评论。

（1）嘉宾评论　即具有一定代表性的人士应邀参加电视评论节目，并在主持人的引导下展开分析、讨论或辩论的电视评论形式。

嘉宾评论也可以进一步分类。比如根据嘉宾人数的多少，可以分为专访式评论（如《今日说法》）和座谈式评论（如凤凰的《景行长安街》）；按照宾主所处空间的不同，又可以分为演播室评论和连线式评论。座谈式评论的嘉宾数量以 2 至 3 人为宜，多于 5 人则不好组织，主持人驾驭现场的难度太大，每个嘉宾也难有机会充分地表达自己的观点。连线式电视评论运用卫星音视频传输技术将分处异地的主持人和嘉宾变成"面对面"的交流，适用于嘉宾人数少的情况。如果嘉宾人数多最好采用演播室方式，因为多条连线的成本高、技术难度大，讨论更难充分。当然，个别嘉宾也可以通过连线参加讨论。

（2）论坛评论　也叫沙龙式评论，即邀请嘉宾和部分受众在演播室现场直接开展讨论的电视评论形式。在西方国家，这类节目被称为"脱口秀"（Talk Show）。与嘉宾评论的区别是，现场观众的介入，使节目的交流感和参与感大大增强。特邀嘉宾与现场观众可以是不同年龄、职业、文化背景的代表性人士，也可以是不同意见的代表者，因而在谈话过程中，可以有同类意见的补充与共鸣，也可以有不同意见的辩论与争鸣。话题的开放性、观众的参与性、气氛的娱乐性是这种评论形式的魅力所在。国内观众比较熟悉的节目

有央视的《对话》、《实话实说》，凤凰的《一虎一席谈》等。

电视论坛评论与广播嘉宾热线评论很相似，即都有嘉宾和普通群众参与发表意见。它们的不同之处在于，广播嘉宾热线评论中的普通群众是随机"闯入"直播节目的，节目是完全开放的，可控性差；而电视论坛评论中的普通群众是经过"挑选"进入节目录制现场的，节目是准开放的，可控制性高。

10.3.4 影像评论

影像评论指同时运用画面、声音和屏幕文字表现内容的电视评论形式，又称录像评论。

影像评论以声画兼备、视听结合区别于口播评论。符号及符号组合的多样性，给这种形式的评论带来其他媒介的评论和电视的其他评论形式难以企及的表现优势。一方面，画面的传真功能，使录像评论对于新闻事实的"转述"能够达到具体、形象、绘声绘形绘色的境界，让人产生有如身临现场、直接面对客观事实的感受，比任何语言、文字的描述更具有无可置疑的实证性。另一方面多种符号的相互配合，既原原本本地把客观事物的状态、环境、气氛和人物形象、活动、表情等呈现于观众面前，又从中引出相应的看法和见解，比单纯的语言、文字论述，更有利于观众理解抽象的意义。

适合于影像评论的题材，需要满足以下几个基本条件：第一，作为评论对象的客观事物，本身包含典型的、能够反映事物本质或代表事物发展趋势

的具体事实；第二，事物仍处于发展变化之中，可以摄录到反映事物发生发展过程及其现场的画面和同期声；第三，当事人、目击者或有关人士适合于出镜，愿意接受出镜采访；第四，访问对象的语言表达便于多数观众听知。

图像特别是影像具有很强的叙事功能。影像评论往往会充分利用这一点，对评论对象进行比较完整的介绍。因此，从体裁上讲，影像评论也可以称作电视述评。夹叙夹议是述评的最大特点。电视述评中的夹叙夹议大致有三种方式：一是论述语言中的夹叙夹议，即评论主体在论述过程中，边叙述边议论。评论主体既可用出镜的方式，利用表情、动作增强表达效果；也可以用画外音的方式配合画面进行。二是同期声与论述语言结合的夹叙夹议，即同期声主"叙"，解说词主"议"，二者相互配合，形成意义完整的夹叙夹议。三是画面与论述语言结合的夹叙夹议，在这种夹叙夹议中，画面主要再现事实或现场情景，而论述语言则起着说明、解释画面和阐述评论主体看法的作用。

影像评论根据论述语言与画面的关系可以分为两种：

10.3.4.1 解说式电视述评

解说式电视述评，即无声画面与解说词双轨并行，声画对位、以声释形的评论形式。

我们来看一则解说式电视述评的经典之作《是"振兴会"，还是"催眠会"》。（表10-1）

表 10-1　解说式电视述评

画面	解说词
开头:一些与会者横躺、侧眠、聊天的中景、远景和特写。	观众朋友:您不妨猜猜看,这里是在干什么? 有的躺卧,有的侧眠,这里似乎是车站候车室;有的看报,有的聊天,这里又好像是宾馆休息厅。
"振兴开封经济座谈会"会标,会场全景。	然而都不是,这里正在开会。这是 8 月 18 日上午,开封市直机关"为发展生产力服务,振兴开封经济座谈会"上的情景。参加会议的是市直有关部、委、局的负责人和有关人员。会议开始不久,一些人就鼾声大作。记者的摄像机也未能使座中诸公从酣梦中醒来。
报告人滔滔不绝的"嘴",与会者埋在沙发里的"头",伸在沙发上的"腿",半闭半睁或者闭而不睁的"眼",酣睡不醒者的大特写。	"振兴开封"的标语悬挂在一群昏睡者的头顶。一方面是言者谆谆,煞有介事;另一方面是听者藐藐,睡意朦胧。这是多么具有讽刺意味的强烈反差!
会场里茶几、茶杯、文件。	如果是会议内容十分重要,那么,这些与会人员连听会的精神头儿都没有,哪里还谈得上贯彻落实? 如果是会议内容实在乏味,那么又何必在这酷暑大忙季节召集这么多人堆在一起活受罪? 是会风不正,还是作风不正? 是领导机关的形式主义、表面文章在作怪,还是一些领导干部懒散成习,逢会必睡?
结尾:从几个昏昏欲睡者的中景,推出其中一位腕上手表的特写。	像这样无意义、无效率的会议,还能让它继续开下去吗? 这类会议赖以存在的现行体制,不改革,行吗?!

背景资料: 这则评论是由河南电视台记者杨诚勇(后任河南电视台台长)采制的。记者本来是要"正面采访"振兴开封经济座谈会的,但发现实在很难完成一个"较为体面的会议场景",便另辟蹊径拍摄了"批评会议不正之风"的新闻评论。1989 年 8 月 22 日,这则短小精悍的评述在河南电视台播出,随后又在央视播出,引起了很大的反响,一时成为街谈巷议的话题。

这则评论由评论对象的画面和解说词结合而成,画面没有同期声,要靠解说词来说明,并进行评论。从形式上看,是画面开路,声音随行,画到声到,真正做到了声画对位,集中干练。至于画面与解说词的作用,如果去掉解说词,画面的含义模糊不清;如果去掉画面,则解说词稍作调整即可独立成篇。但对于这种现场感很强的评论来说,单纯的语言文字缺乏说服力。因此我们可以说,在解说式电视述评中,解说词处于主导地位,画面起到使评论形象化、论据实证化的作用。

这种形式,早期的电视评论经常采

用,目前不占主流。但对某些比较重大但不宜过于渲染的新闻事件加以评论时非常有用,可以选取事件的一些宜于公开的镜头配合解说词来制作。另外,这种评论形式可以用语言补充说明画面,容易做到短小精悍,适于在新闻节目中播出。

10.3.4.2 访谈式电视述评

访谈式电视述评,即运用声画合一的纪实手法,以记者的采访为主线,以主持人和各方人士的评说与解说为纽带,寓议论于叙述之中的图像评论形式。它综合运用画面、屏幕文字、音响和解说、主持人语言,是表现手段最为丰富的评论形式,也是最能体现电视传播特点、发挥电视传播优势的电视评论形式。

电视述评中的访谈是一种声画合一的表现手段,即用同期声表现受访者的言谈。恰当运用这种手段,既可以具体形象、真实准确地表现交谈内容,再现交谈的情景和过程,增强作品的直接表现力和感染力;也可以通过对当事人、目击者和有关人士的访问,较客观地还原消逝了的事物的发生、发展过程,让观众直接听到有关人士的意见和看法;而且还可以弥补画面不能表现过去的事物和拙于表现抽象内容的不足。正因为拥有这些表现优势,访谈越来越成为电视述评不可缺少的表现手段。①

我国的访谈式电视述评起源于20世纪80年代初。1980年7月12日,中央电视台推出第一个电视述评栏目《观察与思考》,不定期播出。1988年11月改版,更名为《观察思考》,每周日晚播出。1993年3月27日停播,栏目组大部分成员加入1994年4月1日开播的《焦点访谈》栏目。在央视的带动下,各地电视台纷纷开播类似的评论栏目,如北京电视台的《18分钟经济社会》、安徽电视台的《社会之窗》、上海电视台的《新闻透视》、河南电视台的《中原焦点》等,使这一电视述评形式以前所未有的规模和影响迅速扩展到全国。

目前,我国访谈式电视述评在表现形式上已形成较为成熟的基本形态,它以画面、音响为主要表现手段,以字幕为辅助手法,以记者的采访为主线,以配音员解说和主持人评析为纽带,按照事物发展的逻辑顺序和人们认识事物的规律,将权威人士、专家学者及各界群众的分析议论加以恰当的剪辑组合,在节目结尾处作画龙点睛式的点评或提炼,从而使节目达到视听结合、事理融合的收视效果。目前,电视述评中评论分量太少是一个频遭业内人士诟病的问题。

访谈式电视述评根据选题定位的不同,还可以分为国计类述评和民生类述评。

★【本章小结】

通过本章的学习,熟知电视新闻评论的样式及划分标准,掌握各种电视新闻评论的制作要求,并在此基础上深入思考"电视新闻评论要素与电视新闻

---

① 王振业、李舒:《电子媒介与新闻评论》,中国广播电视出版社,2004年11月版,第205页。

评论样式创新"这一问题。

◢【评论实务训练】

请考察一家电视台的一个电视评论节目,找出其存在的问题,并给出解决方案。

◢【延伸阅读】

1.魏南江编著:《优秀电视节目解析》,中国传媒大学出版社,2007 年 3 月版。

2.王振业、李舒:《电子媒介与新闻评论》,中国广播电视出版社,2004 年 11 月版。

3.吕宁思:《凤凰卫视新闻总监手记》,昆仑出版社,2004 年版。

11　网络评论

导言

本章学习目标　了解网络传播的特点和网络评论的特点,重点掌握网络评论的基本形式。

本章难点　网络评论的管理

内容提要　本章重点介绍了网络评论的特点与网络评论的样式。

在网络传播的这种特点基础上的。

11.1.1 开放性

网络评论的开放性主要表现在两个方面。一方面表现在网民在接受信息和发表言论时理论上的无限自由度；一方面表现在网络评论的内容也更加具有开放性，开放是网络评论传播的基础。比如目前一些网络媒体在处理重大和重要以及突发事件时，不仅采取直播形式对事件进行实时报道，而且还为网民创造参与评论的空间，对事件进行即时评论，这种个性化、多元化、多点对多点的广泛参与，印证了网络评论的开放性[②]。作为一种传播媒体，网络自由出入以及匿名性的特点使网民获得了心理上的安全感，因而评点时事无所顾忌、无话不谈。网民追求开放的新闻信息传受在互联网络上得到了极大的满足，这一点是传统媒体所不能比拟的[③]。2008 年 1 月 17 日，中国互联网络信息中心（CNNIC）在京发布《第 21 次中国互联网络发展状况统计报告》。数据显示，截至 2007 年 12 月 31 日，我国网民总人数达到 2.1 亿人。2008 年 7 月 24 日，该机构再次发布，截至 2008 年 6 月底，我国网民人数达到 2.53 亿，居世界第一位。网络评论的自由开放性对社会舆论的影响将越来越人关注。

从 1995 年开始，中国的新闻媒体陆续有了自己的电子版，从 1998 年起，互联网传播领域中商业网站异军突起并且开始涉足新闻业务，"门户网站"概念的提出让国内的商业网站在 1998 年年底迅速整合，一些网站例如新浪网、搜狐网、网易等这些门户网站开始全面涉足新闻传播。像新闻网站一样，新闻和评论也成为这些门户网站必要的构成因素。然而，只有少数新闻网站有自己的记者，大部分网站特别是商业门户网站的新闻传播是依托传统的新闻媒体发展的，它们本身没有独立采写新闻的能力，在网站上刊载的新闻是编辑从传统新闻媒体的数据库里面选择编辑的，除了一些突发事件，网络新闻在时效性上超越传统媒体以外，在新闻传播这一块，网络没有特别突出的优势，网络新闻评论却可以成为网络媒体建立网站的品牌、扩大网站影响力的一个重要手段[①]。网络新闻评论就这样在我国兴起。

11.1 网络评论的特点

网络新闻评论是建立在网络传播技术和传播方式的基础上，并在网络媒体上传播的新闻评论，网络独特的传播方式决定了它的独特个性，网络的每一步发展都丰富着它的个性。

网络传播的特点表现在信息传播的即时性、互动性，全球性，以及信息容量的无限性，传播方式的开放性，服务功能的多样性，网络传播的低成本化等方面。网络评论的特点就是建立

---

① 吕凤霞：《国内网络新闻评论初探》，《新闻爱好者》，2005 年第 1 期。

② 连保军：《网络冲击下的电视新闻评论发展趋势》，《传媒》，2006 年第 8 期。

③ 胡文雄：《网络新闻评论分析》，《当代传播》，2005 年第 5 期。

11.1.2　即兴性和随意性

网络是开放的公共传播平台,匿名上传的评论帖子无限丰富,网民的言论表达五光十色,存在着极大的即兴性和随意性。即兴和随意发表的言论中,存在着偏激或情绪化的问题。

如何对待这些问题呢?有人主张实行实名制,网名使用真实的姓名,但立即遭到了强烈的反对,反对者认为那样就会损害公民言论自由。据2007年8月28日《工人日报》报道,近些年来,个别地方出现了少数政府官员通过通讯部门擅自追查网民真实资料并进行打击报复的现象,不但严重损害当事公民的合法权利,且在群众中造成恶劣影响。也有人主张让网站对本网站上的言论负责,但从网络技术上看,这一点难以实现。

目前一种较好的做法是,网站对评论栏目实行分类管理,设置发表专业评论员文章的"观点"专栏和发表网民言论的"论坛"专栏,"论坛"专栏又分"深水区(精华版)"和"浅水区(讨论区)",管理人员从传统媒体和网民上传的作品中择优在"深水区"中推出,增强其影响力,以引导舆论;将大量随意之作放在"浅水区",让其淹没在沧海之中。另外制定论坛管理规定,明确版主责任,加强管理。

11.1.3　互动性

网络评论的互动性一是表现在网民之间的意见交流、碰撞。一个言论甫一上网,马上就会出现大量的跟帖,讨论、辩论网"烟"频起。聊天室里的群体讨论更是即时互动,你一言我一语形成动态的完整的交流,就像座谈会上的情景。

互动性还体现在网络媒体与传统媒体之间。网络媒体常将发表于传统媒体上的优秀评论作品搬到网上,传统媒体的评论又往往从网络评论中采英撷粹。

11.1.4　集纳性

网络的海量存储和超文本链接技术使它突破了传统媒体的容量限制,可以对某一热点问题提供全方位、多视角的评论作品;也可以就某一话题为网民提供广阔的评论空间,将同一话题的评论集中归纳在一起,既开发意见的深度,也体现舆论的广度,满足受众表达与倾听的双重愿望。

11.1.5　离散性

由于互联网的开放平等、即时交互等网络特性,导致"边缘评论"或"离题评论"的信息量明显增大,其评论的内容也有很强的不确定性。这种多元化和离散性的评论无疑推动了网络评论的发展。但一些"离题评论"其实已经不是评论,只是借助网络评论平台提供的空间根据自己的好恶随意写在上面。当然这也难免有一些有害的信息混杂其间,形成网络评论噪音。①

《网络传播》曾载文,概括了网络

_____

① 连保军:《网络冲击下的电视新闻评论发展趋势》,《传媒》,2006年第8期。

评论的四个特征,同样有助于我们认识和理解网络评论:

第一,评论主题的迅捷性和易变性。网络上的评论主题是和网络新闻以及网络舆论主题的变化而相对应的。同时还跟现实社会生活中最新的事件相联系。这种评论的快捷性往往有时候并没有依托新闻由头,在新闻还没有报道的时候许多评论就可能在网上泛滥了。这跟网络的接近性有关系,平民的话语权得到了极大的满足。同时网络评论的主题往往不会持续很久,一个议题很快就会淹没在信息的汪洋大海中。

第二,评论的自发性和观点的碰撞交锋。网络评论很多都是网民自发发表的,网络的虚拟性给了网民平等交流的空间和氛围。针对不平事不吐不快,看到共鸣时发帖顶之,这种网民原始的思想流露是网络评论呈现自发性的根本原因。而观点的碰撞和交锋,言语往来体现的是网络的主要特点——互动参与。

第三,评论观点的多样性和情绪化。网络的去中心化使得网络评论一直有鱼龙混杂,泥沙俱下的状况。这也成为了许多人诟病和担心的一点。同时网络评论中还存在一种由话题的争论沦为谩骂和人身攻击的情绪化现象。

第四,网络评论形式的随意性。网络评论形式比较随意,长度参差不齐,具有较大的自由度。比如寥寥几个字的"顶"、"支持"等,这些其实算不上评论,但可以代表一种态度。①

11.2 网络评论的形式

从形式到内容,网络评论呈现出百花竞放的局面。

从网站的性质来看,网络评论可划分为代表官方立场的政府网站和传统媒体网站的评论、商业网站的评论。前者时效性强、权威性强,一定程度上代表官方立场,后者自由度大。从发展的眼光看,这两种评论的差异在缩小,不同网站要站住脚跟、聚拢人气,必须允许各种观点的展示、碰撞。人民网强国论坛在每一篇评论文章前面都标有"本帖只代表××的个人观点,不代表人民网观点"的"特别提示",这体现出媒体意见传播的智慧。

从评论发表的专栏来看,有发表在由编辑严格把关的网络专栏评论,也有发表在开放园地里的由网民随机上传的帖子评论。

从评论作者的公开的身份来看,网络评论可划分为公务员评论、专家评论、编辑评论和网民评论。公务员评论往往具有很高的政治站位,政策性强,舆论导向性强。专家评论是专门从事某一领域研究的学者对新闻事件用本领域知识在网络上展开的有针对性的评论。这种评论事实依据充分,知识性强,常具有学术性色彩。编辑评论是记者编辑采制的评论,脱胎于传统媒体的新闻评论,常代表媒体意见。网民评论是网民提供的评论,主要在论坛中发

---

① 《网络时代的新闻评论》,《网络传播》,2006 年第 11 期。

表,绝大多数属于随意跟帖点评。

从评论作品的篇章结构来看,有从传统媒体(主要是报刊)延续而来的形态完整的传统评论,也有形式自由的博客评论和论坛(BBS)跟帖评论。当然,这两种评论形式在网上常常相依相伴,前者常做主帖,后者则以跟帖的方式跟随其后。

从信息符号的类型来看,有单纯以文字为符号的文字评论,有以图片为主兼有文字的图片评论(如人民网观点频道《图说世象》和央视论坛《图评天下》专栏中的评论),也有以声音为符号的音频评论和声画结合的图像评论。

下面我们详细介绍五种网络评论形式,它们不是按照同一标准划分的,其间存在交叉关系和互融关系。

11.2.1　网络传统式评论

网络传统式评论是指以完整的形态出现在网络媒体新闻网页上的评论作品,包括报刊式评论文章和音视频评论。这种评论篇幅较长,从几百字到上万字不等,在网页上占据较大空间,因此也叫网页评论。

传统式评论有这样几种来源:由网络媒体编辑撰写的评论、由特约作者撰写的评论、由网络媒体编辑转发传统媒体的评论、由网民撰写(主动投稿或由编辑从 BBS 论坛的帖子中挑选出来)的评论。这些评论涵盖了方方面面的热点话题,代表着网络评论的水平,也是网络设置议题、组织舆论、引导舆论的主要手段,是掀起网上评

论热浪的种子选手。许多网站设有此类评论专栏,如人民网的观点频道。

11.2.2　网络论坛式评论

网络论坛式评论就是网站为网民提供的自由发表和交换意见的场所中的评论。这种场所叫做"网络论坛"。

网络论坛有广义和狭义之分。广义的网络论坛是指网上形式和名称各异的众多通讯组,这些通讯组实际上是由网上对某专题有共同兴趣的一组用户组成的专题讨论组,如 BBS、新闻讨论组、邮件列表和聊天系统等的统称。狭义的网络论坛仅指网络中的 BBS 而言。BBS 由于论坛界面直观、使用方便、功能齐全,备受网民青睐,成为最具人气的网络论坛形式。这张由网民在相互传递和交换信息过程中形成的无形的交流网,为现实社会提供了前所未有的开放的舆论空间,其高度的互动性,吸引了天南海北的网民广泛参与,在重大问题发生时往往能够迅速形成强大的舆论。可以说,网民在 BBS 论坛上发表的评论是最具网络特点的网络评论。

目前 BBS 论坛形式各异,有由网络爱好者利用免费空间开办的,也有专业机构主办的;有商业网站设立的,也有网络新闻媒体设立的。它们通常设在网站的社区频道里,如人民网的强国论坛、新华网的新华论坛、央视国际网站的央视论坛、中青在线的青年论坛,其他还有腾讯论坛、西祠胡同、搜狐社区、天涯社区等。论坛内部又有不同的细分,如新华论坛按内容分为发展论

坛、国际论坛、财经论坛、军事论坛、统一论坛、法治论坛、传媒论坛、教育论坛、新农村论坛、城市论坛、房产论坛、汽车论坛、文化广场、摄影论坛、体育论坛、生活论坛、娱乐论坛、情感论坛、IT论坛、音视频论坛等子坛，按功能又分为评论广场（提供评论靶子让网民参与评论）、博客广场（选录新华网友博客中的精彩文章）、深水区（该讨论区首帖要求在500字以上）、精华区（收录网友的精彩文章）等子坛。每个子坛下面也有更多的子栏目。当然，目前各家网站的论坛分类比较混乱，各个子坛或栏目的定位也模糊不清。

在各种网站的BBS论坛中，以传统媒体为依托的网络媒体的BBS论坛凭借其母体的人才优势、品牌优势，以及在新闻报道和评论方面的优势，以其评论的丰富、开放、高水平而聚集了人气，成为网络论坛中的佼佼者。

BBS论坛一般是由"主帖（首帖）+跟帖"构成，其最大特点是观点的交流。主帖有三种，一种是新闻评论，这种评论一般具有传统评论的特点，篇幅较长，要素齐备，论证完整；另一种是只吸引网民讨论的题目，如新华网发展论坛深水区的一个主帖就是"出题：人生的目的是什么？"还有一种是新闻报道，为网民提供评论的靶子，在其下方有"进入相关评论"或"立即发表评论"等字样的链接入口。主帖为网民交流意见提供了由头，规定了讨论的范围和方向，但对网民的立场、视角和思维方式没有约束。跟帖则不拘一格，既可以洋洋洒洒，也可以只言片

语；可以有评有论，也可以只是表明态度；观点更是多元化。主帖作者和跟帖网民之间有着互动交流，彼此或支持或反对或引申，集体创作着一篇评论大作。BBS评论的无拘无束和形形色色、自发性和不确定性，正是社会生活的真实反映，也是BBS论坛的魅力所在。比如2007年8月22日，《楚天都市报》报道了湖北省襄樊市有5名贫困大学生因"不感恩"（连一封信都不给资助者写）而被资助者取消受助资格的事件。8月25日，《新京报》记者调查发现，一名被取消受助资格的大学生父亲是樊城区城管局的副局长，母亲是樊城区环卫部门工作人员，对其是否属于贫困家庭以及襄樊市总工会对贫困学生的审查程序发出质疑。报道一出，舆论哗然，传统媒体纷纷推出评论，网络论坛更是热议如潮。央视论坛在相关报道后面置顶了5个主帖供网民参与讨论，每个主帖切入的角度不同，后面的帖子自然也沿着不同的"轨道"跟进，形成了不同的舆论场，网民之间的交流也形态各异。

11.2.3　网络集束式评论

网络集束式评论就是网络媒体围绕某一新闻主题组织、链接多篇新闻评论作品的评论形式。这些评论以不同的角度、不同的背景、不同的立场和不同的思维方式多方位地剖析问题，体现了言论的开放性，避免了单篇评论的单一和局限。

传统媒体尤其是报刊也经常就一个话题推出集束式评论，但媒体的容量

和周期却限制了这种评论形式的发挥,不仅数量有限,而且是静态的。网络媒体的传播具有海量性和动态性,既能迅速组织数量不等的评论作品,又能不断吸纳推出新的评论。2007年8月1日,经过长达3个月的拉锯战之后,国际新闻集团与道琼斯签署协议,以50亿美元收购道琼斯,传媒巨头默多克入主道琼斯及其旗下的《华尔街日报》。对国际新闻界的这一重大新闻,新浪网财经频道做了专题报道,并聚集推出了《默多克和华尔街日报:一场有关媒体未来的斗争》、《默多克收购道琼斯:华尔街日报毕竟难抵华尔街》、《默多克并购道琼斯,新闻专业主义堪忧》、《默多克收购道琼斯幕后动机:欲全面进军亚洲》、《默多克时代华尔街日报的政治倾向猜测》等23篇专业评论。

11.2.4　网络互动式评论

　　网络互动式评论就是网络主持人邀请嘉宾在网络聊天室与普通网民进行现场访谈的评论形式,也叫网络嘉宾访谈。网络传播本身就有互动性,这里所讲的互动指即时互动,是狭义概念。

　　这种评论形式与论坛跟帖评论有三点不同。一是人们的交流围绕一个中心人物而展开,是一对多的互动;二是中心人物是网站特邀的人物,比如专家、官员、明星,他们或者具有号召力,或者对某一话题具有权威性;三是评论过程中有主持人和管理员。主持人负责话题的串联、现场气氛的调动,

而管理员则负责筛选聊天参与者提出的问题,同时把一些捣乱者剔除,维持聊天的秩序。网络嘉宾访谈与广播中的热线评论非常相似,不同之处是一个通过网络用文字交谈,一个通过电话用声音交谈。

　　网络互动式评论都会对特邀嘉宾、时间和主题进行预告,以吸引网民的注意和参与。由于话题的公共性和嘉宾身份的特殊性,这种评论在网上倍受追捧。下面是时任审计署审计长的李金华2007年7月24日下午3时做客中国政府网,就"加强审计监督,推进依法行政"与网民进行在线交流的对话节录:

　　[主持人]大家好,这里是中国政府网在线访谈。6月27日,审计署向全国人大常委会报告了上一年度中央预算的审计结果。从报告中不难看出,中央政府依法行政、依法理财的决心和能力。老百姓对每年的审计结果越来越期待,审计长"李金华"三个字也已经成为网友们非常熟悉的名字。今天,走进我们演播室的嘉宾就是审计署审计长李金华。欢迎您,李审计长。

　　[审计署审计长李金华]网友们大家好。

　　[主持人]您经常上网吗?

　　[李金华]我每天要上一些,但不是很长。

　　[主持人]平时上网最关注什么?

　　[李金华]主要是新闻,同时我也很关注网友们对我们审计工作有什么要求和期望。我知道网友对审计报告

很关注，大家对审计报告有很多评论，这里有很多是赞成的，我感谢网友对我工作的支持和肯定，这不是对我个人，是对整个审计战线。但是我更关注的是网民会从他们的角度提出什么问题，比如屡查屡犯的问题、审计打雷谁下雨的问题、谁来审计审计部门的问题等等。因为这些问题对我们今后的工作提出了一个新的目标和任务。

……

[主持人]我们知道，近些年，网友们对审计工作关注越来越多，希望也越来越多，您也是中国政府网的老朋友了，网友们还记得您今年1月1日为中国政府网题词"透明的窗口"。非常感谢您。

[李金华]我这五个字是经过了较长时间考虑的，我这里面突出了一个"透明"，一个是"窗口"。一个我希望政府的行为越来越公开，越来越透明，而政府网也只能是一个窗口，而不是政府的全部，所以我希望这个窗口是透明的，网友能一看就看到里面是什么情况，可以一目了然。

……

[网友 骄子007]几次的审计署审计报告力度大，效果好，彰显出我国政府敢于向自己开刀的魄力，依法行政的决心。然而，地方审计未必这样。据您了解，地方审计部门的报告力度会像审计署这么大吗？能产生这么大的作用吗？

[李金华]情况不一样，有些地方做得还是很好的，这个也和当地的领导人，特别是政府主要负责人的理念

和态度有很大的关系；第二个和我们审计机关自身的工作水平和能力也有很大的关系，涉及两个方面。据我了解，到县这一级，相对说力度和效果要差一些。为什么差呢？现在县这一级面临几个困难：一就是审计人员严重不足，并不是编制不足，而是人员结构不合理，也就是说审计机关在岗人员当中从事审计业务工作的相对少一些，有相当一批人不能从事审计业务工作，这是人员结构的问题；二是审计的外部环境，越到基层，比如一个县，相对来说大家低头不见抬头见，真正要独立地、严格地进行审计可能会遇到很多困难，比如说情啊；第三就是审计经费有一定的困难；再加上基层审计人员的素质有待进一步提高。所以相对来说，审计工作的力度，以及要达到审计署所发挥的作用可能还有一定的距离。但是不要求他们现在就和审计署一样，因为我们也得实事求是，他们也有一个不断发展的过程。

……

[李金华]从这些年审计情况来看，中央部门本身问题越来越少，情况越来越好。尽管现在各方问题还不少，但是我觉得总的发展趋势是很好的，我充满信心。问题越来越少，审计辛苦程度、得罪人的程度就会越来越小，这是此增彼减的，所以我是充满信心的。如果这样将来审计会不会没有事干呢？还是有很多事要干的，今后的审计发展主要不是去查处违法违规问题，是开展效益审计。我们国家现在每年财政支出四万多个亿，今年可能要突破五万个

亿,这五万个亿用得怎么样呢?我们要评估这些资金花得怎么样,有大量的工作要做。比如一个大的项目投资几个亿,几百个亿,甚至上千个亿,比如三峡工程、南水北调,投资以后效益到底怎么样?包括经济效益、社会效益、环境效益。审计将来要重点评价这个。

[主持人]还是很辛苦的工作,还是有很多工作要做。

[李金华]对,现在西方的审计、美国的审计已经有90%的力量搞绩效审计,10%的力量搞传统的财务审计。我们现在绩效审计的力量大概不到一半,大部分还是放在查处违法违规问题。但是,我相信我国审计将来会不断深化和发展,所以这也要求审计人员不断提高自身素质和水平,我一直讲审计有很大的发展空间。

……

[网友]您曾经说过退休的时候会给自己打70分。这70分意味着什么呢?是属于高分还是低分?为什么不是90分,为什么不是60分?

[李金华]我是这么考虑的,现在的审计工作,按照目前我们国家现有的法律法规体系和我们国家发展的实际情况来看,我只是比及格高一点,但是还没有达到优良的水平。

[主持人]为什么这么说?

[李金华]因为我们的审计虽然这些年做了很大的努力,但是真正要达到世界发达国家的审计水平,还有很大的差距。一个是绩效审计刚刚开始;第二个是审计管理的规范程度还

有很多的工作要做;再一个是审计质量控制、成本控制刚刚才开始做,还有很大的差距;还有审计人员自身的素质、专业知识结构等,与国际水平还有很大的差距。所以我认为只达到比及格高一点的水平,也为后人留下更大的空间。所以我也希望网友不要对我们的审计评价过高。另外,审计工作也不是万能的,国家的治理、国家的法制建设要靠各个部门的共同努力来达到的。审计也只是力所能及地做了很小一部分的工作,要靠整个的综合治理才能取得更大的成绩。

★【本章小结】

通过本章的学习,在了解网络评论的样式,掌握网络评论的特点的基础上,深刻思考"网络意见表达对社会舆论的影响"这一问题,并观察网络意见表达主体,分析其构成和态势。

【评论实务训练】

下面这篇文章是网友关于中国三大网络论坛的评价,2007年3月17日发表于央视论坛。请考察其发表后的跟帖评论。如果你是央视论坛的负责人,你如何使它受到更多的关注?如果你是网民,你如何使它受到更多的关注?

中国三大论坛的特色

我将人民网的强国论坛、新华网的论坛、央视国际网站论坛称为三大论

坛,对应的人民日报、新华社、中央电视台,是中央新闻单位的"三驾马车"。那么网上论坛上各自有什么特色呢?

人民网强国论坛有很大的包容量,兼收并蓄广纳不同的意见,只要不违宪的意见,只要在大原则上不出格都可以上贴,因此注册者达到了五十多万,堪称三驾马车中的巨无霸。强国论坛中以浅水区和深水区(深入讨论)最为热闹,无论是网页的更新速度还是上贴的数量都堪称三大论坛之首,但人民网强国论坛的其他分论坛却比较冷清,人民网论坛最大的看景是被推荐到网站首页的精华帖,那些帖子的点击率都很高。强国论坛十分看重观点的新颖、独到,有这样的帖子一定不会被埋没,也许正是这个原因强国论坛的原创作品非常之多。

新华论坛的网友比较均衡,每个分论坛都有一批热恋坛子的网友,因此没有人民网那种分论坛与热坛比过分冷清的状况。新华网论坛主要特点是严谨有余,宽松不足,一般来说观点不如人民网强国论坛前卫,但新华网论坛的跟帖踊跃,尤其是发展论坛深水区的跟帖颇为壮观,可是这些跟帖却观点一致的居多,个性不够鲜明,虽然有些争论不休的跟帖,整体上还是观点趋于一致。我个人认为新华网论坛的问题在于过于保守,而开拓创新精神不足。这与新华通讯社的风格比较一致。

中央电视台网站——央视国家网站央视论坛同样有很大的包容性,这一点与强国论坛相似。只是中央电视台作为国家电视台的地位太显赫了,央视国际只有秉承其视频特点才不会离开电视的特色,因此央视国家的视频是没有任何网站与之媲美的。因为中央电视台节目的巨大收视率,所以央视国家网站的网友数量不够庞大,其论坛规模就显得比较小,除了网评天下读者较多外,其他论坛的读者数量不够多。但央视国际网站论坛做得比较精良,尤其是时政类的网评天下深水论坛——焦点网谈,每天都有几篇精华帖用考究的新闻版面由当日的值班版主做出来,还有每天一篇的央视网评,这些特点在新华网和人民网是不存在的,因此说央视国际网站有着美轮美奂的特色一点不为过,注重编辑学和美学及其新闻性可读性的多重结合,当是央视国际网站论坛的鲜明特色。(作者:阿祥52)

▶【延伸阅读】

1. 金梦玉:《网络新闻实务》,北京广播学院出版社,2001年版。

2. 董天策主编:《网络新闻传播学》,福建人民出版社,2004年4月第2版。

3. 秦州:《网络"客"文化》,福建人民出版社,2006年5月版。

4. 胡文雄:《网络新闻评论分析》,《当代传播》,2005年第5期。

5. 田大宪:《网络新闻评论的结构性矛盾与消解》,《今传媒杂志》,2006年第6期。

6. 连保军:《网络冲击下的电视新闻评论发展趋势》,《传媒》,2006年第

8 期。

7.《网络时代的新闻评论》,《网络传播》2006 年第 11 期。

12 新闻评论的媒体策划

导言

本章学习目标 通过本章的学习,能够全面了解新闻评论媒体策划的含义、原则和内容,掌握报刊、电视和网络等主要评论样式的策划方法。

本章难点 新闻评论媒体策划的原则和内容 报刊、电视、网络评论的媒体策划

内容提要 本章介绍了新闻评论的媒体策划概念、原则和新闻评论的媒体形态创新,以及报纸、电视、网络新闻评论媒体策划的趋势。

> 策划是竞争的产物。在市场环境中生存发展的大众传媒业,是策划应用最频繁的行业之一。新闻评论作为媒体竞争的主战场之一,正越来越需要策划的支持。
>
> 新闻评论的策划包括媒体策划和项目策划。新闻评论项目策划就是对特定评论资源的整合创意,对特定评论样式的设计安排,属于短期、动态、微观的策划,包括选题策划、主题策划、采访策划、形态策划、实施策划等。
>
> 本章主要介绍新闻评论的媒体策划。

12.1 新闻评论媒体策划概说

新闻评论的媒体策划是指对媒体产品中刊发新闻评论的部分即新闻评论单元进行创新设计。不同媒介中新闻评论单元的具体含义不同,在报刊媒介中,它可以是一个或多个专栏,也可以是一个或数个专版;在广播电视媒介中,它是一个或多个栏目;在网络媒介中,它可以是一个频道,或者一个专区,或者一个网页。

新闻评论的媒体策划属于长期、静态、宏观的策划,一旦确定下来在较长时间内不会有大的改变。它包括评论单元定位、评论形态设计等内容。

12.1.1 新闻评论的媒体策划原则

评论是媒体的灵魂,评论单元是其灵魂的家园。如何建造好这个家园,对于媒体来说是极其重要的事情。建造好这个家园,需要遵循以下原则。

12.1.1.1 公共平台原则

媒体作为各个地域、各个行业、各个阶层的意见表达渠道,具有公共性。媒体设立评论单元,要考虑是否为各种意见的表达提供平等的机会,是否为各种意见的表达提供了充足的空间或时间。

河南人民广播电台《政府在线》节目的开播,就顺应了广大群众对知情权和话语权的诉求。随着我国社会主义政治文明的推进,受众对信息公开、信息透明的要求越来越高,民主参与意识越来越强,建立一个沟通交流的意见平台,解疑释惑,排忧解难,听取民意,达成共识,正成为构建和谐社会的舆论需要。

12.1.1.2 受众需要原则

新闻媒体要想赢得竞争,要想在舆论上发挥预期的作用,就不能忽视受众的需要。评论的选题要贴近受众的生活,评论的表达要贴近受众的心理,评论内容的安排要贴近受众的需求。受众需要是新闻评论媒体策划的出发点之一。有的报刊评论专栏忽视受众的需要,开办栏目、选编稿件过分考虑传者的意愿,把评论专栏办成少数"评论贵族"的沙龙,结果就会受到冷落。

12.1.1.3 创造性原则

策划最本质的特点就是创新。创新贵在人无我有、人有我优、人优我特,也就是在更高层次上与众不同。

创新有绝对性的创新,也有相对性的创新。

绝对性创新是指创造出以前没有的事物,或者使已有的事物获得新的发展,原始性创新、继发性创新、集成性创新即属于此类创新。原始性创新是指创造出以前根本不存在的事物,比如近代报刊创造了新闻评论这种新闻体裁;继发性创新是指对原有事物加以改进使其性能有所提高,比如报刊评论分化出若干类型使评论的功能多样化;集成性创新是指将若干事物融合在一起从而形成新的事物,比如将报道和评论结合在一起就产生了述评这种新的评论类型。

相对性创新是指使某一领域拥有以前没有的事物,而这种事物在其他领域是已有的,移植性创新即是此类创新。比如广播节目中原本没有评论,后来把报刊评论移植到广播中,由此产生了广播评论。因此,在新闻评论的媒体策划中,两类创新方法都要重视。当前电视界有这么一种模仿模式:港台抄欧美,大陆抄港台,地方抄央视。前两种模仿当然没什么问题,因为目标受众不重叠,属于移植性创新;而后一种模仿则问题较大,因为受众是重叠的,它们之间互相模仿,会使节目同质化。

12.1.1.4　适宜性原则

任何媒体的运作都是在一定的时代背景和文化背景下进行的,策划不能脱离受众的生活实际,不能脱离特定社会群体的价值观和审美观。在电视评论节目中,主持人形象(年龄、性格、发型、服装)、道具(茶杯、笔、卡片、坐椅等)、场景(或室内或室外、或大或小、或闹或静)的设计,以及节目包装,都要照顾到目标受众的接受程度。有一档评论节目的主持人以鼓为道具,击鼓话天下,激动时还会猛击一通。鼓是一种乐器,对人的情绪作用很大,能使人亢奋。可是评论是诉诸理性的,需要人理智、冷静,那么这两种策划就会让人感到别扭。

形式为内容服务,形式的策划要以为内容提供最佳框架为目的。媒体形态创新就是对各种表现因素进行组合,能够恰当地表现评论内容的组合才是最好的。

12.1.1.5　媒体特色原则

任何媒体都有自己的优势和劣势,在设置评论单元的时候,要知己所长,知己所短,然后扬长避短,塑造特色。《新京报》2003年11月创刊的时候,有人预言"北京没有新闻评论的空间",主张《新京报》立足新闻报道,不要在评论上花太多精力。但《新京报》顺应时代的需要,以"立于北京而怀远,彰显法治和人文,积极稳健有见地"为理念,挟北京作为中国政治经济文化中心拥有丰厚的政治资源、文化资源、学术资源的优势,甫一开张,便在新闻报道版之外,设立多个评论版面。除了社论(来信)版、时事评论版外,还有经济评论、文娱评论等专版,加上每周一期的"时事访谈"版和《地球周刊》中的"国际评论"版,《新京报》的评论是目前都市报中数量最多的。

集束式的评论成为该报的一个最

大的特色：一是题材多样，无论是时政的还是社会的，国内的、本地的还是国际的，经济的、文化的还是体育的，方方面面都有涉及；二是架构完整，从普通读者表达草根声音的"来信"栏目，到公民写作的"时事评论"、专家学者的约稿和"时事专栏"，再到比较高端的"时事访谈"，为社会不同层级人士的观点表达搭建平台。①

12.1.2 媒体新闻评论单元的定位

一般来说，不同的媒体有不同的定位，媒体新闻评论单元的定位要与本媒体的总体定位相协调。一家媒体可以设置多个评论单元，各个单元的定位应该有所差异，但在总体上应互补共生。

评论单元的定位要从以下几个方面考虑。

12.1.2.1 宗旨定位

宗旨是媒体的灵魂，是媒体精神和价值取向的体现，它规定着媒体的内容、受众、风格等。确定什么样的宗旨对一个评论单元的成败至关重要。

河南人民广播电台 2003 年开办的《政府在线》节目只用 2 年时间就打造成为强势品牌，收听率在全省覆盖的广播节目中高居榜首，2005 年 8 月赢得中国新闻奖的最高奖。该节目成功的原因很多，而它确立以"聚焦公众和社会关注的话题，架起政府和百姓沟通的桥梁"为宗旨是最重要的原因。②

12.1.2.2 内容定位

内容定位指的是媒体新闻传播总的反映面有多大，具体说来，包括反映的领域有多宽、区域有多大等。媒体新闻评论单元的内容是由媒介的性质、媒体的内容定位和传播对象的需要决定的。

(1)根据媒介的性质定位。不同类型的媒介在内容表现方面各有优势和劣势。与电视相比，广播只出声不出像似乎是弱点，但换个角度看这又是优点。像两性一类的话题，广播做起来就比电视有回旋余地。1996 年开播的浙江文艺电台的午夜性教育节目《伊甸园信箱》因主持人万峰特有的愤怒声讨式的主持风格而迅速变成一档收听率全国都数得着的最佳电台节目，万峰也因此获得"电波怒汉"的称号，成为包括央视在内的国内媒体追捧的明星。③

(2)根据媒体或媒体专栏的专业领域定位。媒体新闻评论单元的内容定位要服从于本媒体的整体定位。时政类媒体评论单元的内容以时政评论为主；财经类媒体评论单元则以经济评论为主；其他的行业性媒体的评论单元也都贴近本行业设立评论单元。

(3)根据媒体覆盖的地域范围定位。《人民日报》海外版主要面向中国内地以外地区发行，其国际评论相对较

① 《新京报时事评论精选：新评论第一编》，南方日报出版社，2006 年 12 月版，前言。

② 赖谦进：《〈政府在线〉一路走来——河南人民广播电台打造中国新闻名专栏的实践与思考》，《新闻爱好者》，2006 年第 7 期。

③ 滁河明月：《"骂"名昭著的"性主持"》，《深圳青年》，2006 年第 9 期。

多;《人民日报》的地方版(如华东版),则以其发行地域的事务为评论对象。《羊城晚报》是一家地方媒体,但原来在全国晚报稀缺的时候,它的发行覆盖全国,其评论对象也遍及全国;后来随着全国各地晚报和都市生活报的兴起,它的发行覆盖面逐步收缩回广州市,其评论内容也自然以广州事务为主。

12.1.2.3 受众定位

受众定位就是媒体选择什么样的人群作为自己的目标接受群体。在媒体稀缺的情况下,媒体走大众化道路,以其发行覆盖范围内的所有人为目标受众;在媒体数量增加、竞争日益激烈的情况下,媒体走分众化甚至小众化道路,按照年龄、性别、职业、爱好、文化程度等特征,对其发行覆盖范围内的人群进行细分,选择其中的一部分人作为自己的目标受众,走分众化道路。

不同媒体的评论单元的受众定位是媒体受众定位的延伸,比如《经济日报》的评论面向对经济事务感兴趣的人,而《环球时报》的评论则面向对国际事务感兴趣的人。同一媒体中的不同评论单元的受众定位也有差异,比如凤凰卫视资讯台的评论节目《解码陈文茜》吸引的是对台湾事务感兴趣的华人,而《震海听风录》则吸引的是对中外关系感兴趣的人。

12.1.2.4 水准定位

媒体的水准指媒体的思想水平、文化水平和专业技术水平所达到的高度,是通过媒体传播内容的深度、广度以及语言文字、版面(画面)设计、制版印刷(播出信号)等多方面因素综合表现出来的。媒体的受众定位直接影响其水准定位。

凤凰卫视将其受众定位为全球华人中的"三高"(高学历、高收入、高职务)"四有"(有知识、有权力、有财力、有前景)群体,因此它的评论节目追求高品位、深刻性;而一些面向普通大众的内地电视台的新闻评论节目则追求通俗化。

12.1.2.5 风格定位

媒体的风格特色指媒体的整体结构、传播内容、传播方式和版面(画面)形象等因素综合表现出来的格调和特点。

12.1.3 新闻评论的媒体形态创新

所谓新闻评论的媒体形态,是指新闻评论单元的表现形式,即它以什么模样呈现给受众。媒体形态是由大众媒介可以使用的各种表现元素(人物、材料、技术、手段等)共同构成的。任何大众媒介的表现元素都有很多种,有的是既有的,有的是潜在的(没有产生或者已经存在但没有被使用)。所谓媒体形态创新,就是通过重新组合各种因素而生成一种新的媒体形态。

新闻传播载体按照传播介质的不同可以分为报刊、广播、电视、网络四种大众媒介。每一种大众媒介从诞生起就由其基本的表现因素构成基本的媒体形态。比如报刊最初的基本表现因素是版面和文字,其基本媒体形态就是由文字符号所构成的版面。其后随着印刷技术的发展,报刊增添了绘画这种表现因素,于是报刊的媒体形态便形成了由文字和绘画所构成的版面。后来人们把文字和绘画结合起来,文字在印刷体之外又有了手写体这种表现形式。摄影技术诞生以后,报刊又增添了真实记录事物面貌的照片这一表现因素,媒体形态进一步得到了丰富。这样,报刊的表现因素就发展为版面、文字、图片(包括绘画和照片),其中版面为不变因素,文字和图片为可变因素。因此,在一定时期内,表现元素的种类是固定的,媒体形态也相对稳定;当新的技术和新的表现元素出现的时候,媒体形态会发生相应的变化。

媒体形态创新,首先要熟悉各种大众媒介的表现元素,然后在此基础上进行多重有机组合。下面介绍两类媒体形态创新的基本方法。

(1)从表现元素组合的性质角度看,大众媒介表现元素的重组方式有两种:

1)添加法 即通过增加表现元素而获得新的媒体形态。其中又分为单一元素的增生和多种元素的加入两种方法。传统报刊评论的版面较小,而且刊发时间也不固定,后来发展出定期刊出的评论专栏,评论专栏又不断扩大,发展出评论专版甚至多个评论版。这是单一元素的量的增加。报刊评论传统的表现元素除了版面之外只有文字,其媒体形态就是由文章构成

的版面。后来人们将绘画(主要是漫画)元素加入评论中,产生出以漫画为主甚至不要文字的新的评论形态——漫画评论;后来又将照片元素加入评论中,产生出照片评论。这是多种元素的加入。

2)融合法 就是将原有的两种以上的表现元素融合成一种新的元素,从而获得新的媒体形态的方法。原来电视的视频只表现实物的影像,不能用来表现文字,后来电脑特技使文字能够出现在屏幕上,这种文字既不是实物的影像,也不是报刊版面上的文字,而是二者融合产生的新的表现因素——字幕。

(2)从表现元素的来源看,大众媒介表现元素的重组方式有三种:

1)某一大众媒介的各种特有表现元素的组合创新。媒体形态创新,首先就是要挖掘本媒介特有的表现元素,创造出具有本媒介特点的媒体形态。

2)各种大众媒介表现元素的组合创新。主持人是广播电视特有的表现元素,为传统的报刊所没有。但后来报刊评论借鉴了"主持人"这一元素,即由编辑充当主持人,特邀一些嘉宾共同讨论某一话题,然后把讨论内容加以整理刊登在报刊上,从而产生了报刊的宾主对话式评论。广播电视媒介的新闻节目最初就是移植报刊的表现元素——文章,采用播读报刊文章的方式播报新闻,中央人民广播电台早间重要新闻节目《新闻与报纸摘要》至今还保持着这一历史传统。2003年年初,凤凰卫视对这种形式加以改造,推出《有报天天读》栏目,由主持人杨锦麟摘要

介绍全球报刊的新闻,并加以点评。该栏目开播仅半年收视率就杀入凤凰卫视栏目的前三名,被《新周刊》评为"2003中国年度新锐榜"的"年度电视节目奖",而且掀起了一股"电视读报"热潮,引得众家电视台争相效仿,如央视的《马斌读报》、陕西卫视的《华夏点击榜》、江苏城市频道的《孟菲读报》等等,这是报刊表现元素和电视表现元素的组合。

3)各种大众媒介之间的组合创新,即各种大众媒介的评论单元发挥各自优势,协同行动,遥相呼应,共同构建立体化评论。不同的媒介有各自的传播优势,有不同的受众群体,这种差异具有互补性,为不同介质的媒体之间的联动合作提供了可能性和必要性。

4)大众媒介表现元素与非大众媒介表现元素的组合创新。非大众媒介的外延非常广泛,其中可以为大众媒介所用的表现元素也相当多。比如电话这种通讯手段,无论是固定的还是移动的,也无论是可视的还是不可视的,都可以为视听类大众媒介所用。文艺表演也是诉诸视听的人类活动形态,其表现元素当然能够被视听类大众媒介所用。道具是文艺表演不可或缺的表现元素,而传统的新闻传播并不借助道具。有的电视新闻评论节目中使用了道具,如主持人(评论员)穿着唐装,拿着折扇,端着茶杯,甚至敲着鼓等等,就是一种大众媒介表现元素与非大众媒介表现元素的组合创新。评书是一种曲艺形式,它最大的

特点是叙述讲究节奏,语调略带夸张。目前不少广播电视评论节目借鉴了评书的表达方式,人们称之为"新派电视评书体"评论。

12.2 报纸新闻评论媒体策划的趋势

12.2.1 评论版面话语化

我国当前处于社会转型期和矛盾凸显期,社会表达的需要十分强烈,评论的空间因此不断扩大,报刊纷纷扩大评论版面,并受到了了读者的欢迎。扩大评论版面不仅是个量的问题,更需要体现社会话语的表达和舆论作用的要求,做到这一点,就需要评论的媒体策划。

12.2.2 评论作品集约化

给新闻报道配评论是我们中国媒体的一大特色。它的优点是评论的针对性强,能够直接让受众了解新闻的本质和意义。但从发展趋势上讲,报道和评论是朝着分离的方向发展的,分离不仅指要把评论内容从新闻稿件中剥离出来单独成篇,而且指报道和评论要在空间上和时间上隔离开来,也就是说,在新闻版面或节目中不插入评论,而要设置专门的评论版面或节目。

将评论集中成一个甚至数个版面,使之以整体的形象呈现在读者面前,就会在视觉上构成冲击,产生整体效应、规模效应。就评论版面内部而言,在稿件的编选上也有更大的回旋余地,可以从容调节。比如针对一则报道,原来只

能配发一篇评论,现在可以编选两篇以上角度不同甚至观点相对的稿件,使受众得到更多的启发。

12.2.3 评论话题多元化

世界是多元的,我们每天面对的事件、问题也是多元的,评论关注的话题也应该是多元的。在报纸言论版面扩充的同时,评论选题多元化的趋势越来越突出。

12.2.4 来信式评论

来信即读者来信,是指以书信的形式发表看法。这与我国目前的"读者来信"有很大差异,后者基本上是读者向报刊提出问题或困难,希望得到有关部门的帮助或解决,是求助而非评论。

西方国家的报纸大都十分重视读者来信。在言论版的左边刊登数篇社论、右边刊登更多篇数的读者来信,是一种基本模式,如英国的《金融时报》、美国纽约的《每日新闻报》;也有的报纸专辟一个读者来信版,如美国的《华尔街日报》和加拿大的《多伦多星报》。

我国报刊刊登"来信"的历史也很久远。1912年创办的《独立周刊》设置的《投函》专栏刊登的读者来信,已经具有涉及时事批评的性质。1915年创刊的《新青年》杂志在创刊号的《社告》中说:"特辟《通信》一门,以为质析疑难,发抒意见之用。凡青年诸君对于物情学理有所怀疑,或有所阐发,皆可直笺惠视。本志当尽其所知,用以奉告。应可启发心思,增益神志。"

20世纪20年代中期,邹韬奋主办的《生活》周刊的《信箱》,更是充分发挥来信的交流性。邹韬奋在一篇《编者附言》中写道:"本址'信箱'栏,是公开的园地,留给读者们自由讨论他们所关切的任何问题,只须有公开的价值,我们并不加以怎样的限制。"[①]

近些年来,我国报纸越来越重视来信,许多报纸开辟了来信专版。如《新京报》二版为《社论/来信》版,上下分开排列,明显是上承传统,外接惯例。又如《北京晚报》开辟了一个《公众平台/大拇哥》版,专门刊登读者通过手机短信发来的关于城市建设的想法和对本报的意见。

由于传统的评论作品穿靴戴帽,结构复杂,耗费笔墨较多,以至于影响了报纸评论版面的容量。书信式的评论则不需要讲究结构的完整性,往往三言两语指其一端、表其一意即可,比较短小,这样一个版面就可以容纳更多的"声音",特别是围绕某一话题集纳若干来信"合题"发表,更是节约版面。《今日美国报》在社论版读者来信栏的下方有一个固定的启事栏《请评论》:"我们欢迎你对社论、专栏文章、《今日美国报》上其他话题,以及对你来说任何重要的话题发表评论……250或更少的字数最有机会发表……"

读者来信不加修饰,直抒胸臆,神采毕现,保持着不同立场、不同观点交汇于一堂的生动气息。端庄的社论与

---

① 《新闻文存》,中国新闻出版社,1987年版,第352页。

活泼的来信,形成一种活跃的、生动的、交互性的话语空间和言论生态。①

12.2.5　评论论点动态化

当前,许多新闻评论的媒体策划把对某一评论对象的评论看作一个过程,媒体不仅提供观点,还提供渠道。也就是说,媒体评论提出的论点,呈现出一个动态的过程,这个过程是多元评论主体如公务人员、专家学者、普通群众讨论的过程。公众观点在媒体上交流与碰撞,换来的不仅是吸引眼球的热闹场面,其背后的深义值得人们思考。

12.2.6　评论形式多样化

许多报纸的评论版上的评论文章的格式、结构、表达符号呈现出多样化趋势。一个评论版上,既有结构完整的传统评论,也有民谣、打油诗等诗歌体裁的评论,还有图片(照片、漫画)评论。由多种的评论样式组成的评论版一扫沉闷的气息。

12.2.7　评论规模"立体"化

媒体评论联动一般在不同介质的媒体之间进行。如《北京青年报》与中央电视台的《今日说法》栏目进行联动,将《今日说法》播出的节目改为文字稿予以刊登,既丰富了《北京青年报》的内容,又为《今日说法》节目提供了实体形态,提高了传播效果。《河南日报》报业集团内部的报纸和网络本着资源共享的原则进行联动,在大河网上开设《焦点网谈》评论专栏(该专栏获 2005 年度中国新闻奖新闻专栏类一等奖),在《河南日报》上开设《焦点网谈》评论专版,网报互动,一体化运作,拓展传播渠道,扩大传播范围,获得较好效果。

12.3　电视新闻评论媒体策划的趋势

12.3.1　评论栏目主持人化

电视是目前表现元素最多又最强势的媒介。人们喜欢看电视,一是要看景——各种真实的现场画面,二是要看人,尤其是名人。以主持人的名字命名评论栏目,便可以把名人与评论栏目有机地结合在一起,有利于形成主持人的个性品牌,同时借助主持人的品牌打造栏目的品牌。不同的主持人因其成长环境、人生阅历、学识专长等方面的差异而形成不同的个性气质,这些个性特征通过评论的切入角度、立场观点、表达方式、语言风格、形象气质等表现出来,具有不可复制性。另一方面,评论栏目是为主持人量身打造的,主持人可以比较自由地驾驭评论的内容和过程,充分展示自己的个性,并且可以经常在评论中插入个人的经历和感受,使评论与主持人一体化,具有了人格特点,从而塑造出主持人的个性品牌,受到观众的追捧。央视的《小崔说事》和《马斌读报》,凤凰卫视的《解码陈文茜》、《震海听风录》、《新闻骇客赵少康》、《李敖

————————
①　马少华:《新闻评论》,中南大学出版社,2005 年 5 月版,第 192～198 页。

有话说》等让人难忘。

12.3.2　传受互动化

受媒介特点的影响,广播更擅长与受众进行电话热线沟通,而电视则更多地把受众请进节目现场。相对而言,把受众请到现场,沟通更充分,但沟通的范围受到了限制。电视应该利用其声画结合的传播优势,扩大沟通范围,增加沟通渠道。

12.3.3　多种媒体联动

电视传播的一大缺陷就是再美妙的画面、再动听的声音,都如过眼烟云,转瞬即逝。为了弥补这一缺陷,电视节目往往要重播,有的要在不同频道重播数次。与其他媒体联动,则增加了信息传播的渠道和方式,从而提高传播的有效性。比如将电视节目内容刊登到报刊上,人们虽然看不到画面、听不到声音,但可以了解节目的内容;将电视节目的音频配上解说在电台播放,人们就可以当广播节目收听;将电视节目的视频、音频、文字放在网站上,则能够满足人们随时以方便的方式接收信息。电视节目受频道资源的限制,播出量大受限制,造成节目积压,时效性降低,播出效果也大打折扣,甚至有的节目丧失播出价值,造成资源浪费。如果把这些节目适时地放到网站上,虽然不能达到在电视上播出的影响效果,但毕竟可以得以传播。

电视与其他媒体互动还包括借助其他媒体宣传自己的栏目,介绍节目背后的故事、花絮等。

12.4　网络新闻评论媒体策划的趋势

12.4.1　超文本技术支持下的密度化

超文本链接是网络特有的技术,这项技术使得网页能够以标题(提要题、关键词)的形式展示信息的一部分内容,而不必像报刊版面那样将每条信息的所有内容展示出来,因此一个网页可以比报刊的一个版面容纳更多信息。利用这种技术,网络评论可以从两个方面增加评论的密度:一是针对某一主题推出更多的评论文章,使各种观点能够互相碰撞;二是评论文章可以写得更详细,并提供相关的新闻和资料。

12.4.2　多媒体技术支持下的新形态

目前受到带宽的限制,网络评论主要沿袭报刊评论的形式,静态的文字和图片居多,动态的音视频评论较少。随着网络技术的发展,音视频评论将得到长足的发展。另外,当网络视频技术发展到一定程度,人们可以通过网络实时对话,推出网络在线评论节目,版主也会主持人化,像广播电视评论节目的主持人那样驾驭评论过程,使网络论坛更加活跃。另外,利用电脑动画技术制作动画评论,也可以推出完全仿真的电脑模拟主持人和评论员,使评论形式更加丰富多彩。

12.4.3 大容量空间下的细分化

现代社会日益复杂化，人们的交往更加紧密，人们对近至身边的社区事务，远到大洋彼岸的国际事务都很感兴趣，也都想了解其他相关人群的态度和意见，想表达自己的立场和见解。受到空间和时间的限制，传统媒体无法关注更多的事务，而网络媒体正可以拓宽视野，细化评论频道的栏目，把更多的事务引入人们的评论话题范围。

12.4.4 表达群体聚集后的交流性

网络评论的魅力不仅在于表达的便捷和自由，同时也在于交流的便捷和自由。随着网民基数的扩大，网络评论的交流功能将越来越吸引受众。

12.4.5 话题讨论的工具化

网络表达对社会事务的影响力正在快速增强，政府机关、社会组织、公司企业乃至公众人物都十分重视网络表达。当网络成为一种重要的舆论工具的时候，它就应当承担起相应的社会责任，更加注重对舆论的组织和引导工作，而不是只做被动的反映者。比如，针对重大事务，网站可以推出专题论坛，主要网站还可以联合起来做民意调查，为决策部门制定政策、开展工作提供民意参考。

★【本章小结】

通过本章学习，应初步掌握新闻评论媒体策划的基本规律，并能运用这些知识去分析新闻媒体的实践，思考"新闻评论媒体策划与社会意见表达之间的关系"这一问题。

◤【评论实务训练】

1. 假如韩非、苏秦、司马相如、潘安、西施、苏轼、诸葛亮等历史人物所处的时代就有报刊、广播、电视、网络，他们分别适合做什么媒体的评论工作？为什么？

2. 目前全国各省都有了上星电视频道，请你考察所在省的上星电视频道，并为其写出一份电视新闻评论媒体策划报告。

◨【延伸阅读】

1. 赵振宇：《现代新闻评论》，武汉大学出版社，2005年2月版。

2. 席文举：《策划传媒》，南方日报出版社，2007年10月版。

3.（美）杰克·富勒（Fuller, J.）著，展江译：《信息时代的新闻价值观》，新华出版社，1999年12月版。

4. 张静民：《走进第一现场——调查评论式电视新闻节目的策划艺术》，《新闻实践》，2001年第9期。

5. 徐舫州、张伟敏：《话语阐释叙事立言——管窥电视新闻评论性节目两种表意方式》，《现代传播》，2006年第4期。

第 **4** 篇 **《LAPH FRY⸺ N》**

新闻评论的符号

13　新闻评论的符号

导言

本章学习目标　通过本章的学习,要求能够掌握新闻评论符号在新闻评论中的地位和作用,根据具体的新闻评论恰当地运用评论符号。

本章难点　新闻评论中的语言和声像符号的娴熟运用

内容提要　本章主要从符号入手阐释新闻评论符号的类别及其使用方法,分别介绍了语言、图表和声像三种符号在新闻评论中的应用情况。

符号是新闻评论的重要元素,它具有表现事物、表情达意的功能。不同新闻媒体在进行新闻评论时,根据不同的需求选择不同的符号表达方式,以求准确、恰当、得体地代表所指,反映能指。总体而言,新闻评论的符号分为语言、图表和声像三种。文字和声音符号遵循约定俗成的规律,可以脱离所指进行新闻表达,而图片和影像则是对所指的直接摹写。在进行新闻评论创作中,对符号的把握至关重要,它直接决定了一篇评论的形式、风格,影响文章的表达和受众的理解。在新闻评论的实践中,媒体不同,选择的符号表达也不尽相同。印刷媒介诉诸文字和图片,广播诉诸声音,电视诉诸声音和影像,网络则囊括了上述所有的符号。在新闻评论的创作中,选择适宜的符号,是新闻评论表达的需要。

13.1 语言

新闻评论的语言运用直接关乎评论的表达效果。语言艰深晦涩,就会影响受众理解;语言拖沓冗长,就会影响内容表达;语言逻辑感不强,就不能以理服人。评论的语言也体现出评论的风格和节奏,出色的语言表达不仅使评论风格独特,特色鲜明,也会给评论本身带来形式上的美感。所以撰写评论,语言的锤炼是起决定性作用的。

13.1.1 评论语言的风格

不同评论作品的文风即语言风格

不尽相同。有的笔触尖锐、一针见血,评论风格泼辣犀利;有的行云流水、客观冷静,擅长冷眼观世事。有的严肃庄重,有的如同拉家常。另外,体裁不同,评论的语言风格也不同。社论代表媒体对重大问题发表看法,一般比较庄重严肃,短评则风格多元。评论的语言风格还与媒体的整体定位有关。党报和都市报,新闻频道和生活频道、时政评论和体育评论等,因受众定位不同,内容取向不同,评论的语言风格也呈现出不同特点。因此在新闻评论的写作中,不能将语言风格绝对化,要因事而异、因人而异、因体(裁)而异、因媒体而异。

下面的这两篇评论,一篇语言平实、严肃庄重,一篇语言辛辣,嬉笑怒骂,请予以比较:

大学生身价等同于农民工是个伪命题

不久前,涉及 25 个省(区市)的 5300 多名外出务工人员接受了劳动和社会保障部的一项调查。结果显示,他们对今年外出务工的月工资平均预期达到 1100 多元。与此相呼应的是,众多的调查数据显示,应届大学毕业生对月薪的预期连年下跌,已降至 1000 元左右。据此,有人得出"大学生身价等同于农民工"的结论。尽管许多专家认为这二者没有可比性,但他们同时认为,这其中透露出的信号值得社会警示。(《中国青年报》2 月 16 日)

中国什么时候大学生身价等同于农民工了?过去没有,现在没有,将来也不会有。提出"大学生身价等同于农民工"的问题，本身就是一个伪命题。

有人之所以得出"大学生身价等同于农民工"的结论，是因为上述提到的调查数据显示，应届大学毕业生对月薪的预期，与今年外出务工的月工资平均预期，基本上已经非常接近。笔者且不说这些调查数据是否准确，仅仅就调查数据本身而言，都是一些"对月薪的预期"。拿相当不确定的预期数据来进行比较，其可比性、可信度首先就打个大大的问号。

所谓的"月工资平均预期达到1100多元"，对大多数农民工而言只是目标工资。而在现实生活中，农民工的平均月薪究竟是多少呢？据一项权威调查表明，2004 年只有非常可怜的539 元，还不到上面提到的目标工资的一半！这才是真实的一面。

当然，应届大学毕业生对月薪的预期连年下跌确实也是事实，如果说已降至1000 元左右比较起高昂的学费也确实够低的了。但毕竟要远远高于农民工群体。而要真正比较起来，农民工中的许多人已经在城市里摔打、磨炼了多年，在技术经验等各方面都已经成了能手，应届大学毕业生虽然在校学习了 4 年左右，可实际工作经验和能力都还有相当的距离。所以，硬要把两者相比较，应届大学毕业生肯定是占了很大的"便宜"，一出校门就拿到比农民工高许多的工资。在一些发达国家，大学生起薪低于蓝领工人是很正常的一件事情。现在还把不正常、不合理的东西拿来"叫屈"，只能说

明农民工群体的弱势低得不能再低，连刚出校门的大学生都要"踏"一脚。

国家统计局最近一项统计数据表明：知识和收入成正比。在 2004 年的城镇居民的平均年收入中，小学文化程度为 8744 元，初中为 10269 元，高中为 12204 元，大专为 17290 元，本科和研究生分别为 22995 元、37880 元。这才是最接近真实的一面。

（《中国青年报》2006 年 2 月 19 日，作者 金卯刀）

李真的话岂可全信

阿 Q 在临死前认真地画了一个自鸣得意的圆圈，这个圈展示了阿 Q 的劣根性。李真在临死前画了一个自以为是的"圆圈"《地狱门前——与李真刑前对话实录》（新华出版社 2004 年 10 月出版），为我们透视李真的丑恶灵魂，全面认识贪官污吏的劣根性提供了难得的案例。

贪官污吏都是双重人格。这种人边"庄严"边腐败；"见人说人话，见鬼说鬼话，人鬼一起来，满口说胡话"。李真在正式场合巧扮"庄严"，在非正式场合则毫不掩饰其流氓加无赖的嘴脸。他在上级面前说的都是人话，所以，曾经被看作"好苗子"，被委以重任；在贪官污吏、妓女、情妇、嫖客、骗子和奸商面前说的全是鬼话，贪鄙之人以金钱美色巴结他，是为了求他办事，也为"防止他在首长面前说坏话"（多名贪官的"共识"）。李真式的贪官污吏在权势和金钱面前是哈巴狗，在部下、群众和穷人面前是恶狼；不得志时夹紧

尾巴装"孙子",一脸"老实"相。人一阔,脸就变,一得志,便猖狂。李真"在地狱门前"说:"当初想做焦裕禄式的县委书记"。那是地地道道的胡话。一个双重人格的人绝不会成为"一个纯粹的人",更不会成为焦裕禄式的榜样人物。

李真当然不是天生的坏种,他能作大恶肯定有社会环境的弊病助成,但他在出事后说自己"丧失了理想信念,才滑到腐败的深渊",则完全是习惯性地说官话大话空话假话而已。他作为"知识化"的干部,从小学到大学都学政治理论;作为"专业化"的领导秘书,天天学文件,写文件,接受领导的教育培养;作为"革命化"的领导干部,多次进党校"进修、培训、短训、轮训",经常开"中心组学习会",每天都在抓干部职工的"精神文明"和"思想政治工作"。"教化"人的"方丈"何以"丧失了理想信仰信念"呢?一言以蔽之:假善人、花和尚、伪道士而已,根本就没有树立起理想信仰信念。这些人的所作所为仅仅是伪装。

贪官污吏都是以利害计较为宗旨的机会主义分子。李真等人总说"社会风气不好"、"小人们拉自己下水"、"监督不严"、"没人提醒"才使自己由腐到败。从案件材料看,李真等贪官污吏规则意识、自律意识、批评与自我批评意识极差,相反,有着极强的投机钻营、投机取巧意识,急功近利,卑鄙势利。他们见权贵就追,见富豪就傍,见名利就争,见空子就钻,见机会就上;没有机会,想方设法超越规章制度,破坏游戏规则,违法乱纪"创造机会"。李真由"一朵花"到"豆腐渣"过程中的现实表现,在案件侦查阶段的抗拒、摆阔、显贵、"承诺"等表演,以及从一审判决到上诉期间的"反思"、"悔过"、"立功"、"反腐建议"、"内心独白"等等作"秀"行为表现了一个彻头彻尾的机会主义者的嘴脸。大权在握时,他千方百计地弄权贪财;锒铛入狱后,他千方百计求生存。做每件事之前,他首先计较的是自己的利害关系。他听到"判处死刑,立即执行"的终审判决时,立即瘫倒在地,并提出上厕所的要求,贪求能多活"一泡尿的功夫",将"贪"字进行到底。李真"在临死的那一刻瞪圆了眼睛",或许是想再重复一次"我还年轻,我不想死",或许想学阿Q高唱一句"我手执钢鞭将你打",或许想高歌一曲《向天再借五百年》。到底什么意思呢?只有鬼知道!

妓院的门敞开着,良家妇女不会主动沦落风尘;仓库的门轻锁着,忠厚长者不会铤而走险。"不正之风"一直有,焦裕禄、孔繁森等人为什么没有"生锈"?同在河北官场,郭光允等党员干部怎么就没"被李山林等小人千方百计拉下水"?性格决定命运,品格决定行为。作为"贪官标本",李真及其"现象"的研究价值之一,既在于提醒人们加强制度建设的重要性,也告诉我们要善于鉴别、发现、防范那些寄生在官场里的贪鄙小人。

(2004年11月4日《南方周末》,作者 陈仓)

13.1.2　评论语言的总体要求

（1）深入浅出，以理服人。把深刻的思想内容和平易通俗的表述结合起来，是当代新闻评论追求的风格。使受众既可以从深刻的道理中得到启发和教育，又容易理解和接受。要做到这一点，首先要明确深入是浅出的前提，即通俗的表述应以深刻的内容为基础；其二，要了解受众的认识规律和接受能力；其三，要善于运用群众语言。语言是把评论写得深入浅出的重要手段。评论语言通俗易懂、生动活泼、接近群众，对于增强评论的传播效果有着重要意义。

（2）形象具体，以活引人。这是说理论述的一种重要方式。它是把说理的逻辑性和形象性结合起来，把抽象的道理和具体的形象结合起来，使新闻评论的内容和思想容易被受众理解和接受。使得评论语言形象具体，常用的方法有三种：一种是善于运用比喻，使抽象的道理形象化；二是使用形象化的语言，直接描绘客观事物；三是巧妙而恰当地运用成语典故、语言故事及古代诗文，有助于增强评论的形象性和说服力。

（3）诉诸实感，以情动人。新闻评论不仅要在道理上说服受众，还要在感情上打动受众。理情相宜，水乳交融。

首先，新闻评论应该有感而发。即作者对所评论的内容有深刻理解和感受，将真情实感在评论中自然地流露出来。

其次，要寓情于理，以增强评论的说理效果。通过动之以情、晓之以理的评论语言，给受众以理性愉悦的同时带来审美愉悦。

其三，灵活运用各种修辞手法，增强评论的感性色彩。央视记者敬一丹曾为《焦点访谈》采访制作了一期题为《在沙漠边缘》的节目。该节目通过触目惊心的画面报道了我国西北地区土地荒漠化的严峻现实。片尾，敬一丹指着大屏幕内随风翻飞的碧绿的杨树叶说：在我即将完成这个节目时，特意编辑了这样一组画面放在结尾。这绿色，是我们这次采访一路追寻的亮色，是西北沙漠大片灰黄基调上难得一见的颜色，也应该是伴随着沙沙、翠翠（采访对象的名字）长大的颜色。一位摄影记者说，到西北沙漠画画，只需带两种颜料，带十管黄的，一管绿的就够了。我想，画今天的沙漠这样，但愿画明天的沙漠时，能够多带几管绿颜色。这段评论源自采访路上的真切体会，朴实的语言中蕴藏着一种对充满绿色与生机的沙漠明天的期待，既有说理又有真情，语言与画面浑然一体，使人感同身受，因而极富感染力。

（4）要言不烦，以精益人。新闻评论要善于运用朴素凝练的语言准确地表达作者的观点和思想感情，实实在在地讲道理。具体包括三个方面：一要道理实在，言之有物；二要论题集中，见解精粹，篇幅适度；三要字斟句酌，语言规范，精益求精。

我们来看下面一篇获得第十二届中国新闻奖评选一等奖的作品：

"真抓"与"假抓"

最近召开的中央工作会议，再一次强调了这样的要求："认清形势，把握大局，齐心协力，真抓实干。"在我的印象里，"真抓实干"这四个字，已经讲过很多遍了。不仅中央领导讲，省、市、县、乡各级领导也都在讲。但现在的情形怎样呢？应该说，有很多地方确实是"真抓"了，"实干"了，但也有不少地方却仍在"假抓"、"虚干"。这正如一位省领导所说：我们有许多工作，是在一片落实声中落空了。

像山西绛县的科技大跃进，像河南洛阳娱乐场所的防火工作……你能说是"真抓"了吗？

让人难以区分的是，"假抓"不是不抓，而是和"真抓"一样在抓。一样的招招呼呼，一样的忙忙碌碌，一样的跑上跑下，一样的辛辛苦苦。如果不下一番功夫，就很难分清谁是在"真抓"，谁是在"假抓"，谁是在"做事"，谁是在"做戏"。

"真抓"者开会，"假抓"者也开会。"真抓"者重视的是会议的效果，"假抓"者重视的是会议的形式，关心的是会议的消息见没见报纸，上没上电视，并想方设法让上上下下都知道，自己已经积极行动，正准备大干一场。

"真抓"者讲话，"假抓"者也讲话。"真抓"者讲的是根据本地的实际情况，应该解决的具体问题和应该采取的具体措施，是自己应该承担的具体任务和责任。而"假抓"者讲的则多是套话、空话、照本宣科的话和要求下边干的话。

"真抓"者抓先进典型，"假抓"者也抓先进典型。"真抓"者抓的典型是给下边看的，而"假抓"者抓的典型是给上边看的；"真抓"者抓的典型是经得起时间考验的，"假抓"者抓的典型却多是"现使现抓"、昙花一现的。

"真抓"者下去检查，"假抓"者也下去检查。"真抓"者下去，是下到最基层，找问题，找死角，找仍然不满意的地方，然后再对症下药。"假抓"者检查，多是小车未动，通知先行，专门去看那些已经摆好了的"漂亮"场面。

"真抓"者总结工作，"假抓"者也总结工作。"真抓"者注意总结经验教训，"假抓"者惦记的只是搜集工作成果；"真抓"者关注的是下边的反映，"假抓"者注重的是上边的评价。所以，汇报工作时，"假抓"者往往讲得更加头头是道，口若悬河。

同样一项工作，"真抓"者往往用100%的力，而"假抓"者却只用50%的力，但他却常给人一种更卖力、更辛苦、效果也更显著的感觉。这是因为"假抓"者非常善于造势，非常善于制造广告效应、轰动效应，善于利用"勤请示、勤汇报、勤和领导接触"的"三勤"效应。所以，"假抓"者当中，也时不时有人被提拔，被重用，被评先。

说重一点，"假抓"也是一种欺诈行为，既欺骗上级，也欺骗下级和群众。"假抓"者当中有些是无能者，但更多的则是投机者。如果让"假抓"者得逞，那就会越抓越假，越抓越空。因此，我们上上下下应该提高鉴别真假的能力，对那些"假抓"者，一经发现，就一齐喊打，绝不能让"吹牛者"得"牛"，也不能让"南郭"们充数。

（《河北日报》2001 年 4 月 11 日，
作者：汪金友）

这篇评论的语言清新、活泼、严谨、准确。如文中所写的："一样的招招呼呼，一样的忙忙碌碌，一样的跑上跑下，一样的辛辛苦苦"，"谁是在'做事'，谁是在'做戏'"，"'假抓'者往往讲得更加头头是道，口若悬河，""善于利用'勤请示、勤汇报、勤和领导接触'的'三勤'效应"，"绝不能让'吹牛者'得'牛'"，等。这些形象、生动的句子，在文中就像是一幅多彩的漫画，将"假抓"者描绘得入木三分。同时行文自然流畅，语言生动简练，一语中的，实属可贵。

13.1.3　评论语言的形式美

在新闻评论中，语言除了要具备"深入浅出、形象具体、以情动人、要言不烦"等总体要求外，还应该注重表达的形式，语言的表达形式往往是体现行文特点的重要工具。好的形式，往往突破常规，不拘一格，容易收到更佳的评论效果。下面我们以这篇《假如都像徐永山》的新闻评论为例，结合实例进行分析。

假如都像徐永山

看了《徐永山和他的拖拉机》这篇报道，使人十分高兴。

油是最宝贵的能源。现在，全国的农业动力机械已经有了 18000 万马力，其中 13000 万是用油的。农业生产 1 年要用 800 多万吨柴油，是消耗柴油最多的一个部门。

按规定，耕 1 亩地用的油，不能超过 0.8 公斤。不少机车超过了 1 公斤，而徐永山只用 0.65 公斤。

按规定，耕 1 亩地，机车的修理费不能超过 1 角 5 分钱，而徐永山只要 1 分 1 厘。

按规定，耕 1 亩地，作业成本不能超过 8 角钱，有的地方超过了 1 元，而徐永山只需 4 角 3 分 5。

按规定，拖拉机工作量达到 5 万亩就得大修，大修一次得花三四千元，而徐永山的拖拉机工作量已达 11.7 万亩，还不用大修，机车保持了良好的技术状态。

所有这些，没有高度的社会主义觉悟和技术水平，是根本办不到的。

高消费不可能高速度。搞四化必须精打细算，努力降低消耗，增加收入，这是搞四化最实际的行动。

榜样的力量是无穷的。我们该不该学习徐永山？大家都该认真想一想：

假如都像徐永山，一台拖拉机 1 年节省柴油 1 吨半，单是 60 万台大型拖拉机，1 年就可以节省 90 万吨柴油。

假如都像徐永山，1 台拖拉机 1 年节省修理费 1500 元，全国就是 9 亿多元。

假如都像徐永山，1 台拖拉机 1 年少开支费用 2800 元，全国就可以为农民节省 20 多亿元。

假如都像徐永山，10 年如一日，精

心保养操作，全国 200 多万台拖拉机，就可以 1 台顶 1 台、甚至顶两台用。

假如我们不能把高消耗压下来，不讲经济核算，不讲经济效果，那四化就没有希望。假如都像徐永山，实现四个现代化就大有希望，时间也可以大大提前。

（原载 1980 年 4 月 20 日
《中国农民报》）

此评论在语言形式上最大的特色有二：

（1）妙用数字。在新闻写作、特别是评论写作中，最怕大量使用数字，因为数字运用不当，往往令受众感到枯燥乏味。而此文作者却"明知山有虎，偏向虎山行"，大胆地突破常规，通篇让数字唱主角。结果，唱得字正腔圆，融会贯通。全文共 14 个自然段，就有 9 个自然段运用数字说话。不仅没让读者感到乏味，而且起到了用文字表述难以达到的良好效果。

（2）巧用对比、排比和假设等修辞手法。

首先，对比鲜明。这篇社论以排比式的段落联缀而成，典型地运用了横向思维进行分析的方法。作者在前半部分，巧妙地将一大串数字放在对比中运用，形成一种强烈的反差。如在第 3 至 6 自然段，接连 4 个"按规定……"的排比句式中，作者把按规定农机在农业生产中应用多少油、用多少钱等等，与徐永山实际用了多少油、多少钱作了鲜明对比。从而让读者看到了徐永山降低消耗的显著效益。此外，作者把一些地方、一些机车超过规定的高数额列举出来，与徐永山实用的低数额进行横向对比，形成另一种反差，使人们更清楚地认识到徐永山节约量的程度。这些鲜明的对比，高屋建瓴，一气呵成，徐永山兢兢业业、一丝不苟的形象跃然纸上。

其次排比有力。文章前半部分连用 4 个"按规定……"与第 10～14 自然段连用 5 个"假如……"，两组排比句群遥相呼应，加深了文章的主题和逻辑说服力。

最后合理假设。这篇社论用假设立论，无疑增添了文章的艺术感染力，让读者在愉悦中接受作者的观点，且引人深思，发人深省。

一篇新闻评论的语言形式没有固有的模式，无论是用数字说理，还是用事实说话，无论是巧用对比旗帜鲜明，还是运用排比增强气势，最终的目标都是为了追求一种形式上的美感，带给阅读者一种感官上的愉悦，从而入情入理地将评论者的观点娓娓道来。对于一篇新闻评论而言，思想是灵魂，形式是外衣，好的衣装更容易将深刻的内涵反映出来。因此，在评论的语言模式练习这一部分，不仅要培养良好的评论语言应用的素质，还应该注重方式，从语言形式上对一篇评论进行合理的修饰，以期更好的传播效果的实现。

13.2 图表

新闻图表就是通过示意性的而非纪实性的图画或者表格，反映新闻或与新闻有关系的背景内容。①

13.2.1　新闻图表的作用

随着传播技术的进步和评论样式的创新,各种图示、图表在新闻评论中承担了日益重要的表达传递任务。新闻媒体常常根据表达主题和表述内容的需要,采用电脑制表、绘图等方法,对评论的整体信息或其中的个别信息作形象的阐释和说明,以增强评论的传播效果。

新闻评论的客观信息和主观信息,有的用语言表述往往文字繁多而表意不清。舍弃这些信息,就等于舍弃了反映事物间的联系,事情的发展变化过程的重要依据,影响评论效果。在对这样的信息进行表述时,就可充分利用图示、图表直观形象的优势,把抽象的问题具体化,把具体的问题直观化,提高受众理解抽象信息的容易程度。如各种经济指标、数字等,常规的文字表述容易让受众感到枯燥乏味,产生受众逃离现象。如果用图示图表加以辅助显示,既避免了数字列举的枯燥,增加了新闻的趣味性,又使受众一目了然,便于理解,同时受众可以从图表中自行得出新闻标题提示外的更多有意义的信息。(如图13-1对中国石油2007年前半年的进出口情况的图表展示)。又如在有关世界局势的报道中,用图示标明所报道地区的地理位置则有助于观众对于新闻信息的直观全面理解,辅助以新闻评论,增强了信息传播的有效性。(如图13-2)

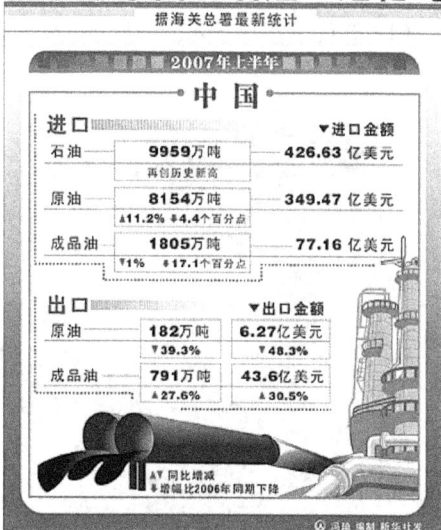

图13-1　上半年中国石油进口近亿吨
（新华社发）

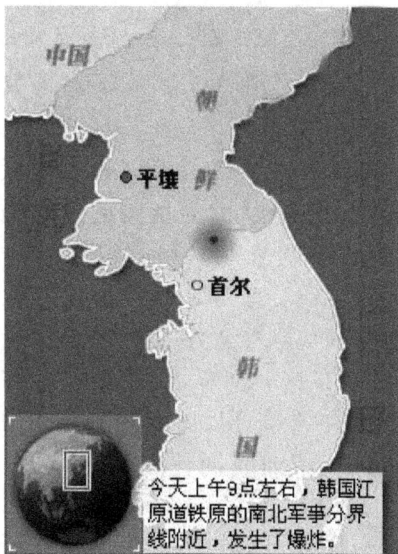

图13-2　爆炸地点示意图(搜狐网)

---

① 秦州主编:《网络新闻编辑学》,复旦大学出版社,2007年6月版,第163页。

13.2.2 新闻图表的优势

（1）直观　把语言和文字转化为

（4）灵活　记者编辑可以根据受众的需求,充分发挥自己的想像力创造力,运用丰富的背景资料制作出生

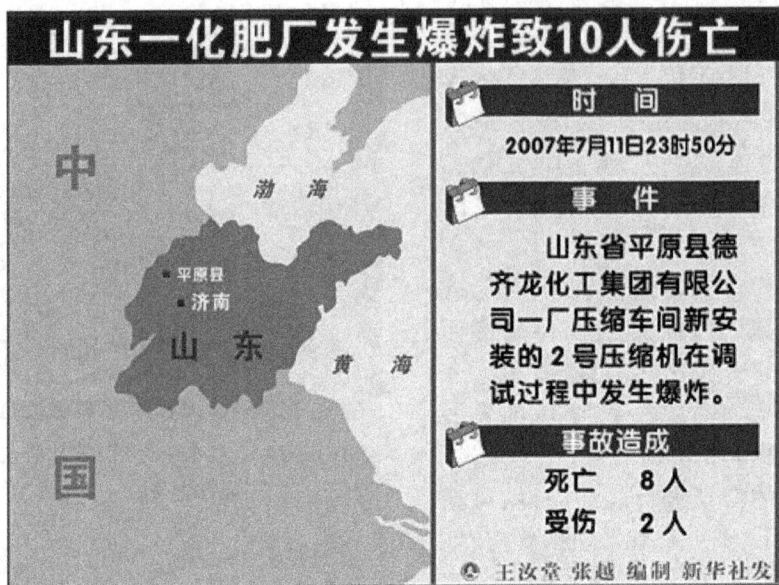

图 13-3　山东一化肥厂发生爆炸致 10 人伤亡（新华社发）

图表,将新闻事件以及相关背景直接呈现给了受众,从而为新闻的评论提供直观的素材。（如图 13-3）

（2）准确　新闻图表中所用的数据、事实和地理位置等都必须是严格真实的。在这一前提下,新闻评论中的图表就能准确地反映新闻所描述的事实信息,增加新闻评论的说服力。（如图 13-4）

（3）详实　新闻图表可反映与新闻事实有关的各个侧面,描绘事件发生的前因后果,提供丰富的背景资料。帮助受众分析新闻,理解评论。（如图 13-5）

动的图表服务于新闻评论。（如图 13-6）

13.2.3 新闻图表的类型

（1）根据表现形式这一标准,新闻评论中的图表大致可分为两大类:

1）平面显示图表　主要是用几何图形（点、线、面）等实现对新闻的评论。其常见的形式有表格、图形等。（如图 13-6）

2）模拟仿真图表　主要是以漫画、卡通等形象描述或立体图解来完成新闻评论。（如图 13-7）

2006年全国单位GDP能耗由升转降

国家统计局局长谢伏瞻7月12日说:

2006 年 同比 增降

全国30个省、自治区、直辖市(不含西藏)中单位GDP能耗降幅	超过 3%	17个地区
	2%－3%	6个地区
	1%－2%	6个地区

| 全国能源消费总量 | 24.6亿吨标准煤 ▲ 9.61% |
| 单位GDP能耗 | 1.206吨标准煤／万元 ▼ 1.33% |

据2006年全国人大通过的"十一五"规划
2006－2010年期间
平均每年单位GDP能耗降低率4%

单位增加值能耗(吨标准煤／万元)		
全国第二产业中规模以上工业	2.53	▽ 1.98%
第一产业	0.347	△ 0.14%
第三产业	0.414	△ 0.13%

张立云 编制 新华社发

图 13-4　2006 年全国单位 GDP 能耗由升转降(新华社发)

图 13-5　在上合组织框架内中国已参加过 4 次联合军事演习(新华社发)

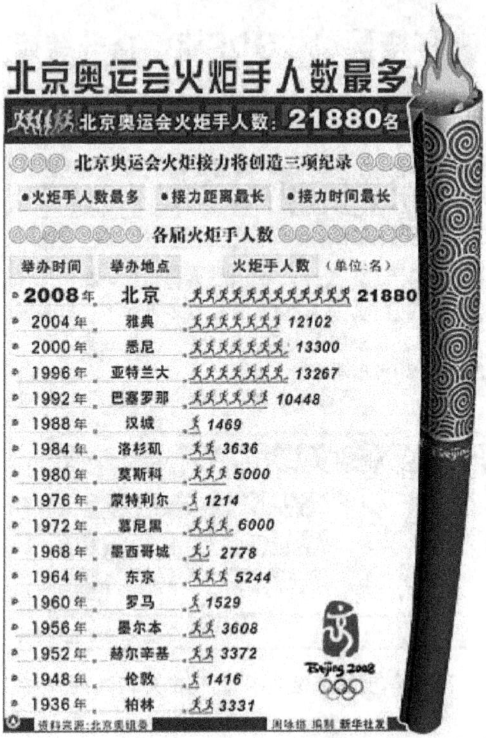

图 13-6　平面显示图表

图 13-7　模拟仿真图表

（2）从具体应用上，新闻评论中的图表主要有以下两种形式：

1）图表与文字、语言链接互补。以图表"说"新闻，文字、语言作补白、解释、评论，使受众对事物或现象有了一个直观的理解，能在短时间内接受或明白评论的核心内容。

2）图文对位，以图表与语言、文字阐释的互动来诠释新闻事件。图表与语言、文字两类不同的符号，在各自相对独立的传递信息的基础上，有机地整合。图表与语言、文字不同步产生的信息差距，调动读者获取信息的欲望。

下面我们来看一个图表运用于新闻评论中的完整例子，《东方时空》2005年10月10日播出节目《时空调查：九成多人对旅行社评价偏低》，以下为节目内容：

主持人："用数字掌握生活"，接下来我们进入《东方时空》的《时空调查》部分。今天的时空调查关注的是旅行社的服务质量问题。十一黄金周刚刚过去，与以往一样，整个黄金周中，旅游依旧是人们活动的最主要的内容。而据全国假日办公布的数据，今年国庆长假全国外出旅游的人数是1.11亿人次，同比增长10%左右。这么大一个人群外出旅行，他们选择怎么样的出游方式，今年的黄金周人们外出旅游又有什么特点呢？我们先通过一个片子了解一下：

短片：自由自在自助游

今年的国庆假期是五一国庆长假制度实施以来的第15个黄金周，随着人们对黄金周假期的态度日趋理性，游客们在选择旅游方式上更为注重品质。在今年的国庆黄金周中，就有相当多的人们从涌向风景名胜观光览胜，转向生态型、体验型的休闲、度假之旅；与此同时，自助游、自驾游已经从时髦的名词渐渐变为普通百姓乐于选择的出游方式。而在种种新的出游模式的挑战下，传统的旅行社组团出游的方式面临着越来越大的压力。

市民：我觉得旅行社走的话都是走那种很多人都走的路，好像没什么意思，我们走的话可以走自己想走的路。

市民：感觉没什么自由，而且觉得我们带孩子，跟着大团走的话，很多孩子可能照顾不上。

越来越多的人选择自助游，除了不喜欢跟团旅游那种走马观花、行色匆匆的节奏外，也有相当多的人不满足于跟团旅行在吃住行上受到的种种限制

市民：从来都是自己走，从来不参加旅行社。因为习惯了，我觉得旅行社安排的没有自己安排的好。

自由安排自己的行程，自由支配旅途上的时间，自主地控制旅游开支，依自己消费水平选择就餐和投宿，相比于参团出游受到的种种限制，自助游的优点吸引了越来越多的人深入其中。而参团出游尽管在价格和食宿交通安排上有一定优势，但由于旅行社在服务质量上存在种种问题，不少有出游意愿的人也因此对其望而却步。

调查：对旅行社满意的游客不到一成

主持人：自助游升温，一方面反映

了人们的旅游观念的变化，另一方面也是大家对当前旅行社服务质量有种种担心。旅行社在人们心目中的总体评价如何呢，最近，针对这个问题，我们做了一个调查，先看一下调查结果：

什么大家留下了这些印象呢？我们先通过今年的黄金周发生在四川的一件事来看一看。

张先生的故事：憋气的米亚罗三

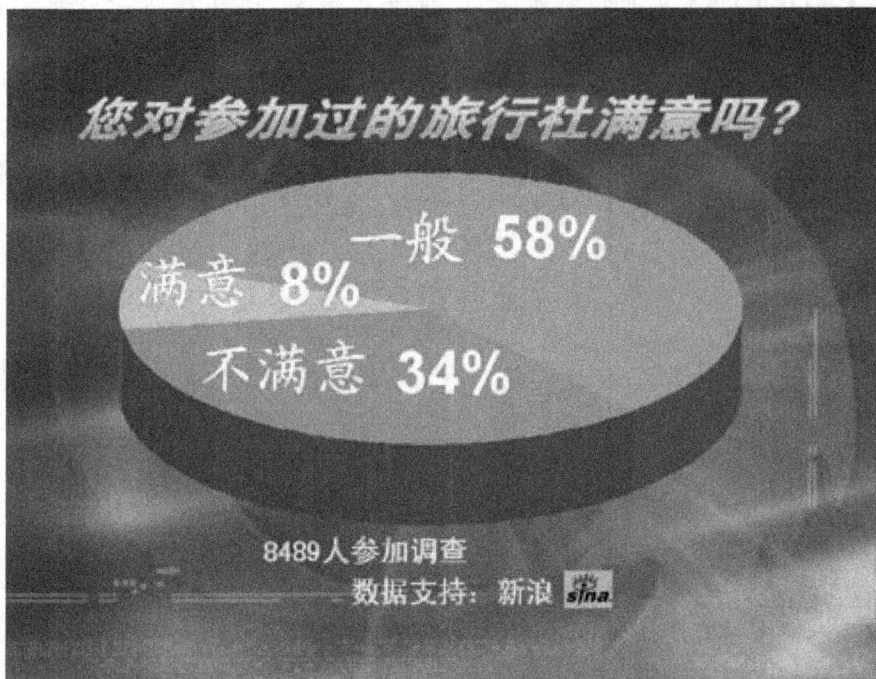

您对参加过的旅行社满意吗？

1、一般 58%

2、不满意 34%

3、满意 8%

（调查方式：网络调查 调查机构：新浪 调查人数 8489 人）

主持人：我们看到，对旅行社满意的仅仅有8%，有九成多的人对旅行社评价并不高，明确对旅行社服务不满的人数占到了被调查人数的1/3多。从调查结果看，可以说，大家对旅行社服务的总体评价并不高，那旅行社为

日游

10月1日，四川成都的游客张先生一行27人兴致勃勃地开始了他们的米亚罗三日游，但他们没想到，旅行第一天就遇到了憋气事儿。按照第一天的行程，游客就应该到米亚罗，但是第一天到米亚罗外围的一个小镇旅行社把游客们安排住下后就没有去米亚罗，第二天也没去，就直接把张先生他们拉到了其他景点。实际上张先生所住的地方离米亚罗景点还有23公里。

白天没去上米亚罗让张先生一行

很生气，没想到晚上到了住地他们更生气。因为张先生参加的是一个豪华团，按豪华团标准应该住三星级宾馆，但游客们在当地住了以后才发现，根本不是三星级宾馆，热水没有，24小时不可能供应，整栋楼没有一个服务员，这怎么是三星级宾馆。住不让人舒心，吃的同样让张先生一行感到不满。一路上吃饭相当的差，早餐一个人连一个馒头都没有。游客们当即去跟旅行社去交涉，导游通过电话跟公司老总联系，老总迟迟不给答复，当时张先生一行就在荒郊野外大概耽搁了三个小时，车上有小孩，还有人生病了，因为是高原，有些人还出现了高原反应。

一气之下，张先生一行放弃旅游返回成都直接找旅游执法大队投诉，经过协调，最后旅行社向张先生一行道歉并做了赔偿。

虽然说得了些赔偿，但原本是想和朋友一道外出寻开心的张先生，结果经此一番折腾后反倒受了一肚子气。

调查：近一半游客不满在购物景点滞留过多

主持人：看了张先生一行的遭遇，或许就可以理解为什么大家对旅行社服务水平的评价不是很高了。其实张先生一行遇到的，只是当前很多旅行社存在的种种服务质量问题的一部分。针对大家对旅行社反应比较集中的几个问题，我们也做了一个调查，我们看一下哪些问题是让大家最不满意的。

您认为旅行社服务最大的问题在哪里？

1. 在购物景点滞留过多 47%

2. 吃、住、行的安排和合同承诺有出入 28%

3. 出现问题解决不到位 8%

（调查方式：网络调查 调查机构：新浪 调查人数 8489 人）

主持人：从调查看，近一半的人把在购物景点滞留过多选为最不满意的选项，而像成都张先生的遭遇，是调查中排在了第二位第三位的问题，吃住行与合同有出入，出现问题解决不到位。其他的问题还涉及导游素质、索要小费等等。那今年出行的游客们对旅行社的评价又是怎么样的呢，我们听一听他们的说法

街头街采

游客：到一个地点就站一小时，到一个地点就站一小时，到哪个景点都有购物。

游客：拉到那个地方以后，给你一定时间，让你在那儿购物。

游客：我们原来比如安排的，那几个旅游的景点，有时候会缩短旅游时间，在购物那边多待一会儿。

游客：就是时间安排得有点儿太紧，比如昨天晚上弄个12点，有时候他的线路，安排得不太好，都挺晚的，弄得挺疲劳的。

主持人：我们切身的感觉也是，现在的旅行社几乎没有一个团不带客购物，在购物场所停留过多，在参观景点上的时间肯定就非常紧张了。花了团费，却把很大一部分时间花在了购物上，想来确实让人不舒服，当然有人也愿意买一些纪念品，但还有相当多没有

购物想法的游客,你旅行社安排了购物,对他们而言,只能说是浪费时间和不公平了。而且我们感觉购物似乎已经成为参加旅行社旅行的必须内容,很多地方的旅行社竟然在合同上明确写着旅行中购物的时间和次数,我们在这里想知道,到底旅行中能不能安排购物,不知道有关部门对此有没有作过规定。说了旅行社这么多问题,只是希望他们确实能提高服务水平,正如张先生说的,大家聚在一起玩一趟多不容易啊。尽量不要因为旅行社的服务搞的大家都不高兴。最后说一个让我们高兴的事,据全国假日办的统计,今年国庆黄金周针对旅行社的投诉量同比下降了50%,我们也希望这种趋势能够持续下去。

在这期节目中,充分运用了图文对位的方式完成了一次对旅行社服务问题的调查评论。节目中通过对旅行社满意程度的调查图表和旅行社服务问题调查图表,直观地揭示出了旅行社的问题所在。

图文并茂,让评论在图文之间自由地变换游走,这种方式在纸质媒体,广播电视媒体和网络媒体中的应用日益广泛。

13.3 声像

在新闻评论的符号中,声像符号在广播电视评论中得到广泛的应用。对广播评论而言,声音是唯一的呈现方式,因此声音在广播评论中的地位是不言而喻的;电视是声像结合的复合型大众传播媒介,其评论的主要特点是音画合一、视听兼备。在实际操作中,电视新闻评论更侧重视觉传播符号,比如画面、屏幕文字、演播室布置、主持人形象等。

13.3.1 广播评论的声音符号

广播是依赖声音符号进行信息传播的大众媒体,声音是其实现新闻评论的唯一表达方式。广播评论的声音符号包括解说(论述)语言、音响。

在广播评论中,解说语言在用声音传达的过程中,通过类交流的方式将评论者的观点倾向和态度表达出来。广播谈话中,由于听说双方不在同一场合,这种空间距离使双方无法进行即时的直接交流,而只能由说话一方借助某种中介,创造一种类似双方交流、交谈的语言环境。其中的交流感,不同于日常交谈中的直接交流,称为"类交流"。

比如下面这个例子:

> 主持人:某某市文化娱乐业协会的负责人也有一些表示,他们就认为作为卡拉OK收费目前还处在筹备阶段,还没有得到民政部门的批准,未完成登记手续之前不能够以集体管理组织名义开展工作,是无权制定这个标准的。也就是说他认为制定这个标准的制定方出身还有点不明不白,你怎么看这个问题?

这是嘉宾访谈评论节目,主持人在提问的过程中单从语言上看是向嘉宾征求对此事的看法,实际上在类交流的过程中,主持人通过语气上透露出的观点和质疑方是一致的。

声音符号的另一重要组成部分是音响,包括现场谈话、环境音响、后期解说和资料音响。音响在广播评论中用来充当由头,引出话题;提供论据,佐证论点;参与议论,烘托主题;交待背景,渲染气氛等。音响的应用关乎一期评论节目的表达效果,因此要对音响的局限性予以充分的认识,以便更合理的运用:

一是现场音响伴随着事件的发生而时刻存在。它们往往不以评论主体的主观意愿为转移,而且倾向性不鲜明,有时甚至以噪音形态出现。

二是因采访发生的音响,很大程度上受到受访人的语言表达能力,方言等等因素的限制。这并非评论主体能够完全控制的。

三是某些暴露性的音响,如不文明的言行,处理不好可能影响收听效果,甚至产生意料不到的副作用。

四是相当一部分音响本身并不能独立地表情达意,需要论述语言加以补充和完善。

五是有些现场音响和隐蔽性的音响,还需要克服采录方面的困难。

接下来我们来看一篇广播录音评论中音响的应用:

治理好污水也是政绩

在日前的一次会议上,平阳县委书记戴祝水向浙江省省长吕祖善汇报工作时,介绍了该县一年来治理水头镇制革污染的情况。当说到全县经济发展时,列出的一系列数据让人听了大跌眼镜:今年1~9月,平阳县实现GDP 70.4亿元,比去年同期仅增长2.8%;财政总收入5.36亿元,比去年同期下降2.2%,经济增长居全省末位。面对这样的政绩,戴祝水显示了他的勇气:

(出录音)"我们宁可当一届没有政绩的领导,也要把这个污水治理好!"(录音止)

[充当由头,引出话题]

省长吕祖善当即接上话题说:治理好污水就是最大的政绩!

2003年底之前,平阳县水头镇有1200多家皮革制造企业,每年生产一亿多张成品猪皮,成为"中国皮革之都",皮革业的年产值达到40多亿元,税收超过2亿元,在全县的工业产值和税收中都占1/3以上。皮革业的迅速发展在繁荣当地经济的同时,也把平阳县的母亲河——鳌江变成污黑一片,沿江老百姓怨声载道。2003年水头镇制革污染被国家环保总局列为重点查处的全国十大环境违法案件,也被浙江省定为九大严重污染环境的整治对象。说到这个问题时,省长吕祖善严肃指出:

(出录音)"浙江变成什么呢?变得一湖污水,相当地方是垃圾堆满的地方,酸雨全省覆盖。我们这样的增长,浙江绝对不会是山川秀美的地方。发展硬道理必须要发展,我们现在到了必须下大决心研究如何发展的问题,也就是说怎么转变增长方式。"(录音止)

[交待背景,话题引向深入]

前不久,一份由经济专家撰写的报

告《浙江GDP增长过程中的代价分析》第一次全方位展示了浙江GDP高速增长所带来的负面效应。报告指出，环境污染、耕地锐减、能源紧缺已经成为浙江面临的"成长的烦恼"。据专家测算，浙江省每生产1亿元GDP需排放28.8万吨废水，今年浙江省GDP将达到1万亿，也就是说要产生28.8亿吨废水，水资源环境的承载力已接近饱和状态。如不改变现状，若干年后，"江南水乡"的浙江，老百姓无水可喝将不再是危言耸听。浙江省委书记习近平在近日召开的一次重要会议上指出："发展是硬道理，乱发展没道理。进一步的发展不能再以GDP论英雄，而应该以科学发展观为指导，不断转变增长方式，促进经济社会协调和谐发展。"

确实，一段时间以来，一些地方领导在"发展"问题上产生了很大的误区，把"发展是硬道理"片面地理解为"GDP增长率是硬道理"。于是，盲目上项目、办企业、引投资，大搞形象工程，甚至通过各种手段侵害群众利益，给地方发展造成了长期的包袱和隐患。浙江省政府咨询委员会副主任、经济专家朱家良谈到这个问题时认为：

（出录音）"我们过去的发展观，有些地方把它变成了增长观，就是GDP增长得快，就是发展得快。实际上，发展和增长它是两个概念，发展包括数量、质量、素质、结构，一个完整的概念。就是你增长得快，如果对环境的破坏、资源的消耗都作出了牺牲，这样换来的经济增长，是没有多少好处

的。"（录音止）

[提供论据，佐证论点]

由此可见，在发展观上出现盲区，就会在政绩观上陷入误区；在政绩观上出现偏差，发展观就会与科学产生偏离。树立科学的发展观，必然要求树立正确的政绩观。平阳县新一届县委、县政府领导在严峻的事实面前终于改变了GDP决定一切的片面政绩观，痛下决心彻底治理水头镇的制革污染，一千多家制革企业被关停并转。于是，全县GDP迅速下降，财政收入出现负增长，规划好的县政府大院迁建工程只得放弃，城市基础设施建设也由于没有资金处于停滞状态。也就是说，看得见的政绩没有了。但是，县委书记戴祝水态度明确：

（出录音）"这是一个艰难的过程，需要相当长一段时间，五年可能还出不了成果，产值还增不上去。我们这一任就是打基础的，出不了政绩的。对污水治理我现在是非常痛苦的，但痛苦是现在治理的过程，我为下一任能够打好基础。"（录音止）

[参与议论，烘托主题]

其实，治理好污水也是政绩。如果经济增长了，而老百姓生活在一片污水和废气之中，身心健康受到损害，生态环境的承载力超过了极限，甚至引发诸多社会矛盾，这样树立的政绩必然引起群众的反感，反而损害了党和政府的形象。作为地方领导，应该有政绩，也必须有政绩。但要把实现人民群众的利益作为追求政绩的根本目的，把实现经济社会的可持续发展作为创造政绩的

重要内容,处理好人与自然、当代与后代、本届政府任期目标与增强可持续发展能力的关系,就像经济专家朱家良所说的:

(出录音)"我们要从一个单纯追求数量粗放的扩张观念转到全面协调可持续的新的发展观上面去。这样一个发展就是经济的发展、社会的发展、生态环境的保护、人和自然的和谐协调,这样一种发展应该是真正符合以人为本的要求。"(录音止)

(本文获 2005 年中国新闻奖一等奖,作者:浙江台记者李方存、钱葳、沈杭珍)

在广播新闻评论中,声音符号的合理应用非常重要。要注意以下几点:一、要根据论点证明的需要,精心选择、剪裁音响,使之成为整个论述不可缺少的组成部分。二、在评论的解说语言的操作时,要严格论点和论据的界限。三、要恰当处理音响与论述语言的关系。让两部分恰当自然地融合,服务于整个评论。

13.3.2 电视评论的图像符号

电视评论是以声画结合的方式表现内容、面向观众阐述对于客观事物看法和见解的新闻评论。电视的传播特性,决定了其评论的特殊性。区别于主要诉诸文字的报刊评论和单纯运用声音的广播评论,电视新闻评论在运用图像传播符号上独具特色。

电视评论往往通过镜头语言和画面解说来表现。下面是一个实例。

1995 年获中国电视一等奖的评论节目《惜哉文化》,是一篇以批评官僚主义、呼吁保护文化遗产为内容的电视评论。这篇评论中几乎全部是现场抓拍的画面资料和人物访谈。在主持人"点评"提出论点后,出现在观众面前的就是熊熊燃烧着的烈火场景。曾经的博物馆大楼如今只剩断壁残垣,成千上万件图书文物化为灰烬,令有识之士痛心疾首。这些无声的镜头语言和某负责人文过饰非,顾左右而言他的话语表情,形成强烈的反差,为观众提供了生动形象的现场情景,同时也引发了观众的深思:记录人类历史文明进程,价值连城的文物在大火中毁于一旦,谁该对此事故负有不可推卸的责任? 与图画相对应,开头还有一段解说:

11 月 15 日凌晨 1 点多,吉林市银都夜总会内部起火,火势迅速蔓延到两侧的市博物馆和市图书馆。这幢面积为 1 万平方多米的大楼成为一片火海。在这场火灾中,除银都夜总会被焚毁外,损失最重的是吉林市博物馆。这个博物馆里收藏有世界级国宝吉林陨石标本,其余还有各级文物上万件。

这一段解说就是"事实性论据",但如果没有图像符号的采用,没有录像资料的照应和烘托,这段论据就显得枯燥和苍白。图像符号使《惜哉文化》具有很强的说服力和震撼力,不但使这则评论本身更真实、准确,而且也为观点提供了雄辩有力的实证支持。

另外，电视评论还通过画面顺序和结构安排来实现。来看以下的实例。

获奖电视评论《学雷锋的队伍走了以后》①就很好地体现了画面组接在新闻评论中的运用。

①全景：四环路街道；②特写：墙上的学雷锋标语；③近景：地上遗弃的快餐饭盒；④近景：鼓楼广场一角满地头发；⑤全景：正在收摊的学雷锋队伍⑥全景：队伍走后街道随处可见的垃圾。

通过"学雷锋活动张贴标语和"学雷锋"队伍走时留下满街垃圾"，形成鲜明的对比，"此时无声胜有声"。这样的镜头组接有力地揭示了形式主义的虚假本质。

电视新闻评论图像符号具有以下的特质和作用：①流畅而富于个性的画面语言有助于艺术、客观地反映事件发展的逻辑顺序，以及记者所处现场真实的动作流程。②敏锐、精细的画面语言有助于充分显示事实真相。③精彩、生动的画面语言使得评论有理、有据、有度，有可视性。

精彩的画面语言的制作是电视新闻评论图像符号合理运用的表现。怎么样才能制作出精彩的画面语言呢？主要有两种手段：一是"捕捉"，一是"创作"。

捕捉画面语言，也就是捕捉能反映事件发生过程的多个环节，所涉及人物的情绪变化以及所处环境最具特色和象征意义的画面。在这一点上，对细节的捕捉特别重要。

如果说这种捕捉主要是在动态现场中运用的一种手段，那么处于相对静态的现场，记者还要学会"创作"画面语言。电视新闻评论是一门艺术，真实性与艺术性相结合，为我们进行画面语言的"创作"提供了理论支持。对画面语言的"创作"，要求记者有强烈的策划意识和主题意识，以及对节目结构的前瞻性。记者要头脑清醒，时刻记得自己想表现什么，然后根据现场的客观情况发挥自己的主观创造性。当然新闻真实的基本要求绝对不能放弃和动摇。

★【本章小结】

通过本章的学习，领会各种信念符号的特质，及其在新闻评论中应用的具体要求，学会运用多种信念符号表达意见，思考"不同信念符号表达同一意见的传播意义"这一问题。

【评论实务训练】

（1）从报纸上选择一则新闻，以此为评论对象，设计和运用多种传播符号，来制作一期报纸评论、广播评论和电视评论，并进行比较，找出各自运用符号的规律。

（2）从报纸上选择一则新闻评论，为之制作、配置相应的图、表，以达到更为直观、生动的传播效果。

---

① 南京电视台，1990 年 3 月 6 日播出的电视新闻评论作品，作者：费洵 汪克辉。

■【延伸阅读】

1.（美）赫伯特·泽特尔:《图像 声音 运动;实用媒体美学》(第三版),北京广播学院出版社,2003 年 10 月版。

2.刘智:《新闻文化与符号》,科学出版社,1999 年版。

3.邓利平:《审美视野中的新闻传播》,新华出版社,2002 年 12 月版。

4.刘索拉:《醉态》,文汇出版社 2004 年 8 月版。

5.崔明义:《用 VB 实现多媒体程序的文字、声音和图像同步》,《电脑学习》,1999 年第 5 期。

14 新闻评论的外观

导言

本章学习目标 通过本章的学习,要求能够深刻了解新闻评论的外观;掌握新闻评论的标题制作、言论版的版式、评论栏目的设计方式和技巧;掌握新闻评论的外观与媒体的关系。

本章难点 新闻评论的标题 言论版的版式 评论栏目的设计

内容提要 本章主要介绍了新闻评论标题的特点、功能、制作要求,对不同介质的媒体的新闻评论标题进行了比较分析。同时,介绍了言论版版式的价值、设计原理、与版面关系等。另外,还介绍了评论栏目的设计动作程序、栏目设计的目标、原则及设计方法和发展趋势。

14.1 新闻评论的标题

作为新闻评论的外观,标题是最先被人接触到的部分。标题是新闻的眼睛,有言道,"题好一半文"。汤姆森编著的《新闻写作基础知识》一书中写道:"你可以把马牵到水边,但你无法强迫它饮水。当你把你的报纸送到读者手中的时候,你会遇到类似的问题,无法强迫他阅读,不过有一个办法可以使他阅读你的报道,那就是运用精彩的标题。"对于新闻评论来说,标题的作用更为重要。好的标题,可以"先声夺人",引起受众阅读(或收听、收看)的兴趣。

除了文前按语、文中按语、一部分编后和广播电视台的主持人评论外,绝大多数体裁的新闻评论都有标题。标题是以醒目的形式刊出(或播出)的、用以提示文章(或节目)内容的简短文字。新闻评论的标题就是概括或提示评论的议论范围、中心论点或基本倾向的简短文字。

14.1.1 新闻评论标题的特点

新闻评论的标题与新闻的标题有着本质的不同。与新闻报道的标题相比,新闻评论标题有着以下几个显著特征。

(1)二者的制作目的不同。新闻标题以具体的新闻事实为依据,以提示新闻中主要事实和相关的重要信息为目的,并以此吸引受众的兴趣。新闻评论标题则以提示论题或传达作者的观点、意见、态度为目的,以此引起受众的关注或思考。即使以评论中论据的内容或新闻由头为题,也是为引发评论服务的。

(2)二者的写作要求不同。新闻标题要求多采用具体事实或者虚实结合,以一个完整的句子来充当。而新闻评论的标题可以采用抽象观点,也可以使用具体事实。重在对论题、论点的准确提炼和概括,虚实皆可,以虚题为多。句式上较为灵活,可以是一个完整的句子,也可以是一个词组,一个词,甚至一两个字。

(3)二者的结构不同。新闻标题结构较为复杂,一般既有主题,又有辅题(包括引题和副题)。新闻评论标题一般只有一行主题,个别情况下(如重大社论)有辅题,多为副题。

(4)二者的表现手法不同。新闻标题多采用客观叙述或描写的手法,蕴作者的态度于事实的概括与表述之中,较为含蓄。新闻评论的标题往往直抒胸臆,直接表达作者的立场、观点、态度和倾向,具有较为强烈的感情色彩。

14.1.2 新闻评论标题的功能

(1)提示论题,规定范围。一些新闻评论在标题中概括了论题范围和评析对象,使受众通过标题清晰地了解评论所要分析的事物或所要议论的问题。

例如,2007 年 7 月 1 日,是香港回归祖国十周年的重要日子,"一国两制"的方略得到了成功实施,香港繁荣稳定,全国一片欢腾。《人民日报》在当天发表题为《伟大的构想 成功的实践——祝贺香港回归祖国十周年》的社论。评论的题目开门见山,提出了评论对象和论述的范围即香港回归从构想到实践的十年变革。评论论述了香港回归的 10 年,是"一国两制"由科学构想变为生动现实的 10 年,是实行"港人治港"、"高度自治"的 10 年,也是香港保持繁荣稳定的 10 年,给人振奋和鼓舞。

(2)体现论点,表明态度。新闻评论的标题直接体现中心论点,表明作者对评论内容的态度、意见,体现评论的是非判断和价值判断。

2004 年国庆期间,中国足坛爆出重磅消息,北京现代足球队以停赛的方式,对比赛中遭受到的不公正待遇表示抗议,并且北京国安俱乐部召开媒体见面会,痛陈中国足坛的弊端,从而引发了中国足球的改革。2004 年 10 月 6 日,《新京报》发表评论,题为《司法介入是净化足坛的路径》。旗帜鲜明地提出只有司法介入,才能解决中国足坛"假、黑、赌"的顽疾。该标题直接提出了论点,态度鲜明。

(3)引发受众兴趣。新闻评论的标题往往通过新鲜的事例、新奇的视角、生动的语言来引起受众进一步阅读、收听、收看、点击评论的兴趣。以网络新闻评论为例,网络新闻评论的阅读是以超文本的形式呈现出来的,

受众看到的正文大部分是通过点击标题进入阅读的。在众多网络媒体的同题评论中,一则极具吸引力的评论标题往往可以带来很高的点击率和正文的阅读率。

举个例子来说明。我国在加大整治力度规范市场秩序的活动中,发现一些农村集贸市场管理混乱,市场上有很多滞销品和劣质品,甚至还有一些"无厂家、无商标、无生产日期"的三无商品。在某种程度上,一些农村集贸市场成为了假冒伪劣产品的避风港,严重危害了农民群众的生命健康。2002 年 5 月 13 日,中央电视台《焦点访谈》播出了题为《农民不是"消废者"——加大整治力度规范市场秩序(四)》的一期节目。以前,受众只听说过"消费者"的说法,没听说过还有"消废者"这种说法。评论以这个新奇的标题引起了观众进一步了解什么是"消废者"的兴趣,也直接表明了评论者的态度和立场。

14.1.3　新闻评论标题的制作要求

(1)遵循效率原则。一切形式的新闻作品都服从效率原则。这个效率包含三个方面:一是在限定空间(包括字数)之内提供充足的信息量;二是讲求便于受众的接受、理解和记忆的速度;三是增强观点信息的概括性。

相对于新闻标题,新闻评论的标题的空间更小一些、表现手段更少一些(多数情况下为一行),但是它要求的信息含量却更多。一来是因为新闻评论的标题是事实与观点的统一体,包含

事实与观点这两方面的基本信息;二来是为了实现更好的传播效率。如果一眼看到标题,不知道评论的是什么,或者知道评论的是什么,但看不出观点,只有到文章的最后才能看到,受众也许就放弃不看了。

新闻评论标题要有客观信息,也要有主观信息,这就需要很强的概括能力,紧抓评论核心,突出吸引人的信息。兼顾事实信息与观点信息,概括性强,是优秀的评论标题的特点。比如,2007 年 7 月 13 日《中国青年报》:《改革要养成与民众分权的习惯》。同样,《南方都市报》2007 年 7 月 12 日社论标题:《药监新政,待到奏效再叫好》。

(2)具有吸引力。新闻评论的标题是为正文服务的,是要引导受众去阅读(聆听)正文,如果评论的标题平平,不足以吸引大众的注意,评论的正文或许就变成了一堆没有生命的文字符号或声音符码。所以,新闻评论标题的写作要求重要的一点就是要具备吸引力。比如人民论坛的一组标题:

《大学生当"村官"助长官本位?》(2007.6.1)

《秘书过多让领导"拐杖化生存"》(2007.5.18)

《方永刚讲课"好听"的启示》(2007.5.8)

在这里,我们要指出,使新闻评论具有吸引力并不意味着一味追求生动。诚然,生动活泼的新闻评论使人倍感亲切,但不是新闻评论一律要求生动。专栏评论比较短小、自由,一般

比较生动,但有些评论是很严肃的,比如有些社论,如果也像专栏评论那样生动活泼,就失去了权威性,失去了对人们的警示作用。比如 1996 年 12 月 16 日《人民日报》刊发的社论《正确认识当前股票市场》,其中除了枯燥的数字就是逻辑推理,估计谁也不会认为这是一则"生动"的社论,但它却是一篇很重要、很吸引人的社论。

(3)评论标题要与文章的内容和风格相符合。新闻评论的标题究竟采取什么形式,还要看文章的内容和风格。不同的内容和风格要求不同的标题。在 2008 北京奥运圣火全球传递的过程中,遭到了藏独分子和国外一小撮支持藏独的势力的干扰。给奥运圣火的传递带来了负面影响,同时也激起了国内外爱国华人和世界正义力量的一致谴责和抗议。2008 年 3 月 28 号,人民日报发表了署名文章《干扰奥运,不得人心!》这则标题严肃庄重,旗帜鲜明,与文章的内容和风格很好地融为一体。又如,2007 年 4 月 5 日《齐鲁晚报》发表了一篇题为《理性面对花生油涨价传闻》的评论,该标题就体现了都市报的民生定位。同样,山西交通广播电台的一则评论《齐发一声喊,吓破他苦胆!》,这个标题就符合广播的口语化的风格,使听众容易理解。

标题是为内容服务的。内容千差万别,因而标题也千差万别,没有固定模式。即便同一内容也可能有许多不同的标题。因此,在给文章定标题时,一定要综合考虑,标出个性,标得恰当。

14.1.4　新闻评论常见标题类型

14.1.4.1　标出论点型标题

这类标题将全文的论点明确标出,让人一看标题就知道作者的观点是什么,非常醒目。同时也标出了作者的判断。作为判断的新闻标题最容易被读者记住,因为它本身就是结论。从句式上看,多为判断句。最多的是"什么是什么"这种性质、关系判断句。从语气上说有强烈的祈使语气,同时也有指导、指示语气,鲜明有力。如《市场,还需要"看不见的手"》、《警惕全面小康成果被"颠覆"》、《网络扫黄,运营商当"责"为先》。

14.1.4.2　提出问题型标题

新闻评论是面对新闻事实中透露出来的问题发言的,因此标题可以直接把这个问题作为题目来使用。这类标题,标出的是评论的对象或范围,虽然不直接表明评论的论点,但往往尖锐有力,具有现实针对性。题在大众关注的焦点上或题在大众关注的盲点上,都会产生巨大的吸引力。从句式上看,有肯定、疑问、反问等多种句式甚至短语。如:《一个行贿者轻易拿下17个领导!》、《还有多少市长信箱在糊弄百姓?》、《今天,抗战精神怎能忘?》、《邮票商人在制造"邮票伤人"?》、《进口药为何这么"牛"》、《从"北京桶装水造价之争"说起》。

14.1.4.3　概念并置性标题

即把两个概念并置在一起。这类评论的标题其实也是在提出问题,但它不是提在某一个概念之上,而是提在两个概念之间的关系上。如《"关系骗子"、"特权崇拜"及"狼狈为奸"》,其实就是在论述三者之间的关系,揭露关系骗子所反映的社会问题。再如《"生前解决"与"死后追认"》,这个评论标题是在考察两个对立的概念,不是单纯论述两者的关系,从而表明作者的态度和选择。

14.1.4.4　号召型标题

号召型新闻评论标题是向社会发出号召,希望人们都像作者所倡导的那样去想、去说、去做。它不是严格意义上的结论。这类标题一般是在处理政治问题或伦理生活中的一些大事时用,显得比较庄重、严肃。标题往往观点明确、态度鲜明,具有很强的权威性。如《与时俱进,开拓进取》、《动员起来,坚决整顿规范市场秩序》。号召型标题一般是可以单独使用的标语口号,多在社论等评论体裁中使用。

14.1.4.5　文学性标题

即标题充满文学色彩,对全文的内容构成一种暗喻、象征,并附着了一层抒情意味,使人获得美的享受。这类新闻评论标题往往比较含蓄,必须接触文章内容后才能明确其含义。如《春风何时度玉门》、《不尽长江滚滚来》等,这些都是以古诗为题。《别了,0!》、《揭开新娘头上的霞帔》等标题则形象、生动,富于抒情性。有些标语运用成语、谚语或流行语,起到了很好的效果,如一则用来批评扯皮现象的评论,标题为《好事不要"磨"》。

其实,标题的分类是相对的,选择何种类型的评论标题还要依据评论的体裁,题材,媒体风格等多种因素综合考虑。

14.1.5 不同媒介的新闻评论标题比较分析

14.1.5.1 报刊新闻评论标题

作为平面媒体,报刊具有传播手段简单、传播速度较慢、内涵空间较大,易于保存、可反复阅读的特点。针对这一特点,报刊新闻评论的标题内涵深刻、语义丰富、抽象性逻辑性强、书面语较多,如《鉴定含氟牙膏:只有真相,没有权威》(《新京报》2007年1月22日)、《看药监新政能否斩断利益纠葛》(《北京青年报》2007年1月17日)。

14.1.5.2 广播新闻评论标题

广播媒体以声音符号为传播手段,具有线性传播、传播速度快、信息不易留存,受众广泛、文化层次不同,语言感染力强、易于受众接受等特点。因此,广播新闻评论的标题应注意吸收群众日常口语中有生活气息的健康语言,力求在简洁的基础上浅显、平易,语义明确,形象生动。同时可以采取在评论结束时重复评论标题的方法以加深听众印象。如《莫以小利而不为》(山东人民广播电台2003年6月9日)、《名牌,要的是强》(青岛人民广播电台2001年2月25日)。

14.1.5.3 电视新闻评论标题

电视媒体的传播包含多种传播符号、传播手法立体多样,兼有平面媒体和广播媒体的优点,使电视新闻评论更具形象性和感染力。电视新闻评论的标题以文字符号为主,同时辅之以声音和图像等符号,大大丰富了标题内涵。但与广播媒体同样的线性传播方式,使电视新闻评论的标题同样要力求简洁明了。如《追踪矿难瞒报真相》(中央电视台)、《银行该收"点钞费"吗?》(北京电视台)、《冲破贸易壁垒,浙江别无选择》(浙江广电集团、电视新闻综合频道、温州电视台)等。

电视新闻评论的标题不一定只出现在节目的开头,制作成字幕或片头的标题往往在评论播出过程中多次出现,除与上次评论标题发挥类似的导视作用外,还可以起到划分节目层次、调整评论节奏、强调议论重点、烘托节目气氛等作用。以文字符号为主,以音响及画面为辅的电视新闻评论的片头,成为电视评论体现其整体包装和节目主旨的有机组成部分;标题字幕的字体、字号、颜色、出屏时机及方式等都可以发挥其特有的作用。

14.1.5.4 网络新闻评论标题

标题对于网络新闻评论来说尤其重要。其他媒体的评论内容都是与评论标题相辅相成,唯有网络新闻评论的内容对标题有着极大的依赖性。因为只有受众点击网络新闻评论的标题,才能打开评论的内容。因此,网络新闻评论的标题不仅是评论的脸面,而且是评论的门户。这一特点使网络新闻评论点击率的高低完全依赖于标题能否吸引网民,以博得更高的点击率和对评论正文的阅读率。因而网络新闻评论的标题成为网络编辑挖空心思绞尽脑汁思考的重要内容。

网络新闻评论的标题往往以单一标题的形式为主,观点信息突出,简洁凝练,这样的标题既有利于版面的编排和美化,也符合网民的阅读习惯;网络新闻评论的标题与正文部分是分离的,使用超链接的方式,通过标题点击进入正文。另外,网络新闻评论的标题除了文字本身外,还包含着其他的因素,如随文部分,即标题后面紧跟的说明部分,说明评论的来源,发布时间等信息;如特殊标记符号,"hot、new、↑"等用以说明对一则评论的近期阅读情况进行说明,引导和吸引网民阅读。传播主体的多元化、传播者与受众之间及时的互动,更易引起受众兴趣。

虽然网络新闻评论的标题的一个重要作用和要求就是吸引网民阅读,但并不意味着要哗众取宠,在标题上片面地求"新"求"快"求"异",而放弃标题的严谨性、新闻的客观性和媒体的责任感。网络媒体的新闻评论以海量信息、极速传播和点击率为标准的特征,要求我们在拟定网络新闻评论的标题时克服浮躁心态,力求制作出符合这一新型媒体特点的新闻评论标题。2005 年 4 月 17 日人民网发表的题为《我们怎样表达爱国热情》的评论,就以理性的态度、朴实的语言、疑问句的形式提出了当前的热血青年应该以怎样的态度来表达爱国热情的问题,促使受众阅读评论内容,深刻思考问题。

14.2　言论版的版式

言论版是一家新闻媒体节目的重要组成部分。如果是由多篇评论随意组成的言论版,就是紊乱的、无序的,对读者的吸引力就弱。如果这种组成是着意的、有序的,就能够很好地发挥版面的功能。言论版的版式不是无足轻重的雕虫小技,它是对新闻评论价值的综合判断和最终表现。在这一部分主要针对报纸的言论版版式进行讲述。

14.2.1　言论版版式的功能

14.2.1.1　表态功能

一个版面的内容,由于受人们注意的顺序和关注程度的不同,形成了重要与次要的区别。一般地说,位置居前或刺激力度强的内容,容易引起受众的注意,因而显得重要;位置居后或刺激力度弱的,不易引起受众注意,因而显得次要。这样,稿件安排的位置和所采用的编排手段的差异,就在无形中显示了该媒体对评论稿件价值的判断和评价,代表了该媒体的表态。文字、线条、色彩、声响、音乐、图片、空间或时间位置这些版面编排手段的应用,不仅显示了稿件间的区别,增加了一些部分的强势,同时还或多或少地赋予评论稿件以一定的情感色彩。在言论版中,版式就通过这些手段,告诉受众哪些评论是媒体强调的,哪些问题是读者应重点注意的,甚至还在一定程度上表达了媒体的立场与态度。

14.2.1.2 启示功能

按照系统论的观点,言论版作为一个系统,它的各个组成稿件并不是独立存在的,而是有着内在的联系的,这种内在的联系,蕴含着版面编辑和媒体的意图。从而带给受众某种启示。如果在一则新闻旁配置了一则评论,则是表明媒体或是需要依托这则新闻阐明有关方针政策、原理;或是直接对这一事物或现象表明态度,揭示典型和具体事件的社会意义;或是展示事物未来的走向和发展趋势。如果将同一问题不同的言论放在一起,则表明了媒体对这个问题多方面的考察和对不同意见的听取。如果整个版面是各种问题的不同言论,则表明了媒介对言论的突出和对社会问题表达意见的态度。

14.2.1.3 提高传效

无论是报纸的言论版版面,还是广播电视的评论板块的栏目,都承担着发表言论的作用。如果遵循视觉、听觉的心理和生理规律,突出最重要、最精彩的部分,表现形式新颖夺人、主次分明、条理清晰、节奏有致,就可以在第一时间吸引受众阅读(收听、收看),集中有效地向受众传递评论信息。

现代社会,人们的认知越来越注重整体性,即从整体上去认识和把握事物。因此,现代新闻传播越来越重视配置传播的方式。合理、优化的言论版版式设计体现了集合传播的特性,极大地适应了读者的阅读心理,提高了传播效率。

14.2.2 言论版版式设计原理

14.2.2.1 平衡原理

早期的许多设计者认为只要把组版元素进行对称安排,版面就能实现平衡。这种平衡实际上是一种形式上的平衡,它的存在只有一个要求,即报纸的右半部分和左半部分对称。但是,这种正规平衡给人的感觉有些单调和刻板,而且它在很大程度上让内容服从于形式。今天,许多新闻评论的版式并不是按照版面上的要求而制作的,而是形式服从于功能的需要。举例来说,按照评论标题制作的原则,重要的评论应该配大标题置于版面的上方,这样一来,版面的上下对称就行不通了。因而,版面的平衡更多的要寻找非对称平衡。视觉的重量是随着从白到黑的色调变化而逐步增强的。而色调的变化,是由视觉重量不同的粗体字、细题字、照片、插图、底网、线条和空白显示出来的。以下三种情形就是版面非对称平衡的常见方式:

(1)一个小而黑的形状可以同一个大而淡的形状取得平衡。

(2)页边的空白可以同一片文字形成的灰暗取得平衡。

(3)一个宽而低的横长方形可以同一个狭而高的直长方形保持平衡。

14.2.2.2 对比原理

对比原理是指言论版版面上存在一个或多个内容,它们在视觉上鲜明地与版面其他内容区别开来,异常突出和醒目。所以,只要编辑在版面上运用诸如线框、字体等超过两个以上的视觉元素,对比原理就会发生作用。由于版面上的每一个元素都与其他元素不同,因而版面就显得更活泼、有趣。编辑通常以四种方式的对比来平衡版面:形状、大小、重量和方向。

形状的对比是指一篇评论周边的形状和与它相对应的另一篇评论的(或偏左、或偏右)周边形状的对比,或者是与一张照片轮廓的对比。一个言论版被分成各种长方形模块就充满了对比性。大小的对比主要指图片大小的对比和版面字体、字号的运用形成的对比。重量的对比指的是视觉重量,如颜色的深浅,字的粗细。方向的对比主要指横模块与竖模块的比较。就整个版面而言,也可以表现为垂直式和水平式两种风格的混用。

14.2.2.3　重点原理

重点即焦点,言论版版面设计的重点原理比对比原理向极端方向跨进了一步,它要求版面上只保留一个占主导地位的视觉强势点。

区序理论是我国报纸版面强势研究的一种理论。区序理论认为,版面空间之所以能够表现一定的编排思想,主要是因为版面空间存在着强势上的差异。区序理论把版面分成上左、上右、下左、下右四个版位。如果版面分为上下两个半版相比的话,那么上半版要比下半版更具强势;如果版面被分为左右两个半版,那么左半版要比右半版更容易引起读者的主意,从而具有更大的强势。如果再把

上述两种版面的划分结合在一起,则版面就可分为上左、上右、下左、下右四个区。上左因为是上半版和左半版的重合,因此最具强势地位,其次是上右。根据一般读者读报时视线的自然移动来看,看了上左,再看上右,然后自然下滑至下右,一般而言,下右要优于下左。区序原理在言论版版面编排上依然适用。

重点突出的版面,不仅给了读者一个版面阅读的起点,同时也向读者传达了编辑的思想和意图。所以,为了突出重点,编辑应当作出果断的决定,判断最为重要和最有视觉魅力的版面元素,并在设计中充分表现出来。当然,我们这里说的区序理论对版面的规定是相对的,弱势区域也可以通过添加一些视觉元素,比如图片加以解决,具体问题应具体分析。

14.2.2.4　统一原理

统一是视觉设计的整体法则。它是指作品的内在各要素构成完整,要传达的信息丰富,各要素的关系构架处理合理而完善。就版式设计而言,统一性有两个标准:第一,版面上各个组合的内容和形式必须统一;第二,报纸自身的各个部分之间必须统一。

报纸的统一性是来自印刷媒体的一套规范,很少有例外。在行与行之间、标题与署名之间、署名与正文之间的距离要始终如一。言论版的版式也要遵循这种统一的原则。既要实现版面内部各个要素的和谐,又要达到与其他版面风格的和谐。

14.2.3　新闻评论与版式的关系

评论与版式的关系,主要有以下三种情况。

14.2.3.1　配评

配评就是为新闻稿件配置的评论。配评一般位于被评论新闻的旁边,或是附近,对被评论新闻有很强的依附性。这种评论一般单独出现,在整个版面上呈零星状态。配评的具体种类有:社论、短评、编者按、编后、个人署名评论等。

报纸每天刊登的新闻报道很多,需要配置评论的报道只是少数。评论的功能是说服。配置的评论过多,就可能给受众的阅读和思考造成一定的影响。有许多新闻报道以事实说话,读者对其中的观点不言自明,也就无需再配置评论。

一般来说,配置评论的情景由两个因素所构成。一是客观形势的需要,即在现实生活中存在某种矛盾、某种倾向,需要通过评论提醒人们去注意,帮助人们去认识,引导人们去解决;二是稿件的具体条件的需要,即稿件的内容反映了上述客观事实,足以构成议题,稿件能成为评论的依托。例如2007年7月19日,《中国青年报》发表一篇新闻,标题是《金志扬:中国足球不能再糊里糊涂了》,报道的是中国男子足球队27年来首次止步亚洲杯足球赛的小组赛。《中国青年报》为此配发了一篇署名评论:《不是武松凭啥打虎》,表明对这个事件的立场。如图14-1:

图14-1　配评

14.2.3.2 评论专栏

评论专栏是由带有连续性的系列评论所组成的板块，在版面中往往自成格局。评论专栏有三个特点。一是连续性的稿件间有共同性。这种共同性，多为相似特征或同一体裁。比如《人民日报》的《人民论坛》专栏，均是及时深刻、紧贴现实的评论稿。二是专栏在整个版面中自成格局。它有栏目或栏题，很多是单独编排，四周围框或勾线，是版面中的一块小天地。有时一些专栏的位置相对固定。三是就版面整体而言，评论专栏是版面上的一个局部。

专栏评论每期只发一两篇评论，它是定期地连续发表，在连续的纵向延伸中来体现其共同性。评论专栏的栏目设置相对稳定，需要对专栏的主旨、内容、特点、名称进行策划，从长计议，有专栏标志，是报纸风格和特色的重要体现。如 2007 年 7 月 19 日《人民日报》要闻版《人民论坛》和国际要闻版《国际论坛》(图 14-2、14-3)

14.2.3.3 评论专版

以全部或除广告外的大部分篇幅刊登评论的版面，我们称之为评论专版。专版与专栏相似，都是由一组具有共同性的稿件所组成，只是所占的篇幅不同。前者是全版，后者是版面的局部。

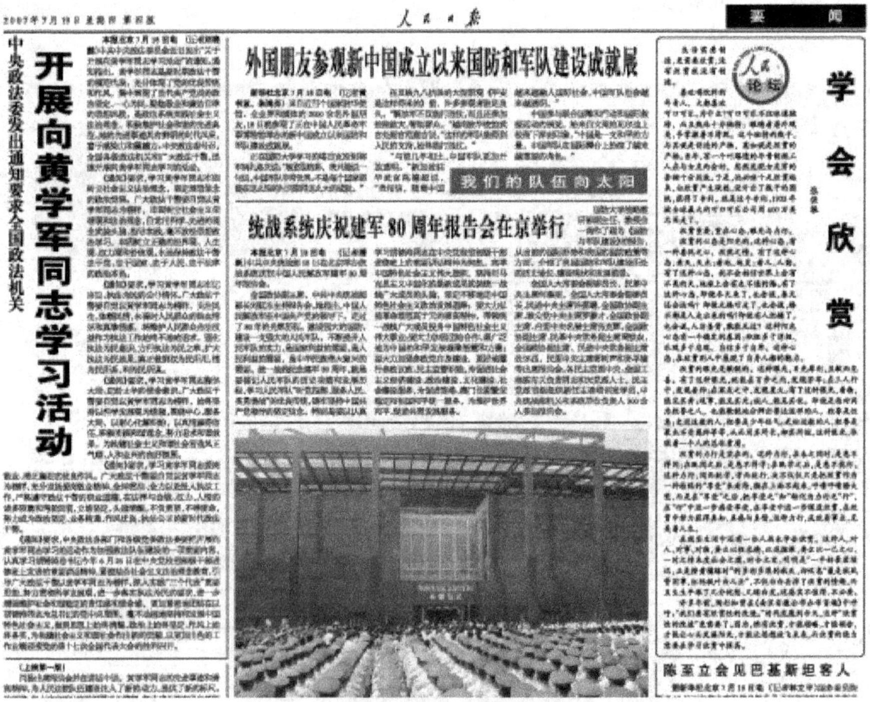

人民日报

要闻

中央政法委发出通知要求全国政法机关

开展向黄学军同志学习活动

外国朋友参观新中国成立以来国防和军队建设成就展

我们的队伍向太阳

统战系统庆祝建军80周年报告会在京举行

人民论坛

学会欣赏

陈至立会见巴基斯坦客人

图 14-2 评论专栏(1)

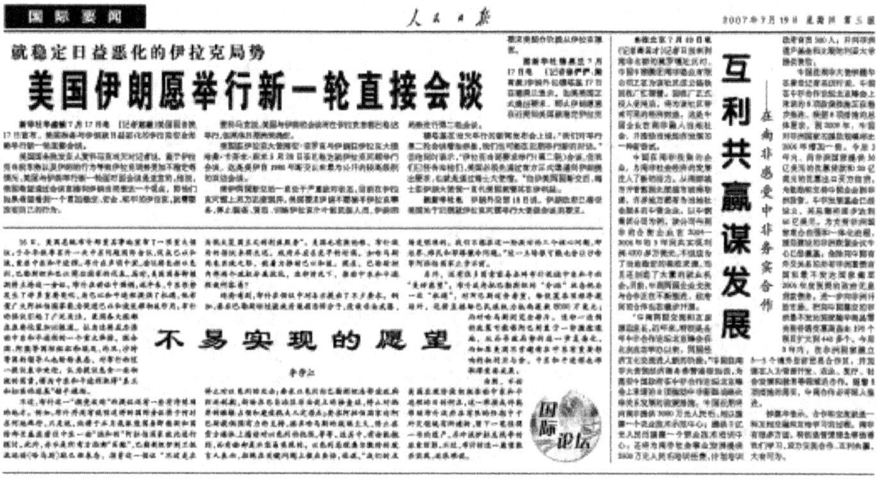
国际要闻

人民日报

2007年7月19日

就稳定日益恶化的伊拉克局势

美国伊朗愿举行新一轮直接会谈

不易实现的愿望

国际论坛

互利共赢谋发展

——在南非感受中非务实合作

图 14-3　评论专栏(2)

进入新世纪以来,许多报纸不满足于专栏评论,而是开始打破了“栏”的界限,出现了新闻言论版。比如《南方日报》增设了《观点版》,《羊城晚报》增设了《时评版》。此外许多报纸的言论版并非只有一个版,有的甚至达到两个版,如《南方都市报》、《新京报》等。可见,现代报纸对言论越来越重视,以提高和加强报纸的公信度和震撼力。保持和发扬自己的个性,对报纸的生存发展是极为重要的,而言论,正是报纸个性和公信度的最好体现和表达。再者,在获取更多的独家新闻越来越不易的形势下,与一般的新闻相比,新闻评论更容易形成独家。基于此,新闻评论已成为近年来媒体间竞争的新亮点。

图 14-4、14-5 所示为 2007 年 7 月 19 日《南方都市报》的社论专版和 2007 年 7 月 20 日《扬子晚报》的《扬子时评》专版。

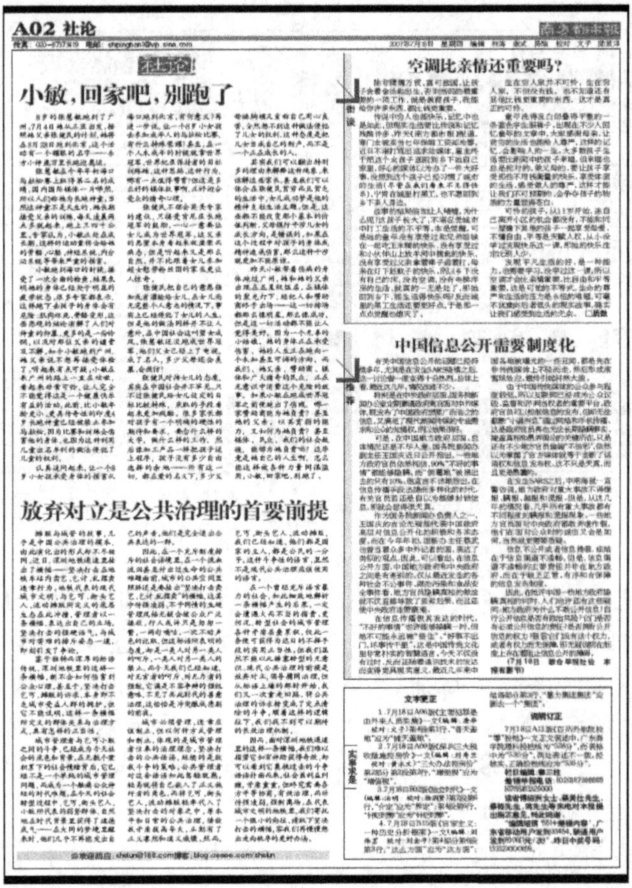
A02 社论

小敏，回家吧，别跑了

放弃对立是公共治理的首要前提

空调比亲情还重要吗？

中国信息公开需要制度化

图 14-4　评论专版(1)

图14-5　评论专版(2)

14.3　新闻评论栏目的设计

作为新闻评论的外观，良好的栏目设计是新闻评论成功的重要因素。怎样来设计评论栏目，设计什么样的评论栏目都是本节要讲述的问题。为了更好地说明这些问题，我们不妨先来看看评论栏目设计的运作。

14.3.1　栏目设计运作

14.3.1.1　栏目设计的意义

新闻评论作为一种以新闻事实或思想问题为由头的倾向性言论，其本质属性除新闻性外，还具有信息性。与消息通讯等等体裁的新闻性不同，评论是一种思想性信息，以传播思想、表达观点为首要目的。在对现实生活的干预程度和影响力度上，它比新闻性的事实信息更为直接，效果更为明显，因此被媒体赋予重要的地位。其符号意义远远超过评论所承载的思想信息本身。因此，评论的一个重要属性就是权力的象征或代表权利。

可以说，评论具有一种符号权力的属性。评论通过文字、图像、声音等符号来构建现实生活，告诉人们事物的意义是什么，具有传播思想、改变观念、求得共识、渴望认同的目的性，这种目的的实现又是潜移默化、非强制性的。在一定程度上，新闻评论承担了以思想传播和文化传承为途径的社会和谐化构建的功能。因此,我们的评论栏目设计,就是要解决如何更有效的发挥媒介自身和新闻评论作为媒介"旗帜和灵魂"的重要作用的问题。新闻评论栏目的设计意义不容小觑。

14.3.1.2　栏目设计的生成

评论的生产要素由三部分构成:传者、媒介、受众。他们基本上构成了产业链上的生产者、工具、产品和接受者。与这三个要素相关的,是资本的占有。资本对应着传播链上的某一部分的权力。依照评论生成的过程和要素,这种思想产品所蕴含的符号权力可以被分解为三种作用在不同阶段的、既相互独立又相互作用的权力:话语权、渠道权、视听权。

(1)话语权:拥有写作和发言的权力

话语权主要表现为话语表达的能力和权力,是文化资本的产物。除媒体的工作人员外,在当前,作者队伍的相当一部分是专家和学者。之所以在作者队伍里出现这么多的专家和学者,主要是他们掌握了一定的文化资源,他们的评论具有一定的权威性。我们不难见到,在一些专栏评论,电视评论中,都会邀请一些专家和学者。

然而,随着时代的发展,公民素质的提高,尤其是网络媒体的出现和电子媒体的低门槛给媒体带来的冲击,无论在报纸、广播、电视还是网络上,都会出现越来越多的普通人的身影。话语权不仅仅掌握在了传统媒体和权利主体,社会精英手上,而是更多地向普通民众倾斜。例如在 2007 年 1 月 15 日《北京青年报》的第四版《每日评论》版上,作者的分布是这样的:报社工作人员评论包括一篇《今日社评》、一篇《图说天下》;专家学者评论两篇:《专栏》和《重点关注》。这些占去了一多半的版幅。其他的版面分成了《来论》和《读者》两大板块,作者分布也相当广泛,有军人、职员、教师和普通市民。话语权的这种变化反映了新闻媒体言论民主化的提高。因此在进行评论栏目设计的时候要顺应这种言论民主化的趋势,充分尊重大众的话语权。

(2)渠道权:拥有和使用媒体渠道资源的权力

渠道权包括渠道资源的所有权和使用权,它是经济资本和社会资本的反映。渠道资源可以具体分为报纸的版面空间、广播电视的时段和频道、网络媒介的页面、网站的时空占有和使用等。对一定空间和时间的占有和使用是权力的标志。评论的版面和空间、时间等渠道资源由谁在掌握,是话语权能否通过媒体实现的前提。从表面上看,渠道权由主编、编辑和记者等新闻从业人员掌握;再深一层,还有政治、经济的因素在起作用。新闻媒体对媒介资源的使用,要在符合国家意识形态、宣传正确的思想道德、遵循国家政策法规的前提下进行。作为文化产业,媒体还要符合市场规律。

对于新闻评论来说,在设计的时候,要符合三个条件:首先是"合意",即合乎政策和编辑报道的意志;然后是"合格",要求合乎专业规范;在此基础上,还要优中选优,保证栏目的质量。另外,还有一些问题仍然值得注意,我们在评论的时候,还要掌握平衡,不能漠视一些社会弱势群体的表达权利。在评论中,虽然媒体有引导的作用,但对于一些有建设性的反面意见也要考虑。在政策的范围之内,我们也不能对一些重要的社会舆论视而不见,因为真实地反映和引导社会舆论是媒体不可推卸的责任。

（3）视听权:关注和接受评论

视听权也取决于经济资本和文化资本的占有状况。受众对新闻评论的视听,除了简单的接受以外,还应包括代表社会公民意志、行使普通公民参与权力的反馈和回应。而这种回馈,仍然需要话语权、渠道权和视听权的联动,才能真正实现受众的广泛参与和响应。当产业链由"生产"到"收卖"这个过程的成功完成,是三种权力相互作用的结果,哪一个环节出了问题,都可能影响到评论的效果。

评论以传播思想、求取认同为目标,没有视听行为就无法产生效果的认同;没有认同,就无法实现思想信息的影响力和实际作用。因此,为了更好地实现这个目标,除了一些物质条件和技术门槛的硬件问题外,作为新闻评论,还要更好地认识受众,认真观察生活,善于思考,忠实反映社会舆论。另外,新闻评论还应在给予受众意见的同时,加强信息的含量。同时,还要处理好专业深度与通俗表达的问题。评论栏目并非曲高和寡的自娱自乐,新闻媒体应认真负起媒体的社会责任。

14.3.2 栏目设计的目标

（1）为受众进行信息的深层解读。

由于新闻话题涉及的内容不同,领域不同,受众的知识背景和认知能力不同,导致阅读评论的受众不可能对事件涉及的领域全知全能。然而要使受众对新闻产生正确认识、进行正确的评价以及长时间有益地接触,必须使其具备一定的相关专业背景和知识储备。这就要求媒体的工作人员设计出相应的信息解读环节。一方面,要向受众提供一定的背景资料,让受众清晰事件的来龙去脉;另一方面,同步为受众提供专业的分析和讲解,解疑释惑。通过信息解读,使得新闻评论能够帮助受众深层地了解新闻事件。

（2）为受众作科学的分析和引导。

新闻事件错综复杂,很多现象背后都可能存在"意义玄机",大多数受众在很大程度上还不能真正洞察现象背后的本质含义。这时候,专家的点评、分析就要起到科学分析和引导的作用。比如 2006 年 2 月 8 日的《国际观察》,以《美国国情咨文》为主题,邀请国内美国问题研究的权威专家,通过丰富的电视手段,以图板、背景短篇、字幕等形式,巧妙地对比 2005 年的"国情咨文",结合当时美国的对外政策,使美国此次国情咨文的意图清晰显现。这样,一个看似平面化的、抽象的新闻事件变得厚重、立体,耐人寻味。

（3）为受众整合所获取的信息。

当前的新闻评论越来越重视时效

性,话题往往都是比较重大的新闻事件。这类新闻事件一个共同的特点就是其内部牵扯的人物、事件关系比较复杂,如果该事件是正在同步进行的,那么随时都会有新的情况发生,这种情况下,受众在接受信息的过程中就会迷惑。这时,无论是报纸上的评论文章还是电视节目的嘉宾和主持人,进行提纲挈领的总结、概括和引导,就能够帮助受众梳理思路,把握事件的发展趋势和方向,清楚地认识新闻事件,得出正确的看法。

（4）打造思想的圆桌会议。

现在的新闻媒体逐步开始重视人们的言论表达,言论版面化,为不同的人群和持不同意见的人提供发言的机会。当前,中国媒体的竞争开始进入"观点时代",如何发挥评论的旗帜作用是新闻媒体面临的重要课题。在这种背景下,新闻评论的设计就要打造一种符合当下社会发展趋势的言论平台,这是媒体对公民民主意识和受众接近权和表达权的尊重。相对宽容的言论生态能保证受众听到多元的声音,从而形成自己的判断。

14.3.3　栏目设计的原则

14.3.3.1　高度

一是站立点要高。评论追求的是一种权威性,登高才能望远。要站在现实与历史的制高点上来分析新闻所揭示的问题,从宏观和长远的角度来衡量新闻的价值和意义。同样一则新闻评论,站立点的高度不一样,分析出的价值和意义就会不一样。

二是思维层次要高。要善于从理论的高度,对新闻背后的思想进行抽象、概括和提炼,并能审时度势,形成判断。

当然,评论的高度也不是无限制的,必须考虑新闻本身的承载力,因为新闻是评论的依托,要依据新闻而评,不是脱离基本事实。

14.3.3.2　角度

（1）选择小角度。一篇评论的设计,往往有多个角度可供选择。不同的选择和取舍,会有不同的效果,而我们选择的标准就是,越有针对性越好。俗话说"见微知著",选择小角度,从基本事实出发,评论才有的放矢,才能取得以小见大的效果。

（2）符合当下的形势和需要。"文章合为时而著,歌诗合为事而作"。优秀的新闻评论都是把握当前社会发展的脉搏,切中出现问题的要害,及时答疑解惑,赢得受众的共鸣,这样的评论才最有价值。不过,在这个问题上,我们也要防止走极端,不能一味追求符合当时宣传的需要,硬扭角度,硬往上靠,给人生拉硬扯、牵强附会之感,评论一定要依据事实,实事求是。

（3）抓住带倾向性的问题。倾向性问题是社会普遍存在、人们普遍关心、相关部门普遍没有引起重视的问题,是"一碰即响"的问题。2004年2月17日《人民日报》二版刊登了一则消息《中组部通报四起受贿"卖官"案件 要求严厉整治用人上的不正之风和腐败现象》,为其配发的评论《加大对违规用人的查处力度》,这篇评论就抓住了人民群众普遍关心的一个倾向性问题,正如评论所说,"用人上的不正之风和腐败现象之所以屡禁不止,一个重要原因,就是一些地方和部门执法不严、监督不力,查处问题失之于宽、失之于软",可谓一语中地,说到要害,让人看了解气又解渴。

14.3.3.3 深度

评论的魅力在于深度。若是只有高度没有深度的话,高度就会蜕变成空洞的口号、标签。有的评论之所以面目可憎,味同嚼蜡,让人生厌,就是因为没有深度。如果说评论是一栋高楼的话,那么深度就是它的地基,地基挖得越深,高楼就越稳固;地基不牢,高楼就像空中楼阁。

所谓有深度,最根本的就是"言人之所未言",即有新思想、新见解、新看法、新认识。评论能不能吸引读者、打动读者,能不能引人思考、给人启迪,主要就看它有没有深度。但要想具备深度,需要有深厚的理论功底、严密的逻辑思维、优美的文字表达,有丰厚的积淀、丰富的知识和背景材料等。而要具备这些素质,不是一日之功,需要日积月累,厚积薄发。

14.3.4 设计方法的发展趋势

(1) 从"一面提示"到"两面提示"。

"一面提示"是仅向说服的对象提示自己一方的观点或于己有利的判断材料。"两面提示"是在提示己方观点或有利材料的同时,也提示对立一方的观点或不利于己的材料。一面提示能够对己方观点作集中阐述,简洁易懂,但会使说服对象产生心理抵抗。两面提示给人一种"公平"感,但理解难度增加。

在网络评论的影响下,传统媒体的新闻评论开始了从"一面提示"到"两面提示"的发展。比如《中国青年报》的《青年话题》评论版,《南方周末》开设的《众议》版,都在试图营造一个宽松的言论生态环境。人们对一个问题可以有对立的看法,只要有建设性,都会受到重视。

"两面提示"能使人对一件事情形成多维度的思考,更加理性地看待一个问题,形成自己的判断。同时,在这样一个信息爆炸的时代,公众只有多方听取信息,才有可能获得实情。所谓多方,既包括多家媒体,也包括不同的观点。我国的新闻评论从"一面提示"走向"两面提示",让公众获取更多的信息,了解不同的观点,反映了新闻评论发展的必然。

(2) 从"明示结论"到"寓观点与材料之中"。

明示结论观点鲜明,读者易于理解,但有些空泛。列举翔实的材料,寓观点与材料之中,使观点自然而出,更能吸引受众。

目前,我国新闻媒体的评论已经由传播意见性信息为主到传播事实性信息与意见性信息结合。新闻报道与新闻评论的边界日益模糊。新闻评论从以评价议论为主到评价议论与深入解读相结合,夹叙夹议,这是当前我国新闻评论发展的一个方向和特点。要把新闻评论写活,避免枯燥无味,把艰深的理论通俗化,把复杂的关系形象化,把纷杂的论证简约化,就要在论证过程中更加注重材料的运用,使新闻评论变得更加活泼生动,可读性增强。比如,2006年4月23日《北京青年报》的《每日评论》版中的一文《庭院深处"汉服"梦》,评的是"长春市一位大学历史系一年级女生,因为痴迷于'汉服',她亲手缝缀并亲自展示。"这一评论全文不到300字,从标题到内容,作者都没有明确地表明自己的观点,没有明示结论。但最后一句耐人寻味,"经过一百年,西装终于走遍了中国,不知道'汉服'何时能走出幽深的庭院,有更多的机会展示她的悠远的风采。"

(3)平民化。

平民化是新闻改革中呈现出的一种崭新的审美价值。它是指新闻记者在进行新闻传播的过程中,以一种普通百姓的价值取向和平民生活的视角来观察和思考问题,使传播和接受、社会和个人获得严格意义上的心态同步,情绪共鸣,既不粉饰生活也不脱离生活,体现了一种对时代、对生活、对受众的尊重与回应。对于新闻评论来说,"平民意识"也在评论的写作中融注,使评论更灵活,也更加吸引受众的阅读兴趣。

1)选题贴近生活。过去的评论常从"上头"选题,从党和国家的方针政策、指示精神选题,政治宣传成为评论的第一要务。因此,评论也就充满了"官方背景"的色彩。然而,随着时代

的发展和新闻媒体的改革,当前的新闻评论在选题上越来越注重贴近受众,抓住社会的症结,叩击时代紧绷的琴弦,贴近生活、贴近实际、贴近群众,把深入生活、了解社会、关心人民群众衣食住行、探究人民的种种想法作为选题的主要途径。正如《焦点访谈》在阐述栏目的选题要求时所说:"要做好'领导重视、群众关心与普遍存在'的结合,为群众服务、为群众解闷、为群众解恨"。即使是宏大的精神选题,也要与百姓切身利益挂钩。

2)评论可受度增强。随着时代的变化,人们自觉思考问题、反思社会现实的能力增强。今天的评论,开始针对人们认识上的新疑点、思想上的新热点、理解上的新难点,答疑解惑,并根据受众对论题的认识力、觉悟度及接受方式,把立意的思想深度和高度控制在受众易于理解的范围内。同时使论证的可读性提高,变严肃抽象的说教式为生动形象的谈心式,变偏重逻辑思维的表达方式为形象思维与逻辑思维相融合的表达方式,用道理说服人、用事实启发人、用感情打动人。另外,评论的语言的亲和力也进一步增强,更富有信息量、可读性和指导性。

★【本章小结】

新闻评论的外观,指新闻评论在传播过程中展示给受众的外在形态,包括标题、作品编排、栏目设计和言论版的版式等。这些元素作为新闻评论的"外表",在传播过程中对受众形成"先

期吸引力"，是新闻评论实践中重要的方面。本章探讨了这些元素。

◢【评论实务训练】

请以某所大学的学生为阅读对象，选择6篇评论稿件，制作一个评论专版，体会评论外观之间各要素的使用原理。

◢【延伸阅读】

1. 赵振宇：《现代新闻评论》，武汉大学出版社，2005年2月。

2. 殷俊：《媒介新闻评论学》，四川大学出版社，2005年6月。

3. 马少华、刘洪珍：《新闻评论案例》，中南大学出版社，2006年3月。

4. 杨新敏：《当代广播电视新闻评论》，中国广播电视出版社，2005年3月。

5. 张子让：《当代新闻编辑》，复旦大学出版社，1999年1月。

6. 罗小平：《新编新闻编辑学》，法律出版社，2004年8月。

7. 陈雪奇：《现代新闻编辑》四川大学出版社，2006年8月。

8. 张淑华：《评论符号权力的生成与"公民写作"期待》，《郑州大学学报》，2006年9月。

9. 谭梦玲：《打造"思想的圆桌会议"》，《新闻记者》，2003年11月。

10. 徐锐：《社会转型期新闻评论内在要素的新变》，《新闻三昧》，2006年1—2月。

11. 姚玉茜：《试论电视新闻谈话节目的魅力》，《新闻传播》，2006年6月。

12. 何鸣鸿：《高度、深度、角度》，《军事记者》，2006年12月。

13. 蒋艳芳：《劝服理论与我国报纸新闻评论的发展》，《新闻知识》，2006年11月。

14. 张吉顺：《小型化、版面化、开放化——谈谈报刊评论版的发展趋势》，《记者摇篮》，2005年10月。

15. 史文静：《电视新闻评论标题的语言学视角》，《新闻传播》，2006年9月。

第 **5** 篇 APH RYU N

新闻评论的写作艺术

15 批评的艺术

导言

本章学习目标 通过本章的学习,要求掌握新闻评论中的批评艺术,了解新闻评论的四种重要类型——时政、经济、文娱、体育的批评艺术,并能自觉有效地运用到新闻评论的写作当中。

本章难点 结合新的媒体环境、舆论环境,成功运用传播规律,从而成功地发挥新闻评论的舆论引导作用。

内容提要 本章通过新闻评论案例分析,阐述了批评性新闻评论的写作艺术。

新闻评论是评论者态度、观点、意见的表达，这种表达主要表现为两种倾向性——批评或肯定。对于批评性的新闻评论来说，一方面要讲究评论的有理有据，防止因为批评不当对他人造成伤害和产生不良的舆论影响；另一方面，又要讲究入木三分，以取得针砭时弊的效果。新闻评论的写作艺术，既表现在对评论对象的肯定上，也表现在对评论对象的批评上。

15.1 时政新闻事件的批评性评论

对时政新闻进行批评性评论要注意以大局为重的观念，站在国家政策的高度上确立论点，选择论据，高屋建瓴、严密细致地对事实进行剖析。当出现一些民众的态度行为与国家方针政策不一致的时候，尤其要注意引导的方式方法，选取民众易于接受的语言和论证方法进行引导。

2005 年 4 月 5 日，日本文部科学省给右翼团体"新日本历史教科书编撰会"重新炮制的《新历史教科书》开放绿灯，宣布经指示修改后审定"合格"。书中美化侵略、篡改历史的原则性错误仍比比皆是，这也是日本右翼势力无视历史第四次篡改教科书。我国民众表达了强烈不满，抗议日本篡改历史教科书的呼声此起彼伏，甚至有些公众出现了过激言行。此种情况

下，4 月 16 日《人民日报》发表的人民时评《我们怎样表达爱国热情》①以极具思想性的论点和精辟充分的论证成功对民众的激愤情绪起到了化解作用，进行了成功的引导。

15.1.1 两面论

论证方法上借鉴传播学说服理论中的"两面论"，在对时政新闻事件进行批评性评论时，既分析现象之弊，也发现现象之本。如果对评论对象的行为一味的否定，很可能会起到相反的效果。《我们怎样表达爱国热情》既对民众的对祖国的热爱给予肯定，又对于其认识上的不全面导致的过激行为进行批评。文章首先肯定了"爱国主义是对祖国最纯洁、最高尚、最神圣的感情。爱国是一种尊严，更是一种信念。连日来，针对日本政府纵容右翼分子，伤害中国人民感情的作法，中国民众表达了强烈不满，展现了爱国主义热情"。接着，文章指出"在民族尊严和民族感情遭受严重伤害之际，我们理应表达自己的义愤。但是，仅仅表达义愤是不够的。采取一些有违法制的过激行动也无助于问题的解决"。文章说，"我们应当看到，近年来日本右翼势力的抬头，也是有着一定的社会基础的。改变这一基础，既要有义愤和激情，更需要智慧与自信，做出长期而艰苦的努力"。这样两面论的评论，起到了良好的说服效果。

---

① 丁刚：《人民时评:〈我们怎样表达爱国热情〉》，2005 年 4 月 16 日人民网。

15.1.2　用事实说话

《我们怎样表达爱国热情》这篇评论中写道,"非理性的无序举动不仅无助于揭露日本右翼的真实面目,反而会授人以柄,给右翼分子攻击中国、欺骗日本民众增加口实,甚至伤害一些真心与中国友好的朋友"。现实的事实和历史事实具有非常强的说服力,易于接受。新闻评论在写作的过程中,抓住人们重视事实的心理特征,用事实说话,往往能起到出奇制胜的效果。

15.1.3　给出正确的方向和方法

《我们怎样表达爱国热情》这篇评论的作者,在文章最后,登高望远:"中国的发展需要一个和平的环境……随着经济全球化的不断深化,中日之间的联系更加紧密也是大势所趋。目前,中日之间经贸交流数额很大,今后无论是在经贸还是在文化等许多方面,交流的层次还会不断加深。这就会为促使日本做出深刻的反省创造条件。"并提出了真正使日本右翼势力反省的正确做法:"要促使日本能够以史为鉴,就不是只宣泄一下愤怒的情感能解决得了的问题,还需要我们促进更广泛的交流,更多地展示理性的力量。要用这种力量来让日本人民,让世界人民更多地认识日本右翼的真实面目和危害,营造一种让右翼难以生存的国际舆论环境。"由此,作者得出结论:"激情加理性才是我们表达爱国热情的正确态度。"评论在充分的说理

论证基础上,对人们的提出了合理的意见,使评论更具有说服力也更加完整。

这篇评论获得第十六届中国新闻奖网络新闻作品评论类一等奖,批评艺术是其闪光点之一。

15.2　经济新闻事件的批评性评论

评论一种经济现象或者一则经济新闻,就需要重视经济学的知识和理论。尤其是要对评论对象进行批评时,政策法规和理论知识的掷地有声是显而易见的。

2007年5月3日,中国石油天然气集团公司(简称"中石油")宣布,在渤海湾滩海地区发现储量规模达10亿吨的大油田——冀东南堡油田,其储量规模相当于近几年全国年度新增探明石油储量的1/2左右。中石油副总裁胡文瑞表示:到2012年,就要把南堡油田建成年产量1000万吨的"世界级的高产油井"(见5月8日《燕赵都市报》)。就在有关方面对南堡油田开采跃跃欲试之际,《江南时报》冷静地发表了一篇题为《南堡油田何时开采是重要国策》①的经济时评,对"开采热"泼了冷水,产生了强大的说服力。

15.2.1　用政策说话

国计民生的重大问题用政策说话具有强大的说服力。这篇评论对开采热的批评就是用政策说话的。作者在

———————

① 郭松民:《南堡油田何时开采是重要国策》,《江南时报》,2007年5月9日。

评论中写道:"作为社会公共资源,南堡油田是属于全民的。何时开发,我说了自然不算,但中石油说了也不算,真正拥有最后决定权的,应该是全国人大。除非经过全国人大的辩论、表决和明确授权,中石油是无权擅自开采的"。这些言论闪烁着政策精神,阐明了开采应履行的法定程序,产生了一种让人不容置疑的说服力量。

15.2.2 比较的力量

《南堡油田何时开采是重要国策》文中还援引了美国的做法。文中说,比如美国的阿拉斯加州早已探明一个蕴藏量约为 57 亿至 160 亿桶的大油田,但自 1980 年以来,石油公司却一直无法获得美国国会的开采许可。这里有环境保护的考虑,有对未来能源安全的考虑,有"代际公平"的考虑等,总之是以对长远利益的考虑代替了对眼前利益的考虑。值得注意的是,作者在阐述"出于长远的战略考虑,暂不开采国内石油,这也是许多发达国家共同的做法"这个道理的同时,也借机介绍了以美国为典型代表的发达国家对于石油开采的政策,比如"能源安全"、"代际公平"等,从而有效地论证了南堡油田何时开采是重要国策这一观点。

15.3 文娱新闻事件的批评性评论

文娱新闻事件的批评性评论要注意跳出娱乐本身,抛弃看客、娱乐的心态,对事件背后的意义作出深入的剖析。

2007 年发生了一件影响颇大的娱乐新闻事件,兰州一名追星女子赴香港要求与明星刘德华见面,期间其父愤而跳入江中自杀。一时间,人们议论纷纷,有同情,有愤慨,有感叹,也有不屑,所有的批评和不解都指向了追星近乎疯狂的这位女子,以及被"追"者刘德华。然而,《中国青年报》的冰点时评《追星悲剧背后有多少罪恶的媒体黑手》[1]却从另外的角度对媒体报道提出了批评,也引发了媒体和公众的深刻反思。在论点的确立上这篇报道的成功之处在于没有陷在事件当中,没有受当时流行的意见干扰。而是冷静思考之后地提出了对媒体行为的反思意见。

《追星悲剧背后有多少罪恶的媒体黑手》在进行批评性评论时,讲究论证的艺术。

15.3.1 运用类比

运用类比的手法重提新闻职业道德的重要性。评论以新闻界一个经典的故事开头,美国摄影记者凯文卡特拍摄了一幅内容为"一个非洲小孩因疾病和饥饿命在旦夕,旁边是一只虎视眈眈的秃鹫,等待小孩的生命终结,等待其尸体成为美餐"的照片,并因此获得普利策新闻奖,但却因为缺乏道义精神和对小孩的帮助遭到了社会的批评,最终这位摄影记者以自杀谢天下。通过两事的类比,评论写道:"这个世界还有一些道德、责任,要比新闻产品本身

---

① 潘洪其:《不能随意将舆论监督定性为"妖魔化"》,《北京青年报》,2007 年 1 月 23 日。

更重要。当新闻人为了新闻产品而'虎视眈眈'地对待新闻对象,当做大新闻、炒出轰动效应的新闻成为一些媒体至高原则的时候,同样会生产罪恶,同样会杀人于无形。"

15.3.2 立靶射的

文章的主体部分,针对媒体的行为作者进行了深入的分析,体现了社情多元化背景下的批评艺术。"有媒体将自己报道追星女事件的用心,美化为'表现出本报长期以来对弱势群体的爱心和帮助'",第八段提到"热衷于炒新闻的人有一个永远的借口:'读者爱看'。或许,杨家的故事的确可以满足一些人的猎奇心理"。对一些媒体和记者报道杨丽娟追星的理由,作者一一列举。并逐一进行了反驳,比如"一年来,我们有多少媒体不是希望用自己的努力去消灭这个极端,而是巴不得这样的极端越多越好、越'极'越热闹?",现如"这种'追星不成就算弱势群体'的荒谬与自我迷醉,已经上升到了令读者看不下去的地步",又如"大众的阴暗心理可能是天然的、无意识的,但是媒体是否要迎合这种无意识?是否应该将人性的弱点利用到把人'媚死俗死'?人们想要观看病态的粉丝,媒体就把镜头、把话筒对准病态的粉丝,这就是我们对待偏执病人的方式?媒体的集体迷失造成的会是更多的人的集体迷失,看看我们丧失原则、不分是非制造的疯狂明星,引领着多少校园中的孩子迷失了方向?"这种立靶射的批评艺术,不仅增强了批评

的针对性,而且这种"辩"的方式,会增强评论的情节感和趣味性,吸引受众阅读。

15.4 体育新闻事件的批评性评论

体育新闻事件的批评性评论不要停留在就事论事上,而是要注意从体育精神的高度进行思考,不能为了批评而批评。《燕赵都市报》2007年8月24日发表的评论《中国女排突围的尴尬》,在指出评论对象的不足和失误的之后,又分析了评论对象的优点和长处,将受众引导到如何摆脱"尴尬"的思考上来,可谓上乘之作。

文章首先分析了中国女排的尴尬境地:中国女排已经不再有雅典奥运会的辉煌,一连串的战败让中国女排离北京奥运会"保牌冲金"的目标越来越远。作者在表达批评和否定的观点时,主要运用了原因分析的方法,即"雅典夺冠之后,陈忠和的组队思路还是以老将为主,起用新人的力度并不大。……老将无论是在体力上,还是在身体素质上已经难复当年之勇",与此形成对照的是,"新人后继乏力",也是中国女排面临的现实问题。通过两个方面的论述,表明了作者的判断:中国女排面临着突围的尴尬。

最后,评论话锋一转,"幸运的是,在如此逆境情况下,中国女排姑娘依然保持着甜美的微笑和顽强的精神,这也正是她们的可爱之处。时间所剩无多,随着赵蕊蕊、冯坤、王一梅等中坚力量的伤愈回归,也许现在的低谷就是最好

的蓄势,以等待 08 的总爆发"。如此结尾,使批评性意见产生了令人悦服的效果。

★【本章小结】

本章从时政、经济、文娱、体育四个方面选取案例分析批评性新闻评论的写作艺术,一是强调评论对象特质对写作的要求,二是强调具体情况对写作的要求。总之,评论对象所处的特定条件,是新闻评论写作艺术形成的一个重要的现实基础。

【评论实务训练】

以一则最新的新闻事件为评论对象,写一篇批评性的新闻评论,并注意讲究批评艺术。

【延伸阅读】

1. 曹轲:《书生快意南方剑——新闻批评与新闻调查》,广东人民出版社,2001 年 5 月版。

2. 王立纲:《新闻批评潜规则种种》,《青年记者》,2008 年 3 月(上)。

16　肯定的艺术

导言

本章学习目标　通过本章的学习,要求掌握新闻评论中肯定的艺术,了解新闻评论的四种重要类型——时政、经济、文娱、体育的批评艺术,并能自觉有效地运用到新闻评论的写作当中。

本章难点　结合新的媒体环境、舆论环境运用评论肯定的艺术

内容提要　本章从时政、经济、文娱和体育四个方面选取新闻评论案例,并通过这些案例分析了新闻评论写作中的肯定艺术。

涛同志重要讲话的精神，无论从标题，还是从文中语言的表达上来看，都传递了一个鲜明的论点——坚定不移地走中国特色社会主义伟大道路。认真分析，其表达艺术有如下几方面。

16.1.1 用理论说话

评论这样写道："中国特色社会主义，是当代中国发展进步的旗帜，是全党全国各族人民团结奋斗的旗帜"，"一个国家要实现经济社会又好又快发展，必须找到一条既适合自己国情、又符合时代要求的发展道路"，"中国特色社会主义开创了社会主义发展的崭新道路，实现了中国社会主义发展的历史性飞跃，是科学社会主义与中国国情相结合的产物，是马克思主义中国化的科学成果"。在这些事关重大政治事件的新闻评论中，用理论说话才有这种不证自明的力量，而其清晰准确的表述和其严肃性、正规性是其他任何表述都不可比的。这些理论性的语句清晰地解释着证明着论点，"始终不渝地坚持以邓小平理论和'三个代表'重要思想为指导，深入贯彻落实科学发展观，毫不动摇地坚持和发展中国特色社会主义，这是胡锦涛总书记在中央党校重要讲话深刻阐述的一个极其重要的思想"。

在我国各领域都飞速发展的今天，一些值得肯定的新现象怎样能评出新意、打动受众是新闻评论面临的又一问题，主流媒体上曾涌现了大量歌颂祖国和社会发展的评论文章。这些新闻评论在肯定革命和建设成就，弘扬社会正气方面起了积极的作用。但随着社会的发展进步，在受众审美趣味出现变化的情况下，千篇一律的"歌功颂德"评论方式所起到的舆论作用可能正在减弱。在这种情况下，我们对于社会生活中出现的值得肯定和赞扬的新闻事件进行评论时就需要创新，需要讲究肯定的艺术。

16.1 时政新闻事件的肯定性评论

从某种意义上来说，事关政治事件的肯定性评论，多数是关于政治举措的肯定，而这些肯定往往需要理论上和实践上的支持。

2007年6月25日，中共中央总书记、国家主席、中央军委主席胡锦涛在中央党校省部级干部进修班发表重要讲话。从6月28日到7月3日，《人民日报》连续发表六篇评论员文章学习胡锦涛同志的重要讲话。其中，6月29日的评论员文章《坚定不移地走中国特色社会主义伟大道路——认真学习胡锦涛总书记在中央党校的重要讲话之二》①放在了当日《人民日报》的头版头条。这篇评论员文章贯彻了胡锦

---

① 《人民日报》评论员：《坚定不移地走中国特色社会主义伟大道路——认真学习胡锦涛总书记在中央党校的重要讲话之二》，2007年6月29日。

16.1.2 运用分论点

分论点对每段起到概括提炼的作用,可以让受众阅读起来降低理解难度。每一段都有一个分论点引导论述。"中国特色社会主义,是当代中国发展进步的旗帜,是全党全国各族人民团结奋斗的旗帜。"指明了中国特色社会这一道路的旗帜性作用和地位。"一个国家要实现经济社会又好又快发展,必须找到一条既适合自己国情、又符合时代要求的发展道路。"指出中国特色社会主义是我国必然选择的道路。"中国特色社会主义开创了社会主义发展的崭新道路,实现了中国社会主义发展的历史性飞跃,是科学社会主义与中国国情相结合的产物,是马克思主义中国化的科学成果。"中国特色社会主义道路曾经的成果和发挥的作用。"中国特色社会主义的实践在发展。"指出中国特色社会主义道路需要坚持和发展。这些语句分别对每段大段的论述起到了概括提炼的作用的同时合在一起又对论点起到了很好的解释说明作用。

16.2 经济新闻事件的肯定性评论

经济新闻事件的肯定性评论,其写作的难度丝毫不亚于政治事件的新闻评论。经济现象是一种复杂的现象,需要敏锐的判断能力,它更直接、更快捷地受到实践的检验。在进行此类新闻评论的写作时,评论作者既要重视应用相关理论进行分析,也要重

视"用事实说话"。司马迁著《史记》时,有两种表达观点的方法为世人所熟知:一是"寓论断于序事",即"司马迁不用专门说一些议论的话,就可以在史实的叙述过程中把自己的论点表达出来"①;二是在篇末以"论赞体"(如"太史公曰:……")的形式直接发表评论,画龙点睛②。在现代新闻评论过程中,"用事实说话"主要包含两种形式:用概括的事实说话和用具体的事实说话(例证法)。

以《燕赵都市报》2007 年 10 月 15日发表的评论《为陕西撤销收费站还路于"公"喝彩》③为例。评论在对陕西省撤销公路收费站的新闻事件进行肯定性评论时,并没有过多的议论,而是采用了援引概括性事实和具体事实的方法。

16.2.1 概括性事实

概括性的事实泛指概括的某一类的社会现象,包括民众反应或权威人士的言论,源于客观事实的各种统计资料和数据等。评论《为陕西撤销收费站还路于"公"喝彩》中写道:"目前,全世界收费公路 14 万公里,其中 10 万公里在中国,占全世界 70% 。交通部规定

① 白寿彝:《司马迁寓论断于序事》,《北京师范大学学报·哲社版》,1961 年第 4 期。
② 赖浩锋:《此"说"不同于彼"说","用事实说话"与"用观点说话"之比较》,中华传媒学术网,http://academic. mediachina. net/article. php? id =1587。
③ 沈峰:《为陕西撤销收费站还路于"公"喝彩》,《燕赵都市报》,2007 年 10 月 15 日。

40公里设一收费站,而有些地方政府规定,高等级公路每20公里甚至更短路程就可设1个收费站。同时,收费公路还衍生出一系列腐败问题,导致收费公路成为一些地方利益集团牟利的工具(参见8月6日《中国经济周刊》)","审计署审计长李金华在向十届全国人大常委会报告时披露,接受审计的北京等18个省份8.68万公里的收费公路上,不仅有违规设置的收费站158个,违规收费、通过提高收费标准多收费231亿多元,而且有12个省份的35条(段)公路收费期过长,收费高出投资成本数倍乃至10倍以上(参见10月13日《华夏时报》)"。评论用这两个概括性的事实形象有力地说明了公路收费过多的弊端。

16.2.2　具体事实

具体的新闻事件或历史事件是真实发生的事件,何时何地有据可考,这种用事实说话属于我们常说的论证方法中的例证法。评论中用美国和深圳的例子来说明了还路于公的正确性。美国早在1956年就通过了《联邦资助公路法案》,该法案规定,州际高速公路由联邦政府和州政府按照9:1的比例出资;其中联邦资金由"联邦公路信托基金"提供,这个基金的资金87.6%来自机动车燃油税,"早在2002年,深圳市率先出台了撤并路隧收费站的整治方案,其补偿全部由市区两级财政负担,受到各界好评"。

通过分析,我们看到这篇评论中的事实运用占据了很大的篇幅,这样

注重事实的运用,不仅增强了肯定的效果,而且增加了评论的可读性。

16.3　文娱新闻事件的肯定性评论

2006年11月22日《北京青年报》发表了一篇题为《低价电影超市应该长期开下去》①的评论,针对的是"国产影片大超市"在北京开张的文娱新闻。因为即将上映的电影票仅售10元,对电影票的价格进行大幅下调。作者以此为评论对象进行评论,显示的肯定艺术表现在这样两个方面:

16.3.1　对比论证

通过事实的对比、事实的陈述等方法析明低价电影票的好处,从而对此行为进行肯定。评论中写道:"不管是横比还是纵比,我国现行的电影票价都太高。"第二段一开始,作者就针对我国的电影票市场价格与国外进行了对比,同时对国内的电影票价格变迁进行了梳理。文章提到了美国、印度等国家的电影票价格情况,也提到了我国历史上电影票的价格情况,这种事例和数据对比,达到了化肯定于无形的评论效果。

16.3.2　批评支持肯定

值得注意的是,这篇评论中的批评性内容,文中提到:"遗憾的是,这个活动为期只有两周。名字既然叫做'超市',谁见过开张两周就关门的超市?

---

① 李星文:《低价电影超市应该长期开下去》,《北京青年报》,2006年11月22日。

既然要走进市场和观众,这么有限的时间内,再亲密的接触又能留下多深的印象?要想让美好的初衷在现实中开花结果,低价电影还需要更大的推广力度。"应该说,这是作者对这一新闻事件肯定基础上的建议和对不足的进一步思考,或者说是肯定中的批评。正是这一点批评,让整篇评论更加全面,也有力地加强了评论的肯定。在评论中,合宜的批评性内容常能让肯定更加意味深长。

16.3　体育新闻事件的肯定性评论

2007 年 9 月,第四届女足世界杯在中国上海举办。虽然新闻事件讲述的是女足姑娘在美洲训练失利,但《华商晨报》的新闻评论《女足站直了,别趴下》①这篇新闻评论以热情洋溢的语言和饱满的热情毫不吝啬地对女足的精神予以了肯定,其肯定的艺术值得人们学习。

16.3.1　融入感情

《女足站直了,别趴下》虽然是一则关于女子足球的新闻评论,却处处充满了豪情壮志。标题先声夺人,用简练的语言和刚硬的口吻鼓舞女足姑娘的斗志,文章虽然简短,却处处充满了"失败不可怕,在世界杯前让暴风雨来得更猛烈些吧"之类的语句,给人以力量。文章这样评价女足姑娘的表现:"通过此次美洲拉练,球迷看到了一种力量,这是一种被压抑到极限反弹起来的力量,都说这样的爆发最可

怕,然而球迷不害怕,球迷怕的是被打压后毫无反应地痛苦倒地。还好,女足姑娘没有选择这样的方式,她们展现的是一种站直了别趴下的崛起。"整篇评论篇幅不长,却言辞有力,感情激荡。作者在对女足精神表达肯定的同时,也指出:"'玫瑰们'等来了失利,然而这次没有人对这种现象嗤之以鼻,球迷似乎在苦等这一天的到来,因为它可以冷却姑娘们那可能膨胀的心,它可以帮助多曼斯基找出队伍的弊病,它还可以让关心女足的朋友对这支曾经受过伤害如今已成功完成蜕变的队伍有了更多的期许。"从这一点来看,作者在评论中既充满激情,又不回避问题,有效地增强了评论的厚重感。

16.3.2　直接肯定

这篇评论对于女足精神的肯定并无赘言,即不借用其他的表达意见的技巧,而采用直接肯定的方式。这种肯定的最大好处在于,能使受众迅速而直接地领会评论意图,从而让评论的舆论效果更直接。体育新闻评论很多情况下具备这样的特点。受众在体育赛事结束后往往已经形成了一些共性的认知,特别是体育中传递的顽强拼搏的精神在很大程度上能够感染受众,在这种情况下进行体育新闻事件的肯定性评论,采用直接肯定的方式更能取得良好的效果。

---

① 崔宁宁:《女足站直了,别趴下》,《华商晨报》,2007 年 6 月 18 日。

★【本章小结】

本章通过案例分析,阐释了对新闻评论对象进行肯定性评论的一些方法,这些方法在价值观念多元化的传播环境中应因时因事而宜,肯定性评论当前对舆论引导有着重要意义。

◢【评论实务训练】

下面这则新闻评论是《燕赵都市报》针对2007年较为热门的社会新闻——华南虎照片真假事件而配发的新闻评论,尝试对该文肯定(或批评)的技巧进行分析。

超越"华南虎"真伪争论的意义

肖余恨

华南虎照真伪之争,僵持了一个多月,近日似乎有拨云见日的转变了。据报载,11月16日,网友把一张老虎年画公之于众,此老虎与彼老虎样貌姿态纹路如出一辙;从技术上讲,几乎可以说明是同一张照片。在华南虎照片成为了公共事件之后,我相信,这件事不可能草草收场,是真是假必然会给出一个结论来,而这,往往正是公众所渴望而不得的。

在我看来,现在华南虎之争,其意义已经远远大于华南虎本身的真伪了。华南虎的真伪当然重要,华南虎作为一个符号和载体,为公众的情绪提供了一个恰当的出口,而这,才是更有意味的地方。

无利不起早。华南虎首先牵动的是利益之争。对所谓的"拍虎英雄"周正龙来说,他拍华南虎的照片,是有着明确的预期和诉求的:陕西有关方面曾许诺他拍到华南虎,可奖励他一百万!在"存疑"的照片出来之后,当地政府奖励了他两万,为此他还愤愤不平。对陕西省来说,倘若这张照片被认定是可以判断确有华南虎的铁证,那么,野生华南虎已经灭绝的说法就不成立了,这又为当地争取国家巨额拨款建立保护区提供了一个强有力的理由。而建立保护区之后,随之而来的旅游、广告等附加效益更是惊人,在这样巨大的利益诉求刺激之下,"挺虎派"自然当仁不让,甚至奋不顾身。

对"打虎派"来说,一张漏洞百出的照片,自然是不能说明任何问题的。这里既有借打虎而扬名立万的"诉讼"秀,也有各类专家情态各异的反驳,有假科学之名而粉墨登场的,也有捍卫科学之实而不屈不挠的。华南虎为中国公众提供了一个表演的道具,上演了一幕还原真相、探究真理的活剧。这个既无意识形态、也无政治风险的话题,让地方政府、职能部门、专家学者、网友百姓众说纷纭,各擅胜场。公众对这一似乎远离直接利益冲突的话题的热情令人感慨:有时候,还原真相的本身,就是为了捍卫真理。而能够在一个透明的平台上进行话语交锋,能够凭借各种合法的手段参与公共事件的讨论,能够尽可能地还原公共事件的真相,对一个公民社会的建设功德无量。

华南虎的存在从科学和生态的角度来说,当然意义重大。但是,即便没有华南虎，这场争论带给我们的启示也是很有收获的，这可能是"周正龙"们没有想到的。从网友们表现出来的热情、效率和智慧来说，只要能够将一个话题置于公众的视野中，我们就相信，迟早会还原出事件的真相。同时再想想，有多少争议被强行搁置，太多的"悬疑"损害了公民的探究真理的信心。有太多的信息被人为地屏蔽，而把握信息的人则凭其作奸犯科、逍遥于舆论谴责之外。有太多的公共事件，被不明不白地"控制着范围"，让公众关注的目光渐渐地无奈、暗淡。远的不说，前两天发生在广州的警察射杀医学副教授的案子，至今公众仍然踮脚伸脖地苦盼真相早日调查清楚并予以公布。试想，如果有关信息能够真正公开，如果刻意遮蔽相关信息应付法律责任的话，那么，公众就不会对官方公布的案情将信将疑了。正是在这样盼公开而不得的情境下，官方的形象和信誉渐渐损耗了，公众往往不得不转从网络的渠道去寻觅"真相"的身影了。

让公众去讨论公共事件，天塌不下来。当公共事件完全置身于公共的视野和话语射程之内的时候，隐瞒真相成本之高，足以让隐瞒者望而却步，公众追究真相的动力和热情就会更加高涨，社会，就会在这样的一退一进中不断进步，走向公正和和谐。（来源：2007年11月20日《燕赵都市报》）

附：2007年10月12日，陕西林业厅公布了猎人周正龙用数码相机和胶片相机拍摄的华南虎照片。随后，照片真实性受到来自部分网友、华南虎专家和中科院专家等方面质疑，并引发全国性关注。15日，网友称虎照原型系年画。22日，陕西林业厅展示71张原始虎照后再遭质疑。

2. 选择一则你感兴趣的新闻事件，自选角度写成新闻评论，注意自觉运用肯定的艺术。

【延伸阅读】

1. 廖永亮：《舆论调控学——引导舆论与舆论引导的艺术》，新华出版社，2003年1月版。

2. 梁建增：《焦点访谈红皮书》，文化艺术出版社，2002年10月版。

3. 李希光、赵心树：《媒体的力量》，南方日报出版社，2002年7月版。

4. 王振业、李舒选编：《新闻评论作品选》，中国广播电视出版社，2007年1月版。

17 新闻评论精品写作艺术分析

导言

本章学习目标 了解报纸、广播、电视、网络四种媒介评论各自的优势和劣势,学习各媒介评论的艺术。

本章难点 报纸、广播、电视、网络四种媒介评论的艺术

内容提要 本章选取了报纸、广播、电视和网络四种媒介中的新闻评论精品,并对其写作艺术进行了分析。

17.1　报纸新闻评论

在所有的媒体评论形式中，报纸新闻评论是最讲究语言写作艺术的一种媒介评论形式，报纸评论也是把语言符号运用艺术发挥得最淋漓尽致的一种媒介评论。面对广播电视网络的竞争，面对越来越丰富的表现方式，报纸评论的文字表现力亟须创新和提升。

文字符号的优势在于它对思想深度的表现力，但相对于其他电子媒介新闻评论来讲，它又明显缺乏形象性和活泼性。因此，好的报纸新闻评论要尽力发挥自身优势，既能通过逻辑思维做到深刻立意，又能巧妙运用语言做到形象表达。

17.1.1　从容表达深邃的观点

报纸新闻评论相对于其他媒介新闻评论来讲，最根本的优势在于能够从容地表达深邃的观点，这里的从容含义有三：一是文字符号对抽象信息表达的准确性，二是表意逻辑的连贯性和完整性，三是文采伴生的审美趣味和联想空间。这也是为什么遇到重大的国际国内新闻，广播、电视、网络都要转播、转发报纸社论的原因。

报纸新闻评论要做到从容地表达深邃的观点，首先要做到语言的准确精当，除此之外，还要做到逻辑性强，具有严密的概括性和论辩性，讲求语言的文采。我们以《人民日报》2006 年 10 月 22 日发表的社论《踏着红军长征的足迹前进》和第十二届中国新闻奖的获奖评论《"真抓"与"假抓"》为例分别进行分析说明。

踏着红军长征的足迹前进

全党全军全国各族人民正在隆重纪念红军长征胜利 70 周年。此刻，我们格外怀念那些血洒征程、为国捐躯的英烈们，格外怀念为民族独立和人民解放建立不朽功勋的前辈们。我们向所有参加过红军长征和为中国革命胜利作出贡献的先烈先辈们致以最崇高的敬意！

70 年前，在中华民族面临深重危机的危难关头，在中国共产党面临生死考验的危急时刻，中国共产党领导工农红军开始了一场史无前例的战略转移。这是与强大的敌人、恶劣的自然环境以及党内"左"倾教条主义、分裂主义的艰苦斗争，是勇气、意志和信念的严峻考验，历时之长，行程之遥，路途之险，困难之巨，举世罕见，旷古未闻。在这样的艰险和艰辛中，中国共产党领导红军将士浴血奋战、前仆后继、以弱克强，取得了震惊世界的伟大胜利。

红军长征的胜利，实现了党北上抗日的战略方针，宣传了党的主张，播撒了革命火种，锻造了革命力量，形成了以毛泽东同志为核心的中央领导集体，确立了实事求是的思想路线，实现了中国革命从挫折走向胜利的重大转折，谱写了我们党、军队和中华民族历史上的壮丽篇章。红军长征，是人类历史上无与伦比的革命壮举，是中国共产党和工农红军创造的人间奇迹，是中国革命史上的不朽丰碑。

自鸦片战争以来百多年中国历史，是一部救亡图存、寻求振兴的历史。中国共产党领导的红军长征，成为一次划时代的历史转折。它将一个用先进理论武装的政党推向了波澜壮阔时代革命的潮头，为民族独立、人民解放奠定了坚实的基础；更用一种震古烁今的伟大精神激励一个古老民族自救自强的信心，成为我们百折不挠民族精神的最高体现。

红军长征造就的伟大精神穿越70年时光，依然具有激荡人心的强大力量。这种精神是把国家和民族的根本利益看得高于一切，坚定革命的理想和信念，坚信正义事业必定胜利的精神；是为了救国救民，不怕任何艰难险阻，不惜付出一切牺牲的精神；是坚持独立自主、实事求是，一切从实际出发的精神；是顾全大局、严守纪律、紧密团结的精神；是紧紧依靠人民群众，同人民群众生死相依、患难与共、艰苦奋斗的精神。伟大的长征精神，教育和鼓舞了一代又一代中国共产党人，为争取民族独立、人民解放和国家富强英勇奋斗，流血牺牲，彻底改变了国家前途和民族命运，不仅是中国共产党人光荣革命传统和中华民族伟大民族精神的集中反映，也是激励我们战胜困难、勇往直前的强大精神动力和宝贵精神财富。

今天我们纪念红军长征，就是要缅怀革命先辈的不朽功勋，继承光荣革命传统，发扬伟大的长征精神。我们必须坚持不懈地学习包括红军长征在内的中国革命史，并把这种学习与学习马克思主义中国化的最新成果紧密结合起来，与加强理想信念教育紧密结合起来，与弘扬民族精神和时代精神紧密结合起来，与加强党的先进性建设紧密结合起来。

踏着红军长征的足迹前进，我们要进一步从历史和现实的比较中，加深对我国国情和中国特色社会主义道路的理解和认识。学习以毛泽东同志为主要代表的中国共产党人运用马克思主义的立场观点方法剖析中国社会、研究中国问题、揭示中国革命规律的科学态度，学习他们善于把实践经验不断丰富、发展、升华的创新精神，坚持用发展着的马克思主义理论指导新的实践。

踏着红军长征的足迹前进，我们要进一步从理论和实践的结合上，增强贯彻党的基本理论、基本路线、基本纲领、基本经验的自觉性和坚定性。学习和弘扬革命先辈对崇高理想矢志不渝、对党和人民无比忠诚、对革命事业锲而不舍的坚定信念。在新的时代背景下，坚持理想信念不动摇、革命意志不涣散、奋斗精神不懈怠，满怀信心地投身建设中国特色社会主义的伟大事业。

踏着红军长征的足迹前进，我们要进一步结合新的时代条件发扬光大我们党在革命战争时期形成的光荣革命传统。注重总结和发扬我们党保持先进性的历史经验,坚持用时代的要求审视和认识自己,以改革的精神加强和完善自己,全面加强党的先进性建设,立党为公、执政为民,不断实现好、维护好、发展好最广大人民的根本利益。

雪山草地,刻下前辈铿锵的足迹;战火硝烟,铸起先烈英勇的雕像。从红军长征到新长征,是一代又一代共产党人的接力赛。今天我们告慰革命前辈最好的方式,就是把伟大的长征精神传承下去,激励和推动我们去完成新的伟大长征,用时代的创造发扬光大中华民族自强不息的伟大精神。

党的十六届六中全会,从中国特色社会主义事业总体布局和全面建设小康社会全局出发,绘就了构建社会主义和谐社会的宏伟蓝图。全面贯彻科学发展观,构建社会主义和谐社会,是摆在我们面前的新的时代课题和历史任务。让我们紧密团结在以胡锦涛同志为总书记的党中央周围,高举邓小平理论和"三个代表"重要思想伟大旗帜,同心同德、艰苦奋斗,弘扬伟大的长征精神,在建设富强民主文明和谐的社会主义现代化国家的历史征程中,在实现中华民族伟大复兴的新长征道路上,不断创造新的业绩。

点评:这篇社论写在纪念红军长征胜利 70 年之际,紧贴现实,立意深远,逻辑严密,富于文采。其语言特点如下:

第一,准确精当。文章用十分准确的概念性质的词语,清晰地表达了我党和社会各界对长征精神的共识。概念性词语有很大的抽象信息容量,具有强大的表现力。灵活合理地运用概念性词语既可增强表达的准确性,也可增强文章的深度。

第二,呈现逻辑。文章的整体脉络为:纪念长征胜利、肯定长征精神的伟大意义、长征精神对于中华民族的影响、我们将踏着红军长征的足迹前进。文章语言把严密的逻辑呈现给受众,增强了文章的说服力。同时,也将文章结构清晰地表现出来,减轻了受众阅读的费力程度。

第三,富于节奏。整篇社论在语言风格上符合其要表现的内容,朗诵起来也具有节奏感,给人以强大的文采感染力。在评论的主要部分——我们将踏着红军长征的足迹前进的写作上,作者运用了三个以"踏着红军长征的足迹前进"为开头的排比段,表现了我们"踏着红军长征的足迹前进"的做法和决心。

这些语言的运用,使评论具有了巨大的逻辑力量和深刻的表现力,从而产生广泛的影响,这也是报纸新闻评论独具魅力之处。

17.1.2　形象地传达观点

报纸新闻评论在形象性上虽然没有广播、电视、网络的表现手段丰富,但是如果能用好文字语言在表现力方面的独到性,同样可以吸引受众,让人拍案叫绝。

报纸新闻评论的语言技巧大致有以下几种:语言深入浅出,富于文采,多用大众化语言和形象化语言,讲求语言的幽默,引经据典,巧用修辞等。很多优秀的报纸新闻评论都自觉运用了以上技巧的一种或几种,借助文字的表现力有力地表现评论内容。试以第十二届中国新闻奖的获奖评论《"真抓"与"假抓"》①为例。

"真抓"与"假抓"

最近召开的中央工作会议,再一次强调了这样的要求:"认清形势,把握大局,齐心协力,真抓实干。"在我的印象里,"真抓实干"这四个字,已经讲过很多遍了。不仅中央领导讲,省、市、县、乡各级领导也都在讲。但现在的情形怎样呢?应该说,有很多地方确实是"真抓"了,"实干"了,但也有不少地方却仍在"假抓"、"虚干"。这正如一位省领导所说:我们有许多工作,是在一片落实声中落空了。像山西绛县的科技大跃进,像河南洛阳娱乐场所的防火工作……你能说是"真抓"了吗?让人难以区分的是,"假抓"不是不抓,而是和"真抓"一样在抓。一样的招招呼呼,一样的忙忙碌碌,一样的跑上跑下,一样的辛辛苦苦。如果不下一番功夫,就很难分清谁是在"真抓",谁是在"假抓"谁是在"做事",谁是在"做戏"。"真抓"者开会,"假抓"者也开会。"真抓"者重视的是会议的效果,"假抓"者重视的是会议的形式,关心的是会议的消息见没见报纸,上没上电视,并想方设法让上上下下都知道,自己已经积极行动,正准备大干一场。"真抓"者讲话,"假抓"者也讲话。

"真抓"者讲的是根据本地的实际情况,应该解决的具体问题和应该采取的具体措施,是自己应该承担的具体任务和责任。而"假抓"者讲的则多是套话、空话、照本宣科的话和要求下边干的话。"真抓"者抓先进典型,"假抓"者也抓先进典型。"真抓"者抓的典型是给下边看的,而"假抓"者抓的典型是给上边看的;"真抓"者抓的典型是经得起时间考验的,"假抓"者抓的典型却多是"现使现抓"、昙花一现的。"真抓"者下去检查,"假抓"者也下去检查。"真抓"者下去,是下到最基层,找问题,找死角,找仍然不满意的地方,然后再对症下药。"假抓"者检查,多是小车未动,通知先行,专门去看那些已经摆好了的"漂亮"场面。"真抓"者总结工作,"假抓"者也总结工作。"真抓"者注意总结经验教训,"假抓"者惦记的只是搜集工作成果;"真抓"者关注的是下边的反映,"假抓"者注重的是上边的评价。所以,汇报工作时,"假抓"者往往讲得更加头头是道,口若悬河。同样一项工作,"真抓"者往往用 100% 的力,而"假抓"者却只用 50% 的力,但他却常给人一种更卖力、更辛苦、效果也更显著的感觉。这是因为"假抓"者非常善于造势,非常善于制造广告效应、轰动效应,善于利用"勤请示、勤汇报、勤和领导接触"的"三勤"效应。所以,"假抓"者当中,也时不时有人被提拔,被重用,被评先。

---

① 海纳:《"真抓"与"假抓"》,《河北日报》,2001 年 4 月 11 日。

说重一点,"假抓"也是一种欺诈行为,既欺骗上级,也欺骗下级和群众。"假抓"者当中有些是无能者,但更多的则是投机者。如果让"假抓"者得逞,那就会越抓越假,越抓越空。因此,我们上上下下应该提高鉴别真假的能力,对那些"假抓"者,一经发现,就一齐喊打,绝不能让"吹牛者"得"牛",也不能让"南郭"们充数。

点评:这篇获得第十二届中国新闻奖评论一等奖的新闻评论自刊登之始就获得一致的赞誉,关于此文章的点评有很多,甚至有人专门撰写论文对其进行研究。《"真抓"与"假抓"》无论从形式还是内容上来看,都是一篇不可多得的优秀评论。我们在这里,着重分析这篇评论的表现艺术:

第一,全篇运用对比的修辞手法,既深刻揭示了主题,将"假抓"者的丑态暴露在了读者面前,又凸现了艺术的美感。无论从标题还是内容上来看,"真抓"与"假抓"贯穿了整个评论,作者并没有着墨于对"假抓"的批判,而是通过"真抓"的姿态,让"假抓"的虚伪暴露在受众面前。

第二,语言形象生动,具有大众化的色彩。"小车未动,通知先行","对那些'假抓'者,一经发现,就一齐喊打,不让'吹牛者'得'牛',也不让'南郭'们充数"等语句,贴近实际,贴近生活,贴近百姓,深入浅出,增加了文章的可读性、可信性和说服力,提高了评论的传播效果。

第三,语言犀利深刻,一语中的。

评论在分析"真抓"与"假抓"的表现时,运用了这样的句子:"一样的招招呼呼,一样的忙忙碌碌,一样的跑上跑下,一样的辛辛苦苦","谁是在'做事',谁是在'做戏'","'真抓'者抓的典型是给下边看的,而'假抓'者抓的典型是给上边看的","'假抓'者往往讲得更加头头是道,口若悬河","善于利用'勤请示、勤汇报、勤和领导接触'的'三勤'效应"……这些语言直击要害,将"假抓"者刻画得入木三分。

17.2 广播新闻评论

相对于报刊、电视来说,广播新闻评论的发展曾经遇到过以下问题:符号有稍纵即逝的特点,其内容的深度不及报纸评论,也没有电视新闻评论的形象性等。因此,我国广播新闻评论目前整体地位不高、质量参差不齐。在此情况下,广播评论如何发挥出自己声音传播的优势,在第三次评论热中独树一帜,就成了一个重要的课题。

17.2.1 评论的"形"与"神"相结合

广播评论的"形神结合"包含两个方面的含义:一是广播稿件的表现形式要尽量与它传递的观点相契合,二是广播评论自身的表现形式要与它的内容相契合。

对于第一种情况来说,我们强调对广播评论稿件语言的要求。严肃的政治性内容,稿件的语言要严肃;亲切的百姓生活杂事,语言要通俗活泼。1995年10月,山东人民广播电台记者采写的评论《农民负担，一个不轻松的话题》，获得当年中国新闻奖二等奖。这篇广播评论非常简短，但是却很吸引人，摘录如下：

农民负担，一个不轻松的话题

"部门出点子，农民出票子"，这已成为加重农民负担的一个重要根源。一个基层干部说，上级哪个部门都比我们大，都可以要我们干这干那，不听不行，不干不行，哪家也得罪不起。这是句实话，可谁都得罪不起，难道农民兄弟就得罪的起吗？谁说了都是法，难道《条例》就不是法？

"为官一任，造福一方。"这是一句很时髦的老话。不过，好的愿望之中，如今也有了不好的思路。只要为农民"办实事"、"办好事"，向农民伸手就有理。于是今年八件，明年十件，无奈心有余而钱不足，件件都要农民掏票子。

时下农村有句口号，叫做"再穷不能穷教育，再苦不能苦孩子"。记者在一些地区看到的却是"再穷不能穷屁股"，指坐好车，"再苦不能苦嘴巴"，指公款吃喝。试想，如果一方百姓的"父母官"真的为农民着想，从"腿上"、"嘴上"省些钱办教育，农民负担岂不会减轻许多？

点评：这篇广播评论最大的特点就是语言口语化。评论员娓娓道来，像生活中的谈心，避免了播音腔，突出了广播口语化的特点，可听性很强。

17.2.2 评论语言与录音相结合

2000年5月，民进党赢得台湾地区选举，陈水扁走马上任。上任不久，他就对两岸局势频频释放出"乐观"的信息，渲染太平景象，中央人民广播电台于6月13日发表评论《两岸局势冷眼观》①，分析陈水扁粉饰太平的真实目的：

主持人：听众朋友，自从5月20日台湾新领导人上台执政以来，台湾新当局对两岸局势频频释放出"乐观"的信息，说两岸关系"缓和"了，还造出汪辜再次会晤可能在今年秋天实现的舆论，甚至连具体时间都定下来了……言之凿凿，渲染出一片太平景象。事实果真如此吗？两岸之间的危机真的过去了吗？让我们先来看看几位大陆学者的看法：[录音1]

"目前还是处于一种关键阶段，可以说在目前表面缓和的两岸关系下面暗潮汹涌。"

主持人：上海台研所的严安林博士对这个问题直截了当地做了回答。

厦门大学台研所的陈孔立教授也认为：[录音2]

"现在危机出现了。现在还不能肯定说一定是没有转机，或者说就一定会出现转机。所以现在正是我们考察的时期，现在这个时期是不确定的时期。"

主持人：北京联合大学的徐博东教授分析说：[录音3]

"我并不乐观。我觉得海峡两岸现在已经是处于一种非常不确定的状

----

① 黄志清：《两岸局势冷眼观》，中央人民广播电台，2000年6月13日首播。

态,换句话说,已经是没有宁日了这样一个情况。'五二〇'台湾新领导人没有敢公开地把台独立场和主张非常明确的表露出来,两岸爆发战争这样的严重危机暂时是渡过去了,但是两岸紧张的局面并没有得到真正的缓和,海峡两岸这种不确定性仍然存在着,很难说因为一件不可预测的事态的发生,就可能会发生冲突。这种危机还仍然存在着。"

主持人:听众朋友,大陆三位学者都认为目前两岸关系不但不乐观,反而非常严峻。这种看法,与台湾新当局的说法截然相反,是不是大陆学者在故意危言耸听吓唬台湾民众呢?这个问题,只要我们回过头来,冷静的考察最近一段时间发生的一些事情,就不难得出可观的判断。首先,是考察大陆方面对民进党人士上台的反应。……在这种情况下,大陆方面对背着台独党纲的民进党人士上台是很有戒心的。这点,从"三一八"前两天朱镕基对媒体发表的谈话即可看出大陆方面对事态的严重关注。第二个标志性的事件是台湾新领导人的"五二〇"讲话。虽然台湾新领导人在"五二〇"讲话中没敢把台独主张明确地表达出来,但是在"一个中国"这个根本性问题上,采取模糊、回避的做法,在许多关键之处埋下伏笔,给紧张的两岸关系留下了更严重的危机。第三,从台湾新领导人"五二〇"上台执政以来的一些言行看,也很难使人相信两岸关系得到了真正的缓解。虽然台湾新领导人在选举中一再承诺开放三通、调

整"戒急用忍",但他并没有拿出实质性措施,反而处处表现出倒退的迹象。听众朋友,既然目前两岸关系还存在着严重的危机,那么,台湾新领导人为什么还要极力渲染太平呢?徐博东教授的见解,也许能帮我们更清楚地看清问题的本质:[出录音]

(略)

主持人:台湾新当局之所以造出两岸关系缓和的假象,说到底,无非是指望在不接受一个中国原则的情况下与大陆打交道,进而造成两岸是两个国家的口实。这个如意算盘是行不通的。在台湾新领导人发表"五二〇"讲话的当天,大陆方面授权台办发表声明指出:"只要台湾当局明确承诺不搞'两国论',明确承诺坚持海协与台湾海基协会1992年达成的各自以口头方式表述'海峡两岸均坚持一个中国原则'的共识,我们愿意授权海协与台湾方面授权的团体或人士接触对话。"大陆方面对两岸关系的立场是非常明确的,也就是说,只有在台湾新领导人真正接受"一个中国"原则的时候,两岸关系才谈得上真正得到改善。

点评:评论开头列举了台湾当局和陈水扁上任以后制造两岸关系"缓和"的种种假象,并以疑问开篇,引发听众的进一步关注。接下来,评论以三位大陆学者的看法做客观叙述,提出"暗潮汹涌"、"危机出现"和"没有宁日"的基本判断。专家观点摆出之后,主持人通过事实进行了三点理性的分析。接下来,主持人又通过专家的回答告诉听

众,陈水扁渲染太平景象的真实目的。这篇评论由于成功地加入了专家的录音,使评论整体上更加具有学者气质和权威性,因而容易被听众接受。分析水到渠成,论点自然而出。

17.2.3 评论语言与背景音响效果相结合

声音能否合理、恰当地运用与表达,是广播新闻评论能否成功的关键。在广播新闻评论中,声音除了包括播音员、主持人和其他评论人员等人的语言声音之外,还包括涵盖环境音响与资料音响的背景音响。有时候,背景音响的应用能使广播新闻评论达到更加传神的效果。

为配合北京市政府发起的"还北京一片蓝天"环保行动,1998 年 3 月起,北京交通广播电台采制了一系列有关治理汽车尾气的节目。4 月 9 日,正值电影《泰坦尼克号》在京上映的第一天,他们抓住时机,录制了广播新闻评论节目《从"泰坦尼克号"说起》①

评论一开篇就是舒缓的《泰坦尼克号》主题音乐,接着是两位播音员的轻声低语:

王:差不多一个世纪以前,一艘被称为永不沉没的巨轮,在它的首次航行之中,消失在大西洋冰冷的海底。这艘当年最大、最豪华的顶级客轮满载着无数人的无数美丽梦想,又在无数的鲜花与祝福中冲浪而去,但却再也没有回来。

赵:这就是泰坦尼克,一场世界上最大的海难,一次吞没了 1500 条生命的航行,一段在它发生了 80 年之后,还经常被人提起,让人不堪回首的往事。一个在任何国家,任何版本的历史教科书上都令人心动,更令人心痛的名字。

王:听众朋友,今天是四月九号,从今天开始北京的各大影院都将同时上映这部名为《泰坦尼克号》的进口大片。这部由知名导演、偶像演员、庞大阵容、先进科技以及巨额投入制作的影片已经横扫了几乎世界上所有的影院票房,男女主人公凄美的爱情故事也已经倾倒了世界上几乎所有的电影观众。但是当我们走进影院,感受那份视觉、听觉的强烈冲击,感慨那份生死不渝的情缘,在我们因此而落泪叹息之后,我们从电影中还应该得到些什么呢?

说到这里,评论开始转入正题:

赵:从 1969 年,人类首次登上月球到现在,无数的方法和途径被采用了,试图在宇宙中找寻生命的痕迹;但是,银河迢迢,星宿隐隐,茫茫苍穹里,我们这颗蓝色的星球依然在孤独地旋转。而即便对着最简单的一幅天文图你都会得出这样的结论:地球,这个广阔无垠的行星,实际上就是大海中的一艘船。但不幸的是,在它的航线上,迄今为止,还没有可供乘客做其他选择的可能。

整篇评论以"船"为媒,将听众思绪引向地球后,男女声交替出现,对人

---

① 《从"泰坦尼克号"说起》,北京电台交通广播,1998 年 4 月 9 日播出。

们种种忽视环保的现象发表议论,每到语义承转之处,都使用《泰》片主题曲做垫乐。作者始终抓住当时正热门的电影《泰坦尼克号》这条主线,在夹叙夹议和音乐背景之中在听众脑海中构筑了两条船:一条是具体的泰坦尼克号,另一条是抽象的地球之船——"只要你是船,只要你航行,你就有可能沉没,泰坦尼克号是这样,地球也是如此。""这种悲哀,就像86年前用真诚的欢呼送走泰坦尼克号的人们一样,明明自己的亲人已经踏上一条不归路,可送行的人们却无从知晓。"这样,在听觉联想中,电影中的景象通过艺术通感映画在听众的脑海中,感叹之余会催人升发出评论目的所指的理性。这种审美通感,一直被作者延续到结尾:

> 那艘永不沉没的船只航行了四天就永远地沉没了。如今,只有这穿越时空的歌声讲述一个令人感伤的故事。但是,泰坦尼克毕竟只是一艘船,毕竟它还有一首歌,而当有一天,当由于我们的傲慢和愚蠢,当我们对大自然无法弥补的错误导致我们的生命之舟沉没的时候,当那一天到来的时候,又有谁能在宇宙中吹起风笛,为地球献上一首哀伤的歌?

这篇由王世玲撰写,王世玲、赵颖录制的配乐述评《从泰坦尼克号说起》获得当年全国广播界的最高奖项——中国广播奖一等奖。它给人印象最深的特点就是语言和音像的有效结合,

一方面,《泰坦尼克号》这部电影既是评论的由头,也是评论对象之一,另一方面,作者利用《泰坦尼克号》悠扬凄婉的曲调给评论树立了整体的风格。

需要注意的是,在广播评论中,忽视音响不对,而滥用音响也不对。音响可以调节声音的节奏和色彩,同时又是鲜活的论据或说理的补充,它应该充分与其他论证元素黏合在一起。如果说没有音响的评论很难成为完美作品的话,那么,如果去掉某些音响,评论的逻辑推理依然成立,但它不会是上乘的录音评论。在此篇广播评论中,音乐这种音响形式既没有被忽视,也没有被滥用,而是合理恰当地贯穿整个评论的过程。它作为热点吸引了人们的兴趣,作为新闻由头引发了人们的思考,又同男女播音员娓娓道来的声音语言结合呼应,调节了声音的节奏和色彩,与其他论证元素黏合在一起,水乳不分,达到了说理性与艺术性的统一。

此外,这篇广播评论在结构上也达到了叙议的结合。评论的内容始终没有离开《泰坦尼克号》故事的主线,但是目的却越来越接近环保的主题,在夹叙夹议之中主线和主体达到了融合。

传统的广播评论都是作者写评论,播音员播评论,这就不可避免地出现一些问题。有时播音员与评论作者的观点并不一致,有时时间紧张,播音员不能通读稿件,无法正确理解评论的内容,甚至出现断句上的错误,这些都会影响广播评论的效果。所以,现在很多广播评论栏目都在尝试编播一体的制度,完成播音员向主持人的转变,主持

人撰写或参与撰写播音稿件,甚至现场发挥,让主持人的语言风格和思想融入新闻评论中,这也就说我们常说的广播主持人评论。没有实现编播一体的广播评论,也在力求避免播音腔,加强广播评论的口语化传播。

17.3　电视新闻评论

电视的特点决定了其具有活泼和休闲性的一面,新闻评论的特点又决定了其具有理性和思辨的色彩。有一些观点认为,电视新闻评论很难称之为严格意义的新闻评论,只能称之为电视深度报道或者电视述评。也有观点认为:"电视新闻评论的题材与主题往往是严肃的、庄重的,在表现形式上可以生动活泼"①我们下面举出的三个例子分别说明电视新闻评论如何做到既严肃又活泼。

17.3.1　口语化增强新闻评论的感染力

电视新闻评论的语言常常具有口语化的特点,这一点同广播新闻评论有类似之处。电视的评论语言多为声音符号,转瞬即逝,因此,好的电视新闻评论语言应当通俗易懂。通过口语化的评论语言,能使道理更为自然地被观众接受,从而增强传播效果。同时,不同内容的新闻评论语言的运用应当有所差别,我们以两篇优秀的电视新闻评论为例。

先说第一个例子。中央电视台《观察思考》节目曾制作过一期有关住房难问题的述评《屋檐下的忧思》,在

节目的开头主持人说到:

您好,观众朋友。在今天的节目里,我得先向您问一个问题:在"衣、食、住、行"这四个人类生存的最基本需求当中,您目前最关心的是哪一个呢?是吃还是穿呢?如果都不是,那就是住房了。是啊,当人们不再为温饱而忧心的时候,住房问题,就上升为人们最关心的问题了,在有的城市,它还是头号社会问题。那么,现在我国城镇住房现状怎么样呢?时至今日,为什么要提出住房制度改革呢?

再看第二个例子。1997 年 9 月,中央电视台《焦点访谈》为迎接党的十五大制作了特别节目《中国之路》,其中最后一集《向着彼岸》中有一段主持人评论这样说道:

平日里,看电视的人们关注的是荧屏里的世界,而在历史的转折中,电视机竟也奇妙地像一只眼睛,看着眼前的生活发生着翻天覆地的变化。在刚才的记者报道中,电视机无意中成了一个见证人;从短缺到相对过剩,它一看中国人告别贫穷;从市场的大手拨起竞争的潮流,它二看中国人走向富强;从电视机前人们精神文化生活日益丰富,它三看中国人走向民主、走向文明。于是,它发现,今天的人们已经越来越懂得感谢生活、感谢生命、感谢时代的变

①　殷俊:《媒介新闻评论学》,四川大学出版社,2005 年。

迁,也越来越希望来时那条曲折的路能永远成为过去,通向未来的路能更通直、更顺畅。

点评:这两篇电视新闻评论的语言都具有口语化的特点。第一个以和观众谈话交流的口吻引出评论要说的话题。第二个通过拟人等修辞手法,将电视看作一个历史的见证人,引发思考。这种口语化的语言特征对于电视新闻评论来说是非常适合的,它既不会因为语言深奥艰涩影响观众的理解,又让观众在评论人谈话似的语言中接受了评论思想。

但是,两篇评论的语言风格并不完全相同。在《屋檐下的忧思》中,主持人用到了这样的语言:"您目前最关心的是哪一个呢?是吃还是穿呢?如果都不是,那就是住房了。"这样的风格更倾向于普通朋友之间的对话,说的是家长里短的小事。而第二篇评论《中国之路——向着彼岸》却用了这样的语言:"今天的人们已经越来越懂得感谢生活、感谢生命、感谢时代的变迁,也越来越希望来时那条曲折的路能永远成为过去,通向未来的路能更通直、更顺畅。"这种语言风格更倾向于家长式的语重心长,具有一种高屋建瓴的气势。语言风格的不同是由评论内容的不同决定的。第一篇评论虽然也涉及住房制度改革等涉及全局的大事,但更大程度上,住房难的问题是每一家每一户都存在的问题,因此,要更大程度上满足每一个观众个体的需求,语言也要考虑他们的特点。而第

二篇评论则是从全局的角度出发,为迎接党的十五大而制作的节目,其在气势上必然高瞻远瞩、振奋人心,体现一个国家的发展变化和光明前途,语言要相对大气、有预见性。同时,第二篇评论语言运用了三个排比句加强了气势,这也是第一篇评论不具备的。

17.3.2 多种传播符号调动形象思维和抽象思维

电视新闻评论在表现上运用多种符号,比如声音、画面、字幕等,因此,和报纸新闻评论语言独立成篇相比,电视新闻评论的解说和评述性语言是分散和零碎的,因为它要和其他评论要素相互依存,相辅相成。如果把它从节目中单独抽出来,思维上存在着跳跃,段落间不够连贯,逻辑上有时也不够完整。但正是这种不连贯、不完整,才为同期声、画面、字幕等提供了空间。电视评论的多种传播符号,有效地调动了受众的形象思维和抽象思维。

我们以1996年7月16日播出的《焦点访谈·历史不能游戏》[1]为例。

历史不能游戏

主持人:我身后大屏幕上的这张照片呢,拍的是日本侵华期间,日本小学校里小学生们经常做的一种游戏。他们把课桌椅垒成装甲车的样子,然后拿木棍当枪、当炮打仗玩。日本的历史书都承认,好战的军国主义种子就是这样

① 《焦点访谈·历史不能游戏》,中央电视台,1996年7月16日。

种在幼小的心灵当中去的。现在五六十年过去了，一切都发生了很大的变化，可是这样的游戏却依然存在，只不过随着高科技发展变换了形式。不久前我们的记者在一张日本电脑公司做的游戏光盘上，看到了一个游戏的名字叫《提督的决断》，我们看到的竟然都是这样的画面。

……

解说：但是日方的另一位经理却是另外一种说法。

……

解说：可是在公司的中国员工向有关部门提供的资料上，我们还是看到了这些让每一个中国人都会感到触目惊心的东西。

……

解说：可就是这样一个对世界和平犯下滔天罪行的甲级战犯，在《提督的游戏》中，却成了一个能量最大的提督。为了玩好这个游戏，你甚至必须充分了解东条英机的思想、性格和作战特点，才能统率日军完成作战任务。

……

解说：于是在《提督的决断》中，历史成了一场游戏。只要你玩游戏的水平高超，你完全可以带领日军无往而不胜。50 年前，日本在真实的历史中没有实现的迷梦，完全可以在屏幕上变成现实。大日本皇军可以占领整个亚洲，甚至全世界。7 月 5 日，天津市新闻出版局依法对天津光荣公司进行了检查。

……

主持人：日本的电脑软件公司在中国生产《提督的决断》这样的电脑游戏，我们现在报道出来可以说它是一个新闻。但是日本国的一些人不承认那段侵略战争的历史，甚至颠倒黑白，这已经远远不是什么新闻了。现在，不只有这样的电脑游戏，在日本还有很多被称作"历史幻想"的小说，在这些小说中，第二次世界大战的结局都是日本战胜，占领了亚洲，乃至占领了整个世界，这不能不引起我们的警惕。我们总说，"前事不忘，后事之师"，这次，四个中国青年站出来对日本公司说"不"，可以说他们的行动代表了中国人民的一种民族感情。在我们的采访结束以后，天津的光荣公司通过传真给我们发来了一封"反省书"，说他们这次做的这个行动是错误的，希望通过我们向中国人民表示深深的歉意，并恳请给予他们改正错误的机会。有错误能表示歉意，愿意改正，当然是好事。但是，我们要想的是，为什么在日本总有人反反复复在这个问题上要犯错误呢？

点评：这六段解释和评论性的语言，逻辑上并不存在直接的连接关系，是与段落之间存在的大量的画面和音响符号联合在一起的。评论性的语言借助多种传播符号展开，两者相辅相成，传者和受者的形象思维和抽象思维都因此融合为一体。

17.3.3 展现事实传播观点

1993 年中央电视台组建了新闻评论部，于 1994 年 4 月 1 日推出了电视评论栏目《焦点访谈》。《焦点访谈》初以"实事追踪报道,新闻背景分析,社会热点透视,大众话题评说"为理念,针对大众关心的热点新闻进行评论,收视率节节攀升,在1998年的"黄金时期"创造了年平均收视率27.48%——近1/3的中国电视观众关注着其每日节目的收视神话。后来,《焦点访谈》将其理念浓缩为"用事实说话",这种变化是电视新闻评论节目成熟的标志。

"用事实说话"具有两个含义:事实和说话。事实是用来说话的事实,说话要依据事实而说话。因此,事实因为说话而更具理性,这使它区别于一般的电视新闻报道;说话因为借助事实而不再教条和空泛,这也是电视新闻评论区别于其他媒介评论的优势所在。所以,电视新闻评论往往借助事实,不仅由新闻事实生发,对新闻事实进行评论,还往往通篇表现事实,只不过电视新闻评论里的事实的安排都是经过评论人的精心安排的。这些事实之间往往具有内在的关联,通过对事实的报道和揭发,表现评论的主题。我们以获得中国广播电视新闻奖1997年度电视新闻评论一等奖、第八届中国新闻奖一等奖的《焦点访谈》节目《"罚"要依法》①为例进行分析。

节目以主持人在演播室的一段话开篇:

各位观众大家好,欢迎收看今天的《焦点访谈》节目。公路上"乱设卡、乱收费、乱罚款"所谓的"三乱"现象是个老话题。为了治理"三乱",上至党中央、国务院,下到各级政府都做了大量的工作。通过前一阶段的工作,各个部门乱上路、乱收费的现象得到了明显地好转。但是最近一些司机反映在有些路段,"三乱"现象还是非常严重。那么在乱上路、乱收费得到明显控制情况下,为什么有的司机还在叫苦连天?是什么人继续违反中央政策和有关的法律,在公路上制造"三乱"呢?最近我们的记者在山西省的309国道上,就亲身经历了这样的事情。

解说:贯穿山西、河北等几个省的309国道,是晋煤外运的主要通道之一,对山西、河北及相邻省市的经济发展发挥着重要的作用。然而,近一个时期以来,很多司机反映这条公路上的乱罚款现象多了起来。尽管这条国道上由于种种原因,超载车辆的确不少,但有关部门执法的依据和态度,令很多司机感到不满。

记者(采访同期声):你们几位都是常跑这条路的吗?

司机(采访同期声):常跑的。

记者:跑了几年了,这条路?

司机:十来年了,一直跑这条路运煤。

记者:在309国道上,哪些路段不合理收费多一点?

司机:东阳关,慢流河。一般得拿20(元)。

记者:凭什么拿这20(元)?他说根据吗?

① 再军、白河山、方宏进:《焦点访谈·"罚"要依法》,中央电视台,1997年5月23日。

司机：他不说根据。就是空车也得拿钱，空车他都让你拿钱，他不说啥根据不根据。

记者：他站在马路上，车过的时候，他就一辆一辆收钱？

司机：有的好一点，给你一个票，有的连个票都不给。

解说：11月15号，记者搭乘一辆运煤的空车，在309国道河北省涉县到山西省长治市230公里的路段进行了采访。正常行驶中的车辆在山西省黎城县遇到这样一件事。

记者（同期声）：多少？

山西省黎城县交警大队民警刘代江（同期声）：20。

记者：给10块算了？什么钱这是？这是什么钱？

刘代江：来来来，下来我告诉你。下来我告诉你。

记者：啊？

刘代江：下来我告诉你。

记者：你给我写上吧？

刘代江：我给你写的有啊。

记者：照顾一下吧。

刘代江：再来20。

记者：谢谢，谢谢。

刘代江：拿来！

记者：你照顾一下算了。

刘代江：快点！

记者：谢谢。

刘代江：40！

记者：多少？

刘代江：往前走一下好不好？往前走一下，不要你钱了，往前走，往前走，往前走一下好不好？

运煤汽车司机C：算了，再说就揍你了。给他40算了，你不要再掏钱了，给他40算了。

解说：拿着这样一张罚款单，记者辨认了半天也没有搞清用圆珠笔写的罚款原因到底是什么。于是，记者来到了黎城县交警大队。

黎城县公安局交通警察大队副大队长王联国（同期声）：七十五条三，七十五条三款。

记者（采访同期声）：那么七十五条三款是什么内容呢？

王联国：不按规定超让车。

记者：不按规定超让车？

解说：那么让我们再来看一下，当时我们搭乘的这辆车是否有没有按规定超车让车。当天晚上，我们来到309国道山西潞城慢流河段，看到这里也有民警像在黎城县一样，见车便罚。

节目播到这里，已经有了四段画外音的解说，这些解说中间是记者采访到的新闻的画面和一些同期声。在这四段画外音的解说中，记者并没有发表一句评论性的语言，但是观众已经在这些事实中间看出了评论的倾向性。

（以下省去部分内容）

记者在以中央电视台记者身份采访潞城县交警大队民警失败之后，又进行了现场报道。

解说：第二天，为了慎重起见，我们专门请我们准备跟踪采访的运煤车过磅秤重。

记者（同期声）：多少吨？

司机C（同期声）：22吨9。

记者：车的自重是多重？

司机C:9吨车。

记者:9吨。22减9还剩13,煤的重量是13吨,你的车载重量是15吨,那么就是说还有两吨的富余。

记者(现场报道):观众朋友,这里是山西省潞城县的慢流河。我身后呢有一块路标,上面写着309国道,由慢流河至河北省界34公里,是文明路。

解说:那辆根本没有超载的运煤车,开到了头天晚上我们曾来到过的潞城县慢流河这一所谓的"文明路段"。

这是一组深入挖掘事实的镜头,所谓的"文明路段"却发生了不文明的事情,通过这样的事实安排体现评论者的观点。

在后面的采访中,记者通过与潞城县交警大队民警、司机和村民的对话,将乱罚款民警态度的蛮横、司机的无奈和村民的愤怒展现在观众面前。并在每一段对话结束后进行一段或补充解释事实或点评的解说,一步步接近节目所要表现的主题。

最后,画面回到演播室,主持人说到:

在采访的时候,我们的记者注意到,在山西省309国道的路边竖着一个大大的宣传牌。这个宣传牌的一边写着"有困难找交警",另外一边写着"视人民如父母",我们现在这个身后的大屏幕放的就是这个画面。那么我们看到的今天节目中这几个交警的所作所为,难道是按照这个宗旨行事吗?我

们现在都清楚地记得济南交警、漳州110报警台、还有南昌的好民警邱娥国,他们正是因为遵照了"视人民如父母",全心全意为人民服务,所以他们的所作所为赢得了全国人民赞誉。我们也知道,全国广大公安干警也是因为遵照这样的宗旨努力地工作着,所以才有了今天人民热爱人民警察、信任人民警察。我们相信今天节目中这几个交通民警的所作所为是极个别的,同时我们相信,他们这些所作所为不但是公路沿线这些司机们所无法接受的,也是全国人民不认可的,更是广大公安干警所无法容忍的。

法律是有尊严的。我们相信,每一个司机在出车的时候呢,都应该考虑到自己要严格地遵守这些交通法规。因为只有这样呢,才是对自己,也对他人生命的最好的一种保护。同时,法律也要求执法者必须遵守这些法律。执法者必须先遵守法律,才是公正、严格执行法律的一个最基本的前提。

这段议论性的语言是整个节目的升华部分,即便如此,主持人也不忘通过"山西省309国道的路边竖着一个大大的宣传牌"、"济南交警、漳州110报警台、还有南昌的好民警邱娥国"等事实进行评论。

点评:这篇电视新闻评论用了八成以上的篇幅报道事实,用展现事实的方法自然但极具说服力的进行观点的表达。通过对事件经过的展现说明了山西河北等省的309国道乱收费的不合法性。通过主持人、记者和采访对象之

间的"事实信息传播",实现了"观点信息传播"的目的。

17.4 网络新闻评论

2006年,第十六届中国新闻奖正式将网络新闻列为评奖项目,并且评出了网络新闻评论的一二三等奖。自此,网络新闻评论成为一种公认的媒介新闻评论样式,对它的研究和探讨也逐渐向深入发展。

17.4.1 评论主体多样 观点多元开放

网络的交互性改变了信息的单向传播模式,很多网络专题设置了供网友发表言论的空间,任何人都可以参与话语表达。网络搭建的这种表达平台,大大拓宽了新闻评论主体的范围,评论观点也日趋多元和开放。试以新浪网关于2007年亚洲杯中国队零比三负于乌兹别克斯坦队这条新闻为例。

当中国队零比三负于乌兹别克斯坦队不能小组出线后,网友们议论纷纷,24小时内的评论条数就达到34734条,到2007年7月19日,网上评论已近十万条。以下是部分网友的评论:

网友一:球,是靠脑子踢的,中国队组织了一帮文化素质低下的队员。球,是靠体力拼的,中国队组织了一帮体质弱下的队员。球,是靠信念打的,中国队组织了一帮无国家荣辱感的队员。球,是靠团队协作的,中国队组织了一帮自以为是的队员。球,是靠教练指挥的,中国队组织了一个指挥不

利的教练。中国足球不用看,看了也是输。

网友二:无论如何老朱把中国足球的技术和团队精神培养出来了。输球了,说明人家进步比我们快,我想大家还没有认识到失败的关键,02世界杯前的预选前的比赛,我没有看到老米赢几次,但是大家快乐的心态,积极的心态让自己爆发了,老朱不是老米。中国的家长要求孩子考试在90分以上才算合格,就好比我们至少要打进世界杯8~4强才好一样,没有达到就是他们的错误,要求并不过分的,但是我们没有去发现自己的不足并且鼓励孩子下一次向90分靠拢,这是教育的耻辱,这是国人的耻辱。

网友三:中国队进攻基本靠走,停球基本靠手,过人基本靠吼,防守基本靠搂。

1. 停球

把球停到自己脚下10毫米的后卫,是巴西球员。

把球停到自己脚下10厘米的后卫,是西班牙球员。

把球停到自己脚下10分米的后卫,是德国球员。

把球停到自己脚下100米,并形成射门,迫使对方门将做出扑救的后卫,是中国球员。

2. 传球

能够做出50米外精确长传,找到场上队友的球员,是英国球员。

能够做出5米内精巧二过一的球员,是阿根廷球员。

能够做出5米内短传传丢,并且后

卫前锋隔着50米就玩二过一的球员，是中国球员。

3. 射门

能够在30米外劲射破门的球员，是德国球员。

能够通过精妙配合在门前3米打空门得手的球员，是葡萄牙球员。

能够在罚点球时把角旗打翻的球员，是中国球员。

……

点评：在近十万条网友评论中，我们列举了以上三个条。第一个网友的评论批评了当时的国家足球队及其主教练，第二个网友的观点则站在球队和教练的立场上批判了国人，第三个网友的评论通过形象化的手法表现，更具个性。这种观点开放，甚至意见相左的网络新闻评论，与传统媒体有很大的不同。传统媒体的新闻评论虽然也允许争鸣，但最终要有一个主流意见，并将所有的评论纳入编辑部设定的意见场，而网络评论则常常是一个自由发挥的空间。

对于每一条网友评论，新浪网都设置了"顶"、"反对"、"不好说"、"不知所云"的字样，其他网友可以对网友的评论进行评论，从而让网民看到一个趋向主流的民意。

在每一条网友评论的上方，新浪网显示了网友的部分IP地址，并显示了所在的省市地区。通过这些内容显示的信息来看，网友不仅遍布全国，很多还来自国外，评论主体相对于传统媒体来说大大丰富。

17.4.2　语言趋向平民化内容贴近民生

网络新闻评论相对于其他媒介评论而言具有更广泛的群众性，具体表现为语言趋向平民化，评论内容贴近实际和民生。以获得第十六届中国新闻奖网络评论三等奖的新闻评论《"免费"为"反恐"，卢总经理在忽悠谁？》①为例，我们可以看到网络新闻评论的特点：

"免费"为"反恐"卢总经理在忽悠谁？

据报道，广州地铁的每个员工有3名直系亲属名额可以免票。在近日召开的广州地铁票价听证会上，有市民质疑，"根据地铁公司的介绍，共有员工6000余名，这样算来就有18000名地铁直系亲属可以享受免费乘坐地铁的待遇。如果地铁员工因为工作需要可以免单，那这18000名地铁的直系亲属免费也是保证地铁正常运营所必需的成本吗？"

家属免费乘坐地铁这事儿，让我想起前些年某个冬天到朋友家做客，从寒风中进入朋友家门，立刻感觉温暖如春。客厅角落接了一条煤气管道，连在专门的炉子上，炉子上炖着一锅水，烧得热腾腾的。朋友夫人工作单位是煤气公司，使用煤气可以免费。所以，整个冬天，他们家自制的"取暖器"就这样白天黑夜地烧着，而那会，我还在为4000多元的所谓"管道建设费"郁闷不

————

① 新华报业网，2005年12月14日。

已。那时候,铁路上也有员工家属免费乘坐火车的说法。不过,这几年,随着企业改制和市场化的逐渐深入,过去垄断行业的特殊员工福利如今已经成为历史。突然听说广州地铁的员工家属还能享受"免费午餐",先是一愣,不明白市场经济形势下怎么还会出现这种逆时代潮流而动的事儿,再一想,地铁部门虽然挂着"公司"的名头,好歹属于政府投入和补贴的公益性公共事业,算是垄断型"国企",出这种事没什么稀奇,也就一笑了之。

不过,及至读到广州地铁公司总经理卢光霖回应市民质疑的一番高论,我不禁哑然,怀疑此君是创作"黑色幽默"的高人。卢光霖总经理说:"众所周知,目前国际恐怖势力猖獗,地铁又是恐怖分子的重点袭击对象,所以必须加强地铁车站、月台、车厢内的反恐力度,地铁员工的力量毕竟有限,而地铁公司又希望每趟列车在碰到任何情况时都有人能够及时地指导救援,那么这些地铁家属就义不容辞地担负起地铁义务安全员的重要职责。"

原来如此。员工家属免费乘车,居然是为了反恐!卢总经理言之凿凿,只是,大伙儿都是明白人,您这番说辞,是在忽悠谁呢?

不去追究,这些家属"地铁义务安全员"是否有能力与恐怖分子斗争,保护其他乘客的人身财产安全。且按照卢总经理的理论推演,飞机、铁路、轮船、公路,商场等等,哪一个地方不可能成为恐怖分子"重点袭击的对象

呢"?既然如此,我看飞机空乘人员的家属、铁路员工家属、公交客运公司员工家属、轮渡公司员工家属以及商场营业员家属,大伙统统来做"义务安全员"吧,飞机、火车、大客、轮船,免费乘坐,商场买东西也可以免费嘛。继续推而广之,全民皆可为"义务安全员"了。

加强安全措施利在全民。全民反恐当然是件好事,但首先这一责任应该是按照社会专业分工原则,由经营者配合有关部门去完成,真要让没有受过专业训练的老弱妇孺都去当"反恐精英",显然是对员工家属们极大的不负责任!当然,也是拿地铁乘客的生命安全和国家财产当作儿戏!其次,无论以什么为借口,扩大员工福利,都可以认定是对国资经营的"职务盗窃"行为,对为地铁建设和运营付出税收、票价等等投入的普通乘客都是不公平的!

明明是化公为私,偏偏要拉大旗作虎皮,把丑行称作义举,这位卢总滑天下之大稽的言谈,实在可以列入2005年度大忽悠之列!一朝权在手,便把利来谋。这样的人没有资格担当国资经营人员,因为,我们有理由怀疑他在分不清公众利益和小团体利益的前提下,完全有可能把国有资产化作小团体甚至个人的囊中之物!

点评:首先看评论的标题。"忽悠"一词为东北方言,随着近些年东北小品和影视剧的热播,"忽悠"成为国人皆知的词汇。与"忽悠"具有类似意义的词汇比如"骗人"、"吹嘘使别人上当"等,虽然可以表达同样的含义,但

讽刺和幽默的效果却远不如"忽悠"。这篇评论以"忽悠"为题,语言风格一看便知。

其次是文章内容。从选题到选用的事例,都是日常生活中和百姓相关的,甚至可以说是和网民相关的。正是因为这样的内容,才容易在网民当中引起共鸣,加上网络的虚拟性、互动性强的特点网民的意见在网上大量的呈现。从而达到好的传播效果。

最后是语言。"那会,我还在为4000多元的所谓管道建设费郁闷不已","大伙儿都是明白人,您这番说辞,是在忽悠谁呢?","这位卢总滑天下之大稽的言谈,实在可以列入2005年度大忽悠之列!"等口语与书面语的交杂运用,产生讽刺与幽默的效果。这样的语言符合网络的特点和网民的阅读习惯,而这些语言是传统媒介的新闻评论谨慎考虑之后才能使用的。

17.4.3 多种元素综合运用 网页安排传达媒介观点

当前来看,网络编辑整合新闻评论有两个途径:内容整合和形式整合。内容整合表现为融合网友观点,根据有代表性的言论写成新闻评论。形式整合表现为利用网络的优势,实现多种元素的综合运用:"网络评论目前以文字版为主体,而随着网络的发展将向图像与视频播放兼备的多媒体形式迈进,传统媒体的新闻评论和网络上的各种评论形式融合发展将是必然的趋势。"①好的网络新闻评论则是两种整合的综合运用。比如获得第十六届

中国新闻奖网络评论三等奖的新闻评论《"房地产就该暴利"——任志强叫嚣有理还是叫板和谐社会》②。

标题:"'房地产就该暴利'——任志强叫嚣有理还是叫板和谐社会",整个标题用的是19号宋体加粗,形式醒目,观点引人关注。

要点部分:整篇文章除了个别小标题运用了彩色字体之外,只有要点部分运用的是绿色仿宋字体,给人一种视觉上的突出感。文章这样写道:安居才能乐业。在当前各种利益矛盾比较突出的社会背景下,平衡各阶层利益,维护社会公平与正义,显得尤为重要。中国房地产行业决不能单从商业角度来看待,而更应把它置于全面建设小康社会、构建社会主义和谐社会的大背景下来审视。房地产作为国家的支持产业,在发展初期享受了国家政策的种种支持,获得了迅猛发展。但由于发展初期的不规范,一些强势集团利用业已取得的资本和地位优势,从中获得了巨大的利益。他们鼓吹"弱肉强食"的丛林法则,已和"让一部分人先富起来"的改革初衷相背离。房地产业在我国早已超越了商业的范畴,从某种意义上讲,房地产暴利不仅仅是一个关系千家万户切身利益的经济问题,更是一个关系社会稳定的重大政治问题。开门见山地指明了编辑部的观点,为后面的网友评论定下了基调。

文章主体评论部分:分别通过"谁

① 网络传播,2006年11月。
② 新华网,2005年11月25日。

给了房地产商追逐暴利的机会?",
"'房地产就该暴利'叫嚣出的阶层优越","任志强这样的'真话'让人寒心","早买房晚买房都是伪问题","'成本清单'应公布","经济适用房浪费折射制度伦理缺失"的小标题,将编者和作者要传递的观点一层层一步步展现在读者面前。这其中,既有权威部门的发言,又有客观的统计数据和事例,既传递了普通百姓无法了解的真相,又在评论观点上表达了一定程度上的多元性。

整合网友观点:作者评论结束后,编辑整合了部分有代表性的网友的观点,划分为"网民热议"和"网民建言献策"予以传播,以下是这一部分的内容:

网民热议:坚决反对暴利

任志强的"暴利有理论"必须批驳。一要批驳任志强与和谐社会叫板,不把党和政府放在眼里。二要批驳任志强嫌贫爱富与穷人叫板,不把贫困群众放在眼里。三要批驳任志强的歪理邪说,明确房地产是特殊的商品。四要批驳任志强的商人意识,明确商人应有的社会义务和责任。五要批驳任志强的道德观念,树立商人回报社会的正气。

网民建言献策

尽快出台"反垄断法",增强和规范有序的市场竞争,最大限度增加决策透明度和减少信息不对称现象。由于地方炒作、地方主要领导与房产商利益集团的腐败、房地产商弄虚作假

等问题,单靠征收物业税来减少买房者的做法,并不能使房价下降。现在房屋闲置率很高,可以开征二套以上的不动产税,公布成本,打击炒作和腐败行为,加大开发小户型力度,使房价下降到正常利润水平。

点评:很显然,这不是一两个网友的观点,也不是网友观点的简单罗列,而是网络编辑经过编排整合的媒介观点。这样的安排,弥补了网络信息零乱的缺点,也让网络把关人的作用得以体现。

多元素运用:除了字体、字号和颜色的差别等多元素运用文字外,这篇评论配合内容安排了三张图片。第一张的内容为"痛揭房地产暴利",与第一个标题下的内容相符。第二张图片为北京华远集团总裁任志强,即引起话题的人物。第三张图片为一栋环境幽雅的别墅,内容则是"大量有悖于经济适用房制度设计者初衷的现象"。除此之外,网友意见之后的评论的结尾设置了评论链接:"请点击此处留下您的高见"。网络编辑的这些编排处理反映了其新闻价值观。

★【本章小结】

本章通过不同媒介新闻评论精品写作艺术的分析,揭示了媒介特质对新闻评论写作产生的重要影响,揭示了新闻评论精品产生的各种具体条件,有利于学生把握新闻评论的创作,有利于培养学生在新闻评论实践中创新性意识。

◤【评论实务训练】

选择一篇获奖的电视新闻评论作品,分别将其改编成报纸新闻作品和广播新闻作品,体会它们在评论写作中的异同。

◪【延伸阅读】

1.(美)康拉德·芬克著:《冲击力:新闻评论写作教程》,柳珊等译,新华出版社,2002 版。

2. 李德民著:《新闻评论探索》,人民日报出版社,1991 年版。

3. 刘根生编:《新闻评论范文评析》新华出版社,2001 年 1 月版。

4. 胡文龙主编:《中国新闻评论发展研究》,中国人民大学出版社,2002 年版。

5. 曾建雄著:《中国新闻评论发展史》,广西师范大学出版社,1996 年版。

第6篇 AMPH(RY N)

新闻评论的生态

18 理论知识与新闻评论

导言

本章学习目标 通过本章的学习,要求能够掌握各种学科理论,社会思潮对新闻评论写作的影响,主要体现在理论视野和价值判断上。

本章难点 各种学科理论,社会思潮在理论视野和价值判断上对新闻评论写作的影响

内容提要 本章介绍了社会思潮、传播技术,法律与政策对新闻评论写作的影响和作用。

媒介文本的演变和大众文化的发展有着千丝万缕的内在联系。社会科学理论和媒介传播技术的不断创新和发展一定会对社会文化的发展产生影响,而社会文化和社会心态的变化也一定会体现在媒介文化的变迁上。新闻评论作为媒体文本的重要组成部分,一定也会受到来自社会文化变迁、媒介传播技术以及意识形态等领域的影响。

18.1 社会思潮和新闻评论

新闻文本的文化形态是构成社会科学文化的重要组成部分,而社会科学相关理论的不断推演,也必将对新闻文本造成影响。

从20世纪中叶以来,世界范围内的社会科学范畴中,后现代主义、接受美学理论、后殖民主义、女性主义和大众文化批评等社会思潮相继占据了重要位置。改革开放以后,这些思潮被介绍到我国,媒体上的各类文化产品的内涵和形态也随着这些思潮的不断渗透和深入而发生了某些微妙的变化。新闻事业作为文化产业的重要组成部分,很难避免社会思潮的影响,这些影响在新闻评论的创作过程中不断反映出来。如何从科学发展观的高度看待这些影响,如何从和谐社会建设的需要出发对待这些影响,是当前我国新闻评论实践中遇到的一个重要课题。

后现代主义是20世纪中叶出现的一种世界性的文化思潮,它所具有的怀疑精神和反文化姿态,以及对传统的决绝态度和价值消解的策略,使得它成为一种"极端"的理论。在对后现代主义的批判上,引起了哲学、社会学、神学、教育学、美学、文学领域经久不息的论争,当代世界许多重要的思想家都卷入了对后现代主义精神的理论阐释和严重关注之中,这股思潮也对全世界的文化创作和文化思潮的走向产生了巨大的影响。

后现代思潮是后工业社会的产物,正式出现于20世纪50年代末60年代初,备受关注于70年代和80年代,到了90年代,后现代主义开始向亚洲地区蔓延,将影响波及到全世界。

针对这股超出文学艺术领域而影响到哲学、科学哲学、心理学、宗教、法学、教育学等领域的思潮,当代著名思想家,诸如丹尼尔·贝尔、哈贝马斯、利奥塔德、杰姆逊、斯潘诺斯和哈桑等,各自从不同的角度进行了论争和辩难,勾勒出了后现代主义的文化逻辑曲线。在研究过程中,这些思想家都关注到了人与人交流的阻绝和影视广播等现代传媒的单向"中断"作用,对传媒在后现代文化中的地位和作用作了精辟的分析,但总体上来看仍然只是理论层面的总结,并没有真正进入传媒的社会文化层面进行深入分析。真正做完这项工作并引起普遍关注的,是法国当代哲学家布希亚德。布希亚德广泛借鉴了其他后现代主义思想家的研究成果,将思考的重点放在了后现代信息传播的主要渠道——电视媒体上。

布希亚德指出:当今社会,文化已经商品化。也就是说,文化只有成为商品进入市场,才能够被炒作和被关注。他认为,事实上,大众传媒如今重新界定着传播,并打破了表层与深层二元对立的深度模式。传媒以一种"真实的内爆"使出现于屏幕的图景等同于在场的真,这种"真实"使人停留在画面的切换上,镜头代替了任何批判理论模式,因为符号已不再指涉外在的真实世界,而仅仅指涉符号本身的真实性和产生符号体系本身的真实性①。

人们需要传媒是因为人们需要彼此之间的信息交流,但事实上,大众传媒单向度的播出却在不断地造成信息发出、传递和接受的中断,人们面对这样的媒体无法收获像对话那样的情感交流和回应,信息传递系统缺乏接受者的回应机制。大众传媒的目的是为了沟通,但事实上却是阻隔了沟通。这种传播和回应的不平等关系,使权力属于能施予而又使对方无法偿付回应的一方②。虽然观众可以通过更换频道或者关掉电视来实现自己的回应,但这种回应仍然是不对等的——观众只有收看和不收看的自由,而没有对答回应平等交流的权利。

布希亚德同时也承认,从更深的层次看,电视媒体确实拉近了我们和世界的距离。电视媒体通过编辑的"实况"让我们看到了更远的、更多样的世界。然而,人通过媒体而拥有"远视"能力的同时,看世界的方式却被限

定了。媒体具有"敞开"(呈现)和"遮蔽"(误导)二重性,媒体构成事实,媒体造成事件,媒体制造热点,媒体也忽略那些不应忽略的价值,甚至媒体也制造虚假和谎言。人们看世界的立体多维的方式如今剥离得只剩下墙上的"窗"——电视了③。媒体让我们以如此便捷的方式看到的世界是以牺牲世界的丰富性为代价的。随着电视的普及和电视媒体信息的不断传播,人们渐渐变成了电视的附属物,电视限定了人们的视野和思维模式,不同文化背景、不同习俗传统、不同生活阶层的人被电视媒体整合在了一起,具有了同一观念模式和价值认同。在这里,人与世界、人与自我、人与他人的对立似乎消失了,似乎不再有主体与客体的对立,不存在超越性和深度性,不再有舞台和镜像,只有网络与屏幕,只有操作的单向涉入和接受的被动性④。布希亚德还进一步指出,电视媒体还帮助人们窥视他人的生活,尤其是那些煽情的、刺激的场景,更刺激了人们生出更加刺激的欲望。

电视媒体通过信息传播造成了私人空间的公众化和世界类象的家庭化,导致了传媒世界的一体化,推动了信息传播的全球化进程。这种聚合一方面

---

① 朱立元:《当代西方文艺理论》,华东师范大学出版社 1997 年 6 月版,第 389 页。

② 同上。

③ 朱立元:《当代西方文艺理论》,华东师范大学出版社 1997 年 6 月版,第 390 页。

④ 参见布希亚德:《交流的意醉神迷》,纽约1988 年版,第 12 页。

可能使信息扩张和误读造成文明的冲突,另一方面也会使当代人处于新一轮精神分裂和欲望猥亵的失控状态中。

任何社会中,大众文化形态都会受到社会思潮的影响。而大众文化形态的变迁又必然会影响到大众传媒的运行,新闻评论作为媒体传播信息表现个性的重要手段,和社会思潮之间的关系就显得尤为密切。

随着改革开放的不断深入,西方世界的各种社会思潮大量涌入我国,对思想界和传媒界都产生了巨大的影响,致使媒介文化产品,尤其是新闻评论作品的风貌也发生了一些变化。

(1)内容更广泛。

从近代报刊出现开始,影响媒体评论形态的主要是我国古典文论的各种理论观点,强调新闻评论干预政治、干预社会生活,强调用通俗浅显的文字针对社会生活中出现的新现象、新问题、新观点进行解释、表态和引导,特别强调新闻评论作为上情下达和下情上达的功能、作用等。新闻评论为政治服务的特点体现得非常明显。虽然那时候的新闻评论作品很好地完成了上情下达、表态引导的作用,但是内容比较单一,反映社会生活不够广泛,对广大受众来说吸引力不高。

而当后现代主义、接受美学理论、后殖民主义、女性主义和大众文化批评理论等思潮传入我国的同时,人们的思想越来越开放,社会生活也在发生着一系列的变化,新闻评论工作者面对这样的生活环境,无疑会获得更多的评论视角。

20世纪80年代,思想界就引入了很多后现代主义代表人物的著作,其中的"人文主义"色彩得到了知识分子群体的认同。再加上我国的社会观念多元化,社会生活相对稳定,大众传媒迅速普及,文化领域的后现代氛围日益浓厚——流行音乐、排行榜、通俗文学、畅销书、电视小品、连续剧甚至肥皂剧、武打片、言情片等纷纷出现,消费文化市场已经形成,文化工业初具规模。这个时候,艺术、理想、道德、情操、权威、价值等崇高的意义已经悄然隐退,高雅和通俗的界限正在打破①。面对着日益浮躁的社会心态,各级各类媒体的新闻评论工作者有责任有义务站出来对社会现象进行分析,对社会心态进行引导。

在这样一个思维多元的时期,人们一方面过分依赖媒体传播的信息,希望通过媒体了解社会生活,以及针对社会生活、新闻事件的观点和意义,另外也对媒体信息和观点持一种疏离和怀疑的态度。这个时期的新闻评论作品一方面分析不断涌现的社会现象,一方面力图重塑有益于社会的价值体系和评判标准。比如针对很多崇高和高雅的艺术打上了当代商品经济的印记的现象,很多评论作品都予以批评,极力重建高雅;比如针对过分追求经济利益而对自然资源进行过分掠夺的现象,也给予了有力的抨击;更多的评论作品高扬

———————
① 参见马琳:《后现代主义文化思潮的负面影响》,《美苑》,http://arts.tom.com/Archive/1004/2003/3/14-79045.html。

着"人文主义"大旗,分析了社会上普遍存在的物欲膨胀,和由此导致的精神荒芜;并对文化产品的批量复制、只重数量不重质量的现象进行了批判。

新中国成立以后,媒体作为党政机关的一部分,主要负责发布信息、解释表态,客观上行使了部分行政职能,媒体的生存发展全部依赖政府拨款,评论工作者养成了居高临下创作评论作品的坏习惯,不太注重评论作品的传播效果和社会效益。

随着 20 世纪 80 年代开始的新闻改革不断推向深入,媒体也开始走上了"自主经营、自负盈亏"的道路,媒体不得不考虑自己文化产品的传播效果,这就为接受美学在我国的传播和应用提供了实践基础。

为了实现良好的经济效益和社会效益,媒体的评论作品也有了很大改观。首先表现在内容上,媒体在密切关注社会发布新闻信息的同时,还不断追逐社会热点和对受众普遍关心的问题进行解释分析,释疑解惑,并代表政府、媒体和舆论发布意见和观点,力图有效引导社会生活。这就使得评论工作者的视野不断扩展,评论素材不断丰富。新闻评论界呈现出百花齐放、百家争鸣的态势,有效地吸引了受众的注意力,提高了媒体的受关注度。

后殖民主义思潮是一种有着很强的意识形态色彩的文化批评理论,在消解中心、倡导多元化文化等方面扮演着重要的角色。随着传播技术的不断进步,全球化传播不断深入,但是却并没有让我们进入了一个平等的地球

村时代,信息的不平衡加剧了文化传播的不平衡,并进而导致了"媒介帝国主义"的出现。甚至有学者指出,中国的国际形象,某种程度上就是中国在美国媒介中的形象。

具体到新闻评论形态,也受到了后殖民主义思潮的影响。这段时期的评论作品在消解权威、建立多元化文化形态和增强民族自豪感方面都起到了不可或缺的重要作用。尤其是在日益频繁和广泛的国际传播中,每当有重大的政治事件发生,我国主要媒体都会发表重要的评论文章,进行分析、解释和表态,在反抗媒介帝国主义的过程中逐步建立起了自身形象。从写作角度来看,评论工作者越来越重视话语权的利用,力图站在自己的角度,呈现我们国家、社会、媒体、公众特有的存在方式和演说方式,有效地对抗了西方发达资本主义国家的话语霸权。

女性主义思潮对于媒体的影响不言而喻——从 20 世纪 80 年代初期开始,对于媒体文化产品,尤其是影视作品中显现出来的女性表征的研究蔚为大观。研究者希望能够打破男性传统,主张女性从边缘化和沉默状态中走出来,争取自己的话语权,建立具有自身价值和自身特点的女性话语体系。而这些影响自然也就渗透到新闻评论作品的创作过程中,为新闻评论增加了新的选题。

这一时期大量新闻评论宣扬了男女平等观念,但是最初的宣传标准依然以男性意识作为出发点,以男性为坐标进行比较。虽然这些作品都体现出坚

持男女平等、反对对女性的压迫和轻视的意识,但是并没有达到应有的深度。

随着女性主义思潮的不断渗透,新闻评论工作者开始关注现存体制对于女性形象的塑造,在认同男女性别差异的基础上重塑自我,建立符合自身性别特征并能彰显自身价值的评价标准。

目前,大量新闻评论就层出不穷的女性节目进行大张旗鼓的分析、炒作,比如车模大赛、内衣秀、真人秀等节目。这些文章认为,更多的女性人物和女性话题出现在媒体中,女性已经得到了更多的关注,地位也有了显著提高,但是这种社会现象暴露出来的其实是更深层次的性别歧视本质,因为这些人物、话题和节目,依然是站在男权视角进行选择、策划和报道的。不过,我们也看到,有越来越多的评论作品站在冷静的视角,深刻分析了这些社会生活中更为隐蔽的性别歧视现象。

大众文化批评理论的出现,就为新闻评论工作者提供了审视媒体自身的视角。新闻评论工作者开始反思大众传媒制造出来的文化产品到底对受众、对社会产生了什么样的影响,并对存在的问题进行深刻剖析和尖锐的批判。这些评论作品的出现,就为大众传媒的发展提供了一个内部的推动和纠正力量,同时,也更好地展示了新闻评论全方位的功能和作用。

(2)形式更多样。

伴随着内容越来越丰富,新闻评论的形式也呈现出多样化趋势。

首先,文章体裁的多样化。

且不说十年"文革"期间,社论在报刊媒体大行其道,其他评论体裁不见踪影。而且这些社论的内容也是"小报抄大报,大报抄梁效",全部都是居高临下的空洞的口号,没有一点新意。

随着改革开放的推进,观念更新也越来越深入。随着评论内容的多样化,评论工作者也开始采用多种文体形式进行创作,在继续坚持使用社论的基础上,评论员文章、特约评论员文章、短评、专栏评论、按语等形式纷纷见诸报端,有效地吸引了受众的注意力。

比如针对那些不够重大,但是却有必要分析阐述的选题,使用社论和评论员文章就显得有些过于庄重严肃,于是,轻便灵活、短小精悍的短评就成为最合适的选择。在社会生活发生剧烈变动的20世纪80年代末到90年代,短评针对那些刚刚出现的新情况新问题进行精辟简洁的分析,受到了媒体和受众的好评。

再比如专栏评论。这种评论体裁早已有之,不过新中国成立之后,这种体裁得到重视还是始于20世纪70年代末80年代初,并且随着新闻改革的深入日渐繁荣。尤其是创办于1980年1月2日的《人民日报·今日谈》专栏,不仅发表了很多编辑、评论员创作的评论作品,还推出了大量的普通读者生动清新、富有生活气息的评论文章,引得各级媒体纷纷效仿,都创办了类似的栏目。

随着传播技术的不断改进,广播电

视媒体渐渐普及，广播评论和电视评论抓住自己的媒体特色，大力开发更为形象、生动的评论形式。

比如广播媒体的广播谈话、主持人评论，在平等自然、类似于聊天的氛围中为听众释疑解惑、传达观点，再比如音响评论，融合了实况音响、背景音响，再恰当地结合主持人的解说，以真实的现场感和水到渠成的精当评论受到了受众的青睐。

再比如电视媒体，1980年7月12日，中央电视台第一个电视评论栏目《观察与思考》开播之后，电视评论工作者就在不断地探索适合自身媒体特点的电视评论形式。随后，《焦点访谈》于1994年4月1日正式开播，一度引起了新闻界的"震动"，掀起了受众的收视热潮。电视评论因为综合运用了画面、音响、屏幕文字、解说和论述等多种传播手段，所以真正成为了"形象化的政论"。

传播手段更为丰富的是近二十年来渐渐风靡我国的网络评论，因为具有无与伦比的技术特色，网络评论在融合了画面、音响、文字、语言等方式的基础上，还大量地使用FLASH等新的手段，使得评论更加形象生动，形式也越来越丰富。

其次，选题角度的多样化。

"文革"刚刚结束的时候，各级媒体还沿袭老传统，习惯性地居高临下地看待社会生活，寻找选题。随后，媒体的选题角度不断发生变化。

后现代主义思潮的影响让我们意识到，传播技术的进步带给我们的并不只是好处，我们在某种程度上变成了没有个性的群体。

接受美学理论的影响，让媒体意识到，受众是和传播者对等的群体，受众在某种程度上应该是传播过程最有力的风向标。新闻评论工作者应该放低姿态，站在受众的层面观察生活，表达观点。

后殖民主义思潮的影响让媒体发现，新的国际形势下，我们在传播领域面对的是"媒介帝国主义"，如何在国际传播中有效地表达自己的立场、观点，展示自己的国际形象，新闻评论应该有所作为。

女性主义思潮让评论工作者意识到，应该更多的关注女性群体，因为她们是社会生活和受众构成中不可或缺的部分，而且要想建构和谐社会，也必须消弭男性霸权，达到真正意义上的男女平等。

大众文化批评理论的影响让媒体意识到，文化工业生产对于媒体的影响是巨大的，也是多方面的。如果不加引导，以媒体文化为代表的大众文化会滑向娱乐化甚至低俗化的深渊，新闻评论应该密切关注大众文化的走向，适时给予批判。

不同的社会思潮为我们提供了看待社会审视生活的不同视角，媒体也发现，同一个新闻事件、同一个社会现象，换个角度，会得出不同的观点，做出不同的结论。在媒体高度发达的今天，要想引起受众的关注不是一件容易的事情，在做独家新闻报道日益艰难的今天，做一个独家评论倒是提高关注度的有效手段。而要做独家评论,选择好角度至关重要,而角度的选择,这些思潮倒为我们的灵感提供了无限的可能。

再次,语言风格的多样化。

随着各种思潮的传入,原来统治评论版块的那种四平八稳、严肃庄重的语言风格也渐渐发生了变化。

特约评论员文章,虽然分量很重,但是因为由特约的媒体以外的专家撰写,所以难免会体现出某种个人风格。小言论专栏里的评论文章就更不用说了,即使是编辑和评论员的稿件,也无须代表媒体发言,只说清楚自己的"一家之言"就可以了,要求作者要体现出个人特色。而且上到政府高官,下到工人农民,只要你的稿件被选中,就成为了评论作者,每个人不同的生活经历和文化背景自然会体现在行文中,就形成了风格各异的语言特色。

广播电视媒体中的主持人评论,强调的也是主持人个性的展示,不同的主持人面对着同样的新闻事件和社会热点,不只评论的角度会有所不同,所使用的语言也是风格各异。

网络评论是展现评论者个人特色的最佳所在。因为每个人都可以不受限制地上网发表自己的看法,所以语言风格更是繁复。但是因为缺少必要的审查制度,所以难免会呈现出低俗化、粗俗化倾向,甚至会形成语言暴力。

18.2 传播技术与新闻评论

新闻评论作为媒体传递信息的重要内容,从近代报刊的产生就引起了媒体的重视和受众的关注。随着传播技术的不断发展,媒体的评论形态也发生了巨大的变化。

媒介的发展史其实就是一部传播技术的发展史,它融合着人类不断传承和积累的文明,也伴随着人类观念的不断更新,大众传媒的历史就在媒介的变迁中不断延伸。这条延伸的主线就是——从单一的、平面的媒介转向多元的、复杂的媒介①。随着传播技术的不断发展,新媒体不断涌现,而每当一种新媒体诞生,媒体文化产品的传播形态也会随之发生变化。

18.2.1 印刷技术与新闻评论形态

报刊媒体是最早的大众传播媒体,它的传播依赖于印刷术的完善和发展。最早的新闻评论形态就出现在报刊媒体上。

印刷技术的不断完善使得报刊媒体日益繁荣,受众群体不断扩大,新闻评论也随之有了更广阔的生存空间。报刊媒体是以文字符号系统作为表达工具进行传播的,这就使得报刊评论既可以通过某种形象生动说理,又可以通过逻辑推理诉诸理性。

报刊媒体发表评论作品的优势在于以下几点。

首先,视阈开阔。

在现有的大众传播媒体中,报刊的历史最为久远。经过这么多年的发展,我国现有的报刊种类已经涵盖了生活

---

① 杜骏飞:《中国网络新闻事业管理》,中国人民大学出版社 2004 年 7 月版,第 3 页。

的方方面面，而且数量众多。这些报刊随时关注着生活中出现的新情况新问题，随时准备就这些热点、冰点或盲点分析问题、表明态度，实施舆论引导。如 2008 年 2 月 16 日，《昆明日报》用四个整版公布了从市委书记、市长到五区、一市、八县以及市直各部门党政领导班子成员的联系电话，同时详细刊登了各领导的职务分工情况。这一专号在市民中引起强烈反响，报纸很快被一抢而空。为了使更多的市民获得这份报纸，《昆明日报》对专刊进行了再版印刷。针对这件事情，各家媒体也是纷纷发表意见，如《燕赵都市报》发表了《公布官员电话何以引发昆明纸贵》，《中国青年报》则回答了这个问题《昆明纸贵显示监督渴求》。可见，社会生活的方方面面都已经纳入到了报刊评论的选题视阈。

遇到重大的政治事件，各级党报党刊一定会及时发表评论表态，比如针对 2007 年末至 2008 年初南方遭遇的重大雪灾，《人民日报》在头版发表了大量的新闻报道密切关注雪灾发展状况，而且发表了多篇本报评论员文章，如《坚决打好抗灾救灾这场硬仗》、《听从党的召唤 做出更大贡献》、《恢复生产 重建家园》等等，以及小言论《让"雪中炭"温暖更多人》等。

另外，针对同一新闻事件或社会现象，不同的媒体会从不同的角度进行分析，从而得出不同的结论，引导受众进行全方位思考。

比如《城市晚报》2008 年 2 月 26 日发表了一篇新闻报道《长春警方将按 1% 比例抓出 100 个反面典型》。报道称，在前一天长春市公安局召开的 2008 年队伍建设工作会议上，局党委决定，"年末抓各类反面典型，全市各分局、各警种都要给所有民警进行排名，对那些执法水平不高、纪律作风松散、各单位排名靠后的，集中办班学习，学习不合格者将取消其执法资格。长春市公安局 1 万余名民警，按照 1% 的比例来抓反面典型，也就是说，将有 100 名民警会进入学习班。"

这篇报道旋即引起多家媒体关注，它们纷纷发表新闻评论阐述观点。《新京报》发表评论文章《按比例抓反面典型难免会制造一批坏人》，首先质疑"1%"这个比例如何得出，接着提出问题：惩罚机制到底应该依靠人口比例还是依据客观的评价标准？《齐鲁晚报》发表评论文章《小心按比例抓反面典型伤了无辜》同样提出了自己的担心：没有客观的评价标准，什么人会成为反面典型？ 会不会是那些"表现出色"但"爱提意见"的"刺头"？《燕赵晚报》发表评论《每一个反面都很典型》，文章认为，既然整治目标圈定为"执法水平不高、纪律作风松散"，就不应该再加上"各单位排名靠后"的限制词。"有几个害群之马就必须揪出几个害群之马，有多少坏警察就必须问责多少坏警察。"《检察日报》也发表文章规劝长春市公安局《抓典型可以，下指标就算了吧》。《大河报》发表的评论文章《按比例抓典型或是一个无奈选择》，对长春市公安局党委做出如此决定的原因进行了剖析，指出了问题的关键:"没有制度尤其是监督制度的创新,一个地方的权力机关不可能搞好真正意义上的整风。"

从这些评论文章中我们可以看出,社会生活的每个方面,包括权力机关的任何一个动向,都可以成为报刊媒体进行评论的选题,而且不同的媒体在分析问题的时候角度也不尽相同。

其次,理性深刻。

以印刷术作为基础的报刊评论作品主要以文字作为传输手段。现代汉语符号体系表意求简求明,具有极强的严密性、逻辑性、持久性,所以更容易在有限的篇幅中表达含义丰富、逻辑完整的意思,更有利于表达深刻的思想内涵。这也是报刊评论作品和广播电视评论作品最大的区别。

报刊评论作品的内容以文字的形式在特定空间(版面)展开,受众必须一行一行从一个方向到另一个方向定向阅读。当眼睛拂过文字时,文字要打入受众头脑,转化为思想,文字与文字间的联系转化为思想与思想的碰撞而产生新的思想。所以,阅读就是不断深入地探求思想、寻找意义的过程,就是读者视野与作品视野相融合,从而产生新视野的过程,就是读者不断选择、不断填空的过程①。这样的阅读方式也更有利于读者在特定的时间内集中精力、专心致志地理解、揣摩,也更适于阅读那些理性色彩浓厚的报刊评论文章。如果信息接受过程顺畅,读者可以跳读、略读,如果文章理性色彩浓厚,那么读者自然会更加专注地阅读文章,首次浏览没有看明白,可以

重复阅读,如果读到后面产生了某种疑问,还可以翻出前文进行查找对照,所以语句长一些、修饰成分多一些、逻辑关系繁复一些都不会对读者的阅读造成影响,而评论作者一般都会把文字锤炼得比较简洁,并且努力做到行文严谨无误。

比如发表于 2007 年 12 月 20 日《人民日报》上的评论文章《峰回路转的不只是虎照事件》:

……

"华南虎事件"演变至今,可谓跌宕起伏。今天,当真相有望拨云见日之时,人们虽觉庆幸,亦有难言之憾:这斩钉截铁的明确要求,如果能提早到来该多好!

回望两个多月历程,华南虎事件中最为核心的关键词,是"政府"与"民意"。在这个过程中,有关部门的"缺位"和"失语",无论是左躲右闪,还是消极沉默,都与公众对真相的不懈追问,形成醒目比照。公众舆论与当地政府部门在情绪、观念乃至行为上的错位,坐失了二者良性互动的最佳时机,反映出一些部门处理新时代条件下社会管理问题上的欠缺。

这些欠缺,不独体现在"华南虎事件",同样存在于"圆明园是否复建"的质疑声中,说明更多的政府部门都必须直面如何适应时代需求的新命题——真相不会因"闭口不言"而渐趋消逝,

---

① 杨新敏:《新闻评论学》,苏州大学出版社 1998 年 10 月版,第 277 页。

疑问也只有在信息的公开透明中才能得以澄清。在信息充分涌流的网络时代,在"以人为本"渐为主流价值观的现代社会,随着技术传播手段的革命,以及公众权利意识的觉醒,类似事件还会不断发生。对于政府部门而言,如何应对既是一种考验,也是一个机会。

从民主管理国家、民主监督政务的角度讲,各级政府以包容的胸怀面对民间舆情,以积极的态度对待公众质疑,也是民主政治建设的必然要求。不久前,中央政府对于民众呼吁已久的国家法定节日的调整,并以问卷调查形式向全社会征求意见,正是对民意的回应与尊重,"公众参与"也在这政府与民众的良性互动中得以体现。

令人动容的是,即使在华南虎事件陷入僵局的时候,众多网站的调查结果几乎无一例外地显示,大多数网友仍然坚信真相最终将大白于天下。这种可贵的"坚信",体现了公民难能可贵的公共事务的参与热情,以及对政府的信心。公众的自由思想独立思考能力,是最可宝贵的执政资源。保护和善用这些资源,对于各级政府部门而言,需要不独在中央政府的要求下,有"人民当家做主"与"执政为民"的理念,更能在现实中身体力行,找到载体。

……

文章对准的是当时被炒得沸沸扬扬的"华南虎事件":2007年10月12日,陕西省林业厅公布了猎人周正龙用数码相机和胶片相机拍摄的华南虎照片。随后,照片的真实性受到了来自部分网友、华南虎专家和中科院专家等多方面质疑。12月19日,国家林业局表示要求陕西省林业厅鉴定"虎照"的真伪。但是文章并没有就事论事,而是打开思路,将事件背后隐寓的深层意义揭示出来,并结合"圆明园复建"等问题进行分析,得出结论——"华南虎事件"不只是信息时代的"集体打假",更是文明社会的自我提升。

文章不仅思路连贯,逻辑关系严密,而且还大量采用了书面语,力图用最简练的语言表达出最丰富的含义,也体现出了现代汉语语言符号的韵味和魅力。

18.2.2 电子技术与新闻评论形态

印刷技术的确彰显了报刊评论视野开阔、理性深刻的一面,同时也暴露了文字符号对于评论传播的局限性,如理性有余而生动不足,对读者文化水平有一定要求和传递范围受到客观环境的限制等。随着传播技术的不断发展,新媒介形式在这些问题上逐渐显现出优势。

随着电子技术的发展,广播电视媒体应运而生。

1895年,意大利的马克尼和俄国的波波夫几乎同时发明了无线电技术,不过马克尼首先取得了国际专利。

20世纪的20年代,无线电技术开始应用于媒体,有些国家针对某些事件开办了对外广播,但是因为发射功率比较小、接收工具也很有限，所以影响不大，还称不上大众媒体。

1972年10月，荷兰开办了为海外听众服务的荷兰广播电台，这是世界广播事业的开端。荷兰广播电台不仅有固定节目，而且是长期定时的常规广播形态。随后，德国、英国等国家纷纷创办了广播电台。

出现在我国的第一座广播电台是由美国商人奥斯邦于1923年初在上海创办的。中国人自己创办的第一家电台是哈尔滨广播电台。

1936年，长沙生产出了"环球牌"五灯收音机，这是我国制造的第一台收音机。中国第一架半导体收音机于1958年在上海诞生。

与此同时，电视媒体需要的图像传输技术也渐渐出现在世人面前。

19世纪末，少数先驱者开始研究设计传送图像的技术。1904年，英国人贝尔威尔和德国人柯隆发明了一次电传一张照片的电视技术，每传一张照片需要10分钟。1924年，英国和德国科学家几乎同时运用机械扫描方式成功地传出了静止图像。但有线机械电视传播的距离和范围非常有限，图像也相当粗糙。

1923年，俄裔美国科学家兹沃里金申请到光电显像管、电视发射器及电视接收器的专利，他首次采用全面性的"电子电视"发收系统，成为现代电视技术的先驱。电子技术在电视上的应用，使电视开始走出实验室，进入公众生活之中，1925年，英国科学家研制成功电视机。1928年，美国纽约31家广播电台进行了世界上第一次电视广播试验，由于显像管技术尚未完全过关，整个试验只持续了30分钟，收看的电视机也只有十多台，此举宣告了作为社会公共事业的电视艺术的问世，是电视发展史上划时代的事件。

1936年11月2日，英国广播公司在伦敦郊外的亚历山大宫，播出了一场颇具规模的歌舞节目，并首次开办每天2小时的电视广播。全伦敦只有200多台收视电视机，但它标示着世界电视事业开始发迹。"二战"之后，美国的电视事业发展超过了英国。

1958年，中国第一台黑白电视机在天津诞生，同年，开始试播。当时，全国只有50多台黑白电视机。1971年，全国已建有电视台32座。到了21世纪初，中国的电视覆盖率高达94%，很多家庭都拥有了不止一台电视机。而且随着技术的不断发展，电视机的种类也越来越多——平板电视、CRT显像管电视、背投电视和投影电视应有尽有，为电视事业的发展提供了有利的物质支持①。

随着传播技术的不断发展和完善，我国的广播电视事业也渐渐成型并壮大起来。新闻评论作为媒体信息的重要组成部分，也渐渐体现出不同的技术特色。

较早普及的广播媒体因为具有很多技术优势而得到听众的青睐。

---

① 参见许一鸣：《电视机的发展史》，新浪博客频道，http://blog.sina.com.cn/s/print_4e4ac44901000bs9.html。

首先,传播迅速。

报刊媒体的传输受交通状况、天气状况等客观环境的制约很大,传播速度很受影响。而广播媒体通过无线电信号以声波的形式高速传输,无论地区有多偏远,交通有多不便,天气有多糟糕,信息都很容易到达,而且传输速度很快。

另外,广播媒体不止传输迅速,编辑手段也较印刷媒体简便得多,省掉了排版印刷的环节,只需要将声音文件进行简单的编辑就可以发射。制作过程的简便也使得广播媒体信息的发布体现出鲜明地时效性。

比如现在广播媒体普遍采用的主持人评论,就是节目主持人在直播间就新近发生,甚至是正在发生的事实进行即席点评。有些媒体还会开通热线电话,让普通受众也有机会表达自己的意见,这样一来,广大听众在获知新闻事实的同时就可以了解媒体的态度和受众的看法,鲜明地体现了新闻评论时效性强的特点。

其次,收听灵活。

广播媒体通过声音符号传达信息,具有伴随式收听的特征。我们可以在散步的时候、在等车的时候、在旅行的时候收听。另外,收听节目对空间的要求也不高,最多就是注意不要影响别人。现在"有车一族"越来越多,他们在开车的时候无法看报纸,也无法看电视,收听广播就成了他们填补空白、获取信息的最佳手段。

不过,伴随式收听虽然扩大了听众范围,同时也注定了在收听节目的时候,听众一定会体现出较强的随意性。他们一般都不会专注于广播节目,而是一边做其他事情一边收听。比如收听一则广播评论,除非评论的观点或语言确实打动了听众,他才会由伴随式收听转为专注收听,而这种专注也很难持久,一旦新鲜感消失,听众会马上回到伴随式收听状态。

再次,听众广泛。

如果要获取报刊媒体信息,需要读者具备一定的阅读能力。广播媒体则不存在这种限制,它使用的是有声语言,只要能够听懂这种语言,就可以毫无障碍地接收到相关信息。

不过,将文字语言转换为有声语言进行传播的时候,一定要注意消除语言的多义性、歧义性和不确定性,应该尽量用形象化的语言代替纯理性的探讨,这样才会收到理想的传播效果。

虽然声音的传播远比文字来得更为形象,但是传播符号的单一形式的广播还是缺乏应有的魅力,尤其是随着技术的进步,电视媒体出现以后。

首先,电视媒体不仅综合了报刊的文字符号体系、广播的声音符号体系,还成功地加入了图像符号体系,这种综合传播形式立刻吸引了受众的注意力。

在电视新闻评论节目中,因为有了画面,让观众有了"身临其境"的感觉,好像自己真的置身新闻现场直面新闻事件、新闻人物一样,使得整个节目的形象性和可信度大大提高,而且也使得主持人随后的点评水到渠成。

其次,真实的声音、画面,恰到好处的屏幕文字和主持人的点评,还为受众营造出了极强的现场感。

受众在阅读报刊评论的时候，需要一个把文字信息转化成观点、思想的过程，在收听广播评论的时候，同样需要把声音所负载的信息进行解译，单一的传播符号决定了传播过程多了"编码"和"解码"两个程序。而电视媒体综合了文字、声音、画面等多种传播途径，就将新闻现场立体地搬到了受众面前，对新闻事实的转述层次减少，现场感得到了空前的加强，也使得评论作品有了更直接的由头，信息量大了，可信度高了。

正是因为因为电子信息传输技术的广泛应用，我们对新闻评论作品的接受也更加直接。

18.2.3 网络技术与新闻评论形态

从 20 世纪中叶以后，一轮新的传播技术变革又在酝酿之中。

1945 年，世界上第一台电子计算机爱尼阿克诞生了。随后，美国科学界很多专家都开始了将电子计算机应用于信息传播的努力，比如领导开发了第一代网络"阿帕网"的利克莱德，还有首次提出计算机应该成为"可以与人交流、应该具有某种表情"的机器的恩格尔巴特等。

1963 年，在美国国防部高级研究计划署工作的拉里·罗伯茨提出了"分组交换"技术的设想，成为网络技术发展史中的第一个重要里程碑。在此基础上，1969 年 11 月 21 日，美国加州大学、犹他大学和斯坦福研究院的

四台电脑顺利连通，宣告了网络时代的到来。

为了解决网络与网络、电脑与电脑之间由于软硬件和型号不同造成的不兼容的问题，"互联网之父"文顿·瑟夫研究成功了 TCP/IP（传输控制协议/网络间协议）。1982 年，美国国防部宣布将此协议作为自己的标准。

最初建成的网络只有军方享有使用权，美国国家科学基金会就决定建立自己的计算机网络，1986 年，美国国家科学基金会互联了它分布在美国各地的所有超级计算机，建立了 NSFNET。有了技术的保证，NSFNET 逐渐发展成为美国境内的广域网的骨干基础。

美国国家科学基金会规定，NSFNET 仅限于如下使用：美国国内的科研机构及教育机构把它用于公开的科研及教育目的，以及美国企业的研究部门把它用于公开的学术交流。任何其他使用均不允许①。

可是到了 1991 年，因特网的发展使 NSFNET 主干线达到极限。为了减轻政府的负担，美国国家科学基金会要求私人公司承担一些责任。1992 年，商用的因特网协会成立，并宣布用户可以把他们的子网络用于任何商业用途。于是，网络开始迈向商业化和私有化。在这个时期，大批商业机构开始在互联网上刊登 web 页面广告，提供各种信息，互联网的用户也不再局限于高校师生和计算机行业的工作人员，真正走入

---

① 陈炎：《Internet 改变中国》，北京大学出版社 1999 年 1 月版，第 33～34 页。

家庭,面向大众了①。

因特网的商业化导致了它的飞速发展,到 1994 年年底,因特网连接了 150 个国家和地区的 3 万多个子网络、320 多万台计算机主机,直接用户超过了 3500 万,成为了世界上最大的计算机网络。

虽然网络在最初筹建的时候,没有人想把它做成媒体。但是随着科技的进步,大家发现由于数字技术、多媒体技术的运用,网络可以自如地使用几乎所有的传播符号;由于实时技术、异步传输技术、现代通信技术的支撑,网络又几乎能够囊括所有的传播类型。网络发展成媒体的潜力渐渐显现出来。

1987 年,位于美国加利福尼亚州的《圣何塞信使报》首先将报纸上的内容放到了尚处于起步阶段的互联网上,开启了电子报刊和网络新闻传播的新纪元。到 1994 年年底,美国上网的报纸也不过几十家,全世界也不超过 100 家,所提供的内容也只是在线新闻和分类广告。可是从 1995 年开始,美国报纸差不多以每年 60% 的增长率上网,到 1998 年 3 月 1 日,全美 1520 家日报中已经有 500 多家出版了网络版,占到了总数的 1/3②。

1993 年年底,我国成立了国家经济信息化联席会议,统一领导中国的信息化建设。1995 年,我国在北京、上海建立了国际节点,完成了与 Internet 的互联和与国内公用数据网(ChinaDDN)的互联。1995 年 5 月 17 日,邮电部宣布将 ChinaNet 向社会公众开放,提供所有的网络服务,这标志着中国的互联网进入了商业化阶段③。

随着网络技术的不断完善和我国网络普及速度的不断提高,再加上国外媒体纷纷上网的影响,1993 年 12 月 6 日,《杭州日报》通过杭州市的联机服务网络——"展望咨询网"进行传输,拉开了中国报纸电子化的序幕。而我国第一份在网上创办的电子报刊是 1995 年 1 月 12 日由国家教委投资的《神州学人》。同年的 12 月 20 日,《中国贸易报》电子报在人民大会堂举行了开播演示,成为我国第一家上网的日报。2000 年以前,我国传统媒体纷纷上网,形成了数次高潮。截止到 1999 年年底,我国上网报纸的数量已经接近 1000 家,上网的广播电台和电视台也超过了 100 家。2000 年,千龙新闻网、东方网、中青在线等新闻网站先后开通,预示着中国媒体业内进入全面整合时期,开创了我国网络新闻传播的新局面。

根据中国互联网络信息中心(CNNIC)于 2008 年 1 月 17 日发布的《第 21 次中国互联网络发展状况统计报告》显示,截止到 2007 年 12 月 31 日,我国共有网民 2.1 亿,其中网络新闻的受众群体已经达到 1.5 亿。由此

---

① 董天策:《网络新闻传播学》,福建人民出版社 2003 年 2 月版,第 12 页。

② 参见田智辉、黄楚新:《1995-2001 中国网络新闻的发展状况研究》,中国新闻传播学评论,http://www.zjol.com.cn/05cjr/system/2002/02/25/000864908.shtml。

③ 董天策:《网络新闻传播学》,福建人民出版社 2003 年 2 月版,第 20 页。

可见我国的网络媒体目前已经受到了高度关注。

在网络媒体刚刚建立的时候,网络评论就伴随网络新闻产生了。那时候的网络评论一部分是转载的传统媒体的,还有一部分是由网民自发发布在网站的"论坛"版面里的。

由于网络消解权威、"去中心论"的特点,网络媒体具有鲜明的开放性和匿名性,任何网民都可以到网上就任何新闻事件、热点问题和社会现象不受约束地任意发表自己的看法,一方面确实给了网民充分的言论自由,也使得网络评论呈现出一派繁荣景象,久而久之,过分自由的弊端就显现了出来——因为网络信息发布的匿名性,很多网友的态度过度激烈,观点过于偏激,言语过于粗俗,在针对一些热点问题——诸如"虐猫事件"、"铜须公案"以及"韩白之争"等——进行评论时过分追求刺激,甚至形成了"语言暴力",使网络评论环境遭到了破坏。更为严重的是,很多网络评论在没有确凿事实依据的情况下捕风捉影、甚至使用侮辱性言辞侵害当事人的名誉权,招致了很多网络侵害名誉权的案例,比如号称"中国博客第一案"的南京大学副教授陈堂发诉中国博客网案。

所幸,人民网、新华网等传统媒体网站都开辟了评论专栏,将传统媒体的优秀评论作品集纳到这里,新浪、搜狐等网站也和多家传统媒体签订了用稿协议,广泛精选了各家媒体的优秀评论作品做成专栏,有效地引导了网络舆论。

新闻评论这种传统的新闻体裁,在传播技术不断发展、媒体形式不断演进的过程中也呈现出越来越丰富多彩的面貌:

首先,评论视野越来越广阔。

广播电视媒体因为自身的技术特点,对于社会生活的热点问题关注起来较报刊评论的视野就更为开阔,网络媒体出现以后,我们发现,社会生活中几乎没有任何空间是网民的盲点。另外,不仅评论广度空前,评论的角度也越来越多样化,不同的媒体、不同的评论者会站在不同的角度看待问题,从而得出不同的结论,甚至有些观点可能针锋相对。而讨论的深度也就在这些大同小异和针锋相对中不断的加深了。

其次,评论形式越来越多样。

随着技术的不断进步,评论的载体也在不断地丰富:从最初单纯的文字到单纯的声音,到画面、声音和文字相结合,再到网络动画的加入,新闻评论的说理过程越来越生动形象,越来越吸引受众的兴趣。

18.3　法律、政策与新闻评论

新闻评论作为媒体的旗帜和灵魂,决定着媒体的宣传重点和宣传方向,负有解释政策方针、代表媒体表态、引导社会舆论等重要职能,有时候新闻评论还要代表党和政府表明立场,可见地位之重。所以,新闻评论的创作和发表必须要谨慎,要符合党和政府的有关政策、遵守各项规章制度,在法律允许的范围内释疑解惑、引导受众。

18.3.1　法律法规与新闻评论

新闻传播活动对社会生活有着非常重要的影响，所以更要谨慎行事，必须严格控制在法律规定的范围内传播信息、引导舆论。

我国法律规定，任何公民、社会群体和社会活动都有维护国家安全、维护社会正常秩序的法定义务。因为新闻传播活动对整个社会的特殊影响，所以媒体更要坚决履行这些义务。

制作新闻评论，要求评论工作者具备相当的政治素养、理论素养和文学修养。一方面需要在行文中表现出一定的倾向性，强调要有激情，另一方面，需要客观地分析问题，理智地组织语言，要以头脑的冷静代替不应有的激情，否则就会出问题。

18.3.1.1　保持社会稳定

新闻评论要直接针对有关问题发表观点、看法，这些观点和看法必须掌握好"度"，否则可能会对社会稳定造成不良影响。

首先，禁止煽动危害国家的言论。

按照我国现行《刑法》的规定，煽动行为的犯罪主要有四项罪名：煽动分裂国家罪，煽动颠覆国家政权罪，煽动民族仇恨、民族歧视罪，煽动群众抗拒法律实施罪。由于我国对于新闻媒介的管理体制比较健全严格，新闻评论工作者队伍素质也较高，所以从《刑法》颁布以来，还没有发生过利用国内正式新闻媒介实施煽动犯罪的案例。但利用境外媒介煽动犯罪的案例还是曾经发生过的。

1995 年 12 月 13 日，北京市第一中级人民法院开庭公开审理魏京生案，以阴谋颠覆政府罪，一审依法判处魏京生有期徒刑 14 年，剥夺政治权利 3 年。

法庭审理查明，魏京生早在 1979 年就因向外国人提供我国重要军事情报，并公开从事危害国家安全、旨在颠覆国家政权的煽动活动，被北京市中级人民法院判处有期徒刑 15 年，剥夺政治权利 3 年，并于 1993 年被依法假释。在假释和剥夺政治权利期间，他又进行了许多阴谋颠覆政府的活动，通过非法渠道在境外发表了大量攻击中国政府，污蔑、诋毁社会主义制度、中国共产党的领导以及鼓吹西藏独立的文章，为推翻人民民主专政政权和社会主义制度、分裂国家制造舆论。

魏京生不服上诉，被驳回①。

其次，保守国家秘密。

任何国家都有国家秘密，都严格禁止泄露国家秘密的行为。我国法制对保守国家秘密也有着系统的规范，如《刑法》、《保守国家秘密法》、《国家安全法》、《关于审理为境外窃取、刺探、收买、非法提供国家秘密、情报案件具体应用法律若干问题的解释》（2001）等从具体法条到司法解释都有相关的规定，这些规定对于新闻传播活动都有绝对的约束力，一旦违反，就要面对刑罚的制裁。

另外，新闻单位自己也有严格的保

---

① 参见《人民日报》，1995 年 12 月 14 日。

密制度。

新闻传播活动的目的虽然是传递各种信息,也并不是所有的信息都要在第一时间传达给所有的工种。有时候出于维护国家安全和利益的需要,对公民的知情权作一些限制是必要的。

我国改革开放以后,随着新闻报道自由度的扩大,媒体泄露国家机密的事件也随之增多,仅1994年全国就发生重大泄密案件300多起,给国家造成了重大损失。近些年来,媒体泄露国家机密的案件依然时有发生,如1995年山东《信息快报》抢先披露国家"九五"计划有关数据的案件,1999年5月成都某网站发表严重泄露我国军工秘密的文章等。虽然在这些案件中,涉案的都是新闻报道,同样也需要提请新闻评论工作者多加注意:如果新闻评论文章的由头中涉及国家秘密,即使评论部分中规中矩,客观上也造成了泄密的效果,同样也会受到法律制裁。

再次,维护社会正常秩序。

我国《刑法》、《未成年人保护法》、《出版管理条例》、《治安管理处罚条例》等法律规章以及一系列最高人民法院和最高人民检察院的司法解释早有规定:新闻传播活动要禁止淫秽、色情内容,禁止宣扬邪教和其他危害社会的内容,要维护民族平等团结。

关于淫秽、色情内容,我国现行《刑法》给出了明确的权威定义和认定标准。国务院、新闻出版署和最高人民法院、最高人民检察院也都做出了具体的规定。但是,法律规章的原则规定毕竟和琐碎细致的社会生活难以一一对应。随着改革开放的不断深入,文化产品市场的开放性也越来越明显。很多文化产品打"擦边球",对社会生活造成了不良影响。新闻评论自然该站出来表态,但是在评论过程中,一定要注意宏观概括,千万不要涉及细节,包括内容细节和销售细节,否则客观上也会起到推动传播的作用。

除了淫秽色情之外,媒体还禁止宣扬邪教和封建迷信、凶杀暴力,对此,中共中央办公厅和国务院办公厅以及新闻出版署、最高人民法院、最高人民检察院等也早有规定。新闻评论在分析、批判、表态的时候,也要注意力度和分寸,否则不仅不会收到良好的传播效果,还可能会踩响法律的雷区。

18.3.1.2　保障人格权利

人格权是法律赋予自然人和法人所固有的为维护自己的生存和尊严所必须具备的人身权利[①]。从1978年十一届三中全会以后,我国制定、颁布、实施了系统的法律规章,对普通公民和法人的人格权利进行了保护。

我国《宪法》第三十八条规定:"中华人民共和国公民的人格尊严不受侵犯。禁止用任何方法对公民进行侮辱、诽谤和诬告陷害。"1987年我国颁布实施了《民法通则》,其中列有"人身权"专节,对公民的姓名权、肖像权、名誉权、荣誉权、人格尊严和法人的名称权、名誉权作了规定,还规定了一旦侵权,

---

① 魏永征:《新闻传播法教程》,中国人民大学出版社2002年3月版,第122页。

责任人需要承担的赔偿方式:停止侵害、恢复名誉、消除影响、赔礼道歉,赔偿损失。

在此基础上,最高人民法院还颁布了一系列司法解释,就司法实践中出现的具体问题进行了规定。其中就新闻单位报道国家机关行为的责任、消费者和新闻单位评论产品和服务质量的责任、提供新闻材料的责任、"内参"和"内部资料"引起的名誉权纠纷应否受理、企业名誉权损害赔偿等问题做出的规定,对当前的新闻实践进行了有力的规范和引导。比如1998年9月15日施行的《最高人民法院关于审理名誉权案件若干问题的解释》中就明确规定:"新闻单位对生产者、经营者、销售者的产品质量或者服务质量进行批评、评论,不应当认定为侵害他人名誉权。但借机诽谤、诋毁,损害其名誉的,应当认定为侵害名誉权。"

除此之外,在《刑法》、行政法和其他专门法律中,也都有对公民或法人的人身权利进行保护的相关规定。

在如此严密的法律保护体系之下,评论工作者一定要依法从事。

首先,要审核新闻评论由头的真实性。

如果赖以生发评论的事实证据确凿,那么当然可以大胆应用;如果相关情况并不确定,那么最好把它模糊为一种社会现象,消除明确指向性,还要避免使用侮辱性言辞,以免造成侵权。

比如游本昌诉张君及《每周广播电视报》侵害名誉权案。

电视剧《济公》1至8集由游本昌主演,颇有美誉,后在拍摄9至12集时因故易人。1988年6月18日《每周广播电视》报发表文章《漫谈"开价"》:"一个靠济公抬高身价的演员,竟然向《济公》漫天开价起来,提出什么要签订'立体合同',否则就'拜拜'!所谓立体者,拍摄费、主题歌录制费、音像出版发行费等等的美称也。一个信过佛、参过禅的'活济公',竟也丢开'佛门戒律',信奉起'孔方兄'来了。"文章的作者是报社副主编张君。游本昌认为该文章对他进行了无根据的中伤,于1988年7月15日向上海市中级人民法院起诉张君和《每周广播电视报》社侵害其名誉权。法庭经过审理认定,《漫谈"开价"》一文所依据的事实缺乏依据,而且在此基础上使用了讽刺、挖苦的文字贬低游本昌的人格,侵害了原告的名誉权①。

任何事物,一旦进入社会公共领域,必定要受到公众的评论。作为新闻评论工作者,针对社会生活中的种种现象作出评论是自己的分内之事。但是在评论时,一定要遵循"公正评论"的原则,即评论的事项必须与社会公共利益有关;有可靠的事实依据;立场应当公正;没有恶意。在这样的前提下,即使评论观点有些偏激、甚至不完全正确,也不应该被认定为侵权。但是如果

---

① 参见王强华、魏永征:《舆论监督与新闻纠纷》,复旦大学出版社2000年4月版,第149~150页。

缺乏事实依据,即使评论观点正确、态度公正,也会被认定为侵权。所以,评论文章一旦涉及具体的公民、法人或具体事件,就一定要格外小心。

其次,表述意见切忌变成陈述事实。

比如韩少功诉张颐武、王干、曹鹏、《为您服务报》社、《劳动报》社、《书刊文摘导报》社侵害名誉权案。

1996 年 4 月,上海《小说界》杂志刊登了韩少功的长篇小说《马桥词典》,引起文坛注意,受到好评。

12 月 5 日,北京大学中文系副教授张颐武在《为您服务报》发表文章《精神的匮乏》,批评《马桥词典》是一部"粗陋的模仿之作","我只能说它无论形式或内容都很像,而且是完全照搬《哈扎尔词典》。"此文于 12 月 24 日又发表于《羊城晚报》上。

同天,该报还发表了王干的《看韩少功做广告》,也说"他(指韩少功)的《马桥词典》模仿一个外国作家,虽然惟妙惟肖,但终归不入流品"。

12 月 15 日,曹鹏(笔名文敬志)在南京《服务导报》上发表《文艺界频频出现剽窃外国作品公案》,将《马桥词典》及张颐武的评论引入关于剽窃的谈论,认为"韩少功的词典全盘袭用了人家的手法和形式,甚至内容都照搬"的原因是"中国文艺界个别人的投机取巧,一是侥幸心理作祟,二是知识产权观念淡薄,更重要的是'江郎才尽'、'黔驴技穷'"。此文又被《报刊文摘》等报刊转载。

对于张颐武等人的评论,韩少功很快做出反应并进行反驳,文艺界也有很多评论家和作家表示了不同的观点。韩少功于 1997 年 3 月 28 日向海口市中级人民法院递交了诉状。

后经过海口市中级人民法院和海南省高级人民法院经过两年多的审理,最终判决《马桥词典》并非抄袭之作,五家被告承担相应的侵权责任①。

这是一起批评意见过于夸张,使意见形同于事实陈述而导致侵权的典型案例。评论者本来是要表达一种意见,但是结果却成了陈述一种事实。这种情况并不鲜见,因为事实和意见有时确实很难区分。那么到底如何划定二者之间的界限呢?在"公正评论"规则中有一个"普通人标准",也就是说,某种判断虽然同实际有距离,但只要是普通人都会具有的认识,就应当为法律所容许。比如本案对于两部小说都采用词典体裁,说这是模仿,还属于合法范围之内的意见,因为普通人看到这两部小说也会有这样的想法。而如果说是"完全照搬",则需要有确凿的依据,否则就超越了"公正评论"的规则,成了非法的虚假陈述。

所以,评论文章的意见可以不一定正确,但是一定要有事实依据。

最后,评论文章还要着力避免使用侮辱性言辞。

---

① 参见王强华、魏永征:《舆论监督与新闻纠纷》,复旦大学出版社 2000 年 4 月版,第 165 ~ 175 页。

有些新闻事件可能会引起评论工作者的愤慨，在制作评论文章时，评论工作者可以站在公共利益的角度施以激烈地批评，但是感情的表达绝对不能游离理性，不能够使用侮辱性的言辞，否则很可能招致新闻官司。

比如中国国际贸易中心诉吴祖光侵害名誉权案。

1991年12月23日，两位女青年在北京中国国贸中心所属惠康超市购物，被怀疑盗窃而遭到解衣、开包检查，并受到服务员言语讥讽。1992年6月27日，吴祖光根据相关报道在《中华工商时报》发表文章《高档次事业需要高素质员工》。文章写道："你们犯的错是把两位女顾客推进仓库强迫解衣查看呀！谁这么干的？是两个男服务员！""这位高级女士不自觉地流露出扎根深远的洋奴意识。难怪在她管辖下的男服务员对待中国顾客如此蛮横无理！""这两个男人见被辱的女顾客流泪，居然说出这样的混账话。""说得好轻松！好狂妄！自己犯了这么大的错误，居然还恬不知耻教育别人。"后来，国贸中心以侵害名誉权为由向北京朝阳区人民法院提起诉讼。

1995年5月12日，北京市朝阳区人民法院作出判决。法院认为：正当的舆论监督应该受到法律保护。

虽然这个案子吴祖光胜诉，没有承担侵权责任。但是文中的很多措辞确实太过激烈，我们在制作评论作品时，还是尽量避开为妙。

我国在1993年最高人民法院颁布的司法解释《关于审理名誉权案件若干问题的解答》中明确规定了，反映的问题真实和没有侮辱人格的内容两个条件是对于新闻批评和新闻评论的规范原则，所以，在制作新闻评论的时候，遣词造句一定要加倍谨慎，一旦法庭认定文章某些言词具有侮辱性意味，就会被判侵权成立，需要承担侵权责任。

18.3.2 新闻政策与新闻评论

新闻政策是伴随着新闻事业的产生而产生的，所以历史悠久。新闻政策还是国家政策中非常重要的一部分。

中共中央宣传部和国务院发展研究中心共同组织编写了《新闻事业与中国现代化》，其中认为，新闻政策是"政党、政府对新闻传播媒介规定的活动准则的通称，使政党或政府掌握和管理新闻机构的重要手段和基本方法。"新闻政策集中反映了统治阶级的利益和意志，并充当对新闻进行政治管理和控制的工具。由于社会制度和国情不同，不同政党和政府的新闻政策是各不同的。因为历史条件和时代的变化，同一政党、政府在不同的历史时期，其新闻政策也会进行相应的调整①。

18.3.2.1 新闻政策的历史

1949年新中国成立之后，随着我国新闻事业新纪元的开始，我国的新闻事业体系逐渐形成：以各级党报为核心，多种报纸并存。在当时的历史条件下，我

___

① 参见《新闻事业与中国现代化》，新华出版社1992年版，第43页。

国成立了新闻总署对媒体事业进行统一管理,通过改造私营报刊实行公私合营的新闻政策,在倡导批评与自我批评中改进新闻报道,并通过限制报纸的发行和定价贯彻实行资源分配政策。总体而言,当时我国实行的是以改造为主限制为辅的过渡性新闻政策。

在随后近二十年,尤其是"文革"十年,我国新闻政策体系遭到严重破坏,乏善可陈。直到20世纪70年代末期,党的十一届三中全会之后,新闻界才开始在改革开放的大背景之下,寻求自身发展之路。但由于最初十年左右的时间我国的政治体制和经济体制改革没有取得实质性的突破,所以此时的新闻政策主要是在改革的基调下,用整顿作手段,不断划定政策边界,保证新闻改革在一定的框架内进行,因此,是一种改良型的新闻政策。比如确定了新闻工作的基本方针是无条件的宣传党的路线、方针、政策和政治观点;报纸经营管理的政策有所松动,开始实行企业化管理,恢复广告业务和允许多种经营;另外,阶段性的清理整顿几乎每两年都要进行一次;在对外宣传和对于突发事件的报道中,具体政策呈现出反复多变的态势①。

虽然20世纪80年代的新闻改革还不成熟,但是为我国新闻事业进入20世纪90年代后的快速发展作了良好的铺垫。

1989年7月,中共中央发布了《关于加强宣传、思想工作的通知》,宏观上确定了新闻工作的指导方针:加强党委领导,实行依法管理。党的十三

大报告明确提出:"要通过各种现代化的新闻宣传工具,增加对政务和党务活动的报道,发挥舆论监督的作用,支持群众批评工作中的缺点错误。"此后,十四大、十五大也都提出了要加强舆论监督。因此,对新闻报道的宏观策略进行整合,重视舆论引导和提倡舆论监督,建立和完善上下贯通的双向沟通渠道,是党和政府在20世纪90年代核心的政策选择②。

这个时期是我国新闻政策的发展期,主要实行的是以宏观调控的刚性与局部创新的弹性相结合的"整合型新闻政策"。比如开始着手调整新闻业的结构,要求新闻媒体要"着重提高质量,优化结构"。除此之外,国家还鼓励组建报业集团。1996年1月,经中共中央宣传部同意,国家新闻出版署批准了广州日报社进行报业集团试点,广州日报报业集团挂牌面世。随后在我国《新闻出版业2000年及2010年发展规划》中提出:"到2000年,报业集团要扩大到5—10家"。在管理方式方面,我国主要强调规范秩序,对新闻界实行弹性管理,不再沿用过去的事无巨细、从头管到脚的管理方式,向较为宽松的宏观调控和政策引导过渡。

18.3.2.2 新闻政策的现状

1992年以来,我国社会主义市场经济体制逐步建立,新闻政策的价值取

---

① 参见郎劲松:《中国新闻政策体系研究》,新华出版社2003年9月版,第67~78页。

② 参见郎劲松:《中国新闻政策体系研究》,新华出版社2003年9月版,第78页。

向也发生了一些变化。新闻媒体作为进行新闻实践的主体,越来越具有了寻求自我发展的主体意识和主体地位,对新闻政策的调整起到了一定的制约作用。

我国现行的新闻政策有一个绝对的价值标准——政治上的可行性。这就是说每一项具体的新闻政策在政治上都要和新闻事业的性质、新闻制度、新闻思想和发展方向保持一致,都要符合国家和人民的利益。

这个标准在贯彻施行中又体现在社会生活的可行性上,主要有以下几方面:

首先,实行有限度的新闻自由。

虽然具体内容和形式有所区别,但是在"言论自由的相对性"上,世界各国都是一样的。2000 年 8 月 15 日,江泽民同志在接受美国哥伦比亚广播公司"60 分钟"节目主持人麦克·华莱士采访时,对我国的新闻自由作了如下阐述:我们坚持"百花齐放、百家争鸣"的方针。中国的新闻是有自由的,而这种自由要服从和服务于维护公众的利益。这在西方也不例外,不管哪个国家、哪个党派,都有新闻出版物宣传他们的主张。中国有 12 亿多人口,新闻的导向确实很重要①。

其次,有利于社会成员政治化。

在社会生活中,政治意识是一种无形的力量,它通过规定社会成员的政治行为方式,进而对社会政治生活的方方面面产生强大而持久的影响。不过政治意识的获得,还需要政府和社会成员的共同努力。

所谓社会成员政治化,就是社会成员在政治实践活动中逐步获取政治知识和能力,形成政治意识和政治立场的过程②。也就是说,社会成员要努力参与政治实践活动,通过学习来获取政治态度和政治立场;而政府也要尽量给社会成员创造参与政治活动的机会,从而塑造他们的政治意识。而这个目标的实现,跟新闻媒体有着密切的关系——政府需要通过媒体宣扬自己的政治主张,进行政治动员;社会成员需要通过媒体获得社会的认同和政治的归属感。这就需要新闻媒体有计划、有组织地进行报道和宣传,其中包括新闻报道潜移默化的熏陶,也包括新闻评论旗帜鲜明地引导。

比如在每年的"两会",以及香港、澳门回归,中国申奥成功和加入 WTO 等政治事件的报道中,媒体就使出了浑身解数,通过各种方式传递各类包含浓厚政治意味的新闻信息,有效地培养了人们的政治情感,提高了人们的政治意识。

18.3.2.3　新闻政策与新闻评论

新闻评论作为媒体信息的旗帜和灵魂,决定着一段时期内新闻媒体进行政治宣传的方向和基点。

首先,要体现政治素养。

新闻评论要严格按照新闻政策办事,针对有政治意义的新闻事实,要竭尽所能的予以分析、评论,从新闻事件

---

① 参见《中华新闻报》,2000 年 9 月 6 日头版。

② 杨光斌:《政治学原理》,中国人民大学出版社 1998 年版,第 132 页。

中挖掘政治内涵,引导受众思想。

比如《有感于李毅中"我最好能销声匿迹"》:

"李局长出镜率很高,首先不是一件好事。"中央纪委副书记干以胜说,"他一出现,就有重大事故发生。"国家安监总局局长李毅中点头表示同意,"我最好能销声匿迹。"在中央纪委举行的新闻发布会上,两位官员的幽默并没有使会议的主题轻松起来——事发至今已两年多的黑龙江七台河矿难,11名责任人应该受到刑事处罚,但至今没有得到处理。

……

让李毅中"销声匿迹",相信这不仅仅是其本人的愿望,也是善良国人的良好期待。问题是,就目前而言,李毅中"销声匿迹"仍是调侃之谈,因为,面对矿难等重大安全事故频仍的局面,李毅中能"销声匿迹"吗?那些利欲熏心的矿主,那些无良官员的所作所为,能让李毅中"销声匿迹"吗?

……

无数事实已经证明,制度如果只是写在纸上、说在嘴上、挂在墙上,就永远形同虚文;如果一些官员对待安全生产"说起来重要,忙起来次要",安全事故就必然发生;如果官员对待安全事故不反思,不警醒,不哀痛,不处理,安全事故就必然被复制。对此,干以胜的两句话值得回味——"安全事故并不是因为没有规定才发生,现在的规定并不少。""责任人得不到追究,那就很难体现纪律的严肃性,很难达到制定这些规定的目的。"

无数事实已经证明,安全事故背后都有人的因素,"每一次矿难几乎都发现了权钱交易"。制度再无疏漏,如果一些官员视同儿戏,制度就只能被羞辱,无辜的生命就只有凋零。只有安全事故责任人倾家荡产,只有渎职官员得到了应有的惩罚,只有制度保持应有的尊严,安全事故才有可能下降。12月18日,中共山西省委召开省委常委会,鉴于在洪洞县"12·5"特大煤矿事故中,临汾市人民政府在安全监管方面负有责任,临汾市市长李天太被提名免去职务。市长被免职,释放的信号值得关注。同时,对那些负有直接责任的官员不仅有摘掉乌纱帽,也要刑法伺候。面对矿难频发的当下,只治官还不够,须知,探源矿难,有着错综复杂的原因。

2008年已被定位为"隐患治理年",但李毅中认为,在不少领域、不少行业、不少企业,隐患还是相当严重的,甚至是隐患四伏,险象丛生。基于此,李毅中能"销声匿迹"吗?估计没有人能乐观。但无论如何,只要利剑高悬,并真正发挥威力,是值得期待的。

其次,要广泛关注生活。

享有新闻自由要注意限度,但是在政策允许的范围内,要尽量满足受众的知情权。社会现象千姿百态,每个人的关注点都不一样。面对受众兴趣的千差万别,评论工作者要调动全部精力,对社会生活进行广泛而密切的关注。

针对热点问题,评论作者要努力从多个角度进行分析,引导受众进行发散思维;针对冰点问题,受众可能并没有意识到这些问题同样会对自己的生活造成一定影响,评论工作者要把这些问题提出来,提请大家注意;针对盲点问题,社会公众根本没有意识到这些也是问题,那么就更需要评论工作者指出来,让盲点变成热点;而对于某些错误认识,就要立场坚定地进行批判。

比如《新京报》的评论文章《京剧进课堂为何多是样板戏》,在肯定了应该对孩子们进行一些传统文化教育非常必要的基础上,进一步提出问题:究竟应该由谁、依据什么标准和程序,来决定某一个戏曲品种、某一个文学作品,以什么样的比例和规模,进入到这个直接关系到民族文化传承、国家可持续发展的基础义务教育课程体系之中。

又如《人民日报》的评论文章《奥运会就是奥运会》,针对西方一些人掀起的一股将奥运"政治化"的风潮进行了批判,并得出结论:"奥运会就是奥运会,应该让其更单纯地成为展示体育精神和博爱情怀的场所。当前,奥运已存在过度'商业化'的问题了,许多人正在对这一问题进行思考并力图改进;不应该也没有必要让奥运会再加上'政治化'的重负。在奥运会的问题上东拉西扯,只会让奥运会变得不伦不类。"

现阶段的新闻政策在宏观上体现出一定的刚性,而在局部,则体现出更强的弹性。在新闻评论方面,只要在现行法律允许的范围内,就可以针对现实生活进行剖析,以引导社会公众认识社会,并潜移默化地提高自己的政治素质。这样一来,不仅可以推动媒体不断进步,还可以推动整个社会向前发展。

★【本章小结】

社会思潮对新闻评论写作的影响表现在评判事物的价值观上,传播技术对新闻评论写作的影响表现在表达方式上,法律和政策对新闻主论写作的影响表现在写作规范上,这些影响的阐释,反映了作为意见表达的新闻评论的写作是多种力量整合的结果。认识这一点,就能更好地运用这一形式,清醒地、有效地表达意见。

✈【评论实务训练】

请选择一个新闻事件,对比一下网络评论与传媒体评论的异同,并就造成这种异同的原因,谈谈你的看法。

◢【延伸阅读】

1. 朱立元:《当代西方文艺理论》,华东师范大学出版社,1997年6月版。

2. 陈炎:《Internet改变中国》,北京大学出版社,1999年1月版。

3. 董天策:《网络新闻传播学》,福建人民出版社,2003年2月版。

4. 魏永征:《新闻传播法教程》,中国人民大学出版社,2002年3月版。

5. 王强华、魏永征:《舆论监督与新闻纠纷》,复旦大学出版社,2000年4月版。

6.《新闻事业与中国现代化》,新华出版社,1992年版。

7. 郎劲松:《中国新闻政策体系研究》,新华出版社,2003年9月版。

19 社会实践与新闻评论

导言

本章学习目标 通过本章的学习,要求能够了解社会实践中出现的各种声音以及通过亲身体验对评论观点进行的验正和科学的实践验证。

本章难点 新闻评论的实践验证的复杂性 评论主体移植对社会舆论的误导性影响

内容提要 本章介绍了作为意见表达形式的新闻评论是如何代表不同利益发出声音的,以及在多元表达环境下受众是如何对观点进行验证的两个重要的问题,并描述了评论主体移植这一现象。

19.1.1　代表国家利益的声音

这里的代表国家利益的声音指的是宏观媒介舆论的引导者的声音,因为我国的媒体特别是党报,都隶属于国家,并在党政机关和政府的领导下。在我国的社会主义制度下,国家利益、民众利益、社会利益是根本一致的,但这并不意味着在具体细微的问题上没有差别,更不意味着国家利益同某个集团或公民的个体利益没有差别。这种利益的差别体现在新闻评论上就有可能表现为不同的声音。所以我们在报刊评论的分类上才会做代表报刊编辑部的评论和报刊署名评论的区分。

在我国的媒介环境下,代表国家利益的声音是媒介的主流声音,具有根本性,也是受众普遍依赖和信任的声音。这种声音对于社会舆论的形成和社会的发展起着积极的推动作用。然而随着我国由一元社会向多元社会转变,媒体观点日益开放,言论渠道增加,国家声音的权威性开始减弱,有些人甚至开始用不同的目光对这些观点进行评判。

19.1.2　代表集团利益的声音

这里的集团是和国家、个体相对的能代表一定社会阶层或团体的组合。它的内涵很丰富,包括政治集团、经济集团、社会集团等,范围也可大可小,既可是某个小的群体,也可能是具有巨大社会影响力的大的群体,但是表现在新闻评论领域有一个共性,那就是借助媒介传播集团的观点,进而实现自身的利益。所以,这种集团一出现就带有强烈

新闻评论的生态环境是由多个方面构成的,这种环境影响着新闻评论的表现形态和传播形态,尤其是越来越复杂的媒介环境使新闻评论的环境也变得多元起来,但是归纳起来不外乎理论环境和实践环境两种。我们前面分析了影响新闻评论的理论环境,在这一章中,我们着重分析新闻评论的实践环境。

19.1　声音

相比较于改革开放前的媒介环境,人们发现如今的媒介内容日益丰富、媒介话题日益开放、媒介声音也开始逐渐多了起来。这种量的丰富,不仅表现为媒介信息和言论的增大,还表现为观点的多元。多元观点的背后,是各执己见的评论者和媒介,而他们的背后,则可能是更深层次的社会利益阶层,这种情况在任何多元媒介环境下的新闻评论中都会出现。多元利益群体的出现使他们的观点必须通过一定的途径得以表达,同时,伴随着经济政治体制的转型和职能的改变,这些声音有了向大众传播的可能。但是,受众的判断能力能否随着社会的转型得以增强,社会的发展能否因为多元声音的出现而得以加快,这些都是值得思考的问题。为此,我们首先要分析在当今的媒介环境中,新闻评论的声音都来自于何方。

的目的性和功利性。

在新的媒介环境下,强势利益集团的声音的发出渠道越来越多,媒介在很多情况下充当了集团宣传的传声筒。为此,我们需要思考以下的问题:

第一,新闻评论究竟能否传播某些利益集团的声音。答案不是肯定,也不是简单的否定。虽然代表集团利益的声音功利性很强,但并不代表这种功利性不和社会发展的轨迹相一致。

第二,哪些情况下媒介是无意识地被利用,哪些情况下媒体甘愿被利用? 如果媒介是无意识地被利用则是媒介的失职,如果是甘愿被利用则是媒介道德的缺失。此外,媒介的集团背景也是需要考虑的对象,有没有某种利益的制衡,或者媒体就是某一利益团体的代言人?

第三,媒体对此类评论如何判断并进行处理。媒体不应当成为某个利益团体的代表,新闻评论更不能抛弃大众利益为某个集团谋福祉。所以,媒体上的评论既要考虑公众利益的整体性,又要考虑各种声音的平衡性和客观性,不能成为某个利益集团发言的工具。

19.1.3　代表个体利益的声音

媒体的开放和多元化最大程度上表现为个体的声音多了起来,特别是网络的兴起,很多传统媒体开拓了网络评论专栏甚至专版,刊载网络上的各种声音。应该说这些声音是多元观点的集合,给听惯了传统的单一的观点的人们带来了新鲜的冲击。《中国

青年报》曾发表一篇旨在讨论网络贴吧个人观点的评论,作者提出的以下的观点值得我们思考:"既在拷问人的道德底线,又在考验人的心理承受能力","为我们提供了一个自我澄清和自我改善的机会。只为人们提供了初始的、最不具建设性的负性情绪宣泄空间","这种宣泄只能暂时平复情绪,但因为缺乏正确的认知和对事物的理解和把握,往往会使人们在认知和行为方式上出现严重偏差。……在虚拟世界和现实社会穿梭的人们,一定会备感伤害"①。

为此,我们得出以下结论:

个体声音发挥的作用能够超越个体影响。个体声音借助大众媒介的渠道被放大,最终发展为社会舆论的例子不胜枚举。

个体声音有助于多元观点的表达,能够充当社会的减压阀。代表个体利益的声音的出现并没有给人们带来最初的思想混乱的惊恐,反而让人们在多元的观点中做出更加理智的选择,这应当是评论者希望看到的。

个体观点有其弊端。由个体观点最终形成的舆论是否在人们受到大众传播心理干扰下形成的,或者没有正确引导的舆论是否只能体现民意而不能代表民利,这些都是个体言论可能带来的弊端。

----

① 《网络拷问你我道德底线 多元观点还应理性表达》,《中国青年报》,2005 年 12 月 28 日。

19.1.4　代表社会利益的声音

我们在很长时间内都认为，国家利益同社会利益是同一个概念，这其实是一个误解。其实，社会利益是一个更广泛的概念，它应该是国家利益、集团利益和个体利益制衡的结果。同时，社会利益是一个更长远的概念，一篇评论是否能产生良好的社会效益，推动社会发展，有时并不能马上判断。但是由于国家利益常常具有宏观性、长远性，实践证明常常能推动社会朝着积极地方向发展，所以，社会利益常常表现为国家利益，特别是在我国的社会制度下，国家利益和社会利益往往是一致的。但是，两者之间的差别必须明确，这样才能帮助受众在众多声音中辨清方向，做出正确的判断。

请看1993年9月24日《人民日报》发表的评论：

坚定不移地走向世界

蒙特卡洛传来消息，国际奥委会第101次会议通过投票表决：澳大利亚的悉尼主办2000年第27届奥运会。

我们尊重国际奥委会的选择，祝贺悉尼申办成功。同时对国际奥委会对中国申办工作的支持，一如既往充满感激之情，对全世界也一如既往充满友好之情。今后中国将更加敞开胸怀，欢迎四海宾客，广交五洲朋友，坚定不移地走向世界。开放的中国盼奥运，开放的中国完全能够办好奥运。办奥运，不论是今天还是以后，都是中国人民的强烈愿望。

翻翻奥运会的史册，许多主办国都是经过多次申办才最后成功的，澳大利亚也经过了三次申办。在奥运会的百年史中，旧中国留下的是"零"的记录，蒙受的是"东亚病夫"的屈辱。改革开放使我们有了申办的勇气和条件，北京在1991年12月，向国际奥委会正式提出申请。北京能够提出申办奥运会，本身就证明了中国改革开放以来，经济繁荣，政治稳定，社会祥和，人民安居乐业，综合国力大大增强。为申办奥运会，我国政府、人民和奥申委作了不懈的努力，海外侨胞、台港澳同胞和外国许多友好人士给予很大的支持。但申办城市有好几个，举办机会独一无二，北京失去了这次机会，原因是多方面的、复杂的，我们既不怨天尤人，也不自暴自弃。今后，中国将一如既往地维护奥林匹克的宗旨和原则，凡是有利于发展奥林匹克运动的活动，中国仍将采取积极支持的态度。

奥运重在参与。申办的过程就是一个参与的过程，是个推动我国社会主义物质文明和精神文明建设，振奋民族精神，增强民族凝聚力的过程。从这个意义上看，无论申办成功与否，都具有重大的意义。我们要深刻地认识到，要想办成一两件大事，要想在世界上被人了解和信任，最重要的是自己要有志气，首先把国内的事情办好。全党和全国各族人民要更加坚定不移地贯彻执行党的"一个中心、两个基本点"的基本路线，努力建设有中国特色社会主义，集中精力把经济搞上去。国力增强了，面貌一新了，无论什么大事也就好办了。

得而不骄，失而不馁，这是中国人民应有的气度和风范。"风物长宜放眼量"，来日方长，后会有期。我们相信，在这个占有世界1/5人口，有960万平方公里国土和5000多年文明史的东方国家，奥运会五环旗高高飘起的日子，不会是很遥远的。同胞们，让我们为迎接这一天的到来继续努力！

这篇评论发表于北京1993年申办第二十七届奥运会失败之后，原来的标题为《尊重国际奥委会的选择》，后来改为现在的标题和内容。两个评论标题进行比较，差异尽显。尊重国际奥委会的选择是无奈之举，而坚定不移地走向世界是一个新的开始，前者更看重国家在某一问题上的利益，而后者则是社会发展的强音。

同前面代表三个利益的声音相比较，人们更愿意听到看到代表社会利益的声音，或者说，新闻评论一直就在为这个目标努力。但是，真正能做到的却很少，即使有些评论能够促进社会的发展，出发点也往往是国家、集团或者个人利益，并且这种促进短时间内人们很难看出，这需要个体和社会的实践验证。

19.2　实践验证

多元观点在给受众提供更多思考的同时，也会给受众带来思想上的混乱，甚至干扰他们做出正确的决定。当他们进行思考和判断的时候，是以个体的方式进行的，他们很容易认为个体的思维无法抵御"社会舆论"（而这里的"社会舆论"很有可能是代表某个利益群体或阶层的观点，在大众化的表达渠道中被认为是大众观点），进而屈从于这种舆论。加之如果受众接触的媒体言论较为单一，则更容易受到片面观点的影响。所以，在多元观点的社会，提高受众对观点的分析判断能力十分重要。受众能够在众多利益观点的背后挖掘出有价值和意义的观点，来认识社会影响决策，需要通过实践进行验证，经过验证的观点最能体现评论的价值和本质。一般情况下，我们把实践的验证分为两种：通过亲身体验对评论观点进行的验正和科学的实践验证。

19.2.1　两种实践验证观的联系与差别

通过亲身体验对评论观点进行的验正指的是受众根据自身实践对评论观点做出判断，这是一种狭隘的实践验证观。科学的实践验证指的是反复的过程和科学的方法，即虽然有判断上的曲折，但观点最终被社会证明是正确的科学实践验证观。两种实践验证观点既有区别又有联系。

联系在于：第一，它们都是基于实践的基础上做出的判断，是通过实践对观点进行的验证。观点是否科学，是否符合社会发展的趋势最终要靠实践来检验，所以两种验证观检验下的新闻评论观点更具可信性和科学性。第二，两种验证观有某种程度的重合。狭隘的亲身体验的验证观和反复的科学的验证观在某一时期或某一方面对一个观点的判断可能是相同的,这是因为个体利益往往关乎着社会的发展。比如对于观点"两岸三通有助于两岸人民的交流和往来,有助于中华民族的和平与发展",从狭隘的亲身体验的实践验证观来看,两岸三通节省了人力物力,带来了台湾旅游业的繁荣和发展,增强了两岸的交流与互动,因而观点成立;从科学的实践验证观来看,两岸三通是两岸对话和交流的重要步骤,是往两岸和平统一方向发展的重要一步,因而有助于中华民族的和平与发展,所以,这个观点也是成立的。第三,亲身体验的狭隘的验证观是反复的科学的验证观的基础。后一种验证观的形成往往是在前一种验证观发展的基础之上的。人们在多次亲身体验成功失败之后才找到了科学的方法对观点进行验证。

区别在于:第一,狭隘的亲身体验的验证观是一种微观的验证观,而反复的科学的验证观是宏观的验证观。后者因为其验证的反复性和验证方法的科学性,从长远的角度上讲更符合社会发展的本质。1989 年苏联解体后,俄罗斯进行了经济改革,实行大规模的包括"小私有化"和"大私有化"两种类型的私有化运动,把社会主义经济制度改造成为资本主义经济制度。当时我国国内很多人基于自身的判断对俄罗斯的经济改革持有乐观的观点,认为我们也应该学习,而邓小平理论坚持认为,私有制改革只能让改革走向歧途。后来的事实证明,俄罗斯的私有化导致经济急剧衰落、陷入严重危机的境地,导致大量国有资产的流失,造成金融工业集团的寡头统治,导致社会两极分化,引起了强烈的社会反响。因为从社会科学发展的角度讲,俄罗斯私有制改革并不是具体措施不当所致,也并不是改进私有化的某些做法所能消除的,而是私有化本身必然带来的后果。所以,基于这样的科学的验证观,我们才能做出正确的科学的判断。第二,狭隘的亲身体验的验证观可以对观点得出不同结论,而用科学的验证观做出的判断只有一个。前者由于人们知识、经验、生活环境的差异对某一观点会做出不同的结论,而科学的验证观运用了科学的反复的方法,因而能做出唯一正确的判断。举一个简单的例子,对于观点"七月份天气很热",生活在南半球和生活在北半球的人们会根据自身的经验得出不同的判断,同是在北半球,生活在高纬度的人们和生活在低纬度的人们对此也会有不同的判断。而从科学的验证观分析,就会得出综合的客观的分析和判断。第三,狭隘的验证观有时对科学的验证观构成阻碍。对于某一观点的判断人们往往从自身实践出发,而由于人们认识的狭隘性和实践效果不同阶段的表现性的差异会让人们坚信自身的判断从而不去考虑用科学的验证观进行验证,甚至当两种验证观得出不同结论时,人们更愿意相信自身的判断,特别是在多元社会和多元实践下。

19.2.2 多元社会下的两种实践验证

多元社会是一个开放的社会,中国

社会发展研究的重要力作《中国大势》一书中指出,多元社会具备如下特点:

其一,信仰多元。"多元社会的信仰,其内容是由个人自由选择的。政府赞成的,个人不一定赞成;政府反对的,个人也不一定反对,它允许各种不同的声音。"

其二,政治多元。"多元社会,政治的目的是为了'发展人',使每个人可以按自己的意志去思考、去行动。"

其三,经济多元。多元社会经济是"使每个人可以按自己的意志去思考、去行动,因此,经济的目的是保证这种行动和思考的自由。统治阶级正是通过对于经济的干预,来促进整个社会资源的合理配置,有效地增加社会财富,为每个人更好的发展提供物质生活条件。""经济成分是多元化的,多种成分之间存在着有机的联系。私有经济是经济生活中最重要的成分之一,在经济活动中受到足够的重视。"

其四,文化多元。"多元社会,文化的目的是表达个人对于社会现象的理解,是为公众服务的。"

其五,科学多元。"在多元社会,科学是为自由服务的。"

书中还指出一元社会与多元社会的本质区别:"一元社会,政治是其核心。多元社会,经济是其核心;一元社会,关心的是政治问题,多元社会,关心的是生活问题;一元社会,追求的是集权专制,多元社会,追求的是民主自由"①。由此可见,多元社会同过去的一元社会或非多元社会相比,无论从社会生活的哪个方面考虑,都更趋向于自由,更趋向于利益分散化和个体化,当然,在大众传播领域"观点自由"便是多元社会多元利益的体现。

但是,观点自由绝非观点不同和自由言论那么简单,自由的观点的背后是人们基于自己的生活经历和生活态度做出的多元判断,判断的正确与否需要通过实践进行验证,最终的结论用来指导下一次的判断。在一元社会中,无论实践的验证是狭隘的还是科学的,其结果要由社会整体来承担,发展是社会的整体行为或者政府指导下的社会的整体行为,因此,狭隘的验证可能导致社会的倒退但不是混乱。其引发的结果是社会或政府重新认识观点,使社会前进。在多元社会中,人们并不容易轻信某些权威的力量,宁可借助自己的经验进行判断,所以,更多的判断来自于我们前面分析的基于亲身体验的狭隘的实践验证观。每个个体既不容易在众多个体观点中找到科学的判断,也不容易通过科学的验证观来证实众多的判断,所以社会很容易因此进入观点混乱的无序状态,这种混乱削弱的是多元社会下的个体利益,因此与多元社会的本质相违背。在多元社会下,在多元实践中,人们在新闻评论的传播过程中更多经受着狭隘的实践验正观的冲击,这是一个顽疾。

---

① 参见刘德福、汪澄清著:《中国大势》,山东人民出版社2004年版。

19.3 评论主体的移植

19.3.1 多元社会背景下的强势表达群体和弱势表达群体

中国社会制度民主化进程发展到今天,社会多元分化和多元利益群体的出现已成为一个既成的事实,随之衍生的现象和问题也有很多,比如出现了我们常说的强势群体和弱势群体。关于这个问题,国内很多学者都从社会学和政治学的角度进行了论述和分析,比如文力教授曾在文章《利益群体显性化:利益表达和均衡的有效机制——多元利益集团是和谐社会的"内生"变量之一》中进行了详细的阐释,我们在这里加以引用:

在中国的制度变迁进程中,随着市场经济体制的逐步确立与市场机制作用的强化,社会公众的利益正在分化,有些人成为市场化的正受益者(这些人中其受益程度也表现为差异),有些人则成为市场化的负受益者。因此,在中国目前的社会阶层构成中,公众已经分别被纳入不同的利益群体,不同利益群体的利益失衡已经严重地影响了中国的社会公正。

市场机制可以实现资源配置效率最优,但无法矫正由自身引起的不同利益群体利益失衡等社会非公正问题。这意味着必须由某些社会和政治机制来矫正社会非公正问题。不同利益群体经常、以有效通道形式来实现的利益表达即为矫正社会非公正的社会和政治机制之一。在不同利益群体可以进行博弈的现代社会中,利益集团具有利益表达和利益制衡的政治功能,因而利益集团是具体的社会和政治机制之一。

在中国制度变迁和市场机制作用强化的同时,社会机制和政治机制的完善和发展却明显滞后,其表现之一为不同利益群体利益表达的失衡。在现实中,强势利益群体已经构成实质上的利益集团。他们结成各种正式与非正式的团体,有能力利用各种资源、以各种形式诉求自身利益,影响政治决策和公共政策,其利益也充分被政治决策和公共政策所反映,因而其利益不但得到制度性的保障,而且利益在政治决策和公共政策的激励下被放大。有些强势利益集团在某些政治决策和公共政策的制定中,甚至有能力"影响"政府,使政府决策具有明显的强势利益集团的利益导向和偏向。

但在另一方面,弱势群体自身既没有资源,也没有能力利用各种资源,缺少各种正常有效的途径和通道来诉求其利益。他们在政治决策和公共政策的形成过程中往往被边缘化。弱势群体本来在市场机制强化的过程中其利益已经受损,而其利益诉求在政治决策和公共政策中又不能得到反映,则整个社会的利益格局会益发失衡。因此,在利益表达失衡的条件下,社会的利益诉求机制是严重缺损的。如果社会中相当数量的利益群其利益诉求无法通过有效的通道和途径表达,则政治决策与公共政策由于信息的不完善,使其不能充分反映社会的利益关系,则必然导致社会利益格局的失衡。而且,当弱势群体不能通过正常有效的通道和途径进行利益表达,往往甚至只能采取非制度化和非正常的途径来表达利益诉求,从而激化社会矛盾。

在当代中国,当强势利益群体在实质上已经结成利益集团,已经能够通过这种正常有效的通道和途径表达其利益。而构成各种弱势利益群体的公众仍处在孤立的个体或少数人聚合的分散状态,因此,弱势群体不能以利益集团的形式来进行利益表达,或者说,其利益要么难于得以表达,要么其极其分散的表达难于影响政治决策和公共政策①。

上述分析主要从政治表达的角度分析了社会体制变迁对社会群体的影响以及强弱势群体在政治利益表达上的差异,其实,正如文力教授所说,社会非公正问题不仅需要政治机制来矫正,更需要某些社会力量,这样才能使零散的社会弱势力量凝结成真正的群体并进一步表达自身的利益。而这里的社会舆论形成的重要方面就是大众媒体以及媒体舆论的重要形成渠道——新闻评论。因此,新闻评论在多元社会下肩负着矫正社会不同利益群体表达差异的重任。

19.3.2 评论主体的移植

多元社会的形成,社会强势和弱势表达群体的形成已经成为必然,正如前面我们分析的那样,强势群体的

"群体"是稳固的,他们会利用手中的资源积极寻求利益表达的渠道,而弱势群体的"群体"不能称之为真正意义的群体,只不过是人们为了区分两种利益阶层而对社会参与和表达能力较弱的零散的人们进行的群体划分,他们既缺乏利益表达的渠道,也缺乏表达的社会影响力。所以,在当今社会下,媒介表达就容易出现一种特有的现象,即当社会发展极度不平衡,强弱势之间需要借助媒介缓解社会压力的时候,当弱势群体利益需要表达但又无法进行表达的时候,强势群体会利用表达上的优势和社会影响力表达弱势群体的利益以减轻社会压力、缓和社会矛盾,就发生了一种移植现象,我们称它为评论主体的移植。

评论主体的移植是一个复杂的现象,主观的动机似乎是好的。人们从媒体上看到了越来越多的社会正义声音的表达和对弱势群体的扶助,这为处于社会弱势地位的人们带来了关注和帮扶。然而,我们发现,社会问题并没有因此而得以解决,往往是只解决了弱势群体中的某些表面问题,甚至只是解决了某些弱势个体而非群体的问题,这就关乎到评论主体移植的另一方面——对社会舆论的误导。

社会表达的强势群体在进行意见表达的时候,无论内容是什么,出发点

---

① 文力:《利益群体显性化:利益表达和均衡的有效机制——多元利益集团是和谐社会的"内生"变量之一》,《福建论坛(人文社会科学版)》,2005年第9期。

都是强势群体本身,他们对于自身利益的表达或是对弱势群体利益的申诉都是基于自己认识的基础之上的,因此,那些对弱势的关注也是站在一个高度之上表达强势的愿望,他们关注的焦点可能不在于问题的解决,而是对弱势的怜悯甚至施舍。如果这样的评论充斥于报纸的版面,也许可以起到一些表达良知与正义的作用,对个别具体的弱势者有一点帮助,但整体上仍然无法改变强势利益集团继续凌驾于弱势群体之上的现实。甚至还有可能掩盖更深层次的社会矛盾,无法为弱势者提供公平的表达机会。

事实上,一个真正的多元社会既要有利益的多元化,也需要有利益的独立化,即社会上的每一个群体都有公平表达利益的机会。为此,"必须真正建立公平、开放、多向度的利益表达机制,为不同群体提供公平表达利益的制度性平台,引导他们以理性合法的形式表达利益要求。同时,要完善公共政策平等回应不同群体利益要求的机制,使不同群体共享发展的成果①。"作为评论者,应从平衡的角度关注强弱势表达现象,以客观的身份分析问题,而不是以强者的身份关注弱者。

★【本章小结】

本章通过对多元声音的表达,意见传播过程中的验证,以及评论主体的移植的阐述,从社会利益层面分析了新闻评论,揭示了新闻评论创作是

在一个利益系中进行的规律。

【评论实务训练】

1. 请从当地媒体选取一则新闻评论分析其是代表哪种声音的?

2. 如何看待新闻评论主体移植的现象?

【延伸阅读】

1. [美]W.兰斯·班尼特 著,杨晓红、王家全译:《新闻政治的幻象》,当代中国出版社,2005年1月版。

2. 廖永亮:《舆论调控学》,新华出版社,2003年1月版。

3. [法]加布里埃尔·塔尔德 著,[美]特里·N·克拉克编,何道宽译:《传播与社会影响》,中国人民大学出版社,2005年6月版。

4. 曹轲:《书生快意南方剑》,广东人民出版社,2001年5月版。

20 新闻评论的舆论效果

导言

本章学习目标 通过本章的学习,要求能够了解新闻评论的舆论效果。

本章难点 舆论监督的媒介效果

内容提要 新闻评论的舆论效果主要通过其舆论引导和舆论监督作用体现出来,表现为媒介效果、评论对象和社会舆论效果三种形式。

在前现代社会，人们的信息传播主要依靠人际交流，舆论常常陷于僵滞、保守的小范围"一致"状态，流动非常缓慢，很难形成较大规模的舆论。而随着报纸、广播、电视等大众传播媒介，特别是 20 世纪电子媒介的出现和普及以及互联网的蓬勃发展，较大范围内的舆论的形成、发展和消失有了物质或技术上的条件。大众传播媒介成为社会现实与人们所关注的话题之间的中介因素，它不仅改变着人们的时空观，更是人们在信息海洋中的导航器；它能使人们超越自身视野和经验的狭隘性，却更多地依赖其所构建的"拟态环境"去认识世界。

现代社会，舆论的形成与流动不可避免地与大众传媒发生紧密联系，而这正是李普曼舆论学说的核心观点和重要创见之一。在李普曼看来，并不是所有的个人意见都可称作舆论，个人意见只有在共同利益的基础上上升为具有概括力的社会意见，才构成舆论的有机成分。大众传播媒介（当时主要指报刊）通过新闻传播活动，能大大开阔和加深公众对于社会现实的认识，报刊"就像探照灯的光束一样，不停地照来照去，把一件又一件事从黑暗处带到人们的视域内"[1]。而随着公众对于社会现实的认识和了解越来越多，他们也就越容易形成广泛而成熟的社会意见，从而在全社会范围内形成有影响力的舆论运动。

除了新闻信息以外，大众传媒还传播着舆论。一般认为，"舆论是公众关于现实社会以及社会中各种现象、问题所表达的信念、态度、意见和情绪的总和"[2]。马克思曾形象地把报刊比作驮着麻袋的驴子，而它背上所驮的麻袋，便是舆论。这就是说，大众传媒是舆论的重要载体，它所传播的不仅仅是作为社会现象的社会事实，还包括人们对这些社会事实的观点、态度和评价。这些观点、态度和评价既通过对新闻事实的选择和报道体现出来，更直接的方式是通过新闻评论表现出来。

新闻评论是大众传播媒介的直接"发言"形式，它能反映社会舆论，同时，它本身也是"媒体人"自为的新闻舆论的载体之一。新闻评论的舆论效果是指其所产生的社会影响力，其效果受到评论对象的价值、传播者自身的权威性以及政治的、经济的、社会的因素及传播技术和手段等因素的制约。新闻评论的舆论效果主要通过其舆论引导和舆论监督作用体现出来。

20.1 新闻评论的舆论效果体现

20.1.1 新闻评论与舆论引导

新闻评论的直接目的在于影响和引导公众舆论，使后者按照媒体所希望的方向运动。新闻评论的舆论引导作

---

[1] 李普曼：《舆论学》，华夏出版社 1989 年版，第 241 页。

[2] 陈力丹：《舆论学——舆论导向研究》，中国广播电视出版社 1999 年版，第 11 页。

用实际上是大众传播媒体用言论的形式说服公众,使公众的态度发生改变,以媒体的立场和观点改造或同化公众的立场和观点。新闻评论具有鲜明的论辩性、针对性和群众性等特点,能够做到观点集中明确,语言深入浅出,并对评论对象作出有意义的评价和评析,从而实现对公众的"说服",达到舆论引导的目的。

在我国,新闻媒体是党和人民的"喉舌",被赋予了宣传党和政府的方针政策的重要职责。党和政府十分重视新闻媒体对舆论的引导作用,并向新闻界明确提出要"以正确的舆论引导人"。大众传媒是放大了的"舆论领袖",对于舆论的影响力巨大,在社会主义现代化建设新时期,一旦舆论引导出现偏差,就会造成剧烈的舆论震荡,不利于市场经济秩序的健康发展和社会的和谐稳定。正如江泽民同志在视察人民日报社时说:"舆论导向正确,是党和人民之福;舆论导向错误,是党和人民之祸。"

市场经济条件下,伴随着与公众利益相关的各种政策的出台,以及新事物、新观念的不断涌现,舆论表现十分活跃,人们无时无刻不感受到各种无形的观念、情绪和有形的言论、行为包围着自己。当各种流言、猜测蔓延,人们议论纷纷时,公众最需要的是具有权威性和公信力的大众传播媒体进行公开的信息报道,廓清事实,解读新闻背后的深意,用全面、深刻、准确的信息和意见校正公众思想的混乱,使公众从飞短流长中摆脱出来,从而强化正向舆论引导,规避或减弱负向舆论的不良影响。

可见,大众传媒对于舆论的引导不仅是其应主动承担的社会责任和神圣使命,也是公众心理需要的反映。大众传媒自为的新闻舆论对于自发的公众舆论的引导是一个双向的作用与反作用过程。

作为大众传媒的直接"发言"形式和新闻舆论的重要载体,新闻评论进行舆论引导是以新闻评论的特性为基础的。首先,新闻评论具有新闻性,要从新闻事实或新闻报道出发,及时、准确地捕捉当前公众关注的热点事件和问题,由表及里,由点及面,全面、深刻地阐述新闻事实所蕴含的意义,挖掘事实表象掩盖下的本质,切不可主观臆断想去"打扮事实",更不可凭空"捏造事实";其次,有针对性的思想性的阐述和说理是新闻评论永葆魅力的关键所在,新闻评论决不能无病呻吟,而要以社会的正面价值取向和公民道德为导向,有针对性地阐述观点,说明道理,这样才能有效地发挥其释疑、解惑、求真的作用,引导社会舆论向良性方向发展;再次,新闻评论具有广泛的群众性,要以"三贴近"为原则,以人民的根本利益为出发点来设定议程,展开公众性极强的论说:在选题上关注公众关注的问题,在立论上客观、公允,为民立言,在表达方式上新颖生动,亲切平易,为公众喜闻乐见,同时,还要鼓励公众积极参与,发表自己的看法,通过媒体与公众的互动实现舆论引导。

就舆论引导方式而言,新闻评论绝

不能仅囿于被动的自下而上的"反映"和自上而下的"传达",而应当适时对舆论进行先导、制导和疏导,能动地对评论对象作出有意义的价值判断或事实判断,从而实现对舆论的有效引导。

所谓先导,就是指新闻评论要在新闻事实或新闻报道发生的第一时间发出声音,甚至是在新闻事实发生之前作出预警,这就要求新闻评论工作者反应敏锐、行动迅速。这符合社会心理学中的"首因效应",即人们对于陌生人的印象与他获取信息的顺序相符合,首先提取出来的信息总是占有优势。推而及之,就某个问题的评价或评析,最先出现的往往能占据公众心理上的优势,易为公众所接受,从而达到好的舆论引导效果。这也正是新闻评论的新闻性在舆论引导中的发挥。

所谓制导,是指新闻评论要以正面价值为取向,旗帜鲜明地支持正确、进步的正向舆论,批驳错误、落后的负向舆论,特别是当错误的舆论被当作正确的舆论为某些别有用心的利益团体所鼓吹,并为大多数公众所相信和传播时,亟待发挥新闻评论的论战特性,以有针对性的持续的制导"强化正向舆论,壮大其声势,同时打击负向舆论,减弱其势力,启发公众从谬误舆论中摆脱出来"①。

而所谓疏导,是指多种舆论在某一较为集中的时间段内交汇,引起社会思潮混乱,或者两种态度、观点或立场相对立的舆论展开大规模的舆论战时,新闻媒体要在适当屏蔽某些信息时及时发表评论,提出新问题,以转移

公众注意力,使舆论紧张的态势得到缓解,从而起到好的舆论引导效果。

新闻评论影响和引导舆论的目的为"媒体人"创作评论指明了方向,同时也提出了更高的要求。它要求"媒体人"明确大众传媒的角色定位和社会责任,能够准确认知并尊重社会舆论的特性和运动规律,敏锐洞察社会现实,并以此设定符合公众心理需求和社会知觉的媒体议题或社会话题,善于运用各种"说服"方法和技巧来达成公众态度的改变。

20.1.2 新闻评论与舆论监督

马克思曾指出:"报刊按其使命来说,是社会的捍卫者,是针对当权者的孜孜不倦的揭露者,是无处不在的眼睛,是热情维护自己自由的人民精神的无处不在的喉舌。"新闻评论作为媒介话语权的集中体现,能够代表媒体公开"发言",同时也为公众监督政府,发表意见提供了渠道。这决定了新闻评论的舆论监督作用尤为突出,而且具有强大的社会影响力。舆论监督是新闻工作,特别是新闻评论工作的重要内容,也是一把激浊扬清、扶正祛邪的利剑。我国正处在社会转型时期,无论是对于政府部门权力的制约和控制,还是对于各阶层人民根本利益的守候与平衡,舆论监督的重要性不言而喻,其影响力亦毋庸置疑。

舆论监督是权利和社会行为制约

---

① 王雄:《新闻舆论研究》,新华出版社2002年版,第125页。

体系的有机组成部分,是社会成员通过信息披露或意见表达的方式来促成社会舆论对相关问题的关注,促成"热舆论"或"强舆论"①,从而形成对行为主体和权利主体的监察和督促。它有广义和狭义之分,广义上指能够触动人的灵魂,引导人的精神指向,匡正人的意识及行为偏差的一切舆论行为和舆论方式;而狭义上指社会成员对社会现象、公共事务的批评意见以及对相关信息的披露。

现代社会历来重视舆论监督,最集中的表现就是将新闻媒体视作独立于行政、立法、司法并与其相制衡的"第四权力"。这为现代新闻界实施舆论监督提供了强有力的理论后盾。现代社会在实施舆论监督时,有一个基本的理念:舆论监督必须得到法律的支持,法律要为媒介实施舆论监督构建必要的法律保障。同时,现代社会的舆论监督还特别强调保障人民的言论自由和知情权。

首先,言论自由是开展舆论监督的前提。英国从16世纪约翰·弥尔顿提出"出版自由"口号到李尔本"批评政府无罪"案例的确立,再到1694年政府取消对出版物的事先检查,为言论自由廓清了道路。1789年,法国《人权宣言》规定"自由表达思想和意见是人类最宝贵的权利之一",明确提出保障每个公民的言论、著述和出版自由。

其次,保障人民的知情权是实施舆论监督的必要条件。1776年瑞典《新闻法》中关于"公开原则"的规定被认为是西方社会最早关于知情权的法律规定。"公开原则"要求政府文件向人民公开,任何公民都有权看到。

1961年,当代著名的哲学家和思想家哈贝马斯在《公共领域的结构转型》一书中对"公共领域"进行了专门的研究,其中的核心观点之一表明:公共领域,特别是大众传媒所构建的公共领域的最重要功能,是提供一种"对话"机制——通过"对话",社会公众对公共决策进行质询和批评,监督权力部门的运行,并以此达成国家利益与公众利益之间的平衡。哈贝马斯认为,大众传媒是公共领域的重要组成部分和内在机制,它既是报道公共事务、公共政策的信息平台,也是人们自由批评和评价公共事务的舆论平台。大众传媒的报道应该是公共讨论和批判的热点话题,它为公众批评与监督提供了材料,为公共舆论的形成奠定了基础。因此,大众传媒应始终承担对公众利益的关注和守候。

现代社会关于舆论监督的理念以及哈贝马斯的观点为我国大众传媒实施新闻舆论监督提供了启示。

所谓新闻舆论监督是狭义意义上的舆论监督,是指新闻媒体按照新闻规律,运用新闻手段和形式为社会成员提供、发布揭露性信息,表达批判性意见,从而引起社会舆论的关注,形成舆论压力的过程。而这些信息和意见主要是

---

① 关于两种舆论,参见韩立新、甄巍然:《网络环境下释义"热舆论"与"强舆论"——舆论"聚能"与监督"释能"两大能量转化定律》,《河北大学学报(哲学社会科学版)》,2008年第1期。

针对公共事务、公共权利中的偏差行为和各种社会行为、社会现象。新闻舆论监督报道就是新闻媒体上刊登的体现其舆论监督功能的新闻内容及其形式，它既指揭露性的新闻报道、新闻图片，也指批判性的新闻评论。在这里，"报道"是一个广义的概念，既指信息传播，也指意见传播，泛指新闻媒体刊登的新闻性内容。

可见，新闻评论是新闻舆论监督报道的类型之一，也是新闻舆论监督的一种有效手段和形式。我们把新闻评论的舆论监督作用称作"新闻评论监督"，以区别于调查性报道、深度报道等新闻舆论监督形式。

作为一种"软控制"的手段，新闻舆论监督的积极作用表现在五个方面：一、保证政府政务信息公开透明，有助于公众监督政府；二、动态地对过程进行跟踪，有利于治理腐败；三、发挥舆论聚焦效应，督促司法部门秉公办理，但要防止"媒体审判"；四、宣泄社会情绪，有效化解矛盾、凝聚人心；五、担任"社会守望者"的角色，及时发出危机预警。

对于新闻媒体来说，舆论监督是其在市场竞争中制胜的利器，能为其赢得高阅读率，塑造良好的社会声誉。新闻舆论监督的重要性，不仅体现在它是现代民主社会的重要标志，或是大众传媒所具有的一项不可或缺的功能，更重要的体现在它作为一种特殊的社会控制手段，在维护社会正常运转，确立维系社会和谐的价值观念，支撑社会道德规范和良知，全面提升公民素养等方面，发挥着其他社会控制手段不可替代的作用。正如王雄在《新闻舆论研究》中所谈到的那样，"法律控制不是唯一的硬控制手段，但它却是最严厉的硬控制手段；新闻舆论监督也不是唯一的软控制手段，但它却是最有力的软控制手段"①。这同时也反映了新闻评论监督工作的重要性及积极作用。

中国新闻界有开展舆论监督的优良传统。早在近代报刊发展的"政论时期"，报刊言论十分活跃，并涌现出一大批优秀的政论家和政论报刊。梁启超在《敬告我同业诸君》一文中明确指出，"某以为报馆有两大天职，一曰对于政府而为其监督者；二曰对于国民而为其向导者也"。他认为，政府是"受公众之委托，而办理最高团体之事业者"，而"报馆者，即据言论出版两自由，以实行监督政府之天职也"。此外，王韬、郑观应、严复、于右任等近代报人也都强调舆论监督的重要性。

中国共产党执政后，这一传统得以发扬光大。在毛泽东同志的领导下，新中国成立不久便颁布了关于新闻工作的第一个重要决定——《中共中央关于在报纸刊物上展开批评和自我批评的决定》，号召"在一切公开的场合，在人民群众中，特别在报纸刊物上展开对于我们工作中的一切错误和缺点的批评与自我批评"，利用我们党的这一法宝防止和反对党内的腐败行为和腐败

---

① 王雄：《新闻舆论研究》，新华出版社2002年版，第185页。

分子。文件一开始就明确提出党成为执政党之后牢牢掌握批评武器的重大而紧迫意义。1954 年 4 月，毛泽东同志找胡乔木等人谈话，提出报纸上的批评要实行"开、好、管"的方针。毛泽东指出，"开，就是要开展批评。不开展批评，害怕批评，压制批评，是不对的。好，就是开展得好。批评要正确，要对人民有利，不能乱批一阵。什么事应指名批评，什么事不应指名，要经过研究。管，就是要把这件事管起来。这是根本的关键"①。邓小平同志也极为重视监督与批评。他不仅坚持实行舆论监督，还十分注重其有效性，并以务实的态度总结了一套行之有效的舆论监督方法和方针。他强调，报纸批评应该是一种建设性的批评。在什么范围内批评，用什么方式批评，要合乎党的原则，遵守党的决议，有利于保证党的统一和战斗力。批评是为了改进工作，而不是消极的。报纸批评，要抓典型，做到有头有尾，向积极方面诱导，有时还要做一点好坏对比，这样的批评才有力量。批评要采取民主的说理的态度，坚持实行百花齐放、百家争鸣的方针，坚持正确处理人民内部矛盾。但是决不能把批评看成打棍子，这个问题一定要弄清楚。报纸上的批评不要把个别和局部夸大为普遍和整体。我们的宣传，要防止在群众中造成各种不符合实际的印象。

毛泽东同志和邓小平同志关于开展报纸批评的言论，对于我们今天通过新闻评论开展舆论监督同样具有重大的指导意义。

1993 年，党的十四届三中全会通过了《中共中央关于建立社会主义市场经济体制若干问题的决定》，将"发挥法律监督、组织监督、群众监督和舆论监督的作用"列为建立社会主义监督机制的重要内容。1996 年党的十四届六中全会通过了《中共中央关于建设社会主义精神文明的决定》，规定要批判、揭露违背人民利益的错误言行和消极腐败现象，积极正确地发挥舆论监督作用。党的十六届中央委员会执政以来，进一步加强了实施舆论监督的自觉性，舆论监督的力度和效果也有所强化。2004 年，新一届中央委员会颁布《中国共产党党内监督条例（试行）》，设专节规定舆论监督的使用和操作要求。同年，《中共中央关于加强党的执政能力建设的决定》通过，将舆论监督的内容、要求、职能、渠道讲得更为全面、深刻，也更具操作性和有效性。

2007 年，胡锦涛同志在党的十七大报告中明确指出，要"保障人民的知情权、参与权、表达权、监督权"，"发挥好舆论监督作用，增强监督合力和实效"。这一系列政策条文的出台以及领导人的多次强调，显示了党和政府对舆论监督的重视，同时也表明了新的历史条件下开展舆论监督的紧迫性，为新时期搞好新闻舆论监督工作指明了方向。

近二十年来，在政府决策部门的支持和鼓励以及传媒市场化改革不断深

①《毛泽东新闻工作文选》，新华出版社1983 年版，第 177 页。

入的条件下,大众传媒开始扮演"社会公器"的角色——主动举起舆论监督的大旗,自觉发挥舆论引导的作用。可以说,大众传媒已成为公认的舆论代言人,其中最突出的表现便是新闻评论的不断发展及其舆论效果的不断深化和扩大。

20.2　媒介效果

新闻评论的舆论影响力作用于大众传播媒介形成其媒介效果。新闻评论的媒介效果直接体现在它能引发其他媒体跟进表达,这种"跟进"既可按跟进形式分为信息跟进和行为跟进,也可按信息性质分为意见跟进和新闻跟进。但无论何种跟进,都是基于新闻评论的"媒介间议程设置"功能,并产生媒体舆论聚合效应,即多种媒体在短时期内表现出的信息和意见的高度集中,这些信息和意见以不同的报道形态相互补充、推动,形成舆论合力,从而实现良好的舆论效果,营造良好的舆论环境。

议程设置是媒介所具有的一项客观功能。一般认为,媒介的议程设置功能是指大众传媒在进行新闻报道时,对不同事件或问题的关注和强调程度不同,影响到公众对于事物重要性的认知:大众传媒在一段时期内突出报道的某些事实,在公众心目中的重要程度往往较高。而事实上,这里谈到的只是大众传媒议程设置功能的一个环节,即媒介对公众议程的设置。广义的"议程设置"功能应包括三个逻辑相连的程序:媒介对媒介议程的设置、媒介对公众议程的设置和媒介对政府议程的设置。新闻评论的媒介效果就是基于媒介对媒介议程的设置之上的。

媒介社会学关注到"谁来设置媒介议程"的问题,并对这一问题进行了理论探讨,认为"影响媒介议程的一支很重要的力量来自其他媒介的内容。特别是精英媒体,如《纽约时报》,它似乎能为其他媒介设置议程"[①]。丹尼利恩和瑞斯(Danielian&Reese)将这一现象称为"媒介间议程设置(Intermedia Agenda Setting)"。他们注意到,媒介间议程设置的影响力一般是从《纽约时报》流向其他媒介。他们还发现,总体看来,是印刷媒介在引导电视网的议程,而不是相反。这正如我们在日常生活中所感知的那样,一些重大的新闻事件或社会热点问题往往首先在一些强势媒体(如较大的通讯社、威望较高的报纸、影响力较大的电视台等)上得到公开报道或披露,然后引起其他媒体纷纷跟进报道和发言。这些媒体往往为众多弱势媒体设置了议程。

当然,这并不排除弱势媒体为其他媒体设置议程的可能。这样,不同媒体、不同信息表现形式得以相互补充、推动,媒体意见回旋不断增强动力,逐渐强化媒介舆论的聚合效应及其稳固性,进而在全社会产生舆论影响,即实现媒介对公众议程和政府议程的设置。

---

① (美)沃纳·赛佛林/小詹姆斯·坦卡德著,郭镇之等 译:《传播理论:起源、方法与应用(第四版)》,华夏出版社1999年版,第263页。

可见，在当今大众传媒系统高度发达，特别是网络媒体蓬勃发展的形势下，议程设置功能不仅在媒介与公众之间有效，而且在并首先在不同媒介之间有效。媒介之间相互传播着消息、意见，包括消息及评论的选题、角度等，为媒体的报道提供了新闻价值标准。例如，在新闻报道实践中，担任"把关人"角色的记者、编辑在采写新闻、编制头条、安排版面和时段、配发言论时，不能不随时关注和高度重视新华社的通稿、《人民日报》社论或其他媒体的重要报道，因为这些媒体掌握着更多的话语权，信息权威、丰富，因而成为其他媒体重要的消息来源和意见参考。同样，对于评论者来说，这也是其在新闻评论写作中的一笔宝贵资源。而实际上，他无形地受到这笔资源的影响，自觉不自觉地跟着强势媒体走。反过来，新闻评论也可以为其他媒体所跟进，如引发其他媒体对某一事件、某一现象背后所隐藏的真相和内涵的深入挖掘、报道，或者在媒体中引起就某一个问题的新一轮论争等等。所以说，新闻评论既是媒介间议程设置的主体，又是其客体。

在谈到新闻评论的媒介效果时还要注意三个问题。

首先，要避免"推定效果"。新闻评论，特别是强势媒体上的新闻评论对媒介议程的设置有很大影响，但并非所有在强势媒体上刊发的新闻评论都能引起强大的媒介效果，也并非只有在强势媒体上刊发的新闻评论才能引起强大的媒介效果，那些在较为弱势的媒体上刊发的现实针对性强，观点鲜明、独到，思想深刻，论证有力，能启发民智的优秀新闻评论往往也能产生好的媒介效果。新闻评论的媒介效果受到评论内容、评论对象的价值等多方面因素的影响，不能仅仅根据新闻评论所刊载的媒介就轻易推定其一定会产生或者一定不会产生某种效果。

其次，要将主观的话题设置与客观的媒介议程设置功能相统一。"所谓设置话题，是指新闻传媒经过精心策划，突出报道某些饱含深意的事实、事件或问题，使之成为公众议论的焦点，并形成媒介所预期的社会舆论或社会情绪。"话题设置与议程设置最明显的区别在于"前者是媒体主动作出的，而后者则是媒体传播活动的客观后果"①。新闻评论的舆论引导和舆论监督，常常涉及要设置话题，但实践中，却容易落入追求一时的媒介效果而忽视长远效果的窠臼。某些话题虽然能在短时间内引发众多媒体蜂拥报道，产生好的媒介效果，但却会扭曲公众议程，不利于整个社会舆论的正向发展，甚至会在更长一段时期后引发负向舆论。而客观的媒介议程设置难以自行调整主观引导带来的偏差。马克斯韦尔·麦考斯说："从现代新闻学来看，话题设置已明确被认为是媒介应承担的责任。每个新闻机构都应该仔细考虑一下自己在引导社会舆论时直接或间接

① 吴飞主编：《传媒影响力》，中国传媒大学出版社2005年版，第4页。

的作用。①"因此,新闻评论工作者要注意把主观的话题设置放到客观的媒介议程设置的总体效果中去考察,将二者统一起来,避免舆论引导的机会主义和舆论偏向。

再次,要注意评论话题的变向性问题。新闻评论的跟进表达,并不是对同一问题的同义反复,而是会随着报道或评论的不断拓展和深入,逐渐从一个话题转向另一个话题或更多的话题,发生变向。这种变向是一把"双刃剑"。它既可以使一些话题由冰点、盲点变为公众关注的热点,也可以由浅层次转向更深的层次,从而增强舆论引导和监督的效果,但同时,它也可能转移公众视线,将事实真相掩盖,并为某些别有用心的人或集团所利用,最终削弱新闻评论的舆论效果。如果如约瑟夫·普利策所比喻的那样,新闻记者是"站在船头的瞭望者",那么,笔者认为,新闻评论工作者则是这条"航行在大海的船上"的"掌舵手",掌握着传媒"大船"航行的方向。因此,评论工作者要时刻注意把握好这条"大船"的"舵",当一名有远见、有责任、感觉敏锐的"舵手"。

20.3　评论对象的效果

新闻评论的评论对象是指新闻评论所针对的新闻报道或新闻事实的行为主体和权力主体,即所涉及的相关人物、组织、政府部门和权力机构等。新闻评论通过对新闻报道或新闻事实进行价值判断或事实判断产生舆论影响力,进而反作用于评论对象,产生评论对象效果,达到影响和引导舆论,对评论对象进行有效监督的目的。新闻评论的评论对象效果分为评论对象的反馈效果和针对评论对象的预期效果两个方面。

20.3.1　评论对象的反馈效果

评论对象的反馈效果是指通过对新闻报道或新闻事实的评价、评析及其背后的社会现象、社会问题的披露、批评,引发社会广泛关注,并间接作用于评论对象,对其造成舆论压力,从而实现评论对象观点、态度、行为方面的反馈。

中国有句俗话叫"人言可畏",这毫不夸张。新闻评论代表媒介和公众公开"发言",迫使冲突显现,舆论聚焦,更会对评论对象造成强大的舆论压力,这种"舆论压力是一种无形的、十分强大的力量,它裹挟着社会道德观念乃至根深蒂固的传统向社会中违规的成员施压"②,促使评论对象直面问题,或公开表明观点和态度,或及时采取相应措施,解决问题,切实保障公民权益的实现。这在发挥新闻评论的舆论监督作用时,效果尤为明显。

无论是从媒介系统的社会和经济效益来看,还是从整个社会大系统的正常有序运行来看,反馈都是实现系统良性控制的必不可少的环节,是任何系统维持其运转的"生命通道"。对于新闻评论来说,若没有评论对象的反馈效

---

① 转引自同上,第4页

② 王雄:《新闻舆论研究》,新华出版社2002年版,第191页。

果,其本身的价值就大打折扣,长久下来不利于媒体发展和社会进步。只有评论对象作出了积极的反馈,才能真正实现其思想、态度上的自我反思和行为、言论上的自我规范、自我调节。而评论对象一旦做出反映,就有统一舆论和释放社会情绪的功效,促进行为舆论的产生,引发社会舆论的新的关注及舆论走势的转变,从而起到更有效的舆论监督和舆论引导作用。

20.3.2 针对评论对象的预期效果

新闻评论针对评论对象的预期效果是在新的媒介环境下出现的新问题,即某些评论者本身代表一定的利益集团,他们有目的、有预期地发表针对某些评论对象的评论,比如别有用心地批评、表扬、指责或辩护等,以求获得相关利益,这是评论者道德缺失的表现,也是知识和权力异化的表现。

长期以来,知识带着纯真的面目展现在世人面前,人们以为知识是客观、中立的。而今天,知识的发展却开始走向它的反面。随着后现代主义的兴起,学界开始对知识的客观性和中立性提出质疑。思想家们发现,知识不是中立的,它和权力发生了直接的连带关系。福柯的"知识/权力"说启示我们:知识由权力制造;知识就是权力。福柯说:"知识是由话语所提供的使用和适应的可能性确定的。"即知识并不是独立存在于话语体系之外,"知识,也是一个空间,在这个空间里,主体可以占一席之地,以便谈论他在自己话语中所涉及的对象"①。可见,知识可以作为话语结构中权力主体用来控制话语权的重要工具,成为权力的代言,它打着科学的幌子,不遗余力地为权力的合法性辩护。从这个层面来分析,我们就不难理解某些评论者能够成为一定利益集团的"代言人":这背后有着某种权力的控制。按福柯的说法,那些掌握着发言权的评论者,实际是由权力造就的,没有权力的允许,即使掌握真理,也不会有发言权。在这里,知识就是他们的权力,他们所赖以生存和依靠的大众传媒就是他们的权力。

从媒介、市场与舆论的角度来观照针对评论对象的预期效益问题,焦点集中在"利益"二字。利益的诱惑催生权力的"寻租",进而产生媒介的腐败——媒介与权力合谋,迷失了"社会公器"的角色,沦为某些利益集团的"代言人"——这也是市场化的媒体在追求经济利益的同时带给新闻评论的新问题。其结果无疑是媒介和评论者获得某种好处,而公众被误导,评论的舆论效果发生扭曲。

虽然背景是资本主义市场经济条件下媒介对舆论的影响,但美国舆论学研究者萨尔蒙和格拉泽(Salmon,C & Glasser,T)所研究的舆论与市场理念、社会理念的关系对我们研究新问题有所启示。他们通过对市场领域和社会领域下媒介引导的实际结果进行比较

---

① 米歇尔·福柯著,谢强、马月译:《知识考古学》,生活·读书·新知三联书店 2007 年版,第 203 页。

后认为,在市场领域内,媒介活动以利益为转移,因而自由是被否定的;传播是受人控制的,公众只有听的权利;相互的竞争不可能存在真正集体的"舆论",因而表达自由只能鼓励个人的自我决定,发表的意见本身成了个人的"财产";媒介代表一定的利益,个人实际上无法参与其中;意见一致的显现通过竞争达到,所以这种"舆论"只不过是利益一致的表现,不一定反映实际的意见①。萨尔蒙和格拉泽倾向于将媒介看作公共机构在社会领域内活动,并认为在这个领域通过公众表达的满足和对话才真正形成舆论。这就启示我们:市场领域内的媒体选择受着特殊利益的支配,作为社会公共机构,大众传媒在引导舆论时,决不能以其在市场的利益为导向,而必须以社会利益为导向。

评论者出于对利益的追求而滥用自己的权力,这种失范的媒介行为对舆论引导和舆论监督造成的负面影响值得高度关注,"因为内部的失范比外部的冲击具有更大的危险性"②。陈力丹指出,"媒介自身的腐败行为,已使公众对媒介的正面报道失去了相当的信任。扭转这种状况,需要媒介自身以模范的职业道德,显示出引导舆论的权威性来"③。

20.4　社会舆论效果

新闻评论首先来自于社会舆论,然后才可以作用于社会舆论。新闻评论作用于社会舆论的影响,即其社会舆论效果,不能凭空想象,而必须接受

社会舆论的检验。新闻评论的社会舆论效果体现在反映效果、引发效果和转化效果三个方面。

20.4.1　反映效果

社会舆论往往表现为分散、零乱,众说纷纭,有时甚至是观点片面、带有浓厚的感情色彩。新闻评论通过对其加以概括、集中,去伪存真,形诸文字,转变成较为系统、集中的意见,并借助大众传播媒介反映出来,又回到社会中去。这就是新闻评论对社会舆论的反映效果,它能形成比原始舆论形态超出千百倍的强大声势和力量,影响社会舆论。

新闻评论对社会舆论的反映有正确反映和歪曲反映两种情形。马克思主义唯物论的反映论告诉我们:存在是第一性的,意识是第二性的。作为社会公众占据主流的态度、信念或意见的一种意识形态的表现,一定的社会舆论是一定的社会存在的反映。新闻评论是一定的社会舆论的文字表现形态,它来自于社会舆论,反映社会舆论。因此,新闻评论要正确反映社会舆论必须置于真正的社会舆论之上,而不能凭空制造舆论;新闻评论只有在正确反映社会舆论的基础上才能更进一步反映社会存在。

———————

① Glasser, T. & Salmon, C. (Eds) (1995). Public Opinion and Communication of Consent, the Guilford Press New York London, p. 443–449。

② 陈力丹:《舆论学——舆论导向研究》,中国广播电视出版社 1999 年版,第 250 页。

③ 同上,第 249 页。

需要注意的是,新闻评论在某个特殊时期集中就某个问题进行写作,将某种舆论声音放大反映,也是常见的。这种情况被称为组织舆论或大造声势,也叫做舆论攻势。这往往是为了顺应某种政治形势而大张旗鼓地宣传某种主张,或推波助澜,或大张挞伐。但如果为了某种政治目的,假借群众之口,无中生有地虚张声势,凭空制造舆论,那是不允许的。

20.4.2　引发效果

引发社会舆论的因素有很多,而大众传播媒介在其中扮演了很重要的角色。在这里,德国学者家诺利-纽曼(Elisabeth Noelle -Neumann)发展出的"沉默的螺旋"理论为我们提供了理论依据。在"沉默的螺旋"中,大众传播媒介对舆论的生成起了很重要的作用,因为"它是人们寻找以获得舆论传播的来源"①。

新闻评论作为大众传媒负载舆论的重要载体,对社会舆论的引发效果突出表现在它可以引发热舆论和强舆论,并且可以通过热舆论引发强舆论。新闻评论引发的热舆论如果不能引发强舆论,则会出现舆论能量的转移或积聚。

热舆论是新闻报道引起特定区域或整个社会强烈关注的舆论现象。这种舆论主要表现在受众和媒体意见的跟进表达,具有强烈的群体一致性、指向集中性、关注的强烈性和持续性的特点。强舆论是新闻报道引起社会强势群体关注的舆论现象。长期以来,

强舆论以当权者及权力机关的意见表达为主要特征,但是,随着民主建设的发展,信息时代和知识经济时代的来临,知识精英和资本精英的意见表达也越来越呈现出强舆论的特征。

新闻评论,特别是新闻评论监督,常常能通过对新闻报道和新闻事实的评价、评析揭示事实背后的深意,引发热舆论和强舆论,并且反映这种热舆论和强舆论。无论是直接在社会上引发的热舆论,还是直接在上层引发的强舆论,都能对评论对象造成强大的舆论压力。特别是强舆论能借助上层社会成员身份具有的干预力和影响力,对评论对象形成强大的舆论威慑力,这在当前中国的新闻实践中,常常是新闻媒体开展舆论监督所追求的最佳效果。

此外,新闻评论为了更好地发挥舆论监督作用,常常通过热舆论来引发强舆论。热舆论也具有引发功能,即有些新闻事实在媒体报道或评论之前已经在社会上形成初步的热舆论,这种舆论就会成为媒体开展舆论监督报道的一笔资源。评论者常常把这笔资源用在新闻评论中,用来表现这种热舆论,促使其向强舆论转化。但是如果热舆论在实际中不能引发强舆论,则会引发社会舆论指向的变化和社会成员思想观念的变化。

20.4.3　转化效果

联合国教科文组织国际交流问题

---

① （美)沃纳·赛佛林/小詹姆斯·坦卡德著,郭镇之等译:《传播理论:起源、方法与应用(第四版)》,华夏出版社1999年版,第298页。

研究委员会编写的报告《多种声音，一个世界》指出，舆论是一种常常难以进行确切的科学分析的集体现象，它是同人的社会性紧紧联系在一起的；舆论不仅仅是各种意见的总合，而且是在广泛的知识和经验的基础上不断比较和对比一些意见的一种连续的过程①。这说明舆论本身是一个复杂的运动过程，且舆论的运动有其独特的规律。这为新闻评论实现对社会舆论的转化效果提供了可能。

社会舆论的存在和表现形态多种多样，这是社会舆论不断运动转化的条件。新闻评论对社会舆论的转化体现在促使社会舆论由一种形态（或状态）转化到另一种形态（或状态）。在这里，新闻评论就好像一剂"催化剂"，它可以使社会舆论由分散转向集中或由集中转向分散；也可以如"沉默的螺旋"效果一样，使原本弱小的舆论变得强大而实际强大的舆论却变得微弱；还可以使潜舆论（常表现为没有公开表达的公众情绪或信念）转化为公开表达的显舆论或行为舆论等。对社会舆论的转化效果是新闻评论基于其他方面效果实现之上的一种综合性效果的体现。新闻评论对社会舆论的转化效果在舆论引导中十分重要。比如社会舆论分散与集中的转化可以有效吸引或转移公众视线；强势舆论与弱势舆论之间的转化可以及时平衡社会舆论；而重视潜舆论的转化可以发挥公众的主动性，起到好的引导效果等。

在传播活动中，有一种舆论信息形态的畸变情况值得特别注意，那就是流言。流言没有确切的消息来源，虽然在某种程度上也是社会舆论的一种特殊反映，但却常常缺乏理性，具有很强的诱惑性，不利于社会稳定。造成流言广泛传播的因素很多，最常见的是由于信息缺乏公开透明，体制性渠道的信息供给无法满足人们的信息需求，于是各种猜测、谣言四起。而一旦引起流言的因素消失，流言也就很快消退。因此，新闻评论要特别注意引导流言向正常形态下的社会舆论转化，及时提供意见和信息参考，满足公众的信息需求。

总的来说，无论是作为信息和意见的流通渠道、社会舆论的代表者、反映者，还是认识方法的提供者，新闻评论对社会舆论每个发展阶段的引导几乎无时不在，无处不在。把握好社会舆论的运动转化特点对发挥新闻评论的导向作用意义十分重大。

★【本章小结】

本章通过对新闻评论的媒介效果、对象效果和社会舆论效果的分析，揭示了新闻评论的舆论影响力。深刻认识这一规律，应用到新闻评论创作实践中，更好地、主动地实现新闻评论的舆论效果。

【评论实务训练】

从当地的媒体上选择一篇新闻评

---

① 《多种声音，一个世界》，中国对外翻译出版公司1981年版，第268～270页。

论,并分析其传播效果。

▣【延伸阅读】

1. 李普曼:《舆论学》,华夏出版社,1989 年版。

2. 陈力丹:《舆论学——舆论导向研究》,中国广播电视出版社,1999 年版。

3. 王雄:《新闻舆论研究》,新华出版社,2002 年版。

4.《多种声音,一个世界》,中国对外翻译出版公司,1981 年版。

5.(美)沃纳·赛佛林/小詹姆斯·坦卡德 著,郭镇之等译:《传播理论:起源、方法与应用》(第四版),华夏出版社,1999 年版。

21 新闻评论伦理

导言

本章学习目标 通过本章的学习,要求能够了解新闻评论的伦理规范和问题。

本章难点 新的媒介环境下对新闻评论提出的新的伦理要求

内容提要 本章着重从伦理动机和效果、伦理责任和伦理问题三个方面探讨了新闻评论的伦理问题。

伦理学是以道德为研究客体的一门科学。具体到新闻评论的伦理,我国的新闻界研究甚少,那是因为人们根深蒂固地认为,我国的新闻评论都是媒体权威意见的发布,不存在太多的伦理问题。同时,评论作为意见的表达,本质就是传递媒介或个体意见,具有思想上的个性,即使出现某些问题,受众也能够对这些主观意见能够引起警觉并具有自觉的判断标准,因而不需要伦理对新闻评论进行约束。再有,我国长久以来缺乏对新闻评论伦理公认的判断标准,人们无法在伦理规范上达成共识,这些都成为我国新闻评论伦理研究滞后的原因。然而随着言论空间的开放,新闻评论的伦理成为一个急迫的话题,新闻评论原来承载的诸如发挥舆论导向作用、表达公众利益诉求、启迪民智、传播思想文化、传播价值等功能,因为缺失伦理规范不同程度地出现了迷失现象,甚至起了相反的作用,所以,我们要研究新闻评论的伦理,特别是新的媒介环境中新闻评论的伦理。

新闻评论的伦理,指的是"新闻评论的写作者、传播者与评论受众的关系问题。它既应当表现为写作、传播动机的道德性、公益性,也应当表现为客观社会影响的道德性、公益性"①。新闻评论的伦理包含评论媒介制度,也包含评论者的观点、立场、动机、写作方法等问题,同时也关于评论接受者的态度与认知,本章着重从伦理动机和效果、伦理责任和伦理问题这三个基本方面来研究新闻评论的伦理。

21.1 动机和效果

关于新闻评论的伦理动机和效果问题目前学界和业界研究的很少,其主要原因是人们并没有认识到伦理动机在当前的评论环境中具备的意义,但是伦理动机和效果又具有根本性,特别是当评论环境越来越复杂的时候。伦理动机和伦理效果是伦理学中一对重要的概念,两者共同构成道德行为过程的两个方面。动机是道德行为的直接动因,效果是道德行为的后果,根据两者的不同又出现了动机论和效果论两大对立的派别。动机论认为,道德评价的唯一依据是行为的动机,至于效果的好坏,并不影响动机,不能作为根据。效果论认为,评价人的道德行为只能看效果,不能看动机,因为人的动机是主观的复杂的,甚至是不可见的,所以,要判断人们行为的动机是不可能的。

从我国古代传统和文化看来,人们更重视道德和行为处事的善良动机,"行动者的意向、信念,具有决定性的意义。至于后果,并非不加考虑,但因为是'知其不可为而为之',是圣贤都难以实际达成的(尧舜其犹病诸),因而,结果是可以相对后置的"②。因此,人们在进行道德评价的时候往往注重其动机,对新闻评论也是如此。

事实上,新闻评论中的伦理动机已

---

① 马少华:《新闻评论》,中南大学出版社2005年5月版.第160页。

② 中华论文网:http://www.8bio.com/sylw/zxllw/200708/94991_5.html.

经不仅仅是判断评论者善恶的标准，更大程度上可以衡量一篇评论能否反映民意甚至具备何种舆论效果。很多动机不纯的评论者就是因为期待可以得到某种效果而改变了最初的判断。所以，这就要求媒体和评论者在评论之前思考，我的评论是否是公正客观的？评论能否充分代表反映民意，评论发表后，将会产生怎样的效果？当这些问题都思考清楚，并作出肯定的判断后，发表的评论才是负责任的评论。从这个角度上看，动机和效果又密切地联系在了一起。所以，要想作出正确的道德评价，就必须把它们有机地统一起来。

首先，进行评论要具备良好的动机。新闻评论是大众传媒的评论，是代表大众的共同利益的，所以这里的良好的动机指的是符合大多数人的利益并有助于社会的正常发展，一切违背这个利益或者只是代表某个个体或集团的利益而进行评论的行为被视为伦理动机不纯。

其次，要注重动机和效果的结合。同动机一样，这里的效果也是大众效果和社会效果，而不是局部效果。有些评论具备良好的动机却不一定有好的效果，这样的评论也不符合伦理规范。比如媒体对青少年见义勇为的新闻进行的评论曾一度全部为正面的评价，这些评论的出发点都是好的，但是，效果却是多方面的。对于弘扬社会正义，教育青少年乐于助人可能是好的效果，但是对于让青少年不分条件地见义勇为牺牲自己又具有一定的

误导作用，所以媒体和评论者应综合进行考虑，这样才能从根本上确立评论的伦理动机和效果的正确性。

21.2 责任

一般认为，对于传播者而言，伦理道德问题很大程度表现为责任问题，在传播得以实现的诸多要素中，谁要承担何种责任都是值得探讨的。对于新闻评论的传播过程而言，传播者和受众都要具备某种伦理责任，那就是传播的意见"应当使传播对象眼更明、耳更聪，在于传播主体的关系中更自由、更独立，更具辨识力，而不是相反——更容易被传播主体左右、操纵、控制"①。为此，传播者和受众在考虑问题的时候，都应以伦理道德的标准衡量自己的想法和行为，当评论的内容试图挑战人们固有观念和行为的时候，传播者和受众都应反省这种改变是否会触动伦理规范，是否违背公众利益和社会的正常发展。

传播者伦理责任首先在于媒介的评论制度，此外就是传播的主体——评论者，受众的伦理责任就在于它本身，为此，我们从三个方面进行分析。

21.2.1 媒介与新闻评论伦理

探求大众传播伦理责任的一个根本性问题在于媒介制度，对于新闻评论来说就是评论制度。大众传播与普通的人际传播不同，它的传播对象是大

① 中华论文网：http://www.8bio.com/sylw/zxllw/200708/94991_5.html.

众,媒介要代表大众的利益。新闻评论是大众传播中意见传播的最常见方式,所以,新闻评论的出发点和落脚点都是更好地为大众谋求利益,这就是评论媒介的伦理目标。

20世纪40年代,美国哈钦斯委员会的团体发表的著名报告《一个自由而负责的新闻界》中指出,新闻媒介应当是"一个交流评论和批评的论坛","大型大众传播机构应该将自己视为公共讨论的共同载体","社会中所有重要的观点与利益都应该在大众传播机构上得到反映"①,我国早期新闻学者徐宝璜也提出论说应"报正大之宗旨","如是则其所撰之社论,自为读者所重视,政治因之改良,社会因之进步"。直到今天,我们的媒体仍秉持"舆论导向正确,是党和人民之福,舆论导向错误,是党和人民之祸"的理念,把公众的利益放在第一位。

当然,媒介有时会成为某些政党或利益集团的发言工具,无视公众利益、甚至企图遮蔽民意的新闻评论在历史上是存在的。希特勒曾经说过:"报纸的任务是把统治者的意志传递给被统治者,使他们视地狱为天堂。"蒋介石也说过:"舆论,舆论,我拿三百万块钱开它十个报馆,我让他说什么他就说什么。什么狗屁舆论,我全不信。"但是事实证明,这种蔑视民意、妄想凭空制造舆论来欺蒙公众视听愚弄公众的做法,即是愚蠢的毫无意义的行为。因为只有那些真正代表公众舆论的新闻评论才能够真正形成社会舆论,并把这种舆论转化为人的社会行

为,甚至转化为社会运动。西方早期的政党报刊被商业报刊取代就是因为代表某一集团的利益的事实和言论不符合真正的民意,从而被受众摒弃。所以,评论的目标应当是形成代表民意的符合公众利益的舆论,而不是某一集团的私利,"那些持有这些观点和拥有这些利益的人,不能指望通过他们自己的报纸或电台,向自己的同胞解释这些观点和利益","无论一家新闻单位是一个鼓吹者还是一个共同载体,它都应该确定事实、意见和论据的来源,以便读者和听众对他们做出判断"②。

21.2.2 评论主体与新闻评论伦理

评论主体与新闻评论的伦理密不可分,通常情况下,新闻评论的伦理问题很大程度受制于评论主体即评论者的伦理责任,然而,两者并非一个概念。中国儒家思想的重要内容之一就是确立了个人与其社会影响的关系,在为人处世哲学中遵循从"修己"到"修己安人",再到"修己以安百姓"的伦理脉络,古人认为,只有基于纯粹伦理动机,而非基于利益动机或权力动机或其他动机的人,才可以担当伦理政治的主体责任,这种思想一直延续到今天。在西方,伦理发展的大致观点也是如此,表现在新闻媒介领域中,他们把选择的主

---

① 展江、王征、王涛译:《一个自由而负责的新闻界》,中国人民大学出版社2004年,第13页。
② 展江、王征、王涛译:《一个自由而负责的新闻界》,中国人民大学出版社2004年,第14页。

体形象地称为"把关人"，即有着道德的动机，能对事物进行理性判断并作出理性回应的媒介工作者。

从新闻史和新闻实践中看，新闻评论的写作者多为高级的新闻工作者。在我国最初引进的西方新闻理论中，就有美国学者休曼在《实用新闻学》中提到的："论说记者，直接由总编辑长程督，地位报酬并皆最优，惟稍次于理事记者耳。斯部人物，大率由访事室、读稿室来，惟学问识力，必较广耳。大学毕业之博士、学士，欲入言论界者，独论说部最有机缘耳。"

日本新闻学者松本君平在他的《新闻学》中也说道："社内组织之整齐者，特有论说记者与专任文学批评之记者。然是等记者，于新闻事业中，其位置特占高级。故当此任者，必须高才博学而阅历宏深者，始能负此重责。遇国务大臣或政党首领之演说，及盛名之士所著之时论，皆有批难庇护之任。至精通时事，固无论矣。大新闻社，鞅掌此事者亦只数人。各自依其所能，就特殊之问题，而为满足之考究。故经济新闻者，必须置此等专任部。且主笔记者，批评各种科学书籍，其专门学之知识，必须深奥。不然，则不足以中綮，又安能为专门家之辅佐耶？至通常之论说记者，则从主笔记者之命。或急迫之间，可不问政治、技艺、文学及科学何等之题目，皆可独抒己见，持平以品论之。故论说记者之笔，其敏捷自在，固不待言。其于学识亦必无所不窥，而于文学界可为万人敌也。""夫此等论说记者之任，既如此

之重，而俸给不可不多者。"

在我国的新闻评论实践过程中，新闻评论尤其是社论的写作，一般都由重要的人士撰写，毛泽东同志在给广西省委同志的一封信中甚至提到，"你们自己、宣传部长、秘书长，报社总编辑，要共同研究。第一书记挂帅，动手修改一些最重要的社论，是必要的"，可见，在我国新闻评论发展的过程中，尤其是新中国成立之后党报一统天下的时代，因为对评论主体的严格把关和选择，评论主体的伦理问题并不突出。通常情况下，评论者具有较高的道德水准，能较好地把握评论的公益性。然而这也并不意味着评论者的伦理责任不需要质疑，实际上，单一的评论主体队伍也给新闻评论带来了伦理缺失的弊端，比如以知识分子为主体的写作队伍容易形成某一阶层观点性的偏向，言论发表渠道的狭窄又无法使这一缺陷得以弥补。当然，伦理问题是一个很复杂的问题，需要具体看待。

然而，随着新闻媒体言论空间的开放以及新的媒体形式的涌现，特别是网络的出现，过去结构较为单一的写作队伍变得鱼龙混杂，言论也不再是社会的稀缺资源，评论媒介成为越来越开放的社会空间，一方面，更多的思想交流碰撞，另一方面，有悖道德不负责任的言论干扰着人们的判断力，这时候伦理问题就显得尤为突出。在这种情况下，评论主体的伦理问题实际上已经成为影响评论伦理的重要因素，我们必须认真审视。越是在这种情况下，人们越珍惜那些有道德感和见解力的评论，正如马

少华所说,"由于人们'注意力资源'的根本性的稀缺,即使一个通过长期的个人写作而成名的作者,他的发表机会与影响力,仍然是稀缺性的资源。人们有理由要求他的评论正当、公益、合乎道德"①,所以,加强评论者的伦理责任尤为重要。为此,两位美国学者爱德华兹 S. 英奇(Edward S. Inch)和巴伯罗·沃尼克在《批判性思维与交流:论说中的推理应用》中关于论说者的伦理责任的论述可以给我们提供借鉴②。

论者的伦理

作为言论的生产者,论者对他们的作品的质量、道德性负责。如果它们误导受众,或者用胡编乱织的言论激发受众采取错误的行为,那么论者应负道义的责任。有的时候,论者可能持这样的观点,即认为行为的责任全在受众自己,意即做和不做的最终选择权取决于受众自己。如果真是这样的话,那么这种观点就忽略了言论在互动中的作用——一种潜在的、作为催化剂的作用。没有言论的影响,受众也许不会做出那种行为。因此,论者要对言论负伦理的责任。

论者要提供有意义的选择。这就是说,论者应该为受众提供一种能力,不受物质的和心理的压迫,自主做出选择。论者应该提供最可利用的信息,是受众可以在充分掌握信息的情况下做出理性的决定。这意味着论者保证手中意识到信息的来源、可能的选择和人们的动机和资格、他们所持

的价值观、他们的目的何在。如果论据是伪造的或是被错误表述的,如果论者有意利用逻辑谬误,或者,采取任何其他行为和言论来干预他人做出理性的决定,那么,论者的行为就是不道德的。

论者应该致力于与受众建立积极的关系。一种积极的关系,以论者的观点看来就是,受众应该是决策过程的参与者。这样,论者的工作并不是把自己的观点强加于受众,而是向受众提供必要的信息,让他们自己做出决定。

21.2.3　受众与新闻评论伦理

在辨清受众的伦理责任之前,首先要明确受众为何在新闻评论的传播过程中承担着重要的伦理责任。最初人们认为,意见传播是传播者单方面的行为,这些言论是否更道德、更具备公益性取决于言论本身。但其实,意见传播和事实传播一样,早期的"魔弹论"已退避三舍,言论的道德与否很大程度上要依赖于公众的判断,从而形成舆论。在传统媒介的传播中,因为反馈的渠道有限,公众的判断和反应只有形成了大的舆论环境之后才能进行反馈,而这种反馈必然是多数民众基于自己的经验做出的判断,最终汇集成舆论,所以,这种舆论具有广泛的代表性,而很少有受众在形成自己的意见之前会受到他人干扰。比如西方的"黄色新闻"最终被

---

①　马少华:《新闻评论》,中南大学出版社2005年5月版,第164页。

②　同上。

负责任的新闻代替,就是受众自我选择的结果。然而随着媒体形式的多元化特别是网络的兴起,表达渠道的放宽,很多受众在得出自己的结论之前就接受了他人反馈意见的干扰和判断,如果此时他缺乏伦理意识和判断能力,先入为主的印象很有可能使他加入盲从的队伍中,这样,形成的舆论可能是不道德的,不利于公众利益的,所以我们才不断地提起"网络暴民"这个词。当然,这种不道德的舆论队伍中有少数别有用心的舆论制造者,更多的则是不明就里的跟从者,我们研究的目的就是让受众做出基于伦理道德的自我判断。

大众传播学认为,信息的接受者具备主体性,具体表现为受众接受信息的选择性,通过评说表达自己的意见,呼吁媒体按照他们的意见进行改革。我们可以以此为根据,明确受众的伦理责任。

第一,受众应该明确意识到想要影响他们的那些企图。首先,受众应当明确了解其接收的意见来自哪里,这种意见是否代表某种集团的利益而非大众利益。如果我接受了他们的建议,但是缺乏对意见的含义和后果的充分理解和考虑,那么我的接受行为就是不负责任的。其次,受众应该明确谬误是怎样起到劝服作用的。正如《批判性思维与交流:论说中的推理应用》提出的那样——"各种谬误,就像我们讨论过的那样,有着极大的吸引力和能量劝服受众采取错误的行动。我们应该意识到论者如何利用各种劝服策略和谬误来限制和混淆我们对事件的理解,以影响我们的决定。①"

第二,在反馈意见的过程中用伦理道德进行权衡思考。首先,受众应当意识到自己的偏见。西方学者认为,新闻评论具有挑战性的特征,因为接受他人的观点意味着挑战自己固有的知识结构和价值观念,所以,受众在接受他人意见之前必定要打破自己的偏见。为此,是否打破自己的偏见以及如何打破,要靠伦理学进行规范。负责人的接受者应当放开胸怀,面对许多不同的观点。其次,受众要辨别他人的偏见。某些受众在接受他人提供的言论或事实后,因偏见的影响而缺乏判断能力,于是通过反馈渠道做出不负责任的附和或声讨,而他的这种行为会引起更多人的类似行为,最终形成舆论场。因为在这个传播过程中,受众自己缺乏辨析能力而发表言论进一步传播谬误的个体行为被更多的人理解为受众群体的意见和行为,所以,无论是不负责任地发表反馈意见的受众还是接受这个意见的受众,都是不道德的。

第三,受众意识转化为行动之前要考虑社会影响,是否符合伦理规范。如果说前两个方面是受众的个人伦理责任问题,那么这个方面则是受众的社会伦理责任问题,个人缺乏伦理判断是个人影响,而付诸行动则成为社会影响。因此,受众在转化为行动之前要明确自己的伦理责任,在行动的过程中更要用

_____

① 马少华:《新闻评论》,中南大学出版社2005年5月版,第165页。

伦理规范要求自己,即自己的反馈行为是否符合大多数人的利益,而不是出于一己之私,自己的言行能否对社会的发展产生积极的影响,这些都是受众的伦理责任。

21.3 伦理问题

如果伦理动机和伦理责任具有根本性的特征,那么伦理问题则更多的是评论在实践过程中的表现。几者之间有着密切的联系,伦理问题的出现很大程度上是伦理动机不纯和伦理责任的缺失造成的。我国的新闻评论在很长一段时间内伦理问题并不凸显,就是因为在特定的历史条件和媒介环境下,人们进行评论的伦理动机、伦理责任比较符合道德和规范,只不过那种规范可能并不处于自觉的状态之下。新的媒介环境产生,评论的伦理问题变得突出,这时就亟须人们对伦理规范进行探讨并自觉地遵从,为此,我们需要对新闻评论中突出的伦理问题进行研究并思考解决之路。

新闻评论传播中凸现的伦理问题有很多,可以归为两种:写作之外的伦理和写作层面的伦理。其中,写作层面的伦理是评论者或评论媒体是否以伦理道德为准绳进行评论创作,比如在意见传播的过程中,是否故意运用荒谬的逻辑干扰受众的判断,是否正确无误地引述了事实等;写作之外的伦理问题是与评论相关的写作层面之外的一切伦理问题,我们将在下面分别探讨。

21.3.1 写作之外的伦理问题

我们首先探讨评论写作文本的伦理问题之外的一切伦理问题,这些问题具有根本性和复杂性的特征。我们主要对两个突出的问题进行探讨:

第一,评论观点平衡问题。20世纪40年代,由美国哈钦斯委员会曾经提出:"大型大众传播机构应该将自己视为公共讨论的共同载体","社会中所有重要的观点与利益都应该在大众传播机构上得到反映。"这些观点已经成为当今社会和媒介普遍接受的观点,即大众传媒要为大众服务,大众传媒的言论要对大众负责。但是,由于新闻评论的载体——大众传媒受自身版面、篇幅、时间等限制,并不能将所有的大众言论和观点呈现出来,所以,新闻评论的媒介应力求把握一种全局的平衡,使观点尽可能地满足大众的利益需求。同时,由于需要向受众提供相对专业和富有深度的文章,大众媒体不会也不可能为每一个人都提供发言的机会,这正如我们前面所说,新闻评论工作要有专业的媒体人士来完成。所以,在言论的精英化与草根化之间,媒体仍然需要做出相关探索,努力实现某种程度上的平衡。正如一篇文章所言:"如果新闻评论版上充斥着某一个群体或者某一个阶层的言论,不但不利于言论的生态平衡,还容易使报纸沦为某一阶层利益的代言人——这显然与新闻媒体作为社会公器的本质属性相违背"①。

第二,评论利益趋向问题。马少华在《新闻评论》一书中介绍,"实际上,为广大受众所不易觉察的新闻评论伦理问题已经出现,比如有业内人士注意到,一些评论人员以多个笔名专门写作符合某个特定企业利益的评论,并且接受企业的报酬,而在表面上让人看来这还是正常的观点争论"。此外,他还提到"在过去,评论作者的署名以及是否该注明身份并不是个问题,现在也成了一个评论伦理问题"②。

清华大学教授李希光也曾经撰文指出:"既然学术界对新闻的客观性都提出了疑问,那么新闻媒体上的言论更是有偏见的。有偏见不怕,怕的是大众媒体把这种偏见的言论匿名或笔名发表出来,使读者看不出作者来自哪一个利益集团,误使公众相信作者代表了全体公众的利益。③"由此可见,个人利益、个人观点与群体利益、群体观点的矛盾和冲突已经在新闻评论中逐渐显现。这中间包括经济、政治等利益的驱使使个人和团体观点借助大众媒介进行传播,从而代替大众观点,蒙蔽受众,这些都是不容忽视的伦理问题。

21.3.2 写作层面的伦理问题

写作层面的伦理问题不外乎涉及三个层面,即论点、论据和论证。我们要做到论述正确,论点要正确科学,论据要真实可靠,论证的过程应不存在逻辑问题。这三点有一点做不到就是论述出现了问题,但是并不一定就是

伦理问题,如果评论者没有意识到自己的论述出现了种种问题,我们只能说这是一个有问题的评论,而不能说是有伦理问题的评论;但是当评论者意识到自己在论点、论据和论证的过程中出现了这些问题但并没有改正,甚至故意通过巧妙的掩饰手段掩盖这些问题,那么评论中就出现了伦理问题。所以,从这个意义上来讲,写作层面的伦理问题很多都出自于写作评论的动机。马少华认为"在新闻评论的论证中,特别是驳论中,一定要明确:评论的动机应该是共同接近正确的认识,而不是'击败'对方而'获胜'"。只有从这样的动机出发,才能保证在评论的写作过程中不出现伦理问题。为此,我们需要从论点、论据、论证三个层面来考证:

首先是论点。新闻评论与其他论说文相比,面向的读者最广。因此它要求立论必须正确科学。故意违背事实和科学的立论会对对人们的行为和意识产生误导。正如我们前面提到的例子,1989 年苏联解体,俄罗斯迅速实行私有化,当时国内有一种论调是俄罗斯的私有化这种做法很可取,"长痛不如短痛"。但后来的俄罗斯经济危机证明,这种"短痛"是很可怕的,倒是"长痛"理论更具合理性。

其次是论据。伦理对论据的要求

———————
① 张昆、陈新焱:《都市报新闻评论发展的四大趋势》,《新闻前哨》,2008 年 5 月。
② 马少华:《新闻评论》,中南大学出版社 2005 年 5 月版,第 166 页。
③ 李希光:《新闻学核心》,南方日报出版社,2002 年版。

主要是论据要合乎事实,要从主观上正确地引用事实。试比较下面两段话:

第一段话:

有志者事竟成。我们都知道的大文学家陶渊明,曾数次遭到朝廷的贬谪,但他毫不气馁,写下了流传千古的《陋室铭》,为后人留下了数篇精妙之文。

第二段话:

中国不应该要求日本道歉!是的,朝鲜可以要求日本道歉,韩国可以要求日本道歉,越南,菲律宾等许多东南亚国家都可以要求日本道歉,但是,只有中国,不应该要求日本道歉!这道理很简单,因为其他国家都比日本弱小,只有中国,比日本不知要强大了多少倍。我们整天恨恨地骂着"小日本"侵略我们"大中国",但是有没有想过,一个巨人被比自己不知矮小多少倍的对手打得屁滚尿流,毫无还手之力,最后还是其他两个巨人一人一拳制服了这个小个子。而这个被羞辱了的巨人,居然还总是一把鼻涕一把眼泪地对自己哭诉,对别人哭诉,对那个小个子哭诉:他(你)以前欺负了我,我要他(你)向我道歉。天啊,如果现实生活有这样的一个巨人,你们会对他做怎样的鄙视?反正作为男人,我是永远无法接受这样的软弱。

这两段话的论据都存在问题,但是仔细分析就会发现,第一段话中作者将刘禹锡误认为是陶渊明,应该是粗枝大叶造成的论据失实,基本不存在伦理动机不纯的问题。而第二段是网上热议的观点,即中国不应该要求日本道歉,在这段话中有两点明显的论据失实:第一,二战时期中国同日本相比并非"巨人",第二,"这个被羞辱了的巨人,居然还总是一把鼻涕一把眼泪地对自己哭诉,对别人哭诉,对那个小个子哭诉:他(你)以前欺负了我,我要他(你)向我道歉"不符合事实,事实上,二战中中国有效牵制了日本主力,使日本无法和德国夹击苏联,更无法支援太平洋战场。这两点论据失实是隐蔽的,很大程度上是作者为了得出自己的结论强扭事实,这就造成了论据方面的伦理问题。

再次是论证。论证过程中最突出的伦理问题就是逻辑问题。在1842年德国第六届莱茵会议上,为了否定出版自由,德国的议会辩论人提出了下面的观点:"英国不足为例,因为那里几个世纪以来历史上形成的一些条件,不是别的国家用理论所能创造的,但是这些条件在英国的特殊情况下是有其根据的。在荷兰,出版自由为防止沉重的国债,并且在极大的程度上促使了革命的爆发,结果使二分之一的领土沦丧。"马克思在《第六届莱茵省议会的辩论(第一篇论文)》中反驳:"英国报刊不能成为替一般报刊辩护的理由,因为它是英国的,荷兰报刊确是反对一般报刊的理由,虽然它只是荷兰的。时而把出版物的一切优点都归功于历史基础,时而把历史基础的一切缺点都归咎于报刊。"德国议会辩论人的论证属于诡辩,而马克思正是抓住了他的这一错误进行了驳斥。

★【本章小结】

本章通过对新闻评论的伦理动机、责任、效果的探讨,揭示了新闻评论伦理的重要意义。在现代传播技术基础之上的新的媒介环境,在社会转型期背景下的多元表达,彰显出新闻评论伦理的现实意义。

【评论实务训练】

查阅搜集相关论述,讨论新闻报道伦理与新闻评论伦理的相同点和不同点。

【延伸阅读】

1. 展江、王征、王涛译:《一个自由而负责的新闻界》,中国人民大学出版社,2004 年。

2. 李希光:《新闻学核心》,南方日报出版社,2002 年。

世界新闻评论的发展趋势

新闻评论起源于报纸评论,是伴随着近代报纸的产生而产生的。报纸评论作为报纸的"旗帜"与"灵魂",在历史演进中扮演着十分重要的角色,对社会的发展具有不可替代的促进作用。人类进入20世纪,广播、电视、网络等现代传媒相继出现,新闻评论成为与新闻报道并列的组成部分,其作用更是发挥得淋漓尽致。它在很大程度上成为塑造人们生活方式、改变人们思想方式的有效工具。作为现代传媒的"灵魂",它尽力在价值混乱的舆论世界厘清人们的思路,树立积极的主流文化,提高社会的整合能力,担当起社会教育的职责,成为个人社会化的重要方式。

进入新世纪以来,网络论坛横空出世,使素被称为媒体"旗帜"与"灵魂"的新闻评论,再次成为舆论的关注中心——每一重大新闻事件发生后,网络论坛上都会出现群言沸腾的状况,报纸、电视等新闻媒体随之跟进呼应,有时则是报纸等传统媒体的新闻报道引发网络的热议。一波一波的舆论大潮由此滚滚而来,蔚为壮观。网络媒体上的新闻评论既是当今社会舆论中一股不可忽视的力量,也有意无意地搅动了媒体新闻评论的格局。

新闻评论最早发端于报纸。美国的一位学者认为:"新闻是报纸的身躯,它表示出报纸的形状和形式,而社论版则是报纸的灵魂,要是没有了灵魂,身躯就等于一具失去活力的躯壳了。"新闻评论一直就是纸质媒体的主要优势之一,被认为是纸质媒体的专利。很长一段时间,一说起新闻评论,人们自然而然就把目光转向报纸。有影响的评论肯定出自报纸,而不是别的媒体。纸质媒体的新闻评论成为所有媒体新闻评论的标杆。

然而,传播技术上的革命,促使媒体新闻评论的格局发生变动。作为第四媒体的网络,以其优势的冲击,促进着报纸、广播、电视新闻评论的变革。素有"报纸的精神"、"报纸的灵魂"的新闻评论也由于时代的发展,展现出新的活力。在社会变革的潮流中,新闻评论明显地显示出个性化、平民化、多元化、动态化等的变化趋势。这种变化既反映了时代的变化,也折射着网络媒体的优势,反映出新时代世界新闻媒体新闻评论的共同特征和趋势。

一、新闻评论的个人化

媒体的迅猛发展和空前激烈的竞争使得新闻评论成为各新闻媒体张扬个性、增强权威性和影响力的一道"杀手锏","别人没有说出来的话,你说出来了,这对媒体来说就是一个卖点,是媒体个性的体现。从某种程度来说,评论是比新闻更有优势的"。

欧美许多评论人常常向受众展示一个富有戏剧性效果的画面,为评论本身增添可读性,使受众情愿、乐意去接受相关的更多内容。欧美的报纸大多设有"作家专栏时评"这个栏目,它由专栏作家个人经营,便于写出个人风格,形成个人的权威性,其发表的观点可以与报纸风格相异。政治性专栏在欧美国家很受欢迎。美国报纸的专栏作家及专刊文章最早出现在南北战争时期,20世纪中叶以后,严肃型公共事务的政治时评专栏开始出现,并迅速成为美国舆论界的一支重要力量。当今美国著名的专栏作家大都汇聚在大报周围,同时大报也重视报纸的评论力量,愿意为专栏作家指点江山提供阵地。

纽约时报是美国乃至全世界最具权威的报纸,其麾下的专栏时评作家也是人才济济,却站在不同的政治立场,各抒己见。七名专栏时评家中三人是左派,两人是右派,还有中间偏左派。欧美的小报也没有远离政治,相反,一些主要的评论家,都会在这些小报上发表言论、开辟专栏。为了让普通老百姓都能看懂,小报评论常常较短,字数一般较少,写的较有煽动性,笔端常带感情。

以多种方式拓展新闻评论的"个性化"空间,培植栏目的"个性化"评论风格,拉近了与读者之间的距离,调动了读者的阅读欲望和参与意识,从而在与其他媒体的竞争中,显示出自己的独特优势。

评论中较多地融入了评论者个人的生活体验和观察。评论者以平等的姿态,引导和启发读者,开掘社会信息表层下的思想价值,在合乎逻辑的推论中得出正确的判断。

欧美评论家一般寻求与读者"对话"。其基本的指导思想是:评论栏目可以采用随意的漫谈形式,把作者的观察、体验等个人化的感受写入评论文章,但必须从贴近公众所关心的社会问题,以及最新发生的新闻事实做文章,把社会表层信息下的思想文化内涵挖掘出来,帮助读者明辨是非,营造与读者平等交流的气氛。

追求"对话"效果是戏剧、小说等文学体裁常用的表现手段。将这种表现手段引入新闻评论,首先设想的是有特定的读者"在席"对话,这样无形中拉近了作者与读者之间的距离。从传播过程中所反馈的信息看,这些评论调动了读者的阅读欲望和主动参与话题讨论的意识,潜移默化地强化了评论的说服效果,营造了作者与读者进行对话的心理空间。

与一般的评论者聚集在各主要大报不同的是,电视评论也在积极寻求和加强它的个性化。现在主要的电视评论节目都在强化电视新闻评论的"电视特征"与网络新闻评论相比,电视新闻评论的"电视特征"一直是一个比较明显的优势,突出这个优势是电视新闻评论赢得观众的一个重要因素。

首先是电视的具像化特征。电视评论主要以事件、人物的直观影像反映在电视屏幕上,这与网络评论的信息(文字)的间接性传播相比,更加具有直接性。电视评论可以通过现场报道、纪实拍摄,发挥电视特有的声画一体的优势,以电视影像特有的张力,增强电视评论的说服力。

其次是评论形式的多样化特征。

由于电视评论节目是可以由画面、声音、同期采访、字幕乃至电子特技等多种视听符号和表达手段来结构，所以从表现形式来讲也是多种多样的。

不仅外国媒体这么做，国内的媒体也逐渐意识到这个问题，进行积极的转型。"凤凰"卫视以短短的8年时间创造了一个华语电视媒体的奇迹，这其中，具有"凤凰"特色的评论节目的构建功不可没。观众不难发现，不论是《锵锵三人行》，还是《有报天天读》，"凤凰"的所有评论节目都具有鲜明的个性特征。电视新闻评论的这种个性，也是网络新闻评论很难比拟的一个优势。电视新闻评论的个性化可以有多种方式：比如评论内容的个性化、节目形式的个性化、主持评论风格的个性化等。关键是要根据节目的定位，充分发掘个性，让观众对节目能够产生深刻的印象。

二、新闻评论的平民化

世纪之交，随着经济全球化、信息时代的到来，新闻媒介机构的多元化发展，各种新闻媒介的新闻评论也日益呈现出纷繁复杂的景观。而在此中，最为突出的一个特点则是新闻评论逐步走下话语"神坛"，回归大众，体现出明显的"平民化"倾向。

新闻评论"平民化"，指的是新闻评论在新闻内容、主题的选择上持平民立场，倾向于针对同平民利益密切相关、最具现实意义的问题加以评论；在论述方式和语言表达上，则采用一种平民能够理解的通俗形式，站在平民的立场"代民者言"。当代新闻评论与传统的形式相比，显示出鲜明的广泛性和开放性等特点，不仅内容涉及社会生活中的诸多方面，而且气氛宽松，受众参与热情较过去明显增强，从而体现出明显的平民化趋势。世界新闻评论的平民化主要体现在：

（1）评论队伍的平民化

以往，评论员队伍少而精，非一般业内人士所能问津。而今，参与新闻评论的人越来越多，涵括了社会各个阶层和不同的社会群体，其间有学者、专家等精英阶层，更有农民、工人等平民阶层。特别是网络的兴起，一般的公民可以突破文化能力和经济能力的限制，创办自己的媒体，发表自己的评论。

（2）评论角度的平民化

新闻评论更加注重从人性、人文的角度关注热点人物、热门话题，以最大限度地引起读者共鸣。这并不意味着新闻评论的去政治化，而是政治意图的转换，转换成一种平民能够理解的内容和形式，并从平民的角度进行解读和评说。

（3）评论题材选择的平民化

新闻评论是时事评论，贵在"合时"，只有当人们对某个问题、现象迫切需要了解时，此时，新闻评论才能够产生"共鸣"效应。当前，强调将新闻评论服务功能与舆论引导结合在一起，所评点的信息更加鲜活，因时而发，并且注重评论的实用性和趣味性，以及交流内容的时代感。

新闻评论的平民化还表现在刊登读者来信上。刊登读者来信被欧美报人当作民主政治的一部分,因此读者来信栏成了欧美报纸言论版的固定内容之一。刊登的来信具有广泛的群众性,文章个人署名,风格多样。来信有单篇、单题发表的,也有按照主题相同"合题"发表的。

如 2004 年 9 月 21 日的纽约时报就以"合题"发表了读者来信,当时距 2004 年美国总统大选投票还有 41 天,作者来信围绕的是与大选有关的主题。英国《泰晤士报》A 叠第 17 版为读者来信版。该报每周收到约 1500 封读者来信,每天发表 6—9 篇。这些来信有的视角独特,文笔风趣,很是耐读;有的则只有三言两语,既没有完整的结构,也没有完整的论证,却带着直抒胸臆的生动气息。写信的人来自社会各界,发表的内容有的支持报社立场,有的表达不同意见。前者衬托了报纸的观点,后者则体现了报道的"公正与平衡"。

读者来信有关于社会热点、焦点问题的评论,也有针对报纸的社论或报纸曾刊登过的其他人的文章和来信的辩驳。很多报纸会在言论版显要位置刊登报纸主要负责人的联系方式,以方便读者来信。随着社会文明化进程的不断推进,民众表达自身观点的愿望与要求不断增强,他们不希望旁观,更希望参政议政。读者来信栏的设立既体现了客观性,又体现了对读者和社会公众的尊重,使得民众参与政治的空间增大。

当代新闻评论正在不断提高引导艺术,其导向方式日益创新,评论语言日益平民化,由过去的说教、照抄照搬让位于"用事实说话",且表现手段更显多样化。评论形式的平民化不仅体现在标题制作和言论写法上,也表现在版面设计上。在一些外国新闻评论中,以往新闻评论中"长"、"空"、"呆"的写作套路纷纷被摒弃,精悍、朴实、轻灵的新闻评论如雨后春笋般活跃于报刊版面,此中,也涌现出不少品位较高、不同流派的"俗家"言论高手,文中亦不乏真知灼见。

新闻评论的平民化趋势和整个社会大环境的变化是息息相关的。由当代技术革命的飞跃发展引起的媒介革命,导致了一个新的文化时代的来临,这种"新世纪文化"首先是以媒介的逐步转型和现代市民空间的逐步建构为标志的。这些文化内涵的变化必然会深刻影响到新闻评论领域,使得新闻评论呈现出平民化趋势,这是构成新闻评论平民化品格的文化语境。

三、新闻评论结构的广泛尝试

在欧美,很多撰稿人在谈及他们的责任时,都会提到评论写作中四个最重要的目的,即为读者大众服务;为读者、社区和国家提供一个论坛,即一个自由交换观点的市场;做社会的守望者;为你的读者提供信息并引导他们去促成变革。欧美新闻评论很注意把握受众的接受取向,经过多年的积累,他们有一套有效的写作结构,比如,美国佐治亚大学教授康拉德·芬克的《新闻评论写作教程》中就总结了这样的模式。

首先是"马拉犁"结构:

导语——表明主体、解释议题、界定问题。

主体——报道细节,提供"增值"的调查研究,提供不同观点,援引平衡的以及相互对立的消息来源。

结论——提出你的见解,建议(要求)有所作为,号召读者介入

在这种结构方式下,从受众出发,美国新闻评论人又进行了多方面的结构尝试。

(1)个性化的"你"结构。

西方新闻评论人非常清楚,评论人撰写评论最具有挑战意味的是要拉近读者与评论人的距离,是要把评论中涉及的复杂或抽象的事物具体化,或化作可操作的简单事物,以便受众能够理解。于是,他们尝试个性化"你"结构的写作,收效非常好。个性化的"你"结构主要有两个优势:第一,对你——读者——说话,把一个模糊的、遥远的问题加以个人化处理。邀请"你"参与聊天,令人感到亲切实在。第二,相关抽象的词被简化成读者容易把握的具体形象,而且几乎都可以听到读者的反应。

当然,并不是所有的新闻评论都适合用这种结构模式。运用"你"模式必须精确才是。如果受众不容易辨认出评论中的"你",那么,受众就不会愿意看这篇评论,评论人就会失去受众。

(2)"同我一起想象"结构。

"同我一起想象"结构使受众参与想象。这也就是画一张"图画",并邀请受众看着它,一起参与想象。有时候,这个邀请是暗示的,"图画"描绘出

来了,作者假设受众会看着它,身临其境。有时候,这个邀请是明确的,并作为局外立场的一个问候,短小精悍。

(3)问题式结构。

同我国新闻评论人一样,西方新闻评论人同样承认媒体是回答问题的行当,所以,有的时候也通过问一个问题作为评论的开头,以抓住受众的注意力。这个问题其实是撰稿人和受众之间建立起的一座桥梁、一个纽带,是实现一对一关系的另一种手段。这种结构具有很多优势:它是疑问式的对话;它把受众吸引到一个谈话中来,而不是把事实、评论人的见解和答案统统硬塞给受众;如果评论人的问题具有普遍意义,就能获得受众的认同。所以,不能用对受众吸引力不大或没有吸引力的问题作为开篇。当然,疑问式结构只是一种手法,以此来激发受众兴趣,这种结构同样会给受众一种亲切感。

(4)"我们都置身其中"结构。

在欧美新闻评论人心里,非常注重评论的话语口气,因为这直接关系到评论能否被接受的问题。所以,"我们都置身其中"结构也是美国新闻评论人常用的一种评论结构。在这种结构中,评论人用"我们",即撰稿人和受众在一起的视点说话。

欧美评论人认为,作为新闻评论撰稿人必须问自己的评论文章是否通过了SEA测试,即激发受众、解释问题、提出解决问题的主张,也就是它有没有激励、解释、提出倡言?或者紧扣新闻,为评论增添力量,为报纸增强时效性、时事性和针对性。

诚然，上述我们涉及的欧美新闻评论结构模式，并不是说它包括了所有美国新闻评论的结构特征。这里，我们只是指有代表性的侧面而已。

西方新闻评论人明白，仅仅形成一个吸引人的或令人震惊的结构是不够的，在这之后，还要把握写作技巧，让新闻评论的思想逐步前行，从而得出一个有意义的，即激发受众、解释问题、提出解决问题的主张，结论才是最重要的。

事实上，无论是什么结构，西方新闻评论人最注重的是如何使新闻评论更具冲击力。为此，美国新闻评论人始终注意在评论中加入新的信息，插入戏剧性的引述或是加强提醒受众的段落。当然，很多时候，当评论的主题合适的时候，美国的新闻评论人更愿意让受众开怀大笑，他们会不失时机地用一些诙谐和幽默，来解答人们生活中遇到的问题，正如生活中人们总需要解决问题一样，生活中的人们同样需要诙谐和幽默，而这的确能有效地为评论增添光彩。

欧美新闻评论人认为，评论作者必须保持写作的推动力，引导受众随着评论一步步缓缓前行，以获取一定的认知。否则评论作者就会失去受众，当然这样也就失去了信息传播的任何机会。

评论作者带领受众前行的最佳方式就是向他们呈现思想的合理的、富于逻辑性的线索。相应的，这又通过受众反馈回去，并与基本报道及调查研究的合理性联系在一起。我们知道，新闻评论信息内容存在形式有"三个层次"：①属性信息，语义符号的直义，评论作品如停留于此，必导致浮浅、空白；②实体信息，语义符号的暗示，新闻评论选择什么事实、表达什么观点，或勾画出一个什么样形象，说明什么问题，使读者受感染；③关系信息，语义符号的隐义，作为信息的本质，是信息层的最深一层。受众在接受后，同原有信息发生微妙作用，得到一种规律性认识。评论信息如能挖掘到最深的层次，信息量最大。有些评论没能挖掘出这一层信息来，就不能反映事物的本质，不具有典型性、指导性，反馈效果也不会好。所以，一个好的评论人，不仅要把思想表达清楚，还要挖掘它的本质，用语不仅要准确、简洁，还应有美感。

正是在这种"他律"与"自律"中，美国新闻评论人坚决反对凭空想象的写作，因为这种写作掩饰不了叙事和推理中的基本缺陷，会使受众产生抵触心理。他们知道，如今的受众都太成熟了，不允许也不接受评论作者只用机智巧妙的词汇替代事实材料，或者只用灵活的行文替代逻辑推理。当然，这里我们并不是完全反对灵活的行文，因为它能够帮助评论作者保持关键的阅读推动力，吸引受众与评论一起前行，并接受评论的信息。然而，最重要的仍然是事实和材料，以及事实材料运用的方法。

总之，聪明的评论作者会倾听并回应受众。当然，他们也喜欢对英雄故事发表评论，因为人人都热爱英雄、喜欢英雄；但是他们同样也喜欢对普通的甚至令人好笑的平民的具有典型意义的生活事件发表评论,从而达到关注民生、民情之目的。他们认为,如果评论者的评论能够深入生活,把甚至"笨汉故事"都评论好的话,评论的大环境就会更好,人们的生活环境也会更好。

四、"多元化"特色

美国报纸的社论选题十分宽泛,内容涵盖了生活的方方面面。凡是具有一定关注度的事件和问题都有涉及。此外,社论的语言也颇具亲和力,且致力于传达一定的信息,增强社论附加值,而不是局限于空洞的说教。这种社论特征,与整个西方新闻评论的理论和实践的主线密切相关,即"以读者为中心"。

西方评论界认为,社会舆论的形成取决于三方面的因素:首先,人们(读者)的个人经验;其次,新闻媒介对某件事情的报道;最后才是报纸言论。因此,报纸的言论版同时要面对两方面的压力:评论员首先应当充分意识到读者个人经验在决定自己意见时的主导作用,然后要看到报纸新闻版对事实的"客观性"报道,较之评论"主观性"的判断、批评,更能吸引读者。评论如果咄咄逼人,对某个新闻"指手画脚",强迫读者接受一些观点,显然会招来反感。

在美国,为了避免劣势,新闻评论人倾向于采取一种"我们都置身其中"的写作结构,即把撰稿人和受众的利益捆绑在一起说话。能够取得良好传播效果的新闻评论,大都不是传者的"单向行为",而是传受双方的双向行为。例如《纽约时报》曾经就中国载人航天飞行获得圆满成功,发表了一篇题为《China in Space》(《太空时代的中国》)的社论。在社论的最后一段,作者将自己置身于广大美国人中,分析美国人对这一事件、对中国应有的态度:我们不应当害怕中国的计划,反而应该欢迎它。因为它能够在危险的时候将人员和货物送进太空——它就好像变成了整个美国航天舰队的一部分一样。这篇评论从读者的立场出发,亲切自然,很好地将美国人对中国载人航天飞行成功的浮躁心态引向了平和。

新闻评论的多元化特色具体表现在:

1. 新闻评论的话题丰富多彩,新闻评论的多元化更加明显。现在国内话题不仅有经济建设方面的,还有经济生活、政治、文化、军事、体育、法律、医疗、保健、娱乐等等内容。国外话题更是涉及各个领域,特别是对本国相关的重要课题。在越来越国际化的"地球村",全球性的话题愈受关注,评论也更加深入和国际化。

2. 新闻评论指向的内容不同、对象不同、角度不同。现实生活百花齐放,千奇百怪,众多社会热点、焦点、冷点、疑点、难点常常包含于现实生活发生的各类新闻事件、现象、问题中,而这些,正是备受公众关注的。

五、动态化趋向

这一趋向是就评论的论证过程而言的。新闻评论,是因评论当前新近发生的新闻事件、迫切需要解决的问题并由此立论而得名，所以，在一般的新闻评论中，其在论证中所引用的事例未必也是新闻，即使是新闻事实，也是习惯于截取片段。

正如《传播理论：起源、方法与应用》一书中所说，"在处理新闻时，人们倾向于从证据中得出结论，并将结论储存起来"仅仅作为佐证观点的材料而已，其论证过程处于静态当中、呈现出一种定型化、稳定化。这种论证结构虽然显得缜密、严整、脉络清楚、有条不紊，但"静态的复杂性对视觉注意力有反面影响"，"所以容易给人以僵化、呆板之感，不易为受众注意和接受"。而"事物的矛盾以及存在和提出，事物所蕴含的思想和闪烁的某种精神，事物的发展变化和它所表现出来的复杂性、丰富性，都在'过程中'，了解它，研究它，不断地关注它，要付出很大劳动，但这也正是记者的劳动价值所在。读者最想知道的也是'过程中'"，"过程"指的是发展变化，处于动态当中，所以，从过程入手，以事物的发展变化过程作为论据去论证观点，既能把受众"最想知道的"东西清晰明了地告诉受众，又能在动态中得出结构，证明观点，符合人们的认识规律，也就为受众所喜欢和易于接受。当然，在受众本位意识论日渐为人们所认可和接受的今天，这样的论证方式也就日益受到广大评论工作者的青睐和重视，并逐渐地加以运用。

如美国的《60分钟》节目就是典型的进行动态论证的评论类型，正在兴起的报刊"记者对话型"评论也是如此。在这类评论中，其论证过程本身实质上就是报道新闻的过程，它以记者的所见所闻作为论据，以新闻报道的手法，既将新闻事实摆在了受众面前，又顺理成章地得出结论，有力地证明了观点。整个过程处于动态发展中，以观点统领新闻，以新闻推导结论，且"动态的复杂性与吸引注意力成正比关系"，极易为受众所接受。这种论证方式的主要特点是探索性。它通常不是先把结论告诉受众，而是沿着既定的思路，在报道新闻的过程中使观点、意见逐渐明确起来。这就像顺藤摸瓜一样，先摸着藤（新闻报道的思路），然后沿着藤一点儿一点地摸下去，最后摸着了瓜（正确的结论）。

近年来，网络新闻评论得到了迅速的发展，产生的影响越来越大。网络打破了传统媒体在版面、时段等方面的限制，任何一个拥有基本表达能力的网民，都可以表达自己对某件事情、某个人的看法。网络的诞生，使传统媒体时代"沉默的大多数"获得了话语权。在网络的虚拟世界里，人们隐去了真实的身份和地位，普通人能够方便快捷地参与到公共事务的讨论中去，人们之间的交流是平等的。网络新闻评论由此汇聚了四面八方的声音，形成强大的社会舆论，影响政府决策，维护某种利益，推动社会进步。在欧美国家，网络新闻评论主要有三种形式：

一是传统媒介新闻评论的翻版或延续，这种评论主要出现在传统媒介创办的网站中，以打母体媒介既有品牌为主,也会利用网络的多媒体、互动式传播等优势,不同程度地提供超越印刷版内容范畴的新闻评论。早在1994年,美国的报刊媒介就创办了自己的新闻网站。从传统媒介过来的新闻网站比较大、且较有影响的,如NBC的网站、CNN网络版、ABC网络版、《纽约时报》网络版等。这些从传统媒介转化过来的网络媒介非常注重自己网上的"品牌",尽量使新闻评论保持与原媒介风格的统一,以此来吸引受众。同时,他们充分利用网络的优势,开创了新的评论方式。《华盛顿邮报》的传媒网站采用实时播出的"广播模式",设有"直播在线"板块,每月提供5到6小时实时闲聊或其他谈话类节目,与公众进行互动交流。

二是以电子邮件、网络媒介论坛等为载体的网民评论。许多网站都建有分类聊天和谈话区,针对重大新闻事件和社会变动的前端征兆,设置各种国内国际热点问题的在线动态调查,与读者展开全方位、全时段的网上交流。BBC网站特设了一个"荐言"网页,让网民以电子邮件的方式向BBC网站表达意见和看法。在这里,各种咨询得到自由呈现,各种意见得到自由表达,往往在重大社会事件发生时具有迅速形成舆论的功能。

三是网上"博客族"的新闻评论。"博客"由原先的抒发心情、交流思想变成了一股新兴的媒介势力。"博客"正在改变新闻世界的传统和理念,作为平民化、草根性和边缘化代表的博客族们具有强烈的写作冲动,无功利

的自由表现思想与情感的智慧和力量,他们追求个性化的书写和观点表达,呈现出人类精神世界的自由和对文化独立思考的品质。他们基本不受传统新闻检查制度的影响,以此不会因检查而约束自己表达的愿望,为读者提供了一种全新得新闻评论模式。

以上新闻评论的种种趋势,不仅是欧美发达国家各种媒体表现出来的,也是一些亚欧非发展中国家所体现出来的。只不过这种趋势不是那么的突出。作为信守发展理论的发展中国家的媒体,它的更大的作用是促进国家发展,改善经济生活,提高民主水平,但评论的个性化、多元化、平民化趋势会进一步的明显。

综述世界媒介新闻评论,我们看到,新闻评论的重要性日益增强,同时,评论开始走下"神坛",走入平民。值得指出的是,在欧美的电视界,过度商业化的部分实时评论节目逐渐淡出了欧美电视黄金时段,这一现象对当前中国个别媒介评论的过度市场化趋向具有警示性的作用。经济效益固然需要去争取,但媒介所担负的社会责任应置于首位,公正性和权威性是媒介新闻评论的正道。他山之石,可以攻玉,我国的新闻评论要借鉴国外经验并结合我国新闻实践加以创新,才能更好地为受众服务。

(作者:陈鹏 黄小希)

【延伸阅读】

1.迈克尔·埃默里:《美国新闻

史》,新华出版社,2001 年版。

2. 杨新敏编著:《新闻评论学》,苏州大学出版社,2002 年版。

3. 郭亚夫、殷俊编著:《外国新闻传播史纲》,四川大学出版社,2004 年版。

4. 赵振宇著:《现代新闻评论》,武汉大学出版社,2005 年版。

5. 丁法章主编:《新闻评论学》,复旦大学出版社,1997 年版。

6. 王振业、李舒著:《新闻评论与电子媒介》,中国广播电视出版社,2004 年版。

7. 康拉德·芬克:《新闻评论写作教程》,新华出版社,2002 年版。

我国新闻评论教材简介

新闻评论学作为新闻学的一个重要组成部分，虽然其学科意义在学术界曾经有过争论和分歧，但是在高校新闻学专业中都开设了专门课程将新闻评论作为研究对象，或称为"新闻评论写作"，或称为"新闻评论研究"，多数称为"新闻评论学"。无论是在传统媒体中，还是在新兴媒体里，新闻评论都是引人注目的组成部分，呈现着新闻信息的另一种传达方式。在我国，新闻评论的实践由来已久，但是对新闻评论及相关问题进行系统地研究却只有近20多年的历史，尤其是近几年，新闻评论的研究日益系统和深入，新闻评论的著作和教材也不断推出令人欣喜的新成果。

我国关于新闻评论的研究与教学，可以追溯到五四时期。随着新文化运动的兴起，新闻事业的发展，新闻学研究上了一个新台阶。1918 年 10 月 4 日，北京大学新闻学研究会的成立，是中国将新闻学作为一门学科进行研究的开端。该研究会以"研究新闻学理，增长新闻经验，以谋新闻事业之发展"为宗旨，由北京大学校长蔡元培兼任会长，北京大学文科教授徐宝璜任副会长，徐宝璜和《京报》社长邵飘萍是专任导师。

1919 年 12 月，由北京大学出版部以新闻学研究会的名义出版了徐宝璜的《新闻学》，这是我国的第一本新闻理论著作。这部著作共分为 14 章，内容包括新闻理论、新闻业务和新闻事业的经营管理等新闻学的各个方面，其中第 9 章专门论述"新闻纸之社论"，阐述了新闻评论的写作，认为写作社论应该注意四点：以新闻为材料，有透辟之批评，用简明之文字，抱正大之宗旨。由此看来，在我国新闻学界，把新闻评论作为新闻学研究的一部分的观念由来已久。

三四十年代，张友渔、于右任、郭步陶、程仲文等人发表、出版了大量的关于新闻评论的理论文章和著作，其中郭步陶的著作《编辑与评论》中对新闻评论的种类及变迁有较为详细的论述，并归纳出评论写作的 6 种方法，有一定的实用价值。1947 年 9 月，上海力生文化出版公司出版了程仲文著的《新闻评论学》。稍后，邓拓、徐铸成、赵超构等人更深入地进行了相关的理论研究。其中徐铸成在《漫谈新闻和新闻评论》一文中追溯了新闻评论的起源，认为从历史上寻找新闻评论的"开山祖师爷"，司马迁和司马光应该算是，而《读通鉴论》的作者王船山则是新闻评论家的杰出代表。

以上可以看出，早期的新闻学著作和文章已经开始关注新闻评论，认识到新闻评论是新闻学重要的组成部分，但是由于当时我国教育事业还不发达，尤其是新闻学教育长期受"新闻无学"观念的影响，还没有受到重视，所以，新闻评论虽然有所涉及，但大都是当时的报人在长期的新闻评论实践中总结的经验，还没有形成系统的理论体系。

20世纪50年代到70年代中期，由于历史原因，新闻学研究的著作较少。从70年代后期开始，大量的新闻学专著涌现，其中包括不少新闻评论的专著，大陆和港台地区相继有多种新闻评论学的专著或教材问世，如台湾林大椿的《新闻评论学》，中国人民大学的《新闻评论学》、华中理工大学的《新闻评论写作教程》等。这些著作都关注和探讨了新闻评论的一些基本理论问题。

20世纪70年代末到80年代的新闻评论著作和教材主要有：

林大椿：《新闻评论学》，台湾学生书局，1979年版

王民：《新闻评论写作》，1981年5月台北联经出版事业公司版

丁法章：《新闻评论学》，复旦大学出版社，1985年版

王振业：《新闻评论写作》，北京广播学院出版社，1986年3月版

程世寿：《新闻评论写作教程》，华中理工大学出版社，1987年版

秦珪、胡文龙：《新闻评论学》，中国人民大学出版社，1987年8月版

范荣康：《新闻评论学》，人民日报出版社，1988年2月版

于宁、李德民：《怎样写新闻评论》，中国新闻出版社，1988年3月版

其中，1985年复旦大学出版社出版的丁法章的《新闻评论学》，是我们新中国建国后第一本新闻评论教学专著。该书的主要内容是对新闻评论的一些基本问题进行了总结归纳，其中包括对新闻评论学及新闻评论概念的

界定，对新闻评论的特征、分类、缘起等问题进行了论述，对社会主义新闻评论的党性原则和新闻评论者基本素养进行了分析。1997年复旦大学出版了修订后的《新闻评论学》(第二版)，使该书的内容更加完善。另外，1987年，由中国人民大学出版社出版的秦珪、胡文龙合著的《新闻评论学》也是我国大陆最早出版、且具有影响的新闻评论教材之一。这一时期的新闻评论教材以独立的姿态出现，改变了以前关于新闻评论的论述大都是作为新闻教材中的一部分或者一个章节的情况。

随着改革开放的深入，新闻事业和新闻教育事业的不断发展，新闻评论作为新闻学研究中既具有理论价值又具实践意义的一部分，越来越多地得到了学界和业界的重视。我们注意到，80年代出现的这些新闻评论专著大部分是由高校出版社出版的，既对新闻评论的一些理论问题进行了学术研究，也对新闻评论实践予以探讨，如于宁和李德民合著的《怎样写新闻评论》等。

20世纪90年代，新闻评论的专著和教材进一步发展，有一部分是在原有教材基础上的补充和扩展，另外，还出现了专门的关于广播电视新闻评论的著作，总体来看，这一时期，新闻评论教材较之前一阶段更加完善。特别是1997年，国务院学位办决定把新闻传播学列为一级学科后，新闻评论理论和实践的研究出现了一个高潮。

90年代出版的新闻评论的专著和教材主要有：

邵华泽：《新闻评论探讨》，人民日

报出版社,1993年7月版

丁法章:《新闻评论学》,复旦大学出版社,1997年版

王振业:《广播电视新闻评论》,北京广播学院出版社,1997年版

胡文龙、秦珪、涂光晋:《新闻评论教程》,中国人民大学出版社,1998年版

涂光晋:《广播电视评论学》,新华出版社,1998年版

程世寿、胡思勇:《当代新闻评论写作》,华中科技大学出版社,1999年8月版

杨新敏:《新闻评论学》,苏州大学出版社,1998年10月版

随着新闻事业的繁荣和发展,关于新闻评论的理论专著和教材越来越多,进入新世纪,短短几年,新闻评论的专著和教材增加了许多,而且内容也不断充实。这一时期的新闻评论研究更加细化、专业化、理论化,而且在此基础上更加注重理论和实践相结合,关于评论写作的教材日益增多。

2000年以后出版的新闻评论著作主要有:

王贵平:《电视新闻评论》,内蒙古大学出版社,2000年版

王兴华:《新闻评论学》,杭州大学出版社,2000年版

周建明:《新闻评论写作理论与实例》,中共中央党校出版社,2000年版

李德民:《评论写作》,中国广播电视出版社,2000年版

袁正明 梁建增:《用事实说话——中国电视焦点节目透视》上海人民出版社,2000年版

秦珪:《新闻评论写作》,武汉大学出版社,2000年版

刘根生:《新闻评论范文评析》,新华出版社,2001年版

王振业、胡平:《新闻评论写作教程》,中国广播电视出版社,2001年版

贾亦凡:《新闻评论写作》,福建人民出版社,2001年版

吴庚振:《新闻评论学通论》,河北大学出版社,2001年版

丁法章:《新闻评论教程》,复旦大学出版社,2002年版

胡文龙主编:《中国新闻评论发展研究》,中国人民大学出版社,2002年版

任理德:《应用新闻评论学》,湖南人民出版社,2002年版

姜淮超:《新闻评论教程》,中国政法大学出版社,2003年版

薛中军:《新闻评论》,上海大学出版社,2003年版

李文明:《新闻评论的电视化传播——<焦点访谈>解读》,四川大学出版社,2003年版

赵振宇:《现代新闻评论》,武汉大学出版社,2005年2月版

殷俊等主编:《媒介新闻评论学》,四川大学出版社,2005年6月出版

李法宝:《新闻评论:发现与表现》,中国传媒大学出版社、中山大学出版社,2005年7月版

马少华:《新闻评论教程》,高等教育出版社,2007年3月版

上述最近几年出版的新闻评论著

作总结了同时期的实践成果和学术成果,各呈特色。下面就对其中的几部比较有代表性的教材进行简要介绍。

2002年复旦大学出版的《新闻评论教程》是丁法章在总结20年的新闻实践和理论探索的基础上,特别是在主持上海青年报和新民晚报工作期间对新闻评论工作的丰富实践基础上,对他以前的著作《新闻评论学》进行补充和修改而成的,内容涵盖了新闻评论学的一般原理、评论写作的基本程序和常用技法,许多观点、实例概括了新闻评论在新时期的发展轨迹,提炼出了其最新研究成果,该书还对新形势下新闻评论独特功能和发展机遇进行了论述,对广播电视评论、网络评论发展的前景进行了阐述,并结合实例详尽讲述了评论写作的基本技能等。该书是高校常见的新闻教材之一,具有一定的权威性。

2002年中国人民大学出版社出版的胡文龙主编的《中国新闻评论发展研究》一书,从史学的角度对新闻评论的历史进程进行了梳理和分析,主要内容有:一是对我国新闻评论百余年来沿革发展的基本脉络,特别是新中国成立以来新闻评论发展的基本状况和经验教训的研究;二是对我国百余年来各个历史时期有代表性的报刊等媒体新闻评论较为全面、系统、具体的研究;三是对新时期我国诸种新闻传媒的新闻评论多方面的改革、创新和发展的现状以及未来趋势的研究。

2005年武汉大学出版社出版了赵振宇著的《现代新闻评论》,作者认为,

新闻评论课要教给学生的不仅是一种写作技巧,更应教会学生们掌握一种思想方法和思维方式,这种方法和方式不只是表现在对新闻事件的评判上,更应该表现在人们观察和认识社会的广泛实践中。由此,该书在学习和借鉴已有新闻评论著作的基础上,提出了新闻评论著作的新框架,即从新闻评论形势、新闻评论思维、新闻评论写作、新闻评论策划和新闻评论队伍五个方面进行了论述,体现了新闻教学和媒体工作实际相结合的特色,具有较强的时代性和创新性。

2005年四川大学出版社殷俊编著的《媒介新闻评论学》,是对"新闻评论"这一传媒重要领域的深度开掘和理论建构,充分阐释了麦克卢汉"媒介即是讯息"这一经典话语。该书引述了大量的新闻评论例证,构成了一部微缩的新闻评论史,从马克思著名的《评普鲁士最近的书报检查令》,到今天的CCTV《焦点访谈》和人民网上的新闻评论,思想的进程、媒介的变化与社会的发展交织在一起,生动地体现了新闻评论的生命力。该书汇集了近年来学术界相关的大量研究成果,引述例证既凌厉新锐,又照顾到历史线索与典型性,深具学术创新意义。该书还有一个引人注目的亮点,即关注互联网、手机等新媒介给新闻评论带来的重要影响,关注不同媒介之间的互动影响下的新闻评论的特点和规律,从而突破传统的媒介限制。广播电视创新的互动性节目形式以及网络新闻评论、手机话语等,都成为了《媒介新闻评论学》研究

的对象。这不仅极大地拓宽了新闻评论学研究的领域,有助于研究当代新闻评论的最新发展,而且可以启发我们在新的技术背景下更深入地探讨新闻精神与媒介思想这一重大课题。

上述的新闻评论著作各有其特点,反映了在新的传媒形势下,在新闻评论业务提高、实践发展的基础上对新闻评论的理论研究也上了一个新的台阶。从现有的各种新闻评论学著作或教材可以看出,有些侧重新闻评论理论,有些侧重新闻评论实践,有的强调思维,有的强调技巧,有的关注纵向发展,有的注重新媒体、新现象,总体呈现出多角度、重理论和实践相结合的特点。中国人民大学出版社 1987 年版的高校文科教材《新闻评论学》有着这样的定义:新闻评论学是新闻学的一个组成部分,是研究新闻评论的运用和写作规律的科学。因此,新闻评论教材既应关注一般原理、规律,又要紧密联系实践,要随着形势的发展而不断创新。

后 记

15 年前，在报纸上写过一个以我个人名字命名的评论专栏，虽然是编辑部组织的一个临时专栏，但至今仍记得。

当时刚入新闻领域，为了把评论写得好一些，就找来两本教科书读，念了一通后，仍然找不着感觉，看着"严密"的理论，叹息一声！一位老编辑开导说，翻翻报纸，看看上边的评论作品，或许能行！我照做了，并且写出了评论，还取得了一些赞许！事后想，这一方面可能是新闻评论的理论深刻，一时难以掌握，另一方面也可能是理论存在着对实践指导性不强的问题，不易致用。究竟原因如何？在随后忙碌的评论创作实践中，经常去参阅一些评论对象领域的知识理论，倒把这些问题看轻了。

如今，从事新闻评论的教学，当初的那类感觉挥之未去，揣度着个中的缘由，领悟着学理的旨趣，积聚着点点滴滴的思考！其中这样一些问题萦绕脑际，常感不得其要：

一是新闻评论理论研究的是新闻评论本身，而新闻评论实践解读的却是评论对象，新闻评论课要不要增强对评论对象的认识能力？如何增强这种能力？

二是新闻评论作为一种意见传播，其表达的核心——论点，是由哪些要素构成的，新闻评论课如何把这一核心问题解释清楚？

三是新闻评论作为一种社会表达，它与所处的社会生态有着深层的内在联系，新闻评论的评论主体是如何在这种生态中表达的，新闻评论课应不应该放在特定的社会生态环境中去讲授？

感谢郑州大学出版社和郑州大学新闻传播学院提供的新闻传播学系列教材的编写机会，使我们几个对新闻评论教学和研究有共同兴趣的朋友能够探讨合作。在设计这本评论学教材的提纲时，在撰写各个章节时，我们把这样的思索融了进去。并因着这些的思索，产生了一些新的分析，如新闻评论论点的三元性，如新闻评论的六要素说，如传播符号与新闻评论，如新闻评论的生态，如评论主体的移植等。同时，我们还认为，课堂教学应该传授知识与培养兴趣并重，为实现这一点，我们还为本书设计了一个引言《新闻评论员的故事》。

我们并肩协作的成果就要付梓了，愿它给心怀新闻梦想的学子带去一缕和风。

本书的具体分工如下：

河北大学的韩立新教授负责全书的提纲设计和统稿工作，他把自己在教学中的积累提供给了其他两位参编老师，并和他们一起研究写作。韩立新曾担任媒体的编辑部主任，长期从事新闻评论的实践，现在从事教学科研，他把自己多年的思考积累都融入到了本书中。

郑州大学吕文凯副教授负责探讨新闻评论本质的第一编，包括第一章和

第二章。吕文凯老师长期从事新闻论教学,有着敏锐的思想和开阔的视野,他的分析体现着深厚的积累。

河北软件职业技术学院的李京梅老师负责撰写探讨新闻评论要素的第二编,包括第三章至第七章。李京梅老师长期在新闻媒体工作,担任记者多年,撰写了大量的新闻评论,对新闻评论有着深刻的理解,她和韩立新老师共同研究这一部分的写作,对新闻评论的论点、要素等问题进行了新的解读。

中原工学院的杨骅骁老师负责撰写讨论新闻评论样式的第三编,包括第八章至第十二章,杨骅骁老师长期从事新闻评论的教学和研究,对新闻评论的解释深入浅出,意味深长。

山东大学威海分校的周怡教授、张毅老师负责撰写探讨新闻评论符号的第四编,包括第十三章和第十四章,陈鹏、黄小希、邢仔芹老师撰写了附录一、附录二。周怡教授和张毅老师学养深厚,学风严谨,他们对新闻评论符号的探讨闪烁着时代的光华和思想的睿智。

河北大学的赵卓伦老师和石蓬勃老师负责第五编和第六编的撰写,包括第十章至第二十一章。赵卓伦老师曾留学韩国,有着开阔的视野和敏锐的思想。石蓬勃老师多年从事新闻评论、新闻政策法规和网络新闻学概论教学,有着深厚的积累和深刻的思想。他们对新闻评论写作艺术和新闻评论生态的探讨显示出深厚的功力。

安徽省马鞍山师范高等专科学校人文系的高婷老师和河北大学的韩立新老师共同完成了引言,即"新闻评论员的故事"的写作。他们精益求精,思想深刻,对故事的表述富于寓意。

另外,河北大学新闻传播学院的硕士研究生张士坤、王春宇对部分书稿进行了校正,提出了许多有价值的意见,在此表示感谢。

值得我们骄傲和感动的是,在教材编写过程中,大家协作共商,探索苛求,力求跟上时代的步伐,力求表述和解读的新颖,力求分析和论述的清晰准确,为此,许多章节三易其稿,大家都是闻过则喜,伸伸疲倦的腰身,含笑重来!尽管如此,我们的心里仍是忐忑不安,一是担心指导性不强,与预期的目的相去太远;二是担心论述没有新意,搞成了一个百货铺;三是担心引文漏标,失却了学术的风范。这些担心,敦促着我们努力去做好,并且因此对其他学者的研究产生了由衷的敬重,对阅读这本书的读者产生了深深的敬畏。

韩立新
2008 年 7 月 10 日